강원인의 지혜와 맛

강원도 음식문화

【윤덕인·김문경·조용현·김세경·김상희】

지식인

강원인의 지혜와 맛

강원도 음식문화

2019년 3월 15일 초판 1쇄 인쇄
2019년 3월 20일 초판 1쇄 발행

지은이 | 윤덕인 · 김문경 · 조용현 · 김세경 · 김상희
펴낸이 | 김종욱
펴낸곳 | 지식인
등 록 | 제301-2013-134호
주 소 | 서울시 도봉구 도봉로 180길 20 투웨니퍼스트 102동 602호
전 화 | 02)2266-8606 (대)
팩 스 | 02)2266-8607
E-mail | jisikin2013@naver.com
홈페이지 | www.jisikinbook.co.kr

ISBN 979-11-88105-35-9 (93590)

값 20,000원

강원인의 지혜와 맛

강원도 음식문화

차 례

I

들어가면서

윤덕인

강원인의 지혜와 맛

강원도 음식문화

2018년 2월 평창 동계올림픽이 평창, 강릉, 정선에서 개최되면서 전 세계인의 주목을 받았던 강원도는 평창 동계올림픽에 참석하는 선수와 운영위원, 그리고 관람객들을 위해 새로운 음식을 개발하여 손님맞이 준비를 하였다. 올림픽 손님맞이 음식의 개발 콘텐츠로는 '강원도 향토음식'이 그 중심에 있었다.

2016년 1월에 시작된 평창 동계올림픽 대비 개발 음식의 시작을 알리는 '대관령 눈꽃축제'의 특선 메뉴는[1] 에드워드 권의 특선요리로, 대관령 특산물인 황태와 감자를 이용한 황태칼국수 '눈대목'과 평창 사과를 이용해 만든 사과 파이 '좋은 날 愛', 대관령 한우를 이용한 '아라리' 불고기요리 등이 선보였다.

이어 평창군은 2017년 11월, 평창 동계올림픽(2018.2.9~25)을 앞두고 스타 요리사들의 '강원도의 맛'을 담은 특선음식을 선보였다. 평창 외에도 강릉과 정선 지역 식재료의 묘미를 살린 30여 가지 특선음식도 개발했다. 이 개발 음식들은 평창 47곳과 강릉 69곳, 정선 12곳 등 128곳 음식점에서 판매되어 맛을 볼 수 있었다.

평창군은 최종적으로 메밀파스타, 메밀더덕롤가스, 황태칼국수, 송어덮밥, 송어만두, 초코감자 등 한식과 양식을 접목한 올림픽 특선음식 10선을 만들었고, 강릉의 특선음식으로는 삼계옹심이와 크림감자옹심이, 초당두부밥상, 두부삼합, 해물뚝배기 등이 주 메뉴로 개발되었으며, 정선군에서는 대표 특선음식으로 곤드레비빔밥, 곤드레버섯불고기, 황기닭백숙, 황기족발, 더덕보쌈, 감자붕생이밥, 콧등치기국수, 느른국, 채만두, 옥수수푸딩 등을 내놓았다.[2]

한편, 강원도에서는 '강원도농업기술원'이 특허 개발한[3] '강원나물밥'을 강원도 대표음식으로 내놓고, 2017년 7월부터 농가 맛집 등 도내 27개점에서 판매하도록 하였다. 강원나물밥은 식이섬유와 항산화 활성이 뛰어난 산채인 참취, 곰취, 곤드레, 그리고 어수리 나물밥으로 간장곰취, 막장곰취, 간장부추청양, 고추장어수리 등 4종 소스로 비벼먹도록 개발한 저염식 나물밥이다.

이러한 올림픽 대비 손님맞이 개발음식의 저변에는 강원도 향토음식과 함께 지역특산품 그리고 음식관광이 자리하고 있다. 강원도 음식관광 활성화방안 연구에서는[4] 강원도 음식은 한정식이 발달한 전라도 음식과 달리 단품 음식이 주류를 이루고 있어 소박한 지역 정서와도 잘 연결되고 있으나, 이로 인해 상대적으로 다른 지역보다 음식관광 목적지로서의 이미지가 약하다는 점을 지적하였다. 즉 단품 음식보다는 잘 차려진 한상 가득한 한정식이 음식의 시각적인 매력도가 높을 뿐만 아니라, 이로 인해 수요자의 시식 욕구를 자극하는데 큰 효과를 발휘할 수 있음을 고려해야 한다고 하였다.

또한 강원도는 지역 재료의 독특함을 활용한 전통적인 향토음식이 많으나, 현재 지역별 향토음식은 정체성이 모호한 문제점을 가지고 있다고도 하였다. 그 이유로는 산업화 과정에서 지역 고유의 향토음식에 대한 관심과 중요성이 감소되었다는 점과 급속한 지역관광 성장 과정에서 관광객들에게 인기를 끌기 위한 음식점이 증가했다는 점에서 찾을 수 있다고 하였다. 이 점은 다른 지역도 같은 실정이다.

강원도 음식관광 활성화를 위해 자원화 전략으로 음식관광의 범위에 대한 국내·외 문헌조사 및 사례조사를 통해 도출된 지역 향토음식, 개별 음식점, 먹거리 특화지구, 음식 관련 문화시설, 음식축제와 박람회, 음식경관, 농촌에서의 음식관광 등에 발전 방안을 모색할 것을 제시하였다.[5)]

'음식관광의 매력 속성이 지역이미지와 방문객의 행동 의도에 미치는 영향 연구'에서는[6)] 음식관광 매력 속성과 지역이미지인 관광자원 요인과 편의시설 요인의 영향분석 결과, 안내서버스 및 음식스토리 요인, 음식 정보 및 흥미성 요인만이 지역이미지에 영향을 미친다고 하여, 음식관광 활동에 적극적이고 새로운 음식정보에 흥미를 가지고 있고, 새로운 음식메뉴를 즐기는 방문객일수록 관광지에서 음식정보를 받아 지역음식을 이용하려는 경향이 있다고 하였다.

향토음식과 지역 특산음식의 성격을 띤 지금의 강릉 대표음식으로[7)] 병산옹심이, 초당두부, 사천물회, 주문진해물촌 등이 소개되고 있으며, 2013년 말에는 황태옹심이, 냉옹심이 순두부탕 등이 신메뉴로 개발되어 국내 방문객들에게 좋은 반응을 받고 있다. 하지만 방문객이 지역 음식관광 활동 및 체험을 하기 위해 강릉지역을 방문한다고 하기에는 방문객의 인지도가 낮다고 할 수 있으므로 "강릉 대표음식 인지도 향상 제고를 위한 홍보방안을 적극적으로 강구해야 할 것이다."라고 하였다.

향토음식 인식이 메뉴개발과 직무만족에 미치는 영향을 조사한 연구에서는[8)] 향토음식을 한 지역을 대표하는 문화상품으로 보았는데, 따라서 향토음식의 우수성을 입증하고 친숙한 이미지로 다가가기 위해서는 다양한 매스컴의 홍보활동이 요구되며, 바쁜 현대인들의 생활에 맞추어 향토음식을 간편한 가공식품으로 만들거나, 서양음식에 익숙해진 입맛의 변화에 맞춰 향토음식의 토속적인 모습을 버리고 현대적인 멋과 맛을 더해 일반인들이 다가가기에 쉬운 음식으로의 변화가 필요하다고 하였다.

'지역특산 음식 선택 속성이 고객만족과 행동의도에 미치는 영향 연구'에서는[9] 커피축제에 참석한 사람들을 대상으로 지역특산 음식을 이용하는데 셔틀버스를 운영한 관계로 만족도는 높았다. 지역특산 음식과 더불어 지역특산품을 활용한 음식 체험이나 팸투어를 통한 관광상품화 연계 등 6차산업의 활용을 SNS 홍보와 다양한 지역행사의 참여 확대로 적극적인 지역특산 음식 홍보활동이 이루어져야 함을 시사점으로 제시하여, 강원도 향토음식과 지역특산품의 미래를 전망하였다. 또한 2018 평창 동계올림픽을 대비한 강원지역 한식문화의 원형 발굴과 세계화 전략 중 『도문대작(屠門大爵)』(1611)을 통한 한식문화 원형 발굴과 산업화 활용방안 연구에서는[10] 고조리서 등 고문헌에 대한 연구가 무엇보다도 중요하다고 여기게 되어, 본서에서도 허균(許筠, 1569~1618)의 『도문대작』에 기록된 강릉, 강원도 특산품에 대한 기록을 인용하면서 느낀바, 앞으로 더욱 깊이 있는 문헌연구(文獻硏究)를 병행하고자 한다.

『도문대작』[11]에 기록되어 있는 방풍죽, 제호탕, 태숙이(문배), 웅장(곰발바닥), 표태, 녹설, 녹미 등의 보양식은 현재도 강원도 특산 보양식으로 개발 가능하며, 특히 방풍(갯방풍)은 이미 강릉에서 재배되어 방풍죽, 방풍나물 외에도 방풍 막걸리로 상품화되고 있다. 동서에 기록된 석이, 홍합, 도루묵, 째복, 두부 등의 지역특산품의 활용과 함께 명태를 말린 북어, 말린 연어, 대구, 문어, 고등어, 대게포 등이 기록되었는데, 조선 중기에 건어물의 가공도 활발했음을 알 수 있으며 강원도 지역특산품의 원형도 짐작할 수 있다.

이처럼 2018 평창 동계올림픽 등 세계인을 위한 외식메뉴 개발의 콘텐츠로서 원형 찾기의 중요성을 깨닫고, 강원도 향토음식과 지역 특산음식 및 특산식품을 활용한 음식관광의 중요성을 인식하고 연구되어지고 있는 가운데, 본서에서는 '비교음식문화 연구', '외식메뉴개발 연구'와 『교류역사 속의 동아시아 음식문화』 등 대학원 박사과정 수업에서 연구하고 토론되어진 것들과 학위논문 발표 등을 통해, 강원도 음식문화 원형 콘텐츠 구축을 위하여 향토음식의 연구 필요성을 더욱 실감하게 되어 그동안의 연구 결과를 모으고 새로운 자료를 조사 발굴하여 그 결과를 출판하게 되었다.

본서 『강원인의 지혜와 맛-강원도 음식문화』의 내용은 크게 강원도의 향토음식, 특산식품, 종가의 손님맞이 음식, 제례음식, 오일장의 먹거리 등으로 구분하고, 저자를 달리하여 심도 있게 자료를 모아 강원도 지역성과 전통성이 나타나도록 노력하였다.

먼저, 강원도 향토음식은 농촌진흥청 농업과학기술원 '농촌자원개발연구소'에서 2008년 『한국의 전통향토음식』 10권-『상용음식과 지역별 향토음식』(교문사)을 발간했는데, 강원도의 전통향토음식 발달 배경과 특징을 집필하고, 강원도의 연구진으로 참여한 경험을 바탕으로 전통향토음식의 정의와 분류기준, 자료의 표준화, 지역성 검증 등을 그대로 따라서 향토음식을 정리하기로 하였다.

그러나 『강원인의 지혜와 맛-강원도 음식문화』에서는 앞의 『한국의 전통향토음식』과 달리, 향토음식과 지역 특산식품의 경우도 최근에 이르러 많이 재배되거나 지자체의 전략적 특산물도 포함하였다. 이는 농촌진흥청의 『한국의 전통향토음식』 프로젝트(2008) 발간 이후 10년이 지난 시점이기에 시도하였다.

다음으로는 이와 같은 향토음식과 지역 특산식품이 그대로 적용된 강원도의 손님맞이 연회음식과 상고성을 지니고 있는 제례음식에 대해 종가를 중심으로 조사한 것을 제시하고자 한다.

한식의 원형을 가장 많이 간직하고 있는 것은[12] 서울의 반가음식이고 반가음식문화를 가장 많이 가지고 있으며, 현재까지 이어져 오는 것은 종가(宗家)음식이다. 이는 한국만이 가지는 독특한 식문화로 이웃나라인 중국, 일본과도 차별되는 문화유산이다. 종가음식은 조선시대 유교의 영향으로 다양한 제례음식이 발달하였으며, 한 문중의 가장 맏집안으로서 가족들 간의 유대음식인 통과의례음식과 손님을 치르기 위한 손님맞이(접빈객, 接賓客)) 음식이 있기 때문에 한국의 음식문화에서 종가음식은 새롭게 조명해 볼 가치가 있다고 여겨져 집필하고자 하였다.[13] 가정의 제례문화와 함께 서민의 민간신앙인 서낭굿, 서낭제사, 풍어굿 등과 태백산 천제, 불교제사인 삼화사 수륙재 등도 강원도의 지역성이 잘 나타나므로 함께 고찰하였다.

이어서 이효석의 메밀꽃 필 무렵의 배경이 되는 허생원과 봉평, 대하 오일장, 장돌뱅이의 애환이 서려있는 오일장에서 볼 수 있는 향토성 있는 먹거리 문화를 살펴보고자 하였다. '북평장'은 강원도 인근지역 오일장에 비해 날로 그 규모가 커지고 있는 전국 규모의 민속장이다. 노점장 수가 약 600여개 소이며, 지역 먹거리로는 메밀묵, 선지국, 소머리국밥, 손칼국수, 보리밥, 감자전 등이 있다.

다시 말하면, 『강원인의 지혜와 맛 - 강원도 음식문화』는 강원도 음식문화를 느낄 수 있는 항목인 향토음식, 특산식품, 종가의 손님맞이 접대음식, 제례음식문화, 오일장의 전통 먹거리 등을 콘텐츠로 하고 있는 문화총서(文化叢書)라고 할 수 있다.

이 책을 완성하기까지 많은 시간을 할애하여 옥고(玉稿)를 쓴 김문경 · 조용현 · 김세경 · 김상희 선생님에게 "수고했습니다."라는 격려의 말을 전하며, 또한 조용현 박사, 김세경 박사의 학위 받음을 진심으로 축하합니다. 앞으로도 『강원인의 지혜와 맛 - 강원도 음식문화』를 시작으로 하여 공동저자들이 지속적인 학문 연구가 이루어지기를 바랍니다. 또한 허균의 『도문대작(屠門大嚼)』이 들어 있는 『성소부부고(惺所覆瓿藁)』 영인본과 번역본을 선물처럼 구해 준 김규태 대표님에게도 지면을 빌어 감사의 인사를 전합니다.

그리고 지난 해 교류역사 속의 『동아시아 음식문화』 발간에 이어, 이 책을 출간할 수 있도록 도움을 주신 지식인에게도 감사의 인사를 드립니다.

2019.3

집필자 대표　윤덕인

미주풀이

1) 2015.11.10.일자 강원일보, 2016.1.20.일자 뉴스 1.
2) 조선일보 2017.11.27.일자.
3) 강원도농업기술원, www.ares.gangwon.kr
4) 이영주, 강원도 음식관광 활성화방안 연구, 2008, pp.17-19.
5) 이영주, 위의 책, p.208.
6) 강혜숙 · 명소형 · 윤덕인, 음식관광 매력속성이 지역이미지 및 방문객 행동의도에 미치는 영향 – 강릉지역 방문객을 중심으로, 「호텔관광연구」, 17(2), 2015, pp.96-98.
7) www.gangneung.go.kr, 2014, www.gagt.kr, 2014.
8) 김예진 · 윤덕인 · 김형일, 향토음식 인식이 메뉴개발과 직무만족에 미치는 영향 – 강원도 호텔 조리사를 중심으로, 「한국관광연구」, 30(12), 2016, pp.234-235.
9) 김세경 · 윤덕인 · 김형일, 지역특산음식 선택속성이 고객만족과 행동의도에 미치는 영향 – 강릉지역을 중심으로, 「한국콘텐츠학회지」 18(7), 2018, pp.346-347.
10) 윤덕인, 도문대작을 통한 한식문화 원형 발굴과 산업화 활용방안, 2016 한식문화 진흥 지역순회 포럼 중 주제발표, 한국문화원연합회 주최, 강릉문화원 주관. 2016.6.24.
11) 도문대작 : 1611년 허균이 우리나라 팔도의 명물 토산품과 별미음식을 소개한 책으로, 허균이 바닷가로 귀양갔을 때 쓴 책이다. 병이류 11종목, 채소와 해조류 21종목, 어패류 39종목, 조수육류 6종목, 기타 차, 술, 꿀, 기름, 약밥 등과 서울에서 계절에 따라 만들어먹는 음식 17종을 부기하였다.
12) 권용석 · 김영 · 이진영 · 최정숙 · 김행란 · 김양숙, 종가의 손님맞이 음식에 대한 탐색적 연구, 「한국식생활문화학회지」28(1), 2013, p.12.
13) 농촌진흥청, 2011, 섬김의 미학, 농촌진흥청 국립농업과학원.

Ⅱ

강원도 향토음식

김 문 경

강원인의 지혜와 맛

강원도 음식문화

1. 전통향토음식의 정의

의 · 식 · 주의 문화를 얘기할 때 음식문화는[1)] 다른 분야와 비교하여 쉽게 변하지 않는 경향이 있어서 본래의 모습이 잘 보존되고 있어 한 민족의 문화를 파악하기에 매우 적합하다. 음식문화는 지리, 기후, 풍토 등의 자연환경과 정치, 경제, 사회적 환경이 복합되어 문화권마다 다르게 발달해 왔다.

전통향토음식의 중요성을 보면 첫째, 생물다양성 유지를 위해 전통향토음식의 다양성이 유지되어야 한다.

둘째, 전통향토음식은 새로운 부가가치 자원으로 활용되고 있으며, 다른 자원과는 달리 자국(自國)만이 고유하게 보유하고 있어서 차별화가 가능한 독점적인 산업화 아이템이라는 점이다. 태국의 'Kitchen of the World Project'는 정부에서 자국의 향토음식을 세계화하기 위한 사업으로, 전 세계에 태국음식점을 2007년까지 8,500개로 확대함으로써 전통향토음식의 식품 재료와 조리기구 수출, 조리사 파견 등 파급효과를 기대하는 전통음식 산업화의 대표적인 예라 하겠다.

셋째, 전통향토음식은 국가이미지 제고에 중요한 역할을 한다. 2006년 미국의 건강 전문잡지 월간 〈Health〉가 선정한 세계 5대 건강식품 중 하나로 김치가 선정된 것과 같이, 김치는 우리나라의 국제적인 이미지를 높이는데 기여하였다.

이처럼 중요한 의미를 갖는 전통향토음식은 1900년 중반까지는 고유한 특색이 있었으나, 점차 산업과 교통이 발달하여 다른 지방과의 왕래와 교역이 많아지고 물적 교류와 인적 교류가 늘어나 한 지방의 산물이나 식품이 전국 곳곳으로 퍼지게 되고, 음식 만드는 솜씨도 널리 알려짐과 함께 1900년 후반부터 새로운 외래식품의 유입과 외국의 음식문화 도입, 외식 산업의 발달 등의 영향을 받아 고유한 향토음식이 변형되고 새로운 향토요리가 개발되고 있다. 이러한 추세가 지속되면 전통향토음식은 잊혀지고 우리 음식문화의 정체성도 변화가 올 것이라 여겨진다.

2008년 농촌진흥청 농업과학기술원 농촌자원개발연구소에서는 『한국의 전통향토음식』 10권 - 상용음식, 서울음식, 경기도, 강원도, 충청북도, 충청남도, 전라북도, 전라남도, 경상북도, 경상남도, 제주도의 향토음식을 발간하였다. 1999년부터 2005년까지 전통향토음식을 조사 · 발굴을 추진하고, 문헌을 통한 자료수집과 함께 전통향토음식의 정의와 분류기준, 자료의 표준화, 지역성 검증이 행해졌다.

이 대작업인 전통향토음식 발간에서 향토음식의 정의는[2] 일정기간 동안(3세대, 100년)을 경과하여 역사성을 갖게 되면 전통음식으로 불리게 되므로, 미래의 전통음식이라 할 수 있는 향토음식과 현재의 전통음식을 정리하는 것이 국가 자원의 관리 측면에서 유익할 것으로 생각되어 이를 모두 포함하여 전통향토음식이라 명명하며, 전통향토음식의 정의는 "향토음식이거나 전통음식(향토음식 또는 전통음식)인 것으로 우리가 계승 발전시켜야 할 우리의 음식"으로 설명할 수 있다.

결국 전통향토음식의 정의는 ① 100년 이상의 전통을 가진 음식으로 지금까지 이용되어 온 음식, ② 혹은 과거에 이용되었으나 지금은 사라진 음식, ③ 외국에서 도입되었으나 우리 음식으로 인식되는 음식, ④ 향토음식 등으로 한정하였다.[3]

2. 강원도 전통향토음식의 특징

강원도(江原道)는 경기도, 황해도와 함께 우리나라의 중부지방을 이루는 지역으로서 한반도의 동쪽에 자리 잡고 있다. 강릉시 강동면 정동진은 '광화문의 정동쪽에 있는 나루터가 있는 마을'이라는 뜻의 동쪽을 포함하고 있는 지명이다.[4]

강원도를 관동지방이라고도 한다. 서울과 함경도를 통하는 철령이 옛날에는 서울의 북쪽 관문이었으므로 그 북쪽 관문의 동쪽인 강원도를 관동이라고 했다. 태백산맥이 북에서 남으로 흐르고 있어 그 분수령을 기점으로 영동과 영서로 나뉘고 있다. 그러나 영동과 영서로의 구분은 단순히 지리나 지형의 의미뿐만 아니라 원시시대부터 이 두 지역이 서로 다른 생활권을 이루고 왔으므로 문화나 경제, 사회도 차이를 가지고 있다.[5)]

이중환의 『택리지(擇里志)』에 따르면, 지세는 비록 옹색하고 큰 산 아래에 위치하나, 산은 낮고 평야는 편평하고 아름답다고 하였다. 그리고 토지는 대단히 메말라 논에 한 말을 심어야 겨우 십여 말을 거두나, 오직 고성, 통천은 논이 많고 땅도 그리 메마르지 않다고 하였다.[6)]

영동(嶺東) 지방은[7)] 동해의 해안선을 따라 발달한 곳이고, 영서(嶺西) 지방은 산악 내륙 지방이다. 영동 해안 지방은 해산물의 종류가 풍부하여 젓갈과 식해(食醢) 등 저장식품이 발달하였으며, 해조류를 이용한 쌈, 튀각, 무침과 밑반찬에서 상비식품까지 어류를 많이 이용하고 있다. 한편 영서 지방은 높은 산이 많으므로 감자, 옥수수, 메밀, 보리 등의 밭작물을 많이 이용하고 있다. 쌀이 넉넉하지 못했던 예전에는 감자, 옥수수, 조, 고구마, 도토리 등을 잡곡과 섞어 밥을 짓기도 하였다. 도토리는 예로부터 구황식품이었으며, 강원도는 구황식품의 보고였다. 현재는 웰빙음식, 건강음식, 향토별미로 사랑을 받는 음식이 되었다.

강원도의 대표적인 전통향토음식을 농촌진흥청 농업과학기술원 농촌자원개발연구소의 『한국의 전통향토음식』 3권 강원도(2008) 중 제 1장 강원도의 전통향토음식 발달 배경과 특징에서 음식 유형별로 다음과 같이 구분하였다.[8)]

1) 주식류

밥은 쌀밥과 함께 잡곡, 채소 등 부재료를 넣은 감자밥, 곤달비밥(곤드레밥), 김칫국밥, 도토리묵밥, 조감자밥, 황률밥, 비지밥, 산채밥, 산채비빔밥, 송이돌솥밥, 쑥밥, 양양 영양돌솥밥, 영월 장릉보리밥, 찰옥수수능근밥, 옥수수밥, 옥수수팥밥 등을 먹었다.

죽으로는 감자옹심이(감자봉글죽), 메밀국죽, 방풍죽, 홍합죽(섭죽), 어죽, 옥수수죽, 옥수수풀떼죽, 옥수수채소죽, 절간고구마죽, 질경이나물죽, 콩죽, 토장아욱죽, 호박들깨죽, 범벅으로는 능근옥수수범벅, 인삼호박범벅 등을 만들어 먹는다.

국수, 수제비로는 감자국수, 감자새알칼국수, 감자수제비, 감자옹심이, 옥수수(강냉이)수제비, 곤달비수제비, 꼴뚜국수(메밀껄뚜국수), 도토리국수, 도토리올챙이국수, 막국수, 메밀막국수, 메밀감자수제비, 산채국수, 산채칼국수, 옥수수콩물국수, 올챙이국수, 찰옥수수팥옹심이, 춘천막국수, 메밀콧등치기, 콩가수기(콩가슬이), 팥국수 등을 만들었다. 만두로는 감자만두, 메밀만두, 채만두 등이 있다.

2) 부식류

국 및 탕으로는 곰치국, 김국, 꺽지매운탕, 꾹저구탕, 도치알탕, 메밀묵채냉채국(묵사발), 북추어탕, 삼세기탕(삼숙이탕), 쏘가리매운탕, 우럭미역국, 인진쑥토종닭, 정선황기탕, 콩탕(콩국), 호박고지탕 등이 있고, 전골 및 찌개에는 감자전골, 능이버섯전골, 명태무왁저지, 버섯전골, 송이버섯전골 등이 있다.

김치로는 무김치, 짠지, 열무김치, 깍두기, 나박김치, 오이김치, 창란젓깍두기, 서거리깍두기, 정선갓김치, 파김치, 고들빼기김치, 씀바귀김치, 채김치, 돌나물김치, 백김치 등을 담는다.

나물로는 메밀나물, 박나물, 취나물, 구이로는 오징어불고기, 동태구이, 송이구이, 은어구이, 도루묵구이, 양미리구이, 조림 및 지짐이로는 도토리묵조림, 돼지고기우엉조림, 볶음, 초에는 닭갈비, 도치두르치기볶음, 석이볶음, 송이볶음, 연어채소볶음이 있다. 전과 적으로는 감자부침, 메밀부침, 두릅전, 두릅녹두전, 산채산적, 송이산적이 있고, 찜 및 선에는 대게찜, 명태찜, 향기향어찜, 회에는 두릅회, 산오징어회, 도치회, 주문진한치물회, 춘천쏘가리회, 능이버섯회, 향어회, 명태회무침, 마른반찬에는 초피잎부각, 지누아리무침, 옥수수튀김, 감자부각, 두릅부각, 쑥부각 등이 있다.

순대, 편육, 족편으로는 명태순대, 오징어순대, 묵, 두부에는 감자청포묵, 강릉초당두부, 솥뚜껑두부, 올챙이묵(옥수수묵), 장아찌로는 느타리버섯장아찌, 산초장아찌, 송이버섯장아찌 등이 있다.

젓갈로는 명란젓, 창란젓, 오징어젓, 서거리젓, 멸치젓, 방게젓, 그리고 동해안만의 명물인 식해로는 명태밥식해, 북어포식해, 노가리식해, 명란식해, 오지어식해, 한치식해, 도루묵식해, 멸칫식해, 햇떼기식해, 서거리식해 등이 있다. 특히 밥식해는 명태포, 명태, 노가리, 가자미, 고등어, 새치, 한치, 도루묵, 햇떼기, 서거리, 명란 등 생선을 다양하게 이용한다.

장류로는 간장, 된장, 고추장, 그리고 막장을 만든다.

3) 기호식류

떡류로는 감말랭이찰편, 감자로는 송편, 뭉생이, 붕생이, 시루떡, 찰단자 등을 만들고, 고탄절편, 곱장떡, 구름떡, 귀리떡, 승검초잎떡, 댑싸리떡, 더덕설기, 구황식품인 도토리로는 송편, 시루떡, 전병, 지엄떡 등을 만들고, 머슴쑥송편, 메밀개떡, 메밀삼색 경단, 메밀증편, 메싹떡, 무송편, 무시루떡, 보리개떡, 봄쑥버무리, 산채가루 시루떡, 송기떡, 송화고물경단, 수리취개피떡, 수리취떡, 순채떡, 쑥개떡, 쑥버무리, 쑥시루떡, 씨종자떡, 영등풍신떡, 오메두떡, 옥수수로는 경단, 술떡, 보리개떡, 부꾸미, 설기, 인절미, 칡잎떡, 화전 등을 만들었다. 그리고 용떡, 율무떡, 절편, 큰떡, 절떡, 흰떡, 개피떡, 증편, 차조떡, 차좁쌀약식, 찰옥수수시루떡, 청치주먹떡, 치떡, 칡송편, 칡전병, 콩비지떡, 팥소흑임자떡, 호박고지시루떡, 화전 등을 만든다.

과정류로는 강정, 다식, 더덕강정, 더덕정과, 옥수수약과, 호박매작과, 과즐, 박산 등이 있다.

음청류로는 옥수수차, 당귀차, 메밀차, 솔순차, 송화화채, 아카시아차, 연엽주, 창면(책면), 호박수정과 등이 있다.

주류로는 약주, 감자동동주, 옥수수동동주, 감자술 등이 있다.

3. 조리방법에 따른 강원도 대표 전통향토음식

1) 주식류

(1) 밥[9)]

곤달비는 태백산의 해발 700m 고지에서 자생하는 야생 산채로서 담백하고 영양가가 풍부하며 향이 특이한 식물이다. 곤달비는 구황식품으로 '정선아리랑' 가사에도 등장하는 정선, 평창지역의 무공해 특산물로 매년 5월쯤 채취하여 이용할 수 있다.

예전 강원도 지방 밥의 특징은 모자라는 쌀의 양을 줄이고자 쌀 대신 곤달비, 쑥, 산채(산채나물), 산나물 등을 많이 넣어 밥을 짓거나 김치, 비지, 콩 같은 것 등과 함께 밥을 지었다. 가장 특징 있는 밥은 '찰옥수수능근밥'과 묵사발이라고도 하는 '도토리묵밥' 등이다. 조리법을 간단히 살펴보면 다음과 같다.

'곤달비밥'은 불린 쌀에 물을 부어 밥을 짓다가 뜸들이기 전에 데쳐 들기름 양념한 곤달비를 얹어 지은 밥이다. '쑥밥'은 쌀 위에 어린 쑥을 넣고 지은 밥이다. '감자밥'이나 '조감자밥'은 구황 때 먹던 밥으로 쌀밥 대신 조와 감자를 섞어 지은 밥이다. 즉 감자만 넣으면 감자밥이다. '비지밥'은 냄비에 콩 간 것을 넣고 끓이다가 불린 쌀을 넣고 밥을 짓는다. '콩탕밥'은 원래 평양지방에서 전래 된 것[10)]으로 불린 콩을 갈고 잘게 썬 돼지비계, 불린 쌀, 감자 등을 넣고 끓인 밥인데, 바닥에 깔은 돼지비계와 감자 등이 뒤집어지지 않은 상태에서 콩물과 쌀을 혼합하여야 맛있는 밥이 된다.

'산채밥(산채나물밥)'은 고사리, 묵나물, 더덕, 표고, 밤, 대추 등을 얹어 지은 밥이고, '송이돌솥밥'은 돌솥에 쌀을 넣고 약수, 밤, 대추, 당귀, 은행, 송이버섯을 얹어 지은 밥이다. '양양 영양돌솥밥'은 양양 오색약수를 밥물로 하고, 쌀, 찹쌀, 대추, 밤, 인삼을 얹어 지은 밥이다.

'옥수수밥'은 강냉이밥이라고도 하는데, 냄비에 씻은 쌀, 불린 찰옥수수, 밤, 감자, 대추, 삶은 팥, 소금을 넣고 지은 밥이다. '옥수수팥밥'은 옥수수, 삶은 팥을 넣은 것이고, '찰옥수수능근밥'도 능근 옥수수를 씻어 불리고 팥과 섞어 끈적끈적하게 지은 것으로 쌀을 넣지 않고 별미음식으로 요즈음도 식당에서 많이 볼 수 있다. '능근'은 낟알의 껍질을 벗기기 위하여 물을 붓고 애벌 찧는 것으로 저장된 건조 옥수수를 사용한다.

'김칫국밥'은 냄비에 잘게 자른 배추김치, 멸치, 다진 쇠고기를 볶다가 물을 붓고 쌀, 콩나물을 넣고 지은 밥이다. '도토리묵밥'은 사골육수에 들깻가루를 넣고 끓이다가 도토리묵채를 넣고 끓여 밥과 같이 낸다.

'영월 장릉보리밥'은 쌀 위에 삶은 보리, 감자를 얹어 지은 밥이다. 황률밥은 쌀 위에 불린 황률, 은행을 넣고 지은 밥이다.

이 밥들 외에도 새롭게 조사된 밥에는 두릅나물밥, 뽕잎황태밥, 성게비빔밥, 송이돌솥밥, 쇠미역쌈밥, 연잎밥, 차수수밥, 해초밥, 홍합밥 등이 있다.

① 두릅나물밥

강원도에서 많이 나는 두릅을 고기와 함께 볶다가 쌀을 넣고 물을 부어 지은 뒤 양념장을 넣어 먹는 밥이다.

② 뽕잎황태밥

원주의 뽕잎황태밥은[11] 뽕잎과 황태로 밥을 지어 구수한 맛과 감칠맛이 특색이다. 뽕잎은 단백질과 미네랄 함량이 높고, 특히 혈당을 조절하고 콜레스테롤을 줄여주며, 풍부한 섬유질은 변비 및 다이어트에 효과가 있어 건강을 지향하는 현대인들에게 웰빙음식이다.

③ 성게비빔밥

여름철 동해안 지역에서 많이 자라는 성게를 반을 갈라 속을 파낸다. 밥 위에 채 썬 채소들과 미리 손질한 성게알을 얹어서 함께 비벼먹는 밥이다.

④ 송이돌솥밥

돌솥에 불린 쌀과 밤, 대추, 다져서 양념한 쇠고기 등을 넣고 밥을 짓다가 뜸들일 때 얇게 썬 송이를 넣어 뚜껑을 닫아 밥을 짓고 양념장을 곁들인 것이다.[12)]

⑤ 쇠미역쌈밥

쇠미역은 동해안의 바닷가에서 많이 자란다. 미역보다는 두껍고 다시마보다는 얇고 구멍이 송송 나있는 다시마의 한 종류인 해조류이다. 이것을 생으로 먹든지 끓는물에 살짝 데쳐서 밥을 넣어 쌈밥으로 만들어 먹기도 한다.

⑥ 연잎밥

연잎밥은[13)] 불린 찹쌀을 살짝 쪄서 소금 간을 한 다음, 연잎 위에 놓고 잣과 은행 등을 넣어 싼 후 찜기에 다시 쪄서 만든 밥이다. 연잎으로 밥을 싸서 밥을 쪄내면 곡물 자체의 수분을 잃지 않으면서 부드러워지면, 연잎의 독특한 향과 향균 성분 및 약리 성분이 밥에 스며들어 맛과 보존성이 좋아진다.(그림 2.1 참조)

강릉지역은 선교장 활래정의 연꽃을 비롯하여 연꽃밭이 많이 조성되어 있다. 매년 여름철 초록빛 연잎과 하얀 꽃망울의 백련이 가득한 강동면 하시동 3리 풍호마을에서도 연꽃축제가 열리고, 2007년부터 환경부 생태하천 복원사업의 일환으로 진행된 경포가시연습지 복원사업은 1960년대 말부터 식량 증산을 위해 농경지로 개간하면서 사라진 습지를 재자연화 하는 사업이다. 그러다보니 연을 주변에서 쉽게 볼 수 있다. 강릉 외에도 전국적으로 연을 재배하는 장소가 많아졌고, 연잎을 활용한 음식의 개발도 많아졌다. 대표적인 음식으로 연잎밥, 연엽주 등을 꼽을 수 있다.

연잎밥은 연잎에 찹쌀과 대추, 밤, 잣 등을 넣고 증기에 찐 음식이다. 설악산 대청봉에서부터 100개의 바위 웅덩이가 이어져 '백담사'라고 이름이 붙은 백담사의 백거스님은 감자와 견과류를 더한 연잎밥을 만들어 5시간 걸리는 봉정암 순례길을 떠나는 사람들에게 나누어 준다. 감자와 표고버섯을 넣어 조화를 담고, 미역국, 무장아찌무침도 곁들인다.[14)]

농가 맛집은 전통의 맛을 계승하면서 농외 소득원을 창출하기 위해 농촌진흥청에서 지원한 농촌형 외식사업장이다. 충북 보은에 있는 2014년 문을 연 '온제향가'는 연잎밥과 잡채 등을 대표 메뉴로 하는 한정식 전문점이다. 지난 2018년 9월 4일 방송된 홈쇼핑에서는 연잎밥 1천 500세트를 완판했다고 한다. 보은군 관계자는 "온제향가 연잎밥은 전국의 농가 맛집 가운데 최우수 브랜드로 뽑힌 메뉴"라고 하며 "관내 쌀 작목반 등과 손잡고 보은 쌀을 홍보하는데 앞장서고 있다."고 하여, 연잎밥의 브랜드화를 보여준다.[15)]

[그림 2.1] 연잎밥[16)]

⑦ 차수수밥

수수는 여러 번 씻어 붉은 물은 버리고 일어서 삶은 팥과 섞어 물을 붓고 밥을 짓는다.[17)] 인제 하추리 마을은 과거 화전(火田)이 대부분이라 쌀이 귀해 잡곡만 먹으며 살았지만, 이제는 잡곡이 마을의 주 수입원이 되었다. 하추리 마을에는 유독 '추자(가래나무 열매)'가 많아 기름도 짜고 밥도 해 먹었는데, 배고픈 시절 잡곡과 함께 주린 배를 달래주던 소중한 식재료였다. 수수, 팥을 섞어 밥을 짓는다.[18)]

⑧ 해초밥

불린 쌀 위에 다시마, 톳 등 해초를 얹고 지은 밥이다.

⑨ 홍합밥

불린 쌀 위에 홍합 또는 자연산 섭을 잘라 얹고 지은 밥이다.

(2) 죽과 범벅[19]

방풍은 동해안 모래사장에서 자생하는 식물로서 잎 모양은 참나물과 비슷하다. '방풍죽(강릉 방풍죽)' 조리법을 보면, 흰죽을 쑤다가 고명으로 방풍잎, 방풍 뿌리를 얹어서 낸다.(그림 2.2 참조)

허균의 『도문대작(屠門大嚼)』(1611)에서는[20] 곱게 찧은 쌀로 죽이 끓으면서 반쯤 익었을 때 방풍의 싹을 넣으면, 좋은 맛이 입 안에 가득하여 3일이 지나도 가실 줄 모르는 향미로운 음식으로서 속간에서 으뜸가는 음식이라고 하였다.

방풍은 우리나라의 산야에 자생하는 향약(鄕藥)의 하나로서, 『증보산림경제』 치포조(治圃條)에 "방풍의 뿌리를 10월에 옮겨 이른 봄에 나는 새싹으로 죽을 쑤면 그 맛이 매우 향미롭다."고 기록되어 있다. 우리나라 음식에는 약이성 효과가 있는 식품을 음식에 적절하게 활용하였는데, 방풍도 그 중의 하나이다.

『증보산림경제』 권8에 수록된 방풍죽 끓이는 법은[21] "새벽이슬이 앉은 방풍의

[그림 2.2] 방풍죽

새싹을 따다가 죽을 쑨다. 햇볕을 본 것은 좋지 않다. 멥쌀로 죽을 쑤어 익고 반쯤 퍼졌을 때 방풍잎을 넣어 센 불에서 끓인다. 알맞게 되었을 때 차가운 사기그릇에 떠서 반쯤 식은 상태에서 먹는다. 반쯤 식은 상태로 죽의 적온을 맞추어 먹으면 그 향미가 더욱 가득하다."고 하였다.

'호박들깨죽'은 늙은 호박을 끓이다가 들깻물을 붓고 쌀을 넣어 끓인 것이다.

'감자옹심이죽'은 '감자봉글죽'이라고도 하는데, 쌀죽을 끓여 쌀알이 퍼졌을 때 감자를 갈아 만든 옹심이, 채 썬 호박, 파를 넣고 끓인 죽이다. '콩죽'은 '콩갱이'라고도 하는데, 메밀을 불리고 콩을 불려 곱게 간다. 갓김치, 백김치를 냄비 바닥에 깔고 그 위에 메밀 갈은 것, 갈은 콩물을 넣고 끓인 후 진한 소금물을 끼얹어 순두부처럼 만든다.

'메밀국죽'은 산간지방에 먹을 것이 풍족하지 못하던 시절에 갑자기 손님이 찾아왔을 때 내놓는 음식으로[22] 맛이 독특하고 구수하여 별식으로 대접하였다고 한다. 만드는 법을 보면, 메밀 말린 것을 쪄서 메밀 찐 쌀을 만들고, 물에 된장을 풀어넣고 끓인다. 감자, 두부는 채 썰고, 콩나물도 손질한다. 된장국물에 메밀 찐 쌀과 감자, 두부, 콩나물을 넣고 끓이다가 채 썬 파, 마늘을 넣고 한 번 더 끓인다.

'보리나물죽'도 만드는 법은 비슷한데, 냄비에 물을 붓고 막장을 풀어 보리쌀을 반 쯤 갈아넣고 끓이고 각종 산나물을 넣어 끓인다. 여기에 감자 썬 것, 수제비를 넣고 끓인 것이다.

'소루쟁이나물죽'도 만드는 법은 비슷한데, 냄비에 물을 붓고 막장을 풀은 다음 쌀을 넣고 끓으면 소루쟁이, 참쑥, 돌미나리를 넣고 다진 파, 다진 마늘을 넣고 끓으면 수제비를 뜯어서 넣는다. '질경이나물죽'도 물에 된장을 풀고 썰은 감자, 질경이를 넣고 보릿가루, 밀기울을 넣고 끓인다. '토장아욱죽'도 막장을 물에 풀고 바지락을 넣고 끓이다가 바락바락 주무른 아욱을 넣고 끓인다. 여기에 불린 쌀을 넣고 퍼지면 다진 파, 마늘을 넣고 국간장으로 간을 한다.

'어죽' 또한 민물고기를 푹 삶아 체에 내리고 삶은 산채에 고추장, 다진 마늘, 소금, 밀가루 약간을 넣고 무친 후 같이 넣고 끓인다. 여기에 불린 쌀도 넣는다. '홍합죽'은 '섭죽'이라고도 하는데, 홍합 삶은 물에 불린 쌀, 잘게 썬 배추김치, 삶은 홍합살을 넣고 끓인 죽이다.

『규합총서(閨閤叢書)』에[23] "바다의 것이 모두 짜지만 홍합만 홀로 싱겁기 때문에 담채(淡菜)라 한다."고 하였다. 강원도지역에서는 자연산 홍합을 '섭'이라고 부른다. 『도문대작』에 중국인들이 동해에서 난다고 하여 '동해부인'이라고 불렀고, 『난호어목지』에서는 "강원도와 고성 등지에서 나는 놈은 껍질이 작고 살이 메마르며, 울산·동래·강진·제주 등지에서 나는 놈은 껍질도 크고 살이 두텁다."고 하였다.[24]

동해안에서 생산되는 자연산 섭은 양식 홍합과 달리 굵고 단단하며 껍데기에 해초 등이 붙어 있고 줄지은 나이테가 선명하다. 또한 속살은 삶아도 짙은 진홍색을 띠며 쫄깃한 맛과 향이 그대로 남아 있다.

섭죽은 섭조개(담치)국에 쌀을 넣고 쑨 죽으로, 담치로 맑은 장국을 끓이거나 그대로 푹 고은 것에 쌀을 넣고 끓여서 만든다. 섭죽은 고추장을 넣어 빨갛게 끓이는 것이 특징으로 매콤한 맛이 입맛을 돋우고, 쫄깃하게 씹히는 홍합살이 감자와 고추장과 한데 어우러져 별미이다.

'옥수수죽'은 옥수수알갱이를 갈고 푹 끓인 후 강낭콩을 넣고 끓인다. '옥수수채소죽'은 '옥수수풀어죽'이라고도 하는데, 갈은 옥수수에 애호박, 풋고추를 채 썰어 넣은 것이다. '옥수수풀떼죽'은 된장을 푼 물을 끓이고 아욱, 감자를 넣고 옥수수가루를 넣어 저으며 죽을 쑨다. 마지막에 배추김치를 송송 썰어 넣는다.

절간고구마는 찐 고구마를 얇게 썰어서 말린 고구마를 말한다. '절간고구마죽'은 말린 고구마를 푹 끓이고 삶은 팥, 양대콩, 찹쌀가루를 넣고 끓인다. 설탕, 소금으로 간을 한다.

'능근옥수수범벅'은 능근 옥수수를 불렸다가 푹 삶고 여기에 삶은 팥, 깍둑 썬 고구마, 삶은 밤을 넣고 끓인 것이다. '풋옥수수범벅'은 풋옥수수를 알알이 떼고 팥, 강낭콩을 넣고 푹 무르도록 끓인 것이다. 또는 풋옥수수를 맷돌에 갈고, 수리취 나물과 밀가루를 섞고 소금을 넣어서 간을 맞추며 버무린 뒤에 감자를 썰어 넣고 쪄서 만들기도 한다.[25]

'인삼호박범벅'은 늙은 호박을 푹 삶고 삶은 팥, 콩을 넣고 끓인다. 마지막에 찹쌀가루를 풀어 넣고 인삼가루를 넣는다.

'감자옹심이'는 강릉지역에서 2018 평창 동계올림픽에서도 손님맞이 특선음식 개발 때 콘텐츠로 택한 음식으로, 유래는 옛날 쌀이 모자라던 시절에 많이 해 먹었던 음식으로, 감자는 영동지역의 기후에 적합할 뿐 아니라 토양의 질에 크게 구애받지 않아 예전부터 구황식품으로 즐겨 이용되었다고 한다. 옹심이라는 말은 새알심의 강원도 사투리로 대표적인 강릉지역 향토음식이기도 하다.

특히 통감자를 강판에 곱게 갈아 전분이 가라앉으면 물기를 쭉 짜낸 뒤 남은 덩어리와 전분을 섞어 빚어 쫄깃하고 담백한 맛이 일품이다.[26] '감자옹심이' 끓이는 법을 보면, 감자를 갈아 건더기와 앙금을 섞어 새알심을 만들고, 장국 국물이 끓을 때 옹심이를 넣고 끓이다가 채 썬 애호박, 붉은 고추, 풋고추를 썰어 넣는다. 새알심 형태로 하지 않고 납작하게 눌러서 옹심이를 만들기도 한다.

향토성이 짙은 감자붕생이, 콩죽, 팥죽 등을 자세히 살펴보고자 한다.

① 감자붕생이

감자의 반을 갈라 거른 건더기와 가라앉은 앙금, 감자전분, 소금을 섞고 치대어 반죽하여 소금 간한 풋강낭콩과 섞은 다음, 솥에 나머지 감자의 껍질을 벗겨 깔고 적당한 크기로 떼어 낸 반죽을 감자 위에 얹어 푹 쪄서 감자가 익으면 주걱으로 잘 섞은 것이다. 강원도 영월 지방에서는 찐 감자를 밀가루와 섞어 반죽하여 들기름, 소금, 설탕 등을 넣어 찐 뒤 호박잎에 싸서 고추장에 찍어 먹는데 '감자범벅'이라고도 한다.[27]

② 콩죽

콩은 바닷물을 간수로 사용하여 두부를 만들고 콩죽, 콩나물을 길러 먹는다. 콩죽은 냄비에 잘게 썬 갓김치, 백김치를 밑에 깔고 불린 메밀, 쌀, 물을 넣고 끓이다가, 불린 콩을 갈아서 위에 고루 얹고 한소끔 끓으면 진한 소금물을 끼얹어 순두부처럼 엉기게 한다. 강원도에서는 '콩갱이'라고도 한다. 『증보산림경제』에는 청태죽(靑太粥), 방신영의 『조선요리제법』에는[28] 콩죽, 『조선무쌍신식요리제법』에는[29] 태죽(太粥)으로 소개되었다.

③ 팥죽

강원도에서는 팥죽에 옥수수를 함께 넣어 먹는 것이 특징이다. 이는 다른 지역에서는 느낄 수 없는 톡톡 터지는 식감으로 찹쌀 말고도 수수를 이용한 새알심을 넣어 새로운 식감도 맛볼 수 있다.[30)]

(3) 국수, 수제비, 만두

강원도의 향토음식 중 국수, 수제비, 만두를 재료에 따라 구분하면, 강릉 특산 조개인 떼북(째복)을 국물내고, 밀가루에 콩가루를 섞어 반죽하여 칼국수를 만들어 애호박, 떼북살을 얹어 만든 '떼북콩국수(째북콩국수)'와 역시 밀가루에 콩가루를 섞어서 반죽하여 칼국수를 만들어 끓인 '콩칼국수(콩가수기, 콩가슬이)'가 있다. 또한 메밀에 밀가루를 조금 섞어 반죽을 하여 만든 정선의 대표적인 특산 음식인 '메밀콧등치기(국수), '꼴뚜국수(메밀껄뚜국수)', '춘천막국수'로 유명한 기계를 이용하여 국수를 뽑아서 만든 '막국수(메밀막국수)'가 유명하다. 그리고 메밀가루에 콩가루를 섞어 만든 '메밀콩국수' 등이 있다. '메밀감자수제비'는 멸치다시마육수에 감자를 넣고 끓을 때 메밀을 물로 반죽한 것을 수제비로 얇게 펴서 넣어 끓인 것이다. 그리고 감자를 주재료로 한 국수, 수제비로는 감자를 갈아서 새알심을 만들고 밀가루에 늙은 호박, 콩가루를 넣어 반죽하여 썰은 칼국수를 넣은 '감자새알칼국수', 삶은 감자를 으깨고 밀가루, 검은 콩가루를 넣고 반죽하여 국수를 만들고 멸치다시마 육수에 넣어 끓인 '감자국수', 감자를 갈아서 건더기와 앙금을 넣고 반죽하여 멸치장국에 끓인 '감자수제비'가 있다.

늙근 옥수수나 풋 옥수수를 갈아서 끓이고 바가지를 통해 국수를 만드는 '올챙이국수'와 삶은 옥수수국수(올챙이국수)에 콩물을 부어서 먹는 '옥수수콩물국수'는 부드러운 맛을 자랑하고, 역시 옥수수를 갈아서 반죽한 '옥수수수제비(강냉이수제비)'도 향긋한 옥수수의 향이 있는 향토음식이다.

산골 재료의 대표적인 도토리를 이용하여 만드는 '도토리국수', '도토리올챙이국수(올챙이국수)'와 함께 산나물로 만드는 '산채국수(산채비빔국수)', '산채칼국수', 그리고 곤달비즙을 밀가루에 넣어 반죽하여 멸치육수에 넣고 끓인 '곤달비수제비'

는 별미이다. 그밖에도 불린 찰옥수수, 삶은 팥을 넣고 푹 끓이고 다 익으면 찹쌀 옹심이를 넣어 만든 '찰옥수수팥옹심이', 팥죽의 쌀 대신에 밀가루를 반죽하여 가늘게 썬 국수를 넣은 '팥국수', 그리고 메밀묵을 채 썰어 멸치다시마장국에 넣어 먹는 '메밀묵채국수'가 있다.

만두로는 메밀가루를 반죽하여 만두피를 만들고 갓김치를 소로 넣어 만든 '채만두', 감자를 삶아 으깬 것에 밀가루를 넣고 반죽하여 만두피를 만들고 보통 만두소를 넣어 만든 '감자만두', 메밀가루를 반죽하여 만두피로 하고 보통 만두소를 넣은 '메밀만두' 등이 있다.[31] 이들 중 전통적인 향토음식으로 알려진 막국수, 올챙이국수, 콧등치기국수 그리고 새롭게 조사된 메밀송어만두, 장칼국수, 횡성 건진국수 등을 자세히 살펴보고자 한다.

① 막국수

강원도에서 흉년이 들어서 쌀밥 대신에 먹던 국수가 풍년이 든 해에는 별식이 되는데, 춘천 막국수가 향토 별식으로 태어났다.[32]

'춘천 막국수'는 춘천지방의 특산 명물음식으로[33] 메밀가루와 밀가루를 섞어 반죽한 후 국수틀에서 면을 뽑아낸 후 끓는물에 삶고, 그릇에 담고 당근, 오이 채 썬 것, 토마토, 달걀, 양념장을 얹고, 식성에 따라 겨자, 설탕, 식초 등을 더 넣어 먹는다.

조선시대 조리서인 『음식디미방』과 『주방문』에는 메밀가루로 만든 국수를 그냥 면(麵)이라 기록하고 있어 널리 먹었던 음식임을 알 수가 있다.[34]

해발 823m 영동으로 넘어가는 관문인 대관령은 과거 영서지방 사람들은 생선과 소금을 얻기 위해 아흔아홉 구비의 고개를 넘어야만 했다. 겨울이면 대관령 고개는 더욱더 험준해진다. 1년의 절반이 겨울이라는 대관령 사람들은 이 척박한 겨울철 농한기에 자주 해먹던 겨울 별미라는 '메밀막국수'는[35] 장정 세 명이 국수틀을 눌러야지 만들 수 있을 만큼 손이 많이 간다. 따뜻한 닭 육수를 넣은 메밀막국수와 시원한 동치미국물을 넣은 메밀막국수 두 가지 모두 상에 올라 식구들의 입맛을 사로잡았다.

메밀막국수는 지금은 '춘천막국수'로 많이 알려져 있지만 인제, 원통, 양구 등의 산촌에서 더 많이 먹던 국수다. 원래는 메밀을 익반죽하여 분틀(국수틀)에 눌러서 무김치와 양념장을 얹어서 비벼 먹지만, 동치미 국물이나 꿩 육수를 부어 말아먹기도 하였다.[36)]

메밀막국수의 유래는[37)] 임진왜란 직후 인조가 굶주린 백성들을 위해 메밀의 재배를 장려하였고 이를 국수로 만들어 먹었다는 설과, 태백산맥 화전민들이 즐겨 먹던 메밀수제비가 메밀막국수가 되었다는 설이 있다. 이는 1970년대 춘천에서 막국수를 상품화하기 시작하면서 강원도에 크게 알려지게 되었다.

강원도의 평창, 진부, 봉평은 우리나라의 대표적인 메밀 산지로, 여기서 수확한 메밀로 국수를 만들어 판매하면서 막국수집이 크게 성했다. 요즈음에는 한류 열풍으로 춘천막국수의 유명세가 일본에까지 알려졌다고 한다. '쟁반막국수'는 오이, 깻잎, 당근 등의 채소를 섞어서 양념장으로 비빈 국수이다.

② 올챙이국수

옥수수는 재배가 용이하고 열량이 높아 배가 부르며 소화가 잘되어 척박한 산간지방의 주식으로 이용되어 왔다.

'올챙이국수(묵)'는[38)] 말린 옥수수를 불리고 곱게 간다. 웃물을 따라 버리고 앙금을 솥에 넣고 죽을 쑨다. 이것을 뜨거울 때 구멍 뚫린 바가지에 붓고 찬물에 내려 건져 놓는다. 그릇에 건져 낸 올챙이국수를 담고 양념장을 넣어 먹는다. 여름철에 산간지방에서 많이 나는 옥수수를 이용해 만든 식품으로 텁텁한 맛의 입맛을 돋우는 음식이다. 구멍 뚫린 바가지에서 떨어지는 모양이 올챙이 같다하여 붙여진 이름이라고 한다. 또는 젖은 옥수수를 따서 맷돌에 갈아 가는 체에 받쳐 앙금이 가라앉으면 같은 방법으로 만들기도 한다. 옥수수로 만든 음식 같지 않게 맛좋은 별미식품이다.[39)]

③ 콧등치기국수

영월, 정선지역과 영동지역에서는 메밀칼국수를 주로 먹었다. 국물은 막장 또는 된장, 고추장으로 간을 맞추는 경우가 많고 감자와 호박 등 채소를 함께 넣는다. 정선지역에서는 이러한 메밀국수를 '콧등치기국수'라고 부르고, 영월지역에서는 '꼴두국수'라고 부른다. 콧등치기국수는 국수를 먹을 때 면발이 콧등을 친다는 뜻에서 유래하였으며, 꼴두국수는 맛없는 메밀국수를 매일 먹으니 꼴도 보기 싫다는 뜻이라고 한다.[40]

콧등치기국수는 일명 '메밀칼싹두기'라고 하며,[41] 정선 장 좌판의 애환이 서린 음식이다. 반죽 시 메밀가루에 밀가루나 전분을 섞어야만 면발이 쉽게 끊어지지 않는다.

④ 감자옹심이(수제비)

생감자를 강판에 갈아서 체에 걸러 건지를 모으고, 남은 물은 가라앉혀 바닥에 모인 감자녹말을 섞어서 반죽하여 납작하게 만들거나 새알 모양으로 빚어 장국에 넣어 끓인다. 새알을 '옹심이'라고 하며 쫀득거리고 맛이 있다.[42]

⑤ 메밀송어만두

평창은 우리나라 최초로 송어 양식에 성공한 송어의 주산지이다. 15℃ 내 · 외 수온을 유지하는 차가운 용천수가 풍부해 1965년부터 최적의 송어 양식지로 개발되었다. 1급수에만 사는 송어는 냉수 어종으로 수온이 낮을수록 좋다. 그래서 추워질수록 송어의 살은 더욱더 찰지는데, 메밀가루를 익반죽하여 만두피를 만들고 말린 송어를 잘게 찢어 만두의 속에 넣어 송어만두를 만들어 먹는다.[43]

⑥ 장칼국수

장칼국수는 강원도식 칼국수다. 고추장과 된장으로 칼칼하게 맛을 낸 칼국수 요리이며 강원도에서도 강릉이 유명하다.[44] 양양 일대에서는 홍합과 해산물을 넣기에 '홍합칼국수'라고 부른다. 영월지역에서는 '꼴두국수', 정선지역에서는 '콧등치기국수'라고 부른다. 또한 '눌러서 늘여 만든다'고 하여 '느름국'이라고도 한다.[45]

소금이 귀한 산간 지방에서는 칼국수를 만들 때 간을 장으로 하였는데, 그것이 널리 알려지면서 오늘날 유명한 장칼국수가 되었다. 장칼국수에 해물을 넣기도 하고 채소를 넣기도 하여 깊고 풍부한 맛을 낸다. 요즘 강릉의 유명한 장칼국수집들은 관광객들에 의해 문전성시를 이루고 있다.

⑦ 횡성의 건진국수

강원도 횡성군 명물로도 유명한 '건진국수'는 익힌 면을 찬물에서 건져냈다고 해서 붙은 이름이다. 건진국수에는 안동식과 강원도식이 있는데, 강원도식은 장을 푼 육수에 오이, 호박무침 고명을 올려서 먹는다. 매콤한 양념에 국물이 없어 여름철에 특히 사랑받고 있다.[46]

2) 부식류

(1) 국, 탕

강원도의 향토음식 중 국, 탕으로는 못생긴 생선으로 잘 알려진 삼세기(삼숙이)와 장국 국물에 고추장, 고춧가루를 넣고 무, 양파, 애호박 등을 넣고 끓인 '삼세기탕(삼숙이탕)'과 우럭이나 회를 뜨고 남은 우럭을 넣고 오래 끓이는 뽀오얀 국물의 '우럭미역국', 그리고 '물메기국(곰치국)'은 물에 잘게 썬 배추김치를 넣고 끓이다가 손질한 물메기를 넣고 끓인 시원한 해장국으로 유명하다. '알탕'은 고추장 푼 장국물에 명란과 무, 콩나물을 넣고 끓인 탕으로 감칠맛이 좋은 탕이다. '김국'은 돌김으로 끓인 국이다. 우럭매운탕, 김국을 제외하면 대부분 막장, 고추장 등을 풀고 구수하게 끓인다.

반면, '늙은호박삼계탕'은 늙은 호박을 도려내고 그 속에 대추, 밤을 넣은 닭을 집어넣고 찐 보양식이고, '정선 황기탕' 또한 닭의 배 속에 찹쌀, 황기, 대추, 밤을 넣고 끓는물에서 1시간 이상 끓인 백숙으로 정선에서 유명한 향토 보양식이다. '복추어탕'도 복날에 먹는 추어탕으로 미꾸라지, 감자, 부추, 표고버섯으로 끓인 원주 지방의 보양식이다.

그밖에도 '콩탕'은 납작하게 썬 무를 솥에 깔고 물을 붓고 끓이다가 불린 콩을 갈아서 끓는물에 조금씩 떠 넣어 끓인 일상적인 음식이다. 특히 농사철에 일바라지 음식으로도 많이 먹었다고 한다. '호박고지탕'은 호박고지를 불려서 물을 빼고 참기름으로 양념하여 볶다가 들깨와 쌀을 맷돌이나 분쇄기에 갈아 체에 거른 것을 넣어 끓인 탕이다. '메밀묵냉채국(묵사발)'은 메밀묵을 채 썰고 다시마멸치 장국을 뜨겁게도 먹고, 살짝 얼려서 시원하게 부어 먹는 향토음식이다. 고명으로 잘게 썬 배추김치, 잘게 부순 김 등을 묵채 위에 얹는다.

또한 냇가나 계곡물에 사는 민물고기를 잡아서 만드는 음식들로는 꺽저기 또는 꾹저구라고 불리는 냇가에 사는 고기를 잡아 고추장을 풀고 끓인 '꺽저기탕'은 양양에서 유명한 향토음식이다. 또한 민물고기인 쏘가리를 넣고 만든 '쏘가리매운탕', 깨끗한 계곡물에만 산다고 알려진 꺽지를 고추장, 고춧가루를 푼 장국에 넣고 끓이다가 미나리, 깻잎, 쑥갓 등의 채소를 넣고 끓인 '꺽지매운탕'과 꺽지를 데쳐 알을 빼내고 고추장을 푼 국물에 꺽지살, 배추김치를 넣고 끓이다가 마지막에 알을 넣고 끓이는 '꺽지알탕', 다슬기와 아욱에 된장을 넣고 끓인 '다슬기해장국(달팽이해장국)' 등이 있다.[47] 이들 중 향토성이 강한 김국, 꺽저기탕, 메밀묵냉채국(묵사발), 복추어탕, 삼세기탕(삼숙이탕), 콩탕, 호박고지탕과 그리고 새롭게 조사된 명태지리국, 민물김국, 산양삼백숙, 송이고지국(송이박국), 영계길경탕, 정선황기탕, 황태국, 까치버섯닭백숙, 쏘가리매운탕 등을 자세히 살펴보고자 한다.

① 김국

강원도 김국은 끓는물에 국간장으로 간을 맞추고 생돌김을 넣고 한소끔 끓이다가 달걀을 풀어 넣는다.[48] 돌에 천연 그대로 자라나는 김을 채취하여 햇볕이 잘 드는 곳에서 말리면 맛있는 '돌김'이 된다. 특히 강릉 심곡리 돌김은 폭이 넓고 색깔이 검으면서 윤기가 많고, 향기가 짙으며 담백하다.[49]

② 꺽저기탕

꺽저기는 꺽지와 생김새가 비슷하지만 13cm 내·외의 비교적 작은 소형의 물고기이다. 꺽저기를 체에 담아 소금을 뿌려 덮어두었다가 주물러 진액을 제거한 후 끓는물에 손질한 꺽저기를 넣고 푹 익으면 고추장, 어슷하게 썬 풋고추, 다진 파 · 마늘 · 생강, 국간장을 넣고 끓인 국이다. '꾹저구탕', '뚜거리탕'이라고도 한다.[50)]

③ 메밀묵냉채국(묵사발)

'메밀묵채'라고도 한다. 메밀묵냉채국의 맛은 육수와 양념장에서 나온다. 육수는 고기를 전혀 넣지 않은 채소만으로 맛을 낸다. 무, 양파, 대파, 버섯 등을 넣고 푹 끓이면 연한 풀잎색의 육수가 만들어지는데, 냉면 육수처럼 얼음이 동동 뜰 정도로 차게 보관한다. 예전에는 멸치를 넣었는데 요즘은 비린 맛 때문에 넣지 않는다. 양파와 대파를 갈아 고춧가루로 버무린 매콤한 양념장을 넣어 맛을 보완한다. 이 메밀묵냉채국은 강릉에서는 제사가 끝나고 음복을 할 때[51)], 제상에 갱으로 올린 무국에 도라지, 고사리나물을 국물째 붓고 제사상에 올렸던 메밀묵을 채 썰어 넣고 훌훌 말아 먹은 데서부터 유래되었다고 한다. 가늘게 채 썬 메밀묵, 잘게 썬 배추김치에 김가루, 갖은 양념을 넣은 다음 찬 육수를 부은 냉국이다. '묵사발'이라고도 한다.[52)]

④ 복추어탕

미꾸라지에 소금을 뿌려 점액을 제거하고 끓는물에 삶아 곱게 간 후 냄비에 미꾸라지 간 것과 감자, 부추, 대파, 표고버섯, 삭힌 고추와 고추장, 들깨, 다진 마늘을 넣고 끓인 후 산초가루와 다진 고추를 곁들인 것이다. '복추어탕'은 강원도 원주 치악산의 맑은 계곡의 흐르는 물에서 잡은 미꾸라지를 얼큰하게 푹 끓여 여름 복날 음식으로 즐기던 보양식이다.[53)]

⑤ 삼세기탕(삼숙이탕)

삼세기는 바닷물고기로 삼숙이, 삼식이라고도 한다. 겨울이 제철로 살이 연하여 주로 매운탕이나 속풀이 국으로 유명하며, 된장을 풀고 끓이면 시원하면서도 구수한 맛이 좋아 속초지방의 사람들은 제일로 친다.

삼세기는 배가 톡 불거지고 머리가 크며 암갈색 또는 암녹색을 띠며 생선살도

별로 없고 아주 못생긴 생선이다. 껍질에 오톨도톨한 돌기가 있기 때문에 반드시 껍질을 벗겨 조리한다.[54)]

⑥ 콩탕

콩탕은 콩물 또는 콩가루를 찬물에 풀어 끓이다가 순두부처럼 엉길 때에 채소를 썰어 넣고 다시 끓여 양념한 국이다.

만드는 법은 냄비에 납작하게 썬 무와 물을 조금 넣고 끓이다가 불린 콩 간 것을 조금씩 넣고 뽀얗게 되면 불을 끄고 간수를 넣어 응고시키기도 하고, 흰콩을 갈아 물에 풀어 끓이다가 납작하게 썬 무, 감자, 잘게 썬 배추, 시래기, 콩나물을 넣고 끓으면 된장과 막장, 고춧가루, 다진 파, 마늘을 넣어 끓인다.[55)]

⑦ 호박고지탕

호박고지를 물에 불려 참기름, 다진 파 · 마늘 · 생강을 넣고 볶다가 들깨와 쌀을 갈아 체에 거른 것을 넣고 물을 부어 푹 끓인 국이다. 호박고지탕은 강원도 인제지역에서 설날이나 대보름에 주로 먹는 향토음식이며, 호박고지는 겨울철 비타민 C가 부족하기 쉬운 우리 조상들의 겨울철 음식으로 많이 이용되었다.[56)]

⑧ 명태지리국

명태지리국은 고성군의 대표 어종인 명태로, 요리하여 비리지 않고 시원 담백하고 칼슘과 단백질이 풍부한 저지방 음식이다. '지리'란 양념을 거의 안 넣고 마늘과 소금만으로 끓인 것을 말한다.

조선시대부터 수산 제조업 중에서 가장 대표적이었던 것이 명태동건품(동결건조품) 제조업이었는데, 강원 고성지역에서는 진부령이나 미시령에서 말리기 이전부터 바닷가에 명태덕장을 만들어 명태 건조작업을 시작하였다.

20세기 초 해안가를 따라 빼곡히 설치된 명태덕장에 걸려 있는 명태의 사진에서 알 수 있듯이, 강원 고성지역은 오래 전부터 명태 생산의 주산지였다.

예로부터 강원도 동해 연안의 고성과 간성지역에서 잡히는 명태를 '간태(杆太)'

또는 '강태(江太)'라고 부르거나, 거진에서 잡혀 거진항으로 들어오는 명태를 원양태와 구분하여 진짜 명태라는 뜻으로 '진태(眞太)' 또는 거진의 나루진을 따서 '진태(津太)' 등 다양한 이름으로 불리는 것을 보면 강원 고성지역이 명태산지로 유명했던 것을 알 수가 있다.[57)]

⑨ 민물김국

태백산맥의 동쪽, 높은 산에서 흐르는 물줄기가 바다에 닿기 전, 수중동굴에서 내려온 삼척 초당굴 하류 소한천의 바위에서는 우리나라 어디서도 볼 수 없는 희귀종인 '민물김'이 자라고 있다. 오래 전 소한천 민물김은 많이 날 때도 일 년에 삼천 장 정도가 전부라 숨겨두고 먹었다고 할 정도로 귀했다. 소한천 민물김으로 끓인 민물김국은 산후에 몸 회복용으로는 제격이다. 전혀 짜지 않고, 오히려 향긋하고 담백하다.[58)] 민물김은 세계적으로 삼척시 근덕면 소한계곡과 일본의 규슈지역에만 서식하는 희귀종이다.[59)]

소한천 600m 구간에 민물김이 서식해 과거에는 주민들이 채취해 팔기도 했지만, 이제는 양이 크게 줄어 보존이 시급하다. 그래서 삼척시가 민물김 연구센터를 건립하고, 종 보존과 증식 연구를 시작하여 민물김의 서식 환경과 생태 등을 연구하여 대량 증식을 하고 있다.

⑩ 산양삼백숙

평창은 적당한 일조량으로 기후가 서늘하고 토양이 촉촉이 수분을 품어 삼이 자라기에 최적의 입지 조건이다. 최근 이곳은 구하기 힘든 산삼 대신 삼의 씨를 산 속에 뿌려 키우는 산양삼이 뜨고 있다. 산삼과 같은 환경에서 자라는 만큼 그 효능도 비슷하다. 산양삼을 넣고 푹 곤 닭백숙이 있다.[60)]

⑪ 송이고지국(송이박국)

박 속의 씨와 겉껍질을 버린 뒤 가늘게 채치고, 송이도 가늘게 찢어서 함께 넣어 끓인 국이다. 추석 무렵에 먹을 수 있는 별식이기도 하며 추석 차롓상에 올리기도 한다. 송이고지국은 물론이고 강원도지역에서는 옥색 빛깔의 박오가리와 향기가 빼어난 송이를 볶은 나물을 최고로 치기도 한다.[61]

⑫ 영계길경탕

강원 강릉의 창녕 조씨 명숙공 종가에서 일꾼들의 몸보신을 위해 내던 음식이다. '질'은 30명 단위의 일꾼 집단을 이르는 말이다. 영계길경탕이 일꾼들의 복달임 음식인 셈이다. 봄에 알을 깐 병아리는 초여름이 되면 영계가 된다. 이를 잡아 제철 맞은 도라지(길경)와 인삼, 대추와 함께 넣어 끓이고 감자와 호박을 넣는다.[62]

⑬ 정선 황기탕

강원도 정선 지방은 황기가 유명하다. 황기를 끓인 물에 손질한 닭과 마늘, 대추, 불린 찹쌀 등을 넣고 푹 끓인 것이 정선 황기탕이다. 황기를 닭과 같이 넣고 끓이기도 한다. 황기는 약초로서 재배하며 한방에서는 강장, 지한(止汗), 이뇨(利尿), 소종(消腫) 등의 효능이 있다.[63]

⑭ 황태국

혹독한 추위를 자랑하는 대관령은 사람들이 살기에는 힘들지만, 황태를 만들기에는 최상의 입지 장소가 된다. 명태가 황태로 되려면 낮에는 약간 녹았다가 밤이면 꽁꽁 얼어야 하는데, 바로 대관령이 그 조건이 딱 맞아 떨어지는 곳이다. 대관령 횡계리는 새벽 6시부터 명태를 너는 작업이 시작된다. 혹독한 추위에 일을 하다보면 턱수염에 고드름이 맺히기 일쑤고, 심하면 눈썹이 달라붙어 눈을 뜰 수 없을 정도라고 사람들은 말한다. 이들은 고단함과 추위를 조금이나마 덜기 위해 따뜻한 황태국물로 꽁꽁 얼어붙은 몸을 달랜다.[64]

⑮ 까치버섯 닭백숙

까치버섯(먹버섯)을 넣고 닭백숙으로 해 먹으면 해독 기능은 물론 혈관 건강에도 좋아 보양식으로 제격이다. 가을 달래를 무와 함께 무쳐 닭백숙에 곁들인다.[65]

⑯ 쏘가리 매운탕

쏘가리는 남한강변과 한탄강 맑은 물에서 잡히는 유명한 담수어로 원래 이름은 '천자어'라고 한다. 춘천에서는 쏘가리회를 먹고 남은 머리, 뼈 등을 이용하여 매운탕을 끓인다.[66)]

(2) 전골, 찌개

강원도의 향토음식 중 찌개로 '명란젓찌개'는 쇠고기를 볶다가 물을 부어 끓으면, 명태의 알로 담은 명란젓, 두부, 무 등을 넣고 새우젓으로 간을 한 찌개이다. '명태무왁저찌개'는 약간 마른 명태를 토막내고, 냄비에 명태와 무를 넣고 물을 조금 붓고 끓인다. 충분히 끓인 후 소금, 국간장으로 간을 하고 다진 마늘, 청 · 홍고추를 어슷 썰어 넣은 찌개이다.

'감자전골'은 감자를 갈아서 건더기와 가라앉은 앙금을 섞어 완자를 만들어 전골냄비의 가운데에 담고 감자, 당근, 표고버섯을 굵게 채 썰어 그 주변에 돌려놓고 육수를 붓고 끓인다. 채 썬 쇠고기를 완자 위에도 얹는다. 그리고 소금, 후춧가루, 다진파, 마늘을 넣는다. 옹심이처럼 국물이 점도가 있는 형태의 전골이다.

버섯이 주재료인 전골 중 '능이버섯전골'은 전골냄비에 납작하게 썬 돼지고기, 손으로 찢은 능이버섯, 냉이, 양파, 대파, 당근을 돌려 담고 물을 부어 끓이면서 고추장, 국간장, 다진 마늘을 넣어 끓인 전골이며, '버섯전골'은 전골냄비 바닥에 느타리버섯을 먼저 깔고 그 위에 송이버섯, 표고버섯, 쇠고기를 담고 당근, 미나리, 쪽파, 달걀옷을 입혀 지진 두부완자, 황백지단 등을 올린 보기 좋고 맛도 좋은 전골이다. '송이버섯전골'은 송이를 얇게 썰어 넣고 쇠고기, 조갯살, 실파를 넣고 국간장으로 간을 한 전골로 송이의 향을 즐기는 전골이다.[67)] 이들 중 능이버섯전골과 새롭게 조사된 도루묵찌개, 생태찌개, 콩비지찌개에 대해 자세히 살펴보고자 한다.

① 능이버섯전골

능이버섯을 향 버섯이라고도 하는데, 건조하면 강한 향기가 나며 특히 고기처럼 씹히는 맛이 좋다. 식용버섯이지만 날로 먹으면 중독될 수 있으므로 주의해야 한다. 주로 강원도 지방에서 나며 9월과 10월이 제철이다. 먹기 좋게 찢은 능이버섯과 돼지고기, 양파, 당근, 대파를 같은 길이로 썰어 전골냄비에 돌려 담고 육수를 부어 끓이면서 고추장, 다진마늘, 국간장으로 간을 한다. 능이버섯을 조리면 국물이 검어지므로 한 번 데친 후에 조리해서 먹기도 한다.[68]

② 도루묵찌개

강원도 고성군의 8미 중 하나다. 겨울철 별미로 알이 꽉 찬 도루묵찌개를 맛보다보면 입 안에서 살짝 터지는 알의 쫀득쫀득한 맛을 느낄 수 있다. 도루묵 알은 전자파 등에 좋다는 이유로 그동안 전량 일본으로 수출되기도 하였다. 이 고단백 도루묵은 비늘 없는 생선이라 아주 담백한 맛이 난다.[69]

③ 생태찌개

무와 다시마를 국물 내어 끓이다가 고춧가루를 풀고 살짝 끓으면, 손질한 명태를 넣어 끓인 뒤 채소를 넣어 한소끔 끓인 후 간하여 먹는 찌개이다.

④ 콩비지찌개

고기와 김치를 볶다가 콩비지를 넣고 물을 넣어 끓인 뒤, 파와 다진 마늘을 넣고 간하여 먹는다.

(3) 김치

강원도의 향토음식 중 김치로는 바다가 가까운 동해안 지역에서 김치에 해산물을 같이 넣고 담는 형태가 많이 조사되었다. 즉 '명란채김치'는 명란과 무채, 양파채, 부추, 쪽파 등을 고춧가루, 다진파, 마늘, 새우젓, 멸치액젓으로 버무린 것이다. '창란채김치'는 명란 대신 손질한 창란을 위와 같은 방법으로 버무려 담은 김치다. '채김치'는 무와 배추를 굵게 채 썰고, 명태도 살만 굵게 채를 썰어 새우젓, 미나리, 무, 배추, 고춧가루와 갖은 양념을 넣고 버무린 김치다. '해물김치'는 무, 도루묵,

미나리, 명태, 오징어, 갓, 대파, 실파, 고춧가루와 멸치액젓 등으로 담은 김치다. 다른 김치에 비하여 도루묵, 명태, 이면수어, 오징어 등 많은 해물이 들어가 달착지근한 감칠맛이 우수한 독특한 김치다.

그리고 '창란젓깍두기'는 무를 깍둑썰기 하여 깍두기를 담을 때 창란젓을 같이 넣고 담은 것이다. '서거리깍두기' 또한 깍두기에 명태 아가미인 서거리를 잘 손질하여 넣고 고춧가루, 멸치액젓을 넣고 버무려 담은 것이다.

'더덕김치'는 더덕과 삭힌 고들빼기, 당근을 채 썰어 고춧가루 등 갖은 양념을 하여 담은 별미김치다. '호박김치'는 늙은 호박과 배추, 열무를 섞어서 고춧가루, 새우젓 등 갖은 양념으로 담근 김치다. 다른 지역에서는 늙은 호박만으로 감치를 담는데, 이곳에서는 절인 배추와 열무를 같이 넣어서 담기도 한다.

'해수배추김치'는 바닷물로 절인 김장김치로, 꾸덕꾸덕 말린 명태는 살은 포 뜨고 머리나 뼈 등으로 육수를 만들어 넣는다. 갓, 쪽파, 대파, 새우젓, 고춧가루 등 갖은 양념을 넣고 버무린 김치다. 예전 동해안은 서해안에 비하여 소금 생산이 많지 않은 지역이므로 천연의 자원인 바닷물을 이용하여 배추를 절였다. 현재도 바닷물에 배추를 절이는 경우를 볼 수가 있다.

'정선갓김치'는 토종갓을 소금에 짜게 절여두었다가 먹을 때는 절인 갓김치를 꺼내어 소금기를 제거하고 적당한 길이로 자르고 고춧가루 등 갖은 양념을 하여 먹는 향토성이 강한 김치다. 갓김치는 양념하여 메밀전병의 소나 만두의 소로도 넣고, 막국수를 먹을 때 같이 먹기도 한다. 일년 내내 갓김치를 이용한다.[70] 이들 중 전통성이 강한 서거리깍두기 그리고 새롭게 조사된 갯방풍명게물김치, 덤벙김치, 명태김치, 이면수어김치, 명태무섞박지, 산갓김치, 오징어채김치, 짠지, 평창백김치 등을 자세히 살펴보고자 한다.

① 서거리깍두기

서거리깍두기는[71] 예전 강릉에서 많이 잡히는 명태의 아가미(서거리)를 넣고 고랭지에서 재배된 무를 가지고 담근 깍두기로 별미음식이다. 명태 아가미를 강원도에서는 서거리라고 한다. 명태 아가미는 오독오독한 식감이 특징이며 칼슘 함량이 높아 뼈 건강을 지켜주고 세포대사를 원활하게 해 준다.[72] 소금에 절인 명태 아가미와 고춧물을 들인 무를 함께 버무려 익힌 음식이며, 서거리가 새콤하게 익기 시작하면 아가미의 한 쪽을 잡고 훑는다. 그러면 뼈가 쏙 빠지면서 맛있게 먹을 수 있다.[73] 명태의 고장인 강원도 고성 지역에서 많이 담가먹으며, 5일 정도 숙성시키면 시원하고 담백한 제맛을 느낄 수 있다.[74]

② 갯방풍멍게 물김치

갯방풍멍게물김치(그림 2.3 참조)는 멍게를 손질하여 작게 썰어둔다. 강릉 해안 지역에서 자라는 갯방풍을 깨끗이 손질하고, 속배추는 소금에 살짝 절이고 파와 양념들을 넣고 고춧가루물을 만들고 찹쌀풀을 묽게 쑨다. 재료들을 모두 섞어 물김치를 만드는 것이다. 멍게와 그 속에서 나온 물을 넣기 때문에 짜지 않게 간을 한다.[75]

[그림 2.3] 갯방풍멍게물김치

[그림 2.4] 이면수어김치[76]

③ 덤벙김치

김장 때 김치 버무린 그릇에 묻은 양념을 절인 배추를 건져 물 뺄 때 받아둔 물로 헹궈 포기가 부실한 배추를 '덤벙덤벙' 적셔 양념한 김치라고 한다. 그래서 이름이 덤벙김치이다. 김장 소는 안 들어갔고, 양념도 희미하다. 1년을 묵으면 시원하고 깊게 발효된 배추의 맛이 별미다. 재료를 지극히 아끼는 검약(儉約)의 음식이요, 강원 산간의 사정이 반영된 특색 있는 김치이다.[77]

④ 명태김치

속초 지역은 우리나라에서 김장 시기가 가장 이른 편이다. 예전에 땅에 묻을 때는 10월 중순에 시작하여 월말이면 끝냈다. 김장이 요즘엔 때가 있는 건 아니지만 10월 말부터 11월 초에 한다. 명태김치는 상온에서 40일쯤 숙성해야 뼈까지 다 삭아서 제맛을 볼 수가 있다. 또 명태김치의 뼈가 말랑말랑하게 삭으려면 예전에는 땅에 묻을 때는 두 달이 지나야 했다. 명태살을 김치 쪽마다 줄기 사이에 서너 점씩 세 차례 넣는다. 명태살에 별도의 양념은 하지 않는다.

강원도에서 자란 키 작은 배추는 줄기가 단단해서 절이는 시간이 길다. 12~13시간 절여도 속대는 숨이 거의 죽지 않는다. 푹 절이는 것보다 살짝 덜 절여야 양념과 배추즙이 어우러지면서 맛이 더 좋아진다. 또 명태김치는 40~60일 정도 푹 익혀야 명태살과 뼈가 충분히 삭기 때문에 배추를 너무 절이면 김치가 익으면서 줄기가 무른다. 그래서 줄기가 무른 물배추를 피하고 약하게 절인다.[78]

⑤ 이면수어김치

이면수어를 저미고 엿기름가루를 뿌려 하룻밤 삭힌 후 김치 양념을 버무려서 배추 사이사이에 넣어 김치를 담근다.(그림 2.4 참조)

⑥ 명태무섞박지

명태무섞박지는 동해를 끼고 있는 강원도의 싱싱한 해물 무김치이다. 비리지 않은 명태를 넣어 채소와 발효시키기 때문에, 시원한 맛이 나는 단백가 높은 영양김치이다. 무를 도톰하게 썰고 여러 가지 해물을 많이 넣기 때문에 비교적 빨리 익어 김장김치가 익기 전에 담아서 먹는다. 김치를 꺼내먹을 때 폭 삭은 생선살을 찢어먹는 맛도 별미다.[79]

⑦ 산갓김치

조선시대 안동 장씨(安東張氏, 1598~1680) 부인이 저술한 최초의 우리말 요리서 『음식디미방(飮食知味方)』에 소개된 산갓김치 담그는 법이 소개되어 있다.

산갓은 강원도와 인연이 깊은데, 조선시대의 조리서 『도문대작』과 『규합총서』 등을 보면 강원도와 경북, 경기 북부지역에서 산갓김치를 즐겨먹었다는 기록이 보인다. '는쟁이냉이'라는 이름으로도 불리는 산갓은 산간계곡 물가 주변 또는 습지에 자생하는 식물로 입 안을 자극하는 겨자의 맛이 일품이다.[80]

⑧ 오징어채김치

강원도 동해지방에서는 오징어가 많이 날 때 싱싱한 오징어를 무채와 같이 썰어 담그는 김치인 오징어채김치가 있다. 오징어 산지인 강원도 동해 부근에서 많이 담그는 무김치로 아삭한 무채와 쫄깃한 오징어의 맛이 각별하다. 담근 즉시 먹으면 김장김치의 소를 먹는 듯한 싱싱함을 즐길 수 있고, 폭 익으면 새콤한 맛이 밥맛을 돋워준다.[81]

⑨ 짠지

배추를 절여 씻고 무채와 갓, 미나리, 파, 마늘에 생강, 고춧가루로 속을 버무려 넣는다. 젓갈을 별로 쓰지 않고 소금으로 많이 담근다.[82]

⑩ 평창백김치

백두대간의 웅장한 산세를 마주할 수 있는 아흔아홉 구비가 이어진 높은 고개, 대관령은 먹을 게 부족했던 환경이었지만 평창 사람들은 지혜를 모아 새로운 양식을 이 땅에 뿌리내렸다. 그리하여 평창의 보물이 된 '고랭지배추'는 다른 지역보다 30일 정도 수확이 빨라 상대적으로 크기가 작지만 배춧속은 옹골지다. 기온이 내려가면 배추가 영양분을 더 단단히 잡아두기 때문에 단맛이 뛰어나고 아삭해진다. 이런 본연의 맛을 살려 가을이 끝나기 전에 서둘러 김장 준비를 한다. 고추가 귀했던 강원도는 고춧가루를 사용하지 않는 백김치를 그들 방식대로 자주 해 먹었다. 찹쌀풀 대신에 으깬 감자와 단맛을 내는 햇옥수수 삶은 물을 넣어 백김치를 만든다.[83]

(4) 나물 – 숙채

강원도 향토음식 중 나물 – 숙채로는 어린 취로 만든 '취나물'과 톳을 고추장에 무친 '톳나물무침', 여물지 않은 어린 박 속을 긁어서 만든 '박나물', 메밀 잎으로 만든 '메밀나물', 생채로는 더덕을 초고추장에 무친 '더덕생채', 기타로는 메밀가루와 밀가루를 묽게 반죽하여 메밀전을 부치고 그 속에 명아주나물, 볶은 당근채 등을 소로 넣어 도르르 말은 '메밀두루말이' 등이 조사되었다.[84] 산나물로 만든 음식은 강원도의 특식이다. 강원도에는 도라지, 고사리, 두릅, 참나물, 참취, 박, 방풍, 산마늘, 곰취가 많이 자라고 나물과 생채로 이용되고 있다. 이들 중 전통성이 강한 취나물, 박나물 그리고 새롭게 조사된 눈개승마, 방풍나물, 산마늘(명이나물), 어수리나물 등을 자세히 살펴보고자 한다.

① 취나물

전국의 산에 자생하는 취나물의 종류는[85] 60여 가지 정도이고, 그 중 24종이 식용이 가능하다. 생잎을 무침나물로 가장 많이 먹는 참취, 향이 가장 강하고 잎이 곰발바닥처럼 넓적해서 쌈으로 먹기 좋은 곰취, 말려서 묵은 나물로 주로 이용하는 서덜취, 미역취, 개미취, 각시취 등이 있다. 이외에도 떡취라고 불리는 수리취, 곰취와 비슷하게 생긴 곤달비나 곤드레도 취나물과 같은 과에 속하는 산나물이다.

봄철에는 생으로 살짝 데쳐서 된장과 갖은 양념으로 무치거나 간장양념을 하여 볶아서 나물로 먹거나 쌈을 싸먹기도 하고 장아찌로도 만든다. 취나물을 볶을 때에 들깨에 물을 붓고 갈아서 넣으면 단백질과 지방이 첨가되어 영양이 더 우수해진다.

② 박나물

어린 박을 반으로 갈라 껍질을 벗기고, 속을 파내어 4등분하여 얄팍하게 썰어 소금을 조금 뿌려둔다. 송이는 세로로 얇게 썬다. 박은 건져 물기를 빼고 기름을 두르고 볶다가 다진 파, 마늘, 깨소금을 넣고 볶으면서 송이를 넣어 잠깐 더 볶고 물을 조금 부어 한소끔 끓으면 간을 맞춘다.[86]

③ 눈개승마

겨우내 얼어붙은 땅 속에서도 부지런히 싹을 틔우는 나물이 있다. 눈을 뚫고 자라나서 눈개승마라 이름 붙은 이 나물은 봄에 제일 먼저 나오는 나물 중 하나다.[87) 눈개승마는 식감도 좋을 뿐 아니라 인삼, 두릅, 고기의 맛이 난다고 해서 삼나물이라고도 불릴 정도로 영양소도 풍부하다.

우리나라에서는 울릉도에서만 재배되었는데, 현재는 강원도 산간지역에도 재배가 활발해지고 있다. 새싹이 올라오는 시기는 이른 봄이다. 이 시기 어린 새싹을 채취해 삶아서 말리면 알칼리성 산채가 된다. 눈개승마는 비빔밥, 무침, 찌개, 탕류에 다양하게 넣어 먹을 수 있으며, 기본적으로 생나물로 무쳐 먹거나 볶아 먹어도 좋고, 두릅처럼 살짝 데쳐도 맛있다.

이러한 조리법 외에는 주로 묵나물을 만들거나 고사리처럼 삶아 말려 육개장 재료로 사용하기도 한다. 묵나물은 물에 1시간 이상 불려 삶고 찬물에 헹궈 반나절 정도 불린다. 이후 물기를 꼭 짜고 집간장, 들기름, 다진 마늘, 깨 등을 넣어 양념한다. 이후 프라이팬에서 살짝 볶아내면 완성된다.

한 유명 호텔에서는 눈개승마를 주재료로 한 '잭슨비빔밥'을 판매하기도 한다. 마이클잭슨이 우리나라를 내방했을 때 두 끼만으로는 부족해 야식까지 비빔밥으로 챙겨먹었을 정도라는 일화도 전해진다.[88)]

④ 방풍나물

방풍나물은 나물반찬으로 인기가 많은데, 풍을 예방한다고 하여 지어진 이름이다. 과거에 방풍나물은 주로 약재로 사용되었으나, 현재는 요리의 식재료로 다양하게 활용되고 있다. 방풍의 독특한 풍미는[89)] 줄기 아래에 붉은빛이 도는 어린 순에서 향기가 나기 때문이다. 최근 중국에서 날아오는 미세먼지에 탁월한 효능을 지닌 방풍나물은 미세먼지뿐만 아니라 황사, 중금속해독, 호흡기질환 등에도 효과가 좋다. 특유의 쌉싸름한 맛으로 많은 음식의 재료가 되는 방풍나물은 바닷가 모래에서 더욱 잘 자라는 식물이다.

방풍나물은 원방풍, 식방풍, 갯방풍의 세 가지 품종으로 나뉜다. 해열, 진통, 발한에 효과가 좋은 식방풍이 인기가 많다. 4월에 나는 방풍나물을 채취하여 섭취하는 것이 가장 맛이 좋다. 따듯한 성질을 가진 방풍나물은 생선과 조개 같은 해산물과 같이 섭취하면 궁합이 좋다. 좋은 방풍나물을 구입하려면 입이 신선하고, 향기가 좋고, 줄기가 길지 않은 것을 골라야 한다. 너무 자란 방풍나물은 억세기 때문에 어린 새순이 많은 방풍나물을 골라야 한다.[90]

⑤ 산마늘(명이나물)

강원도에서 재배되는 산마늘 잎은 울릉도의 것보다 잎이 작고 얇은 것이 특징이다. 주로 장아찌로 먹기도 하고 쌈 채소, 무침, 전 등 다양하게 먹는다. 식중독균에 대한 살균작용 효능이 있어 산마늘을 먹기 좋게 썰어 회와 함께 무쳐서 회 무침으로도 먹는다.

⑥ 어수리나물

어수리나물은 미나리과에 속하는 다년초로 겨울철 눈 속에서 싹을 틔우고 이른 봄 식탁에 오르는 산나물이며 묵나물 · 생채 · 전 · 국거리 등에 사용된다. 예로부터 부드럽고 향이 좋은데다 약효도 뛰어나 약초꾼들 사이에는 삼중에 왕인 '왕삼(王參)'이라고 불렸으며, 임금님 수라상에 오른다하여 '어수리'라 이름이 붙여졌다.

(5) 구이

강원도의 구이로는 '오징어불고기'는 동해안의 명물인 오징어를 손질하여 무늬를 내고 간장 양념을 바르면서 굽거나 또는 고추장 양념을 발라 굽기도 한다. '동태구이'도 토막 낸 동태에 고추장 양념장을 발라 굽는다. '송이구이'는 귀한 송이를 살짝 구어 참기름과 소금에 찍어먹는다. 간장 양념을 하여 굽는 '은어구이' 등이 조사되었는데,[91] 이들 중 향토성이 강한 동태구이, 임연수어구이, 오징어구이, 오징어불고기 그리고 새롭게 조사된 강원도 한우구이, 누덕나물구이, 새송이버섯구이, 홍천 화로구이 등을 자세히 살펴보고자 한다.

① 동태구이

동태는 배를 따고 내장을 꺼내어 씻어 물기를 뺀 다음, 가운데 뼈를 드러낸다. 양념을 만들어 펼친 동태 조각에 발라서 채반에 넣어 꾸덕꾸덕 말린 후 먹을 때 석쇠에 굽는다. 동태구이는 고추장 양념을 발라 맵게 구워도 맛이 있다.[92]

② 이면수어(임연수어)구이

임연수어의 유래에 대해서는 서유구가 『난호어묵지』에서[93] "옛날에 임연수라는 사람이 있었는데 이 물고기를 잘 낚았다. 이로 말미암아 본토박이가 그런 이름을 붙였다."고 하였다. 또 다른 전설에는 강원도의 한 천석꾼이 워낙 임연수구이 껍질을 좋아해서 그것을 먹다가 가산을 탕진했다는 것이다. 사람 이름이 물고기 이름인 보통명사가 되었다는 것이다. 임연수에서 음이 변하여 '이면수', '새치'라고도 불린다. 우리나라에서는 동해 강릉 이북지역에서 겨울부터 봄까지 잡힌다. 임연수어는 주로 소금 간을 해서 구워 먹거나 조려 먹지만, 구워 먹을 때는 껍질이 특히 맛이 좋다.

③ 오징어구이, 오징어불고기

오징어구이는 동해안 지방에서 가장 흔하게 잡히는 오징어를 손질하여 고추장 양념으로 맛을 내어 석쇠에 구워내는 요리로 최상의 안주로 꼽힌다. 오징어에 양파와 깻잎, 풋고추 등의 채소를 넣고 같이 볶으면 오징어불고기가 된다.

오징어 손질 시에 반드시 몸통 안쪽에 칼집을 넣어야 익혔을 때 모양이 나고 질겨지지 않으며 소화도 쉽게 된다.[94]

④ 강원도 한우구이

강원도는 척박한 환경에서 잘 자라는 옥수수를 사료로 쓸 수 있었고, 방목을 할 수 있는 넓은 초지와 기후 등으로 인하여 축산업에 유리한 조건들이 많다. 그러다 보니 지역마다 한우 생산량도 증가하였다. 횡성 한우, 대관령 한우, 평창 한우, 태백 한우, 홍천 한우 등등 많은데, 여러 지역들이 관광지다보니 대부분 구이를 많이 먹게 되었다. 또 양념한 갈비나 불고기, 사골국물, 육포, 떡갈비 등으로 먹는다.

⑤ 누덕나물구이

남해안에서 '김'을 만든다면 동해안의 강릉 사람들은 '고리매'를 만들어 먹는다. 강릉시 강동면 심곡리 주변 바닷가에서 주로 채취하는데, 해수면이 바위에 닿았다가 내려서는 그 자리에서 자라는 해초를 뜯는다.

고리매 나물은 바다에서 나는 나물이라고 하여 붙여진 이름이다. 2~4월 이른 봄 파도가 잔잔해지면 주민들은 바닷가에 나가 고리매와 돌김, 파래 등 해조류들과 함께 채취하여 깨끗이 씻는다. 김처럼 대나무로 만든 발에 널어 햇볕이 좋은 곳에서 말린다. 이것을 '누덕나물'이라고도 한다. 말린 고리매는 들기름을 발라 불에 살짝 구워 김처럼 밥을 싸먹고, 생 고리매는 된장찌개에 넣어 끓여먹기도 한다.[95]

⑥ 새송이버섯구이

송이버섯구이는 원래 송이버섯 그 자체의 향기와 맛을 음미하여 한철만 즐길 수 있는 귀한 요리이다. 요즘은 냉동송이나 송이버섯 대신 새송이버섯으로 대체하고 있어 대중적인 요리가 되었다.[96]

⑦ 홍천 화로구이

홍천 지역에서 유명한 홍천 화로구이는 돼지고기를 썰어 고추장이나 된장 양념 등을 하여 숯불 화로에 구워먹는 고추장삼겹살인 것이다. 설악산 근처 즈음에 위치하다 보니 관광객들이 많이 지나가고, 주변에 여러 관광지가 있다 보니 자연스럽게 많은 사람들에게 알려진 것 같다.

(6) 조림, 지짐이

강원도의 조림, 지짐이로는 냄비에 삶은 곤달비를 깔고 물을 붓고 고추장, 손질한 꽁치, 양파, 생강, 풋고추를 넣고 고춧가루, 간장 등으로 만든 양념장을 넣어 조린 '곤달비꽁치조림(곤드레꽁치조림)'과 말린 도토리묵을 불리고 간장, 실고추 등 갖은 양념을 넣은 양념장을 넣고 조린 '도토리묵조림' 그리고 냄비에 물을 붓고 돼지고기를 덩어리째 넣고 생강, 마늘, 통계피를 넣고 푹 삶는다. 냄비에 적당한 크기로 썬 돼지고기와 데쳐 썬 우엉을 넣고 간장, 설탕, 물엿을 넣은 양념장을 넣고 조린 '돼지고기우엉조림' 등이 있다.[97] 이들 중 향토성이 강한 곤달비꽁치조림(곤드레꽁치조림) 그리고 새롭게 조사된 가자미조림, 도루묵조림, 양미리조림 등을 자세히 살펴보고자 한다.

① 곤달비꽁치조림(곤드레꽁치조림)

곤드레는 '고려엉겅퀴'라고도 하며 태백산의 해발 700m 고지에서 자생하는 산채이다. 예로부터 구황식품으로 널리 알려져 있는데, 강원도 정선과 평창 지역의 특산물로 매년 5월쯤 채취한다. 곤드레의 어린순은 식용할 수 있으며, 곤드레는 생으로 쌈을 싸서 먹거나 튀김, 무침 등의 다양한 방법으로 조리할 수 있다. 맛이 부드럽고 담백하며 향기가 강하고 씹기가 좋으며 탄수화물, 칼슘, 비타민 A 등의 영양이 풍부하다.

냄비에 삶은 곤드레나물을 깔고 물을 부은 뒤 고추장을 넣고 꽁치, 양파채, 생강채, 어슷하게 썬 풋고추를 얹어 양념장(간장, 고춧가루, 다진 파·마늘, 청주)을 넣고 조린다.[98]

② 가자미조림

영동지역에서 많이 잡히는 가자미로 만든 조림 음식이다. 감자를 깔고 가자미를 얹고 양념장을 끼얹어 끓인다. 거의 익으면 파를 넣고 살짝 더 끓인다.

③ 도루묵조림

강릉지역에서 많이 잡히는 도루묵은[99] 예전에는 전량을 일본으로 수출하였으나 요즘은 어획량이 많이 감소되었다. 강릉지역에서 도루묵조림은 일반식사, 술안주로 많이 이용되며 비린내가 나지 않고 맛이 담백하고 살이 부드러워 인기가 좋다. 특히 도루묵조림 속에 있는 알을 씹으면 입 속에서 조림의 양념맛과 톡톡하고 터지는 질감이 잘 어우러진다. 냉동 보관된 도루묵을 조리하면 알의 색이 검게 나타나 생도루묵과 구별된다.

④ 양미리조림

강릉에서 겨울철에 흔하게 잡히는 양미리를 꾸덕하게 잘 말리고 손질하여 냄비에 무와 함께 담고 양념장과 물을 넣어 끓인 뒤 파와 고추를 넣고 조림을 한다. 말린 양미리는 구워먹기도 한다.

(7) 볶음, 초

강원도의 볶음, 초로 '닭갈비(춘천 닭갈비)'는 닭을 씻고 닭갈비를 발라내고, 갈은 배, 다진 마늘, 생강을 넣고 양념 고추장을 넣고 골고루 잘 섞어 7~8시간 숙성시킨다. 그리고 양배추, 고구마, 양파, 대파, 풋고추, 배춧잎을 굵게 썰어 양념에 재운 닭갈비와 같이 넣고 볶는다.

'닭갈비'라는 말은 원래 홍천에서부터 먼저 사용했다고 한다. 홍천의 닭갈비는 냄비에 육수를 넣고 닭요리를 한 것인데, 홍천과 태백에서는 아직도 이 닭갈비, 즉 '물닭갈비'가 남아있다. 춘천에서는 숯불 위에 석쇠를 얹고 구운 '숯불닭갈비'가 있었는데, 1971년부터 닭갈비판이 등장하면서 지금의 춘천 닭갈비가 되었다.

'도치두루치기볶음'은 도치(심퉁이)를 데쳐 물기를 빼고 적당한 크기로 썰어 팬에 도치를 볶다가 배추김치, 물을 넣고 볶는다. 다진 마늘, 어슷 썬 파, 고춧가루를 넣고 양념한다. '석이볶음'은 끓는물에 석이를 데쳐 불린 후 비벼서 검은 물이 없어질 때까지 씻는다. 팬에 참기름을 두르고 적당한 크기로 찢은 석이버섯을 볶는다. '송이볶음'은 팬에 기름을 두르지 않고 송이버섯을 살짝 볶는다. 그리고 풋고추, 붉은 고추를 채 썰어 함께 볶는다. '연어채소볶음'은 연어는 적당한 크기로 썰어 볶고, 팬에 기름을 두르고 알맞게 썬 양파, 당근, 고추, 표고버섯을 넣고 볶다가 마지막에 볶은 연어를 넣고 한 번 더 볶는다.[100)] 이들 중 전통성이 강한 닭갈비, 도치두루치기, 송이버섯볶음, 태백의 물닭갈비 등을 자세히 살펴보고자 한다.

① 닭갈비

닭갈비는 춘천 닭갈비가 유명하다. 춘천 닭갈비의 역사는 1960년대 말 선술집 막걸리 판에서 숯불에 굽는 술안주 대용으로 개발되었는데, 3년간 군 생활에서 휴가나 외출 나온 군인들이 즐겨 먹었고, 값이 싸고 배불리 먹을 수 있어 강원도 춘천 시내 대학생들도 좋아하는 음식이었다. 고추장 양념에 버무려 7~8시간 재운 닭갈비와 양배추, 고구마, 양파, 대파, 배춧잎 등의 채소, 가래떡을 식용유를 두른 팬에 넣고 볶은 것이다. 상추와 깻잎을 곁들여 먹으며 춘천 닭갈비가 유명하다.[101)]

② 도치두루치기

심퉁이의 정식 이름은 '뚝지' 또는 '도치'다. 고성지역에서는 심퉁이를 도치라 부른다. 심퉁이는 사철 잡히지만 제철은 겨울이다. 고성, 속초, 양양, 강릉, 동해, 삼척 등 동해북부 전 해역에서 잡히지만 그 중 고성 심퉁이가 제일로 친다. 2월에 산란을 하는데, 산란 전의 겨울 심퉁이는 살도 찌고 알이 차기 때문에 푸짐하게 맛보기에는 딱이다. 토도독 터지는 고소한 알과 쫀득한 살코기는 감칠 맛 그 자체이다. 심퉁이 두루치기(도치 두루치기)는 고성 8味로 선정될 만큼 이름값을 톡톡히 하고 있다.[102)]

도치는 끓는물에 살짝 튀겨 비늘을 긁어내고 내장을 꺼내 깨끗이 씻는다. 물기를 제거한 도치를 먹기 좋은 크기로 썰고, 잘 익은 김장김치도 같은 크기로 썬다. 냄비에 기름을 두르고 도치를 넣고 볶다가, 김치를 넣고 볶은 후 물을 조금 부으면서 마늘, 파, 고춧가루를 넣고 푹 익힌다. 다 익으면 간을 맞추고 깨소금을 넣는다.

③ 송이버섯볶음

송이버섯은 우리나라에서 삼국시대부터 식용으로 이용되었다는 기록이 있으며, 『동의보감』에는 '송심이'라고 기록되어 있을 만큼 오래 전부터 식용하던 버섯이다. 송이버섯을 이용한 음식은 좋은 향기를 잘 살릴 수 있도록 양념을 되도록 적게 하는 편이 좋다.[103)] 『조선요리제법』 송이볶음에 "간장 양념장을 끓이다가 살짝 볶은 송이버섯과 어슷하게 썬 풋고추 · 붉은고추를 넣어 볶은 것이다."라고 소개되었다.[104)]

④ 태백 물닭갈비

1960년대부터 먹었던 태백의 물닭갈비는 육수에 신선한 닭고기와 고구마, 부추, 떡, 냉이를 넣고 끓여 기름기가 적고 담백한 맛을 자랑한다. 자박자박 끓는 물닭갈비는 광업소에서 채탄을 하던 광부와 산골 사람들이 즐겨 먹던 향토음식으로 광부들의 애환이 녹아있는 음식이다.[105)]

(8) 전, 적

강원도의 전, 적으로 '감자부침(감자전)'은 감자를 강판에 갈아 건더기와 앙금을 섞어 부추, 실파를 넣는다. 팬에 기름을 두르고 이 반죽을 한 국자 떠 놓고 앞 · 뒤로 노릇하게 지진다. '느르미'는 쇠고기, 도라지, 배추, 생다시마 불린 것, 고비를 색을 맞추고 같은 크기로 썰어 꼬치에 꿰어 팬 위에 기름을 두르고 지진다. 간장, 설탕, 다진 파, 마늘, 물을 섞어 장물을 만들어 끼얹으며 지진다. 강릉 서지마을 조진사댁의 농가맛집 '서지초가뜰'의 질상 차림에서 볼 수 있다.

'두릅녹두전'은 두릅은 데치고 두릅, 쇠고기, 송이버섯을 꼬치에 꿰고 유장을 바르고, 한쪽 면에는 밀가루를 바르고 한쪽에는 녹두 갈은 것을 발라 지진다. 강릉 선교장의 내림 음식이기도 하다.

'메밀부침'은 봉평을 위시하여 강원도 대부분의 지역에서 만드는 대표적인 전이다. 메밀가루를 묽게 반죽하며, 팬에 김치나 배추를 몇 줄기 놓고 그 위에 묽은 메밀 반죽을 돌려 담고 부친다. '누룩치부침(노리대부침)'은 누룩치는 밑간을 하고 밀가루, 고추장, 물을 넣어 반죽하여 지진다.

'늙은 호박전'은 늙은 호박을 껍질을 제거하고 강판에 간다. 찹쌀가루를 섞어 반죽을 만들고 팬에 한 국자씩 떠 놓고 지져낸다. '두드러기빈대떡'은 메밀가루에 풋고추, 실파를 송송 썰어 넣고 부친 것이다. '두릅전'은 두릅은 데쳐서 간을 하고, 쇠고기도 같은 크기로 썰어 양념한다. 꼬치에 두릅, 쇠고기를 번갈아 끼우고 지진다. '산채산적'은 더덕, 돼지고기, 표고버섯, 실파, 황백지단을 같은 크기로 썰어 꼬치에 꿰어지진 것이다. '송이산적'은 송이버섯과 쇠고기를 꼬치에 번갈아 끼운 후 지진 것이다.[106)] 이들 중 누룩치부침(노리대부침) 그리고 새롭게 조사된 두덕적,

병풍나물총떡, 북어전, 산느타리 메밀부침개, 참나물전, 홍총떡 등을 자세히 살펴 보고자 한다.

① 누룩치부침(노리대부침)

누룩치부침은 고성, 양양 지역의 향토음식으로 누룩치를 씻어 껍질을 벗겨 썰어서 소금간을 한 뒤 밀가루를 물과 섞어 잘 풀은 후 누룩치와 고추장을 넣어 섞어 기름 두른 팬에 지진다.[107] 누룩치는 일명 노리대로 깊은 산 속의 양지에서 잘 자라는 것으로 한약재로 식욕부진, 소화촉진을 위한 복통 등의 치료제로 쓰이며 산모가 먹으면 젖이 잘 나온다고 알려져 있다.[108]

② 두덕적

평창 지역은 메밀국수를 만들기 위해 맷돌에 갈고 남은 메밀무거리는 버리지 않고 채소와 함께 반죽해 부치는 두덕적이라는 음식을 만들어 먹었다.[109]

③ 병풍나물총떡

강원도 횡성에서도 첩첩산중에 위치한 속실마을에서 주로 먹는 별미이다. 병풍처럼 크다고 해서 이름지어진 '병풍취'는 강원도 고지대에서 자라고, 3~4년 된 병풍나물은 약재로도 사용된다. 1~2년 된 손바닥 두 개만한 병풍나물을 묽게 반죽한 메밀을 넓게 부치고 잘생긴 병풍나물을 넓적하게 올려준다. 갖은 재료로 만든 소를 넣고 돌돌 말아주면 병풍나물의 향이 살아있는 여름별미인 병풍나물 총떡이 완성된다. 메밀총떡은 강원도에서 많이 먹는데, 병풍총떡은 횡성 속실리마을에서 주로 먹는다.[110]

④ 북어전

물에 살짝 불린 북어의 뼈와 가시를 손질하여 간장양념장에 재워둔 다음 밀가루(또는 메밀가루)와 달걀을 입혀 지져내는 것이다. 제례 상차림에 올리기도 한다.

⑤ 산느타리 메밀부침개

인제읍 가리산리 마을에서는[111] 자연산 산느타리를 꼬치에 꿰어 팔기도 했으며, 산느타리로 국을 끓이고, 말렸다가 장아찌를 담기도 하고, 메밀부침개에 넣기도 하여 산느타리 메밀부침개를 부쳐 먹었다고 한다. 요즈음에는 재배한 느타리버섯이 많이 이용되는데, 자연산 산느타리버섯은 향이 더욱 강하다.

⑥ 참나물전

참나물 고유의 향기가 봄의 입맛을 돋우며 잔치음식으로도 만들어 먹는다.[112] 참나물의 줄기에서 붉은 물이 나와 '부치기'에 물이 든다. 메밀가루를 반죽하고 참나물은 살짝 절인다. 팬에 메밀반죽을 한 국자 떠 놓고 그 위에 절인 참나물을 얹어 부친다.

⑦ 홍총떡

홍총떡은 메밀전에 양념한 김치를 넣어 둥글게 말아 먹는 음식으로, 강원도 홍천의 향토음식이다. 본래 '홍천메밀총떡'이라 하였는데, 2012년 홍천군의 브랜드 개발 사업을 통해 '홍총떡'이라는 정식 명칭이 생겼고 매운맛, 순한맛, 퓨전맛으로 개발되었다. 매운맛의 홍총떡은 매운 김치를 넣어 만들었고, 순한맛은 무청시래기와 무를 넣어 만들었다. 퓨전맛은 다른 지역의 메밀전병과 차별을 두기 위해 지역에서 생산된 산나물을 넣어 만들었다. 메밀을 포함한 모든 재료가 홍천산인 것이 특징이다.[113]

(9) 찜

강원도의 찜, 선으로 '메기찜'은 냄비에 무시래기와 묵은 배추김치를 깔고 메기를 얹는다. 인삼, 무, 대추, 붉은 고추를 얹은 후 고춧가루 양념장을 넣고 끓인다. 메기는 오래 전부터 강원도의 강, 하천, 호수 등에서 잡히는 민물고기로 이용도가 높다. '황기향어찜' 또한 민물고기 향어를 황기, 오가피 등 약재 끓인 물에 넣어 간장 양념장에 찜을 한 것이다.

'대게찜'은 대게를 찐 것이고, '명태찜'은 덜 말린 명태를 찐 후 양념장을 곁들인다. '도루묵감자찜'은 냄비에 물을 붓고 바닥에 감자와 무를 깐 후 도루묵을 얹고 고추장, 고춧가루 양념장을 얹어 끓인 것이다.[114] 이들 중 정선의 유명 음식인 황기향어찜과 새롭게 조사된 닭치각, 대구머리찜, 송어찜, 장치찜, 털게찜, 한우힘줄찜, 홍게찜 등을 자세히 살펴보고자 한다.

① 황기향어찜

황기향어찜은 황기와 오가피를 끓인 물에 손질한 향어와 황기를 넣고 간장 양념을 넣어 끓여 찜을 하여 생강채와 깻잎채를 곁들인 것이다. 황기는 약초로서 재배하며[115] 강원도 정선 지방의 특산물인 황기가 유명하다. 한방에서는 강장, 지한(止汗), 이뇨(利尿), 소종(消腫) 등의 효능이 있다.

향어는 소양호나 춘천호의 급류에 사는 생선으로, 맛이 담백하여 민물회로 인기가 많으며 흙냄새가 없는 것이 특징이다. 향어는 육질이 단단하고 치밀하여 씹는 감촉이 좋고, 비린내나 역한 냄새가 없으며, 잔가시가 없고 살코기 부분이 많아 고단백 저지방 식품으로 고혈압 · 성인병 · 비만 예방은 물론 피부미용에도 좋은 것으로 알려져 있다. 푹 고아 보신용으로 먹기도 하며 매운탕, 찜, 소금구이, 튀김 등 다양한 요리에 사용할 수 있다. 정선 황기향어찜이 유명하다.

② 닭치각

대관령 지역은 닭 뼈도 버리지 않고 닭고기와 함께 곱게 다져 반대기를 만들어 쪄서 먹었는데, 닭치각은 가난한 시절 양을 늘려주던 귀한 음식이었다.[116]

③ 대구머리찜

강원도에서는 대구가 많이 잡힌다. 특히 강릉의 성산은 대구머리찜이 유명하다. 대구의 머리와 여러 야채를 넣고 함께 쪄낸 요리이다. 감자, 대구머리, 물을 넣고 끓이다가 감자가 거의 익었을 때 고춧가루와 여러 양념들을 넣고 콩나물과 야채 등을 넣은 뒤 두부와 파 등을 넣고 녹말물을 넣어 걸쭉하게 해준다. 거의 완성되면 미나리를 넣고 참기름과 깨를 뿌려 먹는다.

④ 송어찜

송어의 주산지인 평창은 말린 송어와 겨우내 말린 구수한 시래기를 매콤한 양념을 곁들인 찜을 해먹곤 하였다.[117)]

⑤ 장치찜

장치의 본명은 벌레문치다. 동해안 중북부 이북의 수심 300~500m 바다 밑바닥에서 산다. 길이는 50~60cm 정도이며 큰 놈은 1m에 이른다. 장치는 이처럼 길다는 뜻을 가진 강원도 사투리다. 지역에 따라 노장치 · 노생이 · 노대구 등으로 부르기도 한다. 장치의 내장을 제거하고 물에 10시간을 넘게 담가둔다. 그리고 3~4일 정도 옥상에 널어 말린다. 이 과정에서 흰빛을 띠던 장치의 몸 빛깔이 벌개졌다가 다시 하얗게 변한다. 온도나 통풍 여건이 제대로 맞지 않으면 냄새가 심하게 나거나 육질이 부드럽지 못하다. 특히 너무 추울 때 말리면 푸석해진다. 잘 말린 장치는 살색이 노르스름하면서 육질에 기름기가 촉촉하다.

장치 찜은 바닥이 널찍한 냄비에 무와 우거지를 깔고 그 위에 장치를 얹는다. 양념장도 고루 끼얹는다. 여기에 고추, 마늘, 감자 등을 넣고 센불에 끓이듯 조린다. 조선간장으로 간을 맞추는 것이 독특하다.[118)]

⑥ 털게찜

푸른 동해바다에서 볼 수 있는 털게는 표면에 털이 보송보송 나 있으며, 혀에서 느껴지는 하얀 속살의 담백한 맛은 먹어본 사람만이 알 정도로 맛있다. 밥 한술을 떠서 등껍데기에 넣고 내장과 함께 비벼먹는 맛도 일품이다.[119)]

⑦ 한우 힘줄찜

평창 하면 대관령 한우가 떠오른다. 1970년대 낙농업으로 시작해 축산으로 발전되어 평창의 자랑이 된 한우는 더위에 취약한데, 동 · 식물이 자라기에 최적의 고도인 해발 700m의 고원인 평창에서 자란 대관령 한우는 더위 걱정이 없다. 길고 긴 겨울과 매서운 추위를 맞서기 위해 많은 지방을 축적하는데, 이 때문에 압도적 마블링이 풍미를 더한다. 소 힘줄로 만든 달짝지근한 찜 요리도 있다.[120)]

⑧ 홍게찜

동해안 지역에서 많이 잡히는 홍게는 몸통과 다리가 붉은색인 것이 특징이다. 홍게찜은 물이 끓는 찜솥에 몸통을 거꾸로 뒤집어 쪄낸 뒤 먹는 찜 음식이다. 몸통을 거꾸로 놓아야 물이 빠지지 않고 속 내용물도 빠지지 않는다. 홍게는 7, 8월 여름만 빼고 나머지가 제철이다.

(10) 회

강원도의 회로 '능이버섯회'는 살짝 데친 능이버섯을 초고추장에 찍어먹는다. '산오징어회'는 오징어를 가늘게 채 썰어 회로 준비한 후 상추 등에 쌈을 싸서 먹는다. '두릅회'는 데친 두릅을 초고추장과 같이 먹고, '도치회'는 도치를 데치거나 삶아 도치, 도치알, 미역과 함께 초고추장을 곁들여낸다. '명태회무침'은 명태와 무를 채 썰어 촛물(소금 2큰술, 설탕 5큰술, 식초 5큰술 비율)에 명태살이 꼬들꼬들해질 때까지 절인다. 그리고 미나리, 배를 넣고 고춧가루 양념에 무친다. '속초 코다리냉면'의 경우 냉면, 막국수 등의 웃기 고명으로 쓰인다. '오징어무침'은 데친 오징어, 고추장, 고춧가루 양념장에 무친다. '춘천 쏘가리회'와 '향어회'는 민물고기 회로 초고추장과 채소와 같이 먹는다.

'물회'는 해산물을 잘게 썰어 파, 마늘, 양파 등과 함께 맵게 양념하여 찬물을 부어 먹는 간단한 여름철 별미 회요리로 강원도, 경상도, 제주도에서 많이 먹는다. 일이 바쁜 어부들이 쉽게 한 끼를 해결하기 위해 고추장이나 된장에 무친 회를 물에 부어 마시듯이 먹었던 것에서 유래되었다고 한다. 1960년대에 판매되기 시작하여 현재는 대중적인 요리로 자리를 잡았다.

'주문진 한치물회'는 한치를 가늘게 채 썰고 고춧가루, 다진 파 · 마늘, 설탕 등 양념장에 무친 후 물이나 육수를 부어 만든다. 요즈음에는 오징어로도 물회를 만들며, 강원도지역에서는 고추장을 기본으로 하여 양념을 하며 식초가 첨가되어 신맛이 많다.[121] 이들 중 능이버섯회, 도치회, 쏘가리회, 은어회, 청어회 등을 자세히 살펴보고자 한다.

① 능이버섯회

능이버섯회는 능이버섯을 끓는물에 살짝 데쳐 초고추장을 곁들인 것이다.[122] 능이는 손질을 미리 해 놓지 말고 먹기 직전에 무쳐야 향도 좋고 간이 속까지 배어 들지 않아 질기지도 않다. 9, 10월쯤 능이버섯이 한창일 때에 먹는 음식이다.[123]

② 도치회(심퉁어회)

내장을 제거한 도치를 끓는물에 살짝 데치거나 찜통에 쪄서 찬물에 헹구어 먹기 좋은 크기로 썰고, 도치알은 소금 간하여 살짝 찐 다음 도치, 도치알, 미역을 접시에 한데 담아 초고추장을 곁들인다. 심퉁어회라고도 한다.[124]

③ 쏘가리회

『규합총서』에 따르면[125], 쏘가리는 천자를 먹었기 때문에 천자어라고 한다. 농어과에 속하는 민물고기로 전체 길이가 40~50cm 정도이며 머리가 길고 입이 큰 편이며 등에 회색무늬가 많다. 강원도지역과 한강 상류의 쏘가리가 유명한데 봄철에서 가을이 제철이다. 흔히 쏘가리는 매운탕으로 내지만 쏘가리회도 살 자체가 연하고 씹는 질감이 쫄깃하여 맛이 좋다.

춘천 쏘가리회는 뼈와 껍질, 내장을 제거한 쏘가리를 살만 떠서 1cm 두께로 썰고, 접시에 채 썬 무를 깔고 쏘가리 살을 담아 초고추장을 곁들인 것이다.[126]

④ 은어회

은어는 주로 강릉 연곡천에서 많이 잡히는데 보통 6~7월 사이에 잡으며 어린 은어는 내장을 제거하고 통째로 먹는다. 은어의 내장과 알을 버리지 말고 된장, 고춧가루, 마늘양념을 넣고 조려먹으면 맛있다.[127]

⑤ 청어회

동해의 푸른 바다를 따라 늘어선 항구 중 가장 동쪽에 자리 잡고 있는 삼척 임원항은 요즘 잘 보이지 않았던 손님이 돌아오고 있다는 반가운 소식 덕에 활기가 넘친다. 청어가 그 주인공이다. 고래가 가장 좋아한다는 생선인 청어는 기름이 많아 먹기가 힘들 듯도 하지만, 갓 잡은 싱싱한 청어로 회를 떠 초장과 갖은 채소에 비벼 먹는 청어회무침 맛은 매일 먹어도 질리지 않는 맛이다. 냄새가 너무 좋아 옆집에서 샘낸다는 청어구이도 임원항 사람들이 자랑하는 맛이다. 그만큼 임원항 사람들에게 청어는 빼놓을 수 없는 생선이다.[128)]

(11) 마른반찬

강원도의 마른반찬으로 '마른오징어젓갈무침'은 불린 마른오징어를 채 썰어 고춧가루, 멸치액젓 등 갖은 양념을 하여 무친 것이다.

'쇠미역도라지자반' 불린 쇠미역과 소금에 절인 도라지를 고추장양념장에 무친 것이고, '지누아리무침'은 지누아리를 고추장 등 양념에 무친 것이다. 자반은 저장 반찬을 칭하는 것이다.

'쇠미역튀각'은 마른 쇠미역을 튀겨서 설탕을 뿌린 것이고, 부각은 재료에 밀가루풀이나 찹쌀가루풀 옷을 입힌 후 말려 튀긴 것으로 감자를 밀가루풀 옷을 입혀 말려서 튀기면 '감자부각', 두릅을 말려서 튀기면 '두릅부각', 마른 쇠미역을 튀기면 '쇠미역튀각', 밀가루풀 옷을 입혀 말린 초피잎을 튀기면 '초피잎부각', 찹쌀풀 옷을 입혀 말린 쑥을 튀기면 '쑥부각'이 된다. 튀각은 재료 그대로 튀기는 것이고, 부각은 재료에 풀옷을 입혀 말린 후 튀기는 차이가 있다.

'더덕튀김'은 더덕에 밀가루옷을 입혀 튀긴 것이다.[129)] 이들 중 감자부각, 두릅부각, 초피잎부각 그리고 새롭게 조사된 들깨송이 부각 등을 자세히 살펴보고자 한다.

① 감자부각

감자를 납작하게 썰어서 묽은 소금물에 살짝 끓이고 건져내어 채반에 담아 말

렸다가 밀가루풀에 담가 기름에 튀겨내어 보드라운 계피가루가 섞인 설탕을 발라 접시에 낸다.[130]

② 두릅부각

두릅부각은 두릅에 밀가루를 묻혀 찜통에 쪄서 햇볕에 말린 후 식용유에 튀긴 것이다.[131]

③ 초피잎부각

초피잎부각은 찹쌀가루나 밀가루로 죽을 쑤어 식힌 후 초피잎에 고루 발라 말려두었다가 먹을 때 낮은 온도의 식용유에 튀긴 것이다.[132]

④ 들깨송이부각

들깨송이부각은 들깨송이의 여린 수머리를 찹쌀가루에 버무려서 시루에 찐 다음 채반에 널어 양지에 말려 두었다가 먹을 때에 밀가루풀에 담갔다가 기름에 튀겨낸다.[133]

(12) 순대

강원도의 순대로 '오징어순대'는 작은 오징어 속에 소를 넣고 찐 것이다. 함경도의 '명태순대'를 오징어로 재현한 데서 유래되었다고 한다. '명태순대'는 절인 명태의 배를 터지지 않게 손질한 후 뱃속을 채우고 찐 것이다.[134] 이들 중 명태순대, 오징어순대 그리고 새롭게 조사된 더덕순대 등을 자세히 살펴보고자 한다.

① 명태순대

명태를 소금에 절여 하룻밤 재운 뒤, 배가 터지지 않게 아가리에 손을 넣어 내장을 모두 꺼낸 다음 깨끗이 씻어 건진다. 배추와 숙주를 데쳐 삶아 물기를 꼭 짜고 다진다. 돼지고기도 삶아 잘게 다진다. 된장과 두부를 으깨어 섞고 마늘과 파를 다져 넣은 다음 빼놓았던 동태알과 이리도 넣고, 배추 · 숙주 · 돼지고기를 다 함께 섞어 소금·후추로 간을 맞춘다. 이때 찹쌀가루를 섞으면 소가 흐트러지지 않아서 좋다. 소금에 절인 명태 뱃속에 준비된 소를 꼭꼭 채워 넣고 아가리를 꿰맨다. 이것을 광에다 줄줄이 매달아 꽁꽁 얼려두고 먹을 만큼씩 꺼내어 쓴다.

솥에 채반을 놓고 쪄서 적당한 크기로 썰어 초장에 찍어 먹으면 푸짐하고 맛이 있다. 명태의 명산지에서는 김장 때 명태를 바리로 들여와 겨울 찬으로 많이 마련해 두었다.[135] 이 명태순대는 실향민들이 모여 사는 속초의 아바이마을에서 지금도 만들어지고 있다.

② 오징어순대

오징어순대는 작은 오징어를 선택하여 그 몸통에 다리를 비롯한 여러 가지 재료를 소로 채워 쪄낸 일종의 순대와 비슷한 강원도의 대표적인 토속음식으로 손꼽힌다.[136] 오징어를 찔 때는[137] 몸통 군데군데에 바늘로 찔러서 쪄야 내용물이 팽창하면서 오징어가 터지는 것을 방지할 수 있으며, 가열하면서 생긴 수분이 밖으로 흘러나와 속과 오징어가 분리되는 일이 발생하지 않는다.

③ 더덕순대

횡성 지역은 더덕이 유명하며, 더덕을 이용하여 다양하게 음식을 만든다. 그 중에서도 더덕순대는 더덕을 첨가하여 순대를 만들어 찜, 국 등으로 음식을 만든다. 더덕의 향이 입 안 가득 퍼지니 맛이 깔끔하고 일품이다.

(13) 묵, 두부

강원도의 묵, 두부로 '가시리묵'은 고성의 향토음식으로 해조류인 가시리를 3일 동안 자연 건조시키고 절구에 빻아 체에 거른다. 솥에 가시리 가루를 넣고 물을 두 배 정도 넣고 저으면서 조리고, 식힌 후 굳혀 묵을 만든다. '감자청포묵'은 감자 전분과 녹두가루에 물을 붓고 묵을 쑤어 굳힌 것이다. '고구마묵' 또한 고구마를 갈아서 앙금(전분)을 받아 물을 붓고 끓여 묵을 만든다. '올챙이묵'은 옥수수가루로 만든 묵으로 올챙이국수라고도 한다.

'강릉초당두부'는 불린 콩을 곱게 갈아 면포에 콩물을 받아 콩물을 끓이다가 바닷물 간수로 숨을 주면서 순두부를 만들고, 이것을 모판에 담아 눌러서 두부를 만든다. 간수로 바닷물을 사용하는 것이 특징이다.[138] 이들 중 전통성이 강한 가시리묵, 강릉초당두부, 도토리묵, 메밀묵무침 그리고 새롭게 조사된 짬뽕순두부, 집장두부 등을 자세히 살펴보고자 한다.

① 가시리묵

가시리는 한류성 바닷물에서 자라는 해초로서 강원도 주문진 이북 지역은 푸른색의 가시리가 나고, 강원도 옥계, 경북 울진 남쪽 지역은 흰색 가시리가 난다.

예부터 11월에서 이듬해 1월 사이에 바위에 붙어 자라는 가시리를 채취하여 말렸다가 묵을 만들어 먹었으며, 지방이 적고 식이섬유소가 많으며 칼륨, 칼슘, 마그네슘, 철, 인 등도 풍부하여 빈혈 및 피부노화 예방에 좋다. 돌과 잡티를 제거한 가시리를 냄비에 넣고 물을 부어 4시간 이상 푹 끓여 죽처럼 걸쭉해지면 고운 체에 걸러 소금으로 간을 맞춘 뒤 사각형의 묵 틀에 부어 굳힌 것이다.[139]

② 강릉초당두부

불린 콩을 곱게 갈아 면포에 내린 콩물을 끓이다가, 바닷물을 살살 부어 응고되어 엉기면 두부 틀에 담아 무거운 것을 올려 물기를 빼 만든 두부이다. 강원도 강릉 부사 초당 허엽(許曄)은 관청 앞마당에 있는 샘물로 두부를 만들면서 강릉에서 천일염이 생산되지 않기 때문에 바닷물로 간을 맞췄는데, 이것이 맛 좋기로 소문이 나서 허엽은 자신의 호를 붙여 초당두부라 이름을 지었다.

두부를 만들었던 샘물이 있던 자리는 강릉시 초당동이며, 이곳에는 지금도 허엽을 기리는 비석이 있다. 허엽은 조선 선조 때의 문신으로 〈홍길동〉의 저자인 허균과 여류시인으로 이름난 허난설헌의 아버지이기도 하다.[140]

③ 도토리묵

강원도지역뿐 아니라 다른 지역에서도 많이 이용되는 것이 도토리묵이다. 도토리는 완전히 말려 껍질을 제거하고 물에 담가 떫은맛을 우린다. 하루에 8회 정도 물을 갈아주고 겨울이면 1주일 정도 물에 담가둔다. 분쇄기나 맷돌에서 갈아 면포를 이용하여 녹말을 거른다. 웃물은 버리고 추출된 녹말에 물을 붓고 약한 불에서 저으면서 끓인 후 적당한 그릇에 부어 굳힌다.[141] 도토리묵 무침은 도토리묵을 도톰하게 썰고 오이, 당근, 쑥갓 등을 얹고 양념장을 골고루 끼얹는다.[142]

④ 메밀묵 무침

메밀로 유명한 봉평에서는 메밀을 가루 내어 다양한 음식을 만들어 낸다. 그 중에서도 메밀묵 무침은 메밀가루로 묵을 만들어 먹기 좋은 크기로 썰고 양념장을 만들어 섞은 뒤 김가루와 깨를 뿌려 먹는다. 또 메밀나물을 얹어 묵과 함께 먹는다.

⑤ 짬뽕순두부

강릉 초당지역의 순두부는 대부분 하얀 국물에 양념장을 넣어먹는 것인데, 이 지역에서 새로운 순두부를 만들었다. 그것이 짬뽕순두부인 것이다. 짬뽕순두부는 짬뽕국물에 몽글몽글 부드러운 순두부를 넣어 끓여낸 것으로 매콤하고 칼칼한 맛이 부드러운 순두부와 어우러진다.

⑥ 집장두부

콩을 불려 맷돌이나 분쇄기에 갈고 거른 콩물은 한소끔 끓인 다음 약간 식혀 간수를 넣어 순두부 상태로 만들고 눌러 모두부를 만든다. 만든 두부를 접시에 담고, 그 위에 냄비에 물 5컵, 진간장 3큰술을 넣어 끓이고, 밀가루 2큰술을 물 1큰술에 잘 섞어 간장을 푼 물에 같이 섞는다. 다진 파와 마늘을 넣은 것을 두부에 끼얹는다.[143]

(14) 장아찌

강원도의 장아찌로 '지누아리장아찌'는 마른 지누아리를 물엿, 고추장, 간장, 장국 국물에 끓여 식힌 것이다. 지누아리는 해조류의 일종이다. '느타리버섯장아찌' 또한 식초를 넣은 장국 국물에 느타리를 찢어 넣고 끓여 식힌 것이다. '산초장아찌'

는 간장을 팔팔 끓여 식힌 후 산초를 넣는다. '송이장아찌'는 송이를 고추장에 박아 장아찌를 만든다.[144] 이들 중 전통성이 강한 송이버섯장아찌, 지누아리장아찌 그리고 새롭게 조사된 고추냉이잎장아찌, 병풍취장아찌 등을 자세히 살펴보고자 한다.

① 송이버섯장아찌

강원도 양양군의 송이버섯은 20에서 90년까지 자란 소나무의 숲에 주로 많이 나는데, 이 지방의 송이는 다른 지역 송이보다 향기와 맛이 더 뛰어나 조선시대부터 이름을 떨쳐왔으며, 일본으로 수출되어 그곳에서 '양양송이'는 값을 더 쳐줄 만큼 수요가 크다고 한다.[145]

송이장아찌는[146] 송이를 손질하여 약간 꾸들꾸들 말려 물기를 제거하고, 고추장에 박아두었다가 필요한 때에 꺼내어 양념한 것으로, 상품 가치가 없는 송이 등을 이용하여 장아찌를 담는다.

② 지누아리장아찌

강릉 지역의 대표적인 장아찌인 지누아리장아찌는[147] 약간 말려 양념한 고추장에 박아 장아찌를 만들기도 하고, 또 다른 방법으로는 마른 지누아리를 물에 불려 간장에 담갔다가 간장을 따라낸 다음 고추장과 양념을 넣어 잘 섞고 다시 간장을 자작하게 부어 두었다가 먹는 방법이 있다. 지누아리는 갈색을 띠는 해조류로 톳과 비슷하며 아삭아삭 씹히는 맛이 좋다.[148]

③ 고추냉이잎장아찌

고추냉이는 재배가 까다롭지만 맛은 뛰어나다. 고추냉이의 잎과 줄기는 대부분 쌈채소나 장아찌로 활용된다. 고추냉이잎과 줄기를 깨끗이 씻어 끓인 간장물을 넣고 숙성시켜 먹는데, 살짝 톡 쏘며 깔끔한 맛이 일품이다.

④ 병풍취장아찌

강원도의 깊고 높은 산에서만 자라는 병풍취가 요즘은 재배를 하여 많은 이들이 맛볼 수 있다. 나물의 향과 맛이 뛰어나 여러 요리에 다양하게 활용되고 있다. 그 중에 장아찌로 만들어 저장성을 높였다.

(15) 젓갈, 식해

강원도의 향토음식 중 젓갈과 식해로 '멍게젓갈', '명란젓', '방게젓', '서거리젓', '오징어젓', '창란젓' 등의 젓갈과 동해안에서 특별하게 발달한 식해로는 '명태식해(명태밥식해)', '가자미식해', '더덕식해', '도루묵식해', '멸치식해', '명란식해', '북어포식해', '서거리식해', '전갱이식해(맹이식해)', '청어식해', '햇떼기식해' 등이 있다.[149] 이들 중 방게젓 그리고 새롭게 조사된 꽁치젓갈, 성게(운단)젓갈, 오징어 내장젓갈, 째복조개젓, 청어알젓, 고기식해, 마른오징어포식해, 명태포식해, 한치식해 등을 살펴보고자 한다.

① 방게젓

방게(조그만 게)는 3, 4월이나 9, 10월에 난다.[150] 끓인 소금물에 방게를 담갔다가 물기를 제거한 뒤 끓인 간장을 식혀 방게가 잠길 정도로 붓고 뚜껑을 덮어 삭힌 것이다. 3일 정도 지난 후에 양념(다진 마늘 · 생강, 깨소금, 실고추)에 무쳐 먹는다.

방게는 껍데기가 네모꼴의 암녹색이며 두툴두툴하다. 『조선무쌍신식요리제법』(방해해 : 螃蟹醢)에 소개되어 있다.[151]

② 꽁치젓갈

꽁치가 많이 잡히는 주문진에서는 구이와 조림 말고도 꽁치젓갈을 담아 김장에 쓰기도 하는 등 다양하게 사용한다. 진하고 감칠맛이 일품이다.

③ 성게(운단)젓갈

강원도 토성리, 교암리에서는 운단(성게)을 많이 판다. 그대로 속초로 보내어 '운단절임'으로 하지만, 즉석에서 반찬으로 할 때에는 생으로 양념하여 무친다.[152]

성게를 식용 알코올에 담갔다가 삭으면 갖은 양념을 한다.[153]

④ 오징어내장젓갈

오징어 내장을 깨끗이 씻어 소금간을 해서 충분히 삭힌 후 먹을 때 고춧가루, 다진 파·마늘, 설탕, 깨소금, 참기름을 넣어 무쳐 먹는다.[154]

⑤ 째복조개젓

조개젓은 째복조개를 소금에 재워 담는다.[155]

⑥ 청어알젓

청어알에 소금을 넣어 절인 뒤, 고춧가루에 갖은 양념을 넣어 섞은 후 청어알을 넣어 버무려 항아리에 담는다.[156]

⑦ 고기식해

고기식해는[157] 생선(노가리, 가자미, 오징어 등)으로 담근 식해로, 강릉 지방에서는 별로 쓸모없는 잔생선을 꾸덕꾸덕하게 말려 뼈째 다지거나, 생선의 머리를 버리지 않고 칼로 다져서 굵은 뼈는 빼고 찹쌀밥이나 조밥을 넣어 만든다.[158]

⑧ 마른오징어포식해, 명태포식해

제사를 지내고 나서 남은 생선포를 활용하여 만들어 먹던 포식해는, 강원 강릉의 유서 깊은 창녕 조씨 가문 종부를 통해 대물림으로 전해져 온 별미음식이다.

좁쌀 밥을 지어 넣던 일반 생선식해와 달리 창녕 조씨 종가의 포식해는 찹쌀고두밥을 지어 넣는다. 제사에 쓰고 나온 명태포나 마른오징어 같은 포를 물에 촉촉하게 적셔 둔다. 그리고 충분히 적신 포를 먹기 좋은 크기로 자른다. 이어 찹쌀고두밥에 포와 함께 잘게 썬 무, 엿기름, 고춧가루 등을 넣은 후 다진 마늘과 소금을 넣고 잘 버무려 작은 단지에 담아 2주일 정도를 삭힌다.

포식해를 만들 때에 넣는 생선포, 무, 찹쌀밥과 엿기름은 소화가 잘되어 나이

드신 어르신들에게 좋은 음식이다.[159)]

⑨ 한치식해

한치식해는[160)] 오징어와 비슷한 모양의 두족류인 한치로 담근 식해이다.

(16) 장

강원도 향토음식 중 장으로 '막장', '밀고추장', '정지뜰고추장', '집장', '찹쌀고추장' 등이 있다.[161)] 이들 중 강원도의 대표적인 장인 막장과 새롭게 조사된 까막장, 평창 생청국장(평창나또), 황태된장 등을 자세히 살펴본다.

① 막장

간장(진간장)을 뜨고 남은 보통 된장과는 달리 담가서 빨리 먹을 수 있는 막장은 지역에 따라 메주를 빠개어 가루를 내어 담갔다고 하여 빠개장 또는 가루장이라고 한다. 담근지 열흘 정도 지나면 먹을 수 있다. 경상도와 강원도에서 많이 담근다.

재래된장은 간장(진간장)을 뽑아내고 남은 것으로 만들지만, 막장은 메줏가루를 갈아 직접 담그기 때문에 맛도 좋고 영양가도 높다. 쌈장으로 가장 많이 먹고 수육이나 편육을 찍어먹는 양념장이나 생선회를 물회로 만들 때의 양념으로도 쓰인다. 강원도에서는 보리쌀 넉 되에 엿기름 한 되를 삭혀 죽을 쑤어 메줏가루 한 되와 섞고 약하게 소금간을 하여 익힌다. 재래식 된장과는 달리 오래 숙성시키지 않아도 되는 이유는 처음부터 콩으로만 메주를 쑤지 않고 전분질을 섞어 막장용 메주를 따로 쑤어 사용하기 때문이다. 밀이나 멥쌀, 보리 등의 전분질이 들어가면 당분이 분해되어 발효가 빠르고 단맛도 많이 난다.

막장용 메주는 콩과 멥쌀과 보리 등의 전분질을 따로 익혀 합하여 만든다. 쌀은 불려서 가루 내어 흰 무리로 쪄서 쓰고, 보리쌀은 밥을 짓거나 쪄내며, 콩은 무르게 삶는다. 익힌 곡물을 섞어 절구에 찧고 주먹만 하게 메주를 만들어 속이 노랗게 되도록 잘 띄워서 빻는다. 담글 때는 메줏가루에 미지근한 물을 부어 불어나면

소금과 고추씨나 고춧가루를 약간 넣고 버무려서 항아리에 담아 익힌다.[162)]

② 까막장

강원도 사람 중에는 '된장'보다 '막장'을 선호하는 이들이 많다. 막장의 맛이 더 깊고 구수하기 때문이라고 한다. 물에 담갔다가 간장이 다 우러나온 메주로 만드는 된장과는 달리, 막장은 메주를 그대로 갈아 다른 재료와 섞어 단기간 발효시켜 먹기 때문에 맛과 영양이 풍부하다는 장점이 있다. 까막장은[163)] 1년 숙성 후 볶은 서리태를 가루내고 넣어 고소함을 더한다.

③ 평창 생청국장(평창나또)

평창에서 재배하는 쥐눈이콩과 노란콩을 발효하여 만든 생청국장이다. 청국장의 종류도 재래식 청국장과 생청국장이 있는데, 재래식 청국장은 자연 발효시키는 것이고, 생청국장은 청국장균만을 사용하여 발효한다. 그래서 재래식 청국장은 끓여서 먹어야 하고, 생청국장은 끓이지 않고 그대로 먹는다.[164)]

④ 황태된장

강원도 인제의 용대리는 한국 최대의 황태덕장으로, 전국에서 생산되는 황태의 70%를 차지한다. 황태는 간장해독, 숙취해소, 노폐물 제거, 독사독 및 연탄가스 중독 해독에 효과가 있다.[165)] 황태를 첨가하여 전통 발효한 황태된장은 구수한 맛과 효능까지 더해진 된장이다.

3) 떡류

강원도 향토음식 중 떡류로, 감자를 갈아서 건더기와 앙금을 섞어 반죽한 후 팥소를 넣어 만드는 '감자떡(감자송편)', 감자를 삶는 도중에 감자를 갈아서 앙금 섞어 반죽한 것을 위에 얹고, 강낭콩을 얹어 익힌 것으로 '감자붕생이(감자범벅)'이라고도 한다. 멥쌀가루에 수리취, 늙은 호박, 감자전분을 넣고 반죽하여 팥소를 넣고 송편 모양으로 빚은 '감자취떡' 등이 감자를 이용한 전통적인 향토 떡이다.

'감자경단'은 감자를 갈아서 건더기와 앙금을 섞어 반죽한 후 경단을 만들어 삶아내고 팥고물, 동부고물, 검은깨가루를 묻힌 것이다. '감자뭉생이'는 감자를 갈아서 앙금과 섞고 강낭콩을 섞어 찐 것이다. '감자시루떡'은 팥고물을 찜기에 깔고 그 위에 감자를 갈아 건더기와 앙금을 섞어 반죽한 것을 펴 놓고 다시 팥고물을 얹어서 찐 시루떡이다. '감자전분송편'은 감자녹말을 익반죽하여 팥소를 넣고 만든 송편이다. '감자찰단자'는 감자경단으로 감자를 갈아 건더기와 앙금, 그리고 찹쌀가루, 소금, 설탕을 섞어 반죽하여 경단을 만들어 삶은 후 강낭콩 고물을 묻힌다. '오매두떡'은 감자를 갈아 건더기와 앙금을 섞어 반죽한 것을 밥 지을 때 밥 위에 한 움큼씩 놓아 찐 것이다.

'구름떡'은 찹쌀가루를 찌고 절구에 놓고 쳐서 만든 찹쌀인절미에 밤, 대추, 호두를 넣고 잘 섞이도록 한 후 떼어 낸 떡 덩어리를 팥고물을 묻힌 후 사각 틀에 빼곡하게 채워 넣고 굳혀서 자른 떡으로 구름 모양의 환상적인 무늬를 보이며, 떡 덩어리가 서로 붙도록 꿀물을 붙인다. 보기도 좋고 맛도 좋은 고급 떡이다.

'메밀총떡'은 메밀전병에 양념한 갓김치를 소로 넣고 돌돌 말은 전병이다. '수수제비치(수수부꾸미)'는 찰수수가루를 반죽하여 부친 전병으로 팥소를 넣는다. 여름철에는 팥소 대신 애호박이나 오이소를 넣기도 한다. 시루에 팥고물을 넣고 수수가루를 얹고, 다시 팥고물을 얹은 시루떡인 '수수팥시루떡'은 독특한 특미의 떡이다.

'찰옥수수뭉생이'는 찰옥수수가루를 고운 체에 내리고 강낭콩, 밤, 설탕을 넣고 버무린 후 찐 떡이다. '씨종자떡'은 씨종지떡이라고도 하는데, 멥쌀, 팥, 호박오가리, 밤, 쑥, 설탕, 소금을 섞어 찐 것이다.

'증편(기장떡, 기주떡, 쪽기정)'은 멥쌀가루에 더운 물을 섞은 막걸리를 부어 묽게 반죽하여 5~6시간 충분히 발효시킨 다음 찐 것으로, 대추채와 석이채 고명을 얹는다. 증편은 『음식지미방』에 기록된 술떡이다.

'차조떡(정성떡, 차좁쌀인절미)'은 주로 이바지떡으로 만들어 정성떡이라고도 한다. 차좁쌀을 쪄서 볶은 콩가루를 묻힌 인절미이다. 그리고 '감말랭이찰편'은 찹쌀가루에 감말랭이를 넣고 찐 찰편이다.

'고탄절편'은 고구마, 늙은 호박을 삶아 멥쌀가루를 각각 섞고 치대어 가래떡을 만든다. 적당히 떼어 떡살을 누르고 참기름을 발라 절편을 만든다. '곱장떡'은 좁쌀을 가루 내어 익반죽 한 후 떡갈나무잎에 싸서 찐 것으로 '꼬장떡'이라고도 한다. 원래는 함경도 지방의 향토 떡인데 고성, 강릉 등으로 내려온 듯하다.

'귀리떡'은 귀리가루를 반죽하여 갓김치소를 넣고 동글납작하게 만든 떡이다. '귀리투생이'도 귀리가루를 반죽한 후 손으로 떼어 감자 삶을 때 위에 얹어 감자가 다 익으면 섞어 으깨어 먹는다. 그밖에도 댑싸리를 섞어 찐 '댑싸리떡', '더덕설기'는 멥쌀가루에 조린 더덕, 강낭콩을 섞어 찐 떡이다.

도토리가루로는 '도토리시루떡', '도토리송편', '도토리전병', '도토리지엄떡'을 만들었다. '도토리지엄떡'은 도토리가루에 팥을 섞어 끓여 익힌 것으로, 절구에 빻아서 손으로 쥐어 주먹밥 형태로 먹는다.

'머슴쑥송편'은 쑥 송편을 크게 만든 것이다. '메밀개떡'은 메밀가루를 반죽하여 개떡으로 한 것이고, '메밀증편'은 메밀가루에 막걸리를 넣고 발효시켜 찐 기주떡이다. '무송편'은 무를 채 썰어 양념하여 송편 소로 넣은 것인데, 보통 송편보다 크기가 크다. '무시루떡'은 팥고물 사이에 무채를 섞은 멥쌀가루를 켜켜이 찐 일반적인 떡이다. '보리개떡'은 보릿가루를 익반죽하여 개떡으로 찐 것이다.

'봉치떡(봉채떡)'은 함 받는 날 신부집에서 팥고물에 찹쌀가루를 두 켜씩 안쳐서 찐 찰떡으로 그날 다 먹어야 한다고 하며 집 밖으로 떡이 나가지 않도록 한다. 신부의 복도 나간다고 믿었다.

'산채가루시루떡'은 멥쌀가루에 산채가루를 넣어 섞어 찐 떡이고, '송기떡(송기송편)'은 소나무 속껍질을 삶아 쪄서 쌀가루에 섞어 반죽하여 송편을 만든 것으로 소나무향이 은은히 나는 구황시의 떡이다. '송화고물경단'은 찹쌀경단의 고물을 송화가루로 한 것이다. '수리취개피떡'은 수리취를 넣고 만든 반죽을 개피떡으로 만든 것이고, '수리취떡'은 '차륜병'이라고도 하는 단오 때 먹는 절편이다.

'순채떡'은 멥쌀가루에 호박고지, 검은콩, 순채, 대추 등을 잘 섞어 찐 떡이다. 임금님께 진상되는 떡이라고도 한다. 순채는 강원도 고성 늪지에서 볼 수 있는 특별한 식물이다. '승검초잎떡(당귀잎떡)', '쑥개떡', '쑥버무리', '쑥시루떡'은 당귀나 쑥을 섞은 떡이고, '영동풍신떡'은 멥쌀가루에 취나물을 섞어 찐 떡이다.

옥수수로는 '옥수수경단', '옥수수보리개떡', '옥수수부꾸미', '옥수수설기', '옥수수술떡', '옥수수인절미(옥수수찰떡)', '옥수수칡잎떡', '옥수수화전' 등의 떡을 빚었다. '용떡'은 멥쌀가루를 쪄서 굵은 가래떡으로 만들어 용트림 모양으로 빚고 입에다 대추와 밤을 물렸다. '율무떡'은 멥쌀가루에 율무가루를 섞어 거피팥고명으로 찐 떡이다. '차조약식'은 차좁쌀 약식으로 차조, 밤, 대추, 잣, 곶감을 섞어 만든다. '청치주먹떡'은 푸른 시래기주먹떡으로 멥쌀가루에 청치가루(시래기가루), 콩을 섞어 주먹만 하게 만들어 찐 것이다. 칡으로는 가루 내어 '칡송편', '칡전병'을 만든다.

그 밖에도 '콩비지떡'은 메밀가루에 콩비지를 섞고 무채도 넣어 찐 떡이다. '팥소흑임자떡'은 찹쌀가루를 익반죽하여 팥소를 넣고 흑임자가루를 묻힌 것이다. '호박고지시루떡'은 어느 지역에서나 많이 하는 쌀가루에 호박고지를 넣고 찐 떡이고, '화전(전화, 꽃전)' 또한 웃기로 사용되는 찹쌀가루를 익반죽하고, 진달래꽃이나 대추, 쑥갓잎을 얹어 지진 떡이다. 일반적인 떡과 함께 지역성이 강한 감자, 옥수수와 함께 잡곡을 이용한 떡이 많은 편이다.[166] 이들 중 전통성이 강한 감자시루떡, 도토리송편, 송기떡, 옥수수시루떡, 옥수수칡잎떡, 칡송편 그리고 새롭게 조사된 강릉 밤송편, 강릉 밥알찹쌀떡, 곶감약식, 꿀밤, 동해 기정떡, 밀붕생이, 송천떡, 언감자떡, 정선 수리취떡, 찹쌀콩전부꾸미, 총각판례떡 등을 자세히 살펴본다.

① 감자시루떡

감자를 갈아 물에 담가 앙금을 낸 다음 건더기와 앙금을 익반죽한다. 팥은 삶아 곱게 으깨 설탕과 소금을 섞는다. 찜기에 맨 밑에는 팥고물을 깔고 그 위에 감자반죽 순으로 세 켜 정도를 놓고 찐다. 예전에는 설악산 등지에서 팔던 향토떡이다.

감자버무리떡은[167] 감자시루떡보다 더 만들기 쉬운 것으로, 찐 감자와 푹 삶은 팥을 섞어 절구에 넣고 찧어 적당한 크기로 뭉쳐놓은 떡이다.

② 도토리송편

쌀가루와 도토리가루를 섞어 반죽하여 팥소를 넣고 송편을 빚는다.[168]

③ 송기떡

소나무 속껍질에 중조를 약간 넣고 약한 불에서 삶는다. 송기를 헹구고 찧는다. 곱게 빻은 송기와 쌀가루를 반죽한다. 녹두소를 넣고 송편 모양으로 만든다. 소나무의 은은한 향과 색이 보기가 좋다.[169]

④ 옥수수시루떡

찰옥수수를 2시간 정도 불린 후 건져 소금을 넣고 곱게 빻는다. 팥고물을 만든다. 찜기에 팥고물을 깔고 찰옥수수 가루를 얹고 다시 팥고물을 얹기를 반복하여 찐다.[170]

⑤ 옥수수칡잎떡

옥수수칡잎떡은[171] 옥수수를 갈아 소금으로 간을 한 다음, 강낭콩을 섞은 다음 한 수저씩 칡잎에 싸서 찐 떡이다. 이 떡은 옥수수의 구수한 맛과 칡잎의 달짝지근한 맛이 어우러진 별미의 향토떡이다. 또한 더운 여름철 더위로 지친 입맛을 돋워주는 떡이기도 하다. 냉장 보관이 쉽지 않던 시절에 옥수수 음식을 칡잎에 싸서 보관하면 신선함이 오래도록 지속되었다. 실제로 칡잎에는 피톤치드라는 항균물질이 들어있어 음식의 신선도를 두 배 이상 유지시켜 준다.[172]

⑥ 칡송편

칡가루를 익반죽하고 콩소를 넣어 송편을 빚는다.[173]

⑦ 강릉 밤송편

강릉 밤송편은 큰 밤을 통째로 넣고 만든 송편이다. 송편 피는 얇고 쫄깃한 것이 특징이며 추석 차례상 차림에 올리기도 하는 떡이다.

⑧ 강릉 밥알찹쌀떡

찹쌀떡은 일제 강점기의 잔재 중 하나로 일본의 다이후쿠모찌가 하례 풍습으로 남게 된 것이다. 찹쌀을 사용해 만든다고 하여 '찹쌀떡'이라는 명칭이 되었다. 찹쌀떡에 들어가는 팥 앙금의 양은 떡과 동량 이상인 것이 많다.[174] 일반 찹쌀떡은 찹쌀가루를 사용하는데, 이것은 찹쌀을 쪄서 절구로 으깬 다음 팥소를 넣어 크게 만든다. 찹쌀을 찔 때 배춧잎을 덮어 수분이 날아가는 것을 막고 단맛도 스며들게 하는 특징이 있다.(그림 2.5 참조)

[그림 2.5] 강릉 밥알찹쌀떡

⑨ 곶감약식

강릉은 곶감으로도 유명한 고장이다. 감을 이용한 다양한 음식 중에 곶감약식은 잘 말린 곶감을 알맞은 크기로 썰어 넣어 약식을 만드는 것이다.

⑩ 꿀밤

도토리를 물에 담가 떫은맛을 우려내고 동량의 물을 붓고 물기가 거의 없어질 때까지 삶는다. 삶은 도토리쌀에 볶은 콩가루, 설탕, 소금을 넣고 절구에서 부드럽게 빻아 주먹으로 뭉쳐 먹거나 숟가락으로 떠 먹는다.[175]

⑪ 동해기정떡

기정떡(증편)은 고려시대부터 만들어진 것으로, 막걸리로 반죽을 부풀게 하여 발효한 발효떡이다. 강원도지역에서 만드는 '메밀증편은'[176] 메밀가루에 막걸리를 넣고 반죽해서 발효시키고 강낭콩을 섞어 찐 것이고, '방울증편'은 증편틀에 보자기를 깔고 발효시킨, 떡반죽을 한 겹 펴고 그 위에 소를 놓고 다시 반죽을 소 위에 얹어 찐 것이다. 옥수수술떡도 메옥수수가루와 설탕을 넣고 중탕한 막걸리를 섞어 따듯한 곳에 두어 발효시켜 찜통에 발효시킨 반죽을 얹어 쪄낸 떡으로 증편의 일종이다.

동해기정떡은 강원도 강릉시에 위치하고 있으며, 2대째 이어오고 있다. 강원도의 맛 좋은 막걸리와 국내산 쌀을 사용하여 12시간 이상 발효시킨 음식으로, 유산균이 풍부한 막걸리를 넣어 잘 쉬지 않는다는 장점 때문에 예로부터 여름철의 절식으로 사용되어 왔다.[177]

⑫ 밀붕생이

통밀을 곱게 간다. 물과 소금을 넣고 반죽한다. 감자를 찌다가 준비한 반죽덩이를 감자 위에 뚝뚝 떼어서 놓는다. 푹 익으면 밀붕생이를 덩어리째 담아내도 좋고, 감자를 으깨어 섞어 먹는다. 붕생이는 밀이나 보리 등을 맷돌로 2~3회 거칠게 갈아 체로 걸렀을 때 남는 알맹이를 가리키는 강원도지역 사투리이다.[178]

⑬ 송천떡

설악산의 오색령은 지금의 한계령이다. 한계령을 내려가다가 양양 초입에서 아담한 한 마을을 만날 수 있으니, 이곳이 바로 '양양 송천떡마을'이다.[179] 송강 시절엔 있지 않았을 듯 싶은 이 마을 사람들은 40년 전부터 떡을 만들어 양양 5일장에 내다 팔았다. 설악 · 구용 · 오색 · 한계가 흘려보내는 깨끗한 물로 빚은 맛있는 떡을 팔아 생계를 유지했는데, 그게 전국에 알려졌다.

송편, 개피떡, 절편, 백설기, 팥시루떡 뿐만 아니라 약식까지도 만들어 생산하는데 서울까지도 판매되고 있다. 송천떡의 특징은 이 지역에서 재배한 콩으로 소를 만드는데, 강낭콩과 팥을 삶은 다음 고운체에 걸러 물기 없이 꼭 짠 다음 팬에 소금, 설탕을 넣고 계속 저으면서 수분을 증가시키면서 가루를 만들어 소를 넣는다. 모든 떡은 안반에 떡메로 쳐 만들어서 맛있고 입 안에서는 촉감이 좋다.[180]

⑭ 언감자떡

평창 대관령 지역 사람들은 눈과 엉겨 붙은 언 감자로 무궁무진한 음식을 만든다. 썩은 감자로 전분을 내어 만든 감자송편과 언감자구이, 언감자떡 등을 만든다.[181]

⑮ 정선 수리취떡

수리취떡은[182] 수리취를 넣어 '수리취절편', 수레바퀴 모양이라고 하여 '차륜병(車輪餠)이라고 한다. 4대 명절의 하나인 '단오'에 타 지방의 경우 햇쑥이 올라오면 쑥을 뜯어 떡을 해먹었으나, 정선군의 경우 쑥떡이 아니라 수리취를 이용한 취떡을 해먹어 왔다. 이는 정선군 700고지의 습지에서 수리취나물이 많이 자생하고 있어 손쉽게 구할 수 있었던 것에 기인한다. 정선 주민들에게 수리취는 옛 추억을 상기시켜 줄 수 있는 고유의 음식 재료이면서, 또한 척박한 산골마을의 삶의 애환이 담겨져 있는 토속자원이라 할 수 있다.[183]

강원도 정선, 인제 등지에서는 수리취떡을 소재로 축제를 개최하여 현대인들의 관심을 유도하고 있다. 특히 정선은 '정선수리취떡 명품화사업단'을 운영하고 있다. 이 사업은 정선군이 산나물 가공산업 중심지였음을 근간으로 수리취떡을 명품화 하여 수익을 창출하고 있고, 이와 동시에 지역의 새로운 이미지로 브랜드화 하는 등 그 기능을 점차 확대해 나가고 있다.

⑯ 찹쌀 콩전 부꾸미

국화전을 부치듯 가을에 피는 맨드라미와 미나리, 석이버섯을 얹은 찹쌀콩전 부꾸미를 부친다. 채취해 온 석이버섯도 부꾸미에 얹는다.[184]

⑰ 총각 판례떡

판례는 어린 아이가 자랐을 때 한 사람의 어엿한 일꾼으로 받아들이는 의식을 말한다. 판례는 일꾼 성인식인 셈이다. 판례 때 특별히 하는 떡을 판례떡이라고 했다.

판례떡은 밤, 팥, 강낭콩 등을 소로 넣어 빚는 송편이다. 쑥, 치자, 해당화로 삼색을 내었다. 세 가지 색깔은 축하의 의미를 담고 있다. 판례떡 송편은 일반 송편

보다 훨씬 크게 만드는 것이 특징이다. 질꾼들을 위해 차려내는 질상에 오른다.[185]

4) 과정류

강원도의 향토음식 중 과정류로 '강릉산자(과줄)'는 강릉 사천에서 만들어지는 한과로 찹쌀가루를 발효하고 튀겨 만든 것이다. 튀기 바탕에 조청을 발라 독특한 맛이 있다. 벼 튀긴 것을 매화라고 하는데, 이를 붙이면 매화산자라고 한다. '옥수수엿(황골엿)'은 옥수수를 갈아 엿기름으로 삭혀 조린 것이다. '약과', '옥수수약과', '호박매작과', '강정(오색강정)', '다식', '더덕정과' 등이 있다.[186] 이들 중 강릉산자(사천과줄), 옥수수엿 그리고 새롭게 조사된 고시볼, 인진쑥엿, 콩강정 등을 자세히 살펴본다.

① 강릉산자(사천과줄)

강릉 사천과줄의 특징은 맛이 담백한데, 찹쌀은 겨울에는 14~15일, 여름에는 8~9일 정도 담가두었다가 물기를 뺀 다음 빻는다. 여기에 콩물로 반죽한다. 이 반죽을 푹 찐 다음 함지에 쏟아붓고 방망이로 꽈리가 일도록 오랫동안 치댄다. 마른 도마 위에 감자 녹말가루를 뿌리고 반죽을 정 방향으로 자른다. 따뜻한 온돌방에 한지를 깔고 자주 뒤집어가면서 바짝 말린다. 마르면 감자녹말가루를 털어낸다.

기름은 두 군데에 준비하여 한 곳은 기름을 미지근하게 하고, 다른 기름은 끓인다. 먼저 미지근한 기름에 바탕을 넣어 약간 부풀린 다음, 다시 끓는 기름에 튀긴다. 여기에 조청을 바른 뒤 가루 낸 쌀 튀밥을 고루 묻혀 산자를 만든다.[187]

② 옥수수엿

'황골엿'이라고도 한다. 평창지역에서는 옥수수엿을 만들기 위해 물에 불린 옥수수를 맷돌에 갈아 엿기름가루를 넣고 솥 앞에 8시간 동안 서서 옥수수엿을 저어야 하는데, 오랜 시간과 정성이 드는 간식으로 한가한 겨울철에 해서 먹을 수 있었다.[188]

③ 고시볼

고시볼은 강릉 교동한과가 '차와 함께하는 천연 발효과자'를 모토로 전통방식으로 찹쌀을 숙성시켜 만든 발효과자다. 평창 동계올림픽 유치활동 때부터 IOC 위원들에게 선물로 증정되기도 했다. 2011년 열린 G20 정상회의에서 외국 정상들에게 맛을 보이는 등 세계적으로 유명세를 탔다. 문재인 대통령이 2019년 설 명절을 맞아 각계 1만 여명에게 보내는 선물에 강릉 고시볼이 포함되었다.[189]

고시볼은 지난 1999년 교동한과가 처음 문을 연 이후 2000년대 들어 새롭게 선보인 제품으로, 마니아층을 형성하며 지금까지 꾸준히 인기를 얻고 있다. 이 고시볼(Gosibowl)은 고시래(高矢來)와 BOWL(모양)의 합성어로, 천연 찹쌀과자를 뜻한다. 전통방식으로 발효한 찹쌀을 숙성시켜 동결 건조한 곡물과 과일가루를 입혀 콩, 흑미, 녹차, 백련초, 딸기 등 모두 아홉 가지의 맛으로 구성되어 있다. 특히 고시볼은 동결 건조한 곡물과 과일가루를 입히기 전에 화이트 초콜릿으로 먼저 몸을 감싸줘 젊은이들의 입맛을 겨냥한 것이 특징이다. 크기도 동전 500원 정도로 작아 한 입에 넣어 먹기에 좋다.[190]

④ 인진쑥엿

강릉지역 칠성산 부근에는 하지(夏至)가 지나고 가을이 오면 개울가에서 자란 인진쑥을 베어 큰 가마솥에 장작불을 피워 인진쑥을 다려 '엿'으로 만든다. 이것을 식혀 '환'으로 만들어 과식, 소화불량, 여성들의 냉·대하 등에 복용해 왔다.[191]

⑤ 콩강정

청 콩을 볶아 곱게 가루 내어 튀긴 강정에 조청이나 꿀을 바르고 콩가루를 무친다.[192]

5) 음청류

강원도의 향토음식 중 음청류로는 '메밀차', 송화가루를 꿀에 재워두었다가 물을 부어 마시는 '송화밀수(송화수, 송화화채)', 녹두녹말 국수를 만들어 오미자의 물에 넣어 먹는 '창면(책면)', '호박수정과', '당귀차', '솔순차', '옥수수차', '아카시아차', '연엽식혜(연엽주)' 등이 있다.[193] 이들 중 메밀차, 송화밀수, 연엽식혜(연엽주) 그리고 새롭게 조사된 감로차(이슬차), 오죽차 등을 자세히 살펴본다.

① 메밀차(타타리메밀차, 쓴메밀차)

『동의보감』에 따르면, 메밀은 비위장의 습기와 열기를 없애주며 1년간 체기가 있어도 메밀을 먹으면 내려간다고 하였다. 건조하고 척박한 대지에서도 잘 자라나는 메밀의 구수함을 담은 메밀차는 해발고도가 높은 산지에서 자라는 '타타리메밀'로 만든 것이 풍미가 좋다. 타타리메밀은 영양 면에서도 일반 메밀보다 몸에 좋은 루틴 성분을 훨씬 더 많이 지니고 있다. 국내에서는 현재 강원도 평창지역에서 타타리메밀을 많이 재배하고 있다. 메밀차는 90도의 물에 차 1~2 티스푼을 넣고, 2~4분 정도 우려낸 후 마시면 특유의 구수한 향과 맛을 느낄 수 있으며, 또한 차갑게 하여 물 대용으로 마셔도 좋다.[194]

② 송화밀수

강원도는 소나무가 많아 봄이면 송홧가루가 날린다. 송화밀수는 꿀물에 송홧가루를 넣어 섞어 마시는 음료이다. 요즘은 매실청을 희석한 물에 송홧가루를 넣기도 한다.

③ 연엽식혜(연엽주)

강릉 감주의 일품은 연엽주다.(그림 2.6 참조) 감주의 재료는 찹쌀과 엿길금이다. 보리를 알맞게 싹을 내어 그늘에 말린 다음 맷돌에 갈아 가루로 만들면 길금이 되는 것이다. 여기서 단맛이 우러나는데, 솥이나 큰 물통에 데워 삭힌 것이 바로 엿길금 감주이다.

강릉에서는 제사나 시제음식으로 반드시 감주를 사용하는데, 봄에서 겨울까지 애용한다. 겨울에는 설날을 전 · 후로 살얼음 얼도록 얼려서 마시는데 그 맛이 일품이다.

연엽주는 감주를 연잎에 묶어 오랜 동안 연잎의 향기가 감주에 스며들게 한 것인데, 하룻밤 지나면 연잎의 향기를 맛볼 수 있다. 여름철에는 연엽주를 큰 우물 밑에다 대나무로 끈을 매달아 넣고 시원하게 한 다음 마셨다.

[그림 2.6] 연엽주[195]

연엽주에는 약간의 소주가 들어 있어 많이 마시면 취기가 돈다. 음력 5월 연엽주가 제철음식이며, 연엽주에는 연꽃잎 한두 개를 넣는다.

연엽주는 경포 남밀의 학관지이나 정명시 댁에서 만든 것을 제일로 쳤다. 특히 정씨댁 앞에는 여름이면 연꽃이 만발하는 큰 연당이 있고, 연잎도 깨끗하고 커서 연엽주를 담그는데 적합하였다. 연엽주는 강릉 음식으로는 빼놓을 수가 없다.[196]

④ 감로차(이슬차)

봄, 가을에 연한 잎을 따서 햇볕에 말린 수국차를 '감로차(甘露茶)' 또는 '이슬차'라 일컫는데, 부드러운 단맛과 은은한 박하향이 어우러져 독특한 향취를 느끼게 한다. 6~7월 강릉 왕산의 깊은 산중에서 피는 수국은 허준의 『동의보감』에서 "가슴이 두근거리거나 열이 날 때 효과가 있고 심장을 강하게 한다."고 했다. 감미성분이 들어있어 설탕 대용으로 쓰기도 한다. 여름 더위를 극복하거나 혈액순환, 숙취해소, 다이어트, 노화방지, 피부미용에 특히 좋다. 우리나라의 몇 안 되는 토종 허브차이다. 문재인 대통령이 "평창올림픽 때 외국의 VIP가 오면 선물용으로 주기 위해 만든 차"라며 차의 이름을 '평창의 고요한 아침(Serene Morning of Pyeongchang)'이라 칭했다.[197]

⑤ 오죽차

'오죽차'는 오죽헌 주변에서 자생하는 오죽으로 만든 것으로, 간 해독을 도와 피로해소에 좋고 고혈압에도 탁월한 효과가 있는 것으로 전해졌다.[198]

강릉지역에서 자생하는 검은 대나무인 오죽은 오죽헌, 율곡선생, 신사임당을 연계한 강릉의 대표 관광자원이다.[199]

6) 주류

강원도 향토음식 중 술로는 쌀을 고두밥을 짓고 누룩을 넣어 주모를 만들고, 이 주모에 감자와 물을 섞어 푹 삶고 다시 누룩을 넣고 발효시킨 '감자동동주(서주)', 감자 대신 메밀을 넣은 '메밀동동주', 솔잎을 넣은 '솔잎동동주', 옥수수를 넣은 '옥수수동동주', 호박을 넣은 '호박동동주' 등이 있다. 그리고 동동주보다는 고급술인 '강릉청주', 삼척의 향토술인 '불술', 삼지구엽초를 넣은 '삼지구엽초주(선령비주)', 쑥을 넣은 '쑥약주', 오죽을 넣은 '오죽청주' 등이 있다.

'옥로주'는 찹쌀, 누룩, 옥수수로 만든 술이다. '옥향주'는 갈색의 향이 좋은 술로 옥수수, 엿기름가루를 넣은 것이다. '의이인주'는 율무, 멥쌀, 누룩, 밀가루, 물로 만든 술이다. '찹쌀엿술'은 찹쌀싸라기, 엿기름가루로 만든 술이고, '초피주'는 쌀, 누룩, 초피잎, 찹쌀, 엿기름가루로 만든 술이다.[200] 이들 중 감자술, 불술(삼척) 그리고 새롭게 조사된 강원도 막걸리, 단오신주, 방풍주, 양양 송이주, 창포주, 송엽주 등을 자세히 살펴보고자 한다.

① 감자술(서주)

평창 '서주'는 강원도 특산품 중 하나인 감자를 쌀과 함께 발효시켜 빚은 술이다. 국내에서 감자술이 체계적으로 생산되는 곳은 평창지역 밖에 없다. 맵쌀을 쪄서 식힌 후 누룩과 물을 넣고 발효시켜 주모를 만들고 껍질을 벗긴 감자를 쪄서 으깨어 넣어 20일 이상 저온 발효시킨다. 다시 여과하는 과정을 거치면 감자 특유의 맛을 내는 감자술이 완성된다.

재래식 옹기항아리에서 제조된 감자술은 과일주와 같이 은은한 향을 내고 맛이 담백한 술로써 순하고 부드러운 황록색 빛깔을 띤다. 알코올 도수는 13도 수준으로 다른 민속주에 비해 낮고 소주와 비슷하다. 단맛과 담백한 맛이 어우러져 있고 숙취가 없는 게 특징이다. 조선 순조 때 국내에 처음 들어온 감자는 강원도의 척박한 산중에서 밭을 일궈 생계를 이어가던 화전민이 술을 빚어 감자술을 마시며 애환을 달랬다고 한다.

이후 일제강점기 밀주 단속으로 명맥이 끊겼다가 1990년 오대서주양조 창업자인 홍○일 씨에 의해 다시 빛을 보게 되었고, 그의 아들에 의해 28년간 명맥을 유지하고 있다.[201] 또한 청와대가 평창 동계올림픽을 기념하여 강원도 평창 전통주인 '서주(감자술)'를 설 선물로 준비하였다.[202]

② 불술(삼척)

태백산맥의 꼭대기에는 세 갈래로 물길이 갈라지는 고개, 삼수령이 있다. 맑은 삼수령 약수로 담근다는 술이 있는데, 그 술이 삼척에서 내려오는 토속주 '불술'이다. 삼척 노곡면 중마읍리에서 그 전통을 이어 온 불술[203]은 이화자의 집안 대대로 전해 내려온 비법으로 만든 술이다. 1998년 11월에 전통 민속주로 추천을 받았고, 1993년에 불술 제조면허를 승인받았다. 이후 상품화되어 팔리던 불술은 자금사정 등으로 2002년부터 생산이 전면 중단되었으나, 삼척전통주연구회 박○준 회장이 불술 재현을 전수받아 현재 불술이 빚어지고 있다.

불술은 원래 질거나 된밥이어서 어른들 식사로 올리기 난처한 밥, 식사 후 남은 밥이나 금방 상할 거 같은 밥을 이용하여 빚는 술이라고 한다. 산간지역이라 논이 많지 않은 노곡에서는 쌀이 귀하여 옥수수를 이용하여 불술을 빚는 사례도 많았다고 한다. 옥수수를 이용할 경우는 옥수수를 갈아서 되직한 죽을 쑤어 사용하였는데, 마치 범벅처럼 생겼다고 한다.

불술 만드는 법을 보면, 약수에 엿기름가루를 섞어 식혜를 만들고, 그 항아리를 왕겨로 감싸 불을 붙여 밑술을 만드는데, 이때 불로 은근하게 달인다고 하여 불술이라 불린다. 물맛이 곧 술맛이 될 만큼 중요한 물 좋은 삼척의 삼수령 약수로 담그는 삼척 불술이다.[204]

불술을 마시는 사람들은 달콤한 맛으로 인해 집에서 빚은 술보다 도수가 높은 술인지 모르고 거듭 마시다가는 자신도 모르게 취하여 못 일어나기 일쑤였다고 하여 '앉은뱅이술'이라고 불렸다고 한다.

③ 강원도 막걸리

맑은 물을 가지고 있는 강원도는 산지가 많고 인구밀도가 낮아 고립되는 마을이나 지역이 많았던 덕에, 유사하면서도 다른 술을 만들 수 있는 최적의 환경이 조성될 수 있었다. 각 지역의 술은 비슷하면서도 미세한 차이를 보인다. 철원과 같은 일부 곡창지대를 제외하면 쌀보다는 밭작물인 감자, 옥수수, 조 등이 술의 원료로 많이 활용되었다.

도내 막걸리 시장의 큰 부분을 차지하고 있는 횡성 '국순당'을 제외한 소규모 양조장에서는 단호박이나 송이, 더덕 등 지역 특산물을 활용한 상품이나 삼지구엽초, 초피, 황기 등 다양한 산야초가 첨가된 기능성을 가진 상품들이 연달아 출시하고 있기도 하다. 화천만의 특색을 담은 이름을 가진 '산천어 생막걸리'는 탄산함량을 높여 톡 쏘는 맛이 일품이다.

강릉지역은 맑은 술이 숙취 성분이 적다는 인식이 강하여 동동주 선호도가 높다. 주문진 동동주는 파도가 부서지듯 시원한 청량감이 특징이다. 춘천의 대표적인 막걸리로는 '소양강 생막걸리'를 손꼽는다. 소양강 쌀로만 만들어 약간 거친 듯한 질감이 풍부한 맛을 띠고 뒷맛은 부드럽고 편안한 여운을 준다.

도내 막걸리 시장 가운데 가장 눈에 띄는 곳은 원주이다. 원주에서는 대기업이 아닌 토종업체가 시장을 지배하고 있다. 원주탁주합동의 '치악산 막걸리'가 한 달에 30만병(0.9ℓ짜리)이 팔려 원주지역 막걸리 시장의 70%를 장악하고 있다. '치악산 막걸리' 맛의 첫 번째 비결로 맑은 물을 꼽는다. 지하 100m에서 뽑아 올린 치악산 정기가 녹아있는 화강암 암반수로 제작하여 깨끗하고 부드럽다.[205)]

정선군은 지역의 대표 농산물인 황기 · 곤드레 · 감자 · 옥수수를 이용하여 막걸리를 만들었다. '곤드레' 막걸리의 원료는 곤드레 · 쌀 · 감자이며, '만드레' 막걸리의 원료는 황기 · 쌀 · 옥수수 · 감자로 전량 정선에서 재배되는 농특산물을 사용하고 있다.[206)]

강원도 평창군 봉평면에서는 메밀을 가공하여 맷돌이나 방아로 빻는 등 전통방식 그대로 막걸리를 제조하고 있다. 메밀은 전분 함량이 낮기 때문에 막걸리를 만들기가 상당히 어렵다. 결국 쌀 70%, 밀가루 25%, 메밀 5% 비율의 봉평막걸리가 탄생하게 되었다.[207]

④ 단오신주

강릉단오제에서 빠질 수 없는 것이 술이다. '단오신주'를 빚어 신에게 바치고 시민들과 나누며 거리굿의 관례 거리에서도 막걸리와 관련한 여러 가지 해학적인 장면들이 나온다.

세계무형문화유산 강릉단오제는 음력 4월 5일 신주 빚기를 통해 그 시작을 알린다. 단오신주는 한마디로 '정성의 술'이다. 세 번 빚는 삼양주이며 가양주시스템을 도입하여 첨가제를 쓰지 않고 전통 누룩을 많이 쓰고 입국의 양을 최소화했다. 또 도수가 9도로 높은 편이다. 한 달 정도 익히는 '시간의 술'이기도 하다. 강릉 단오신주는 최근 들어 '강릉단오주'라는 이름으로 상품화되어 판매되고 있다. 다만, 강릉단오주는 도수를 6도로 낮춰 대중성에 초점을 두었다.[208]

⑤ 방풍주

예로부터 강릉은 좋은 술이 익는 '명주의 고장'으로 통했다. 교산 허균이 『도문대작(屠門大嚼)』에서 극찬한 강릉 '방풍주'가 있다.[209]

강릉지역의 5대 명주는 풍을 예방한다는 방풍나물을 재료로 사용한 '방풍주'와 선교장에서 전해 내려오는 술로 활래정 연잎으로 빚은 '연엽주', 신라향가 헌화가와 연결되는 전통주로서 진달래꽃 향이 그윽한 '척촉화주(두견주)', 솔향강릉의 대관령 솔잎으로 만든 '송엽주', 단오 때 빚어 마셨던 '창포주'가 있다. 여기에 오죽주, 김유신장군주, 단오신주, 강릉명기 홍장주, 다시마주를 포함하면 10대 명주가 된다. 특히 방풍주는 강릉지역 주류 업체인 방풍도가에서 2012년부터 제조 판매되고 있다.

방풍도가는 5대 명주인 방풍주를 복원·판매하고 있는 곳으로 감미료를 넣지 않고 전통 누룩을 사용하여 한 달 간의 발효기간을 거쳐 제품을 만든다. 술을 장기간 발효시키기 때문에 숙취가 없고 많이 달지 않으면서도 뒷맛에 나물향(방풍)이 풍기는 것이 특징이다.[210)]

⑥ 양양 송이주

송이 주산지인 양양지역의 지역적 특성을 살린 '송이주'를 개발하여, 그동안 약용으로만 사용되었던 송이를 송이주로 새롭게 탄생시키기 위해 각종 문헌을 뒤지고 전문가의 조언을 얻는 등 다년간의 연구를 거듭했다.

양양 송이주는 자연송이의 성분이 원주에 그대로 함유될 수 있도록 기존 송이주큐르주(침출주)와는 달리 주정을 사용하지 않고 쌀과 자연송이를 배합 발효하여 숙성하는 방법을 사용했다. 또 저온 장기 발효로 송이 향취를 음미할 수 있게 했으며, 저도수로 거부감이 없고 두통과 숙취가 없어 남녀노소 모두에게 인기를 얻고 있다.[211)]

⑦ 창포주

강릉단오제 기념 전통주인 창포주는 단오에 두루 마셨던 것으로 전해오는데, 고려말 익제 이제현의 '단오' 시에서, 포은 정몽주가 둔촌 이집에게 보낸 시에서도 등장한다. 창포주 제법은 허준의 『동의보감』과 서유구의 『임원십육지』에도 등장한다. 창포뿌리를 썰어 찹쌀과 누룩을 섞어 술을 빚는데, 중풍을 치료하고 수명을 연장하는 효능이 있다고 한다.[212)]

⑧ 송엽주

소나무는[213)] 술 빚기를 비롯하여 우리나라 식생활에서 빠지지 않는 재료로 활용되어 왔다. 『동의보감』에 의하면, "솔잎은 풍습창을 낫게 하고 머리털을 나게 하며 오장을 편안하게 하고 식량 대용으로 쓰인다."고 기록되어 있다.

'송엽주'는 고두밥과 누룩에 솔잎을 넣은 후 술을 빚어 발효시키며, '송순주'는 곡주를 증류하여 소주를 내린 뒤 다시 곡주를 빚는 과정에서 솔잎과 소주를 넣어 발효시키는 혼양주법으로 주조된다고 하였다.

미주풀이

1) 농촌진흥청 농업과학기술원 농촌자원개발연구소, 한국의 전통향토음식3 강원도, 2008, p.2.
2) 농촌진흥청 농업과학기술원 농촌자원개발연구소, 위의 책, p.5.
3) 농촌진흥청 농업과학기술원 농촌자원개말연구소, 위의 책, pp.4-5.
4) 윤덕인, 강원도의 전통향토음식 발달 배경과 특징, 한국의 전통향토음식 3 - 강원도, 2008, pp.30-36.
5) 강원도, 뿌리깊은 나무, 1992, p.36.
6) 강인희, 한국의 맛, 대한교과서, 2002, p.401.
7) 윤덕인, 강원도, 앞의 책, p.30.
8) 윤덕인, 강원도, 앞의 책, pp.35-36.
9) *농촌진흥청 농업과학기술원 농촌자원개발연구소, 한국의 전통향토음식 3 - 강원도, 교문사, 2018. 에는 주식류 중 밥은 곤달비밥(p.51), 조감자밥(p.53), 찰옥수수능근밥(p.55), 양양영양돌솥밥(p.56), 감자밥(p.57), 김칫국밥(p.58), 도토리묵밥(p.59), 비지밥(p.60), 산채밥(산채나물밥, p.61), 산채비빔밥(p.62), 송이돌솥밥(p.63), 쑥밥(p.64), 영월장릉보리밥(p.65), 옥수수밥(p.66), 옥수수팥밥(p.67), 콩탕밥(p.68), 황률밥(p.69) 등이 수록되어 있다.
10) 농촌진흥청 농업과학기술원 농촌생활연구소, 한국의 향토음식, 1994, p.21.
11) 강원경제신문, 2012.6.20. 원주 대표음식 '뽕잎황태밥' 판매개시.
12) 전통향토음식용어사전, 농촌진흥청, 2010, p.243.
13) 이심열, 연잎밥, 한국 의 · 식 · 주 생활사전 - 식생활, 국립민속박물관, 2018, p.716.
14) KBS1 한국인의 밥상, 2018.11.1.
15) 연합뉴스, 2018.9.5.
16) 송분선 · 수을향, 사진제공, 2019.
17) 문화공보부 문화재관리국, 한국민속종합조사보고서 - 향토음식편, 1984, p.16.
18) KBS1 한국인의 밥상, 2018.11.1.
19) *농촌진흥청 농업과학기술원 농촌자원개발연구소, 한국의 전통향토음식 3 - 강원도, 교문사, 2018. 에는 주식류 중 죽, 범벅은 방풍죽(강릉 방풍죽, p.71), 호박들깨죽(p.73), 감자옹심이죽(p.74), 어죽(p.75), 콩죽(콩갱이, p.76), 메밀국죽(p.78), 보리나물죽(p.78), 소루쟁이나물죽(p.79), 질경이나물죽(p.79), 옥수수죽(p.80), 옥수수채소죽(p.80), 옥수수풀떼죽(p.81), 홍합죽(섭죽, p.81), 절간고구마죽(p.82), 토장아욱죽(p.83), 능근옥수수범벅(p.84), 풋옥수수범벅(p.84), 인삼호박범벅(p.85), 감자옹심이(p.87).
20) 허균 저, 허경진 · 장정룡 역, 도문대작, 난설헌출판사, 2018, p.379.
21) 윤서석, 증보 한국식품사연구, 신광출판사, 1985, p.142.
22) 농촌진흥청 농업과학기술원 농촌생활연구소, 한국의 향토음식, 1994, p.30.
23) 빙허각이씨 저, 정양완 역, 규합총서, 보진재, 1986, p.63.
24) 이성우, 한국요리문화사, 교문사, 1985, p.269.

25) 한창기, 강원도 뿌리깊은 나무, 1983, p.239.

26) 세계일보, 2015년 06월 14일자.

27) 전통향토음식 용어사전, 농촌진흥청, 2010, p.18.

28) 방신영, 조선요리제법, 민속원, 1991, p.373.

29) 이용기, 조선무쌍신식요리제법, 민속원, 1991, p.220.

30) 한국스포츠경제, 2018.12.21.

31) *농촌진흥청 농업과학기술원 농촌자원개발연구소, 한국의 전통향토음식 3 - 강원도, 교문사, 2018에는 주식류 중 국수, 수제비로는 감자옹심이(p.87), 떼북콩국수(째북콩국수, p.89), 메밀묵채국수(p.91), 메밀콧등치기(p.93), 감자새알칼국수(p.95), 막국수(메밀막구수, p.97), 꼴뚜국수(메밀껄뚜국수, p.99), 올챙이국수(p.100), 춘천막국수(p.101), 콩칼국수(콩가수기, 콩가슬이, p.102), 감자국수(p.103), 도토리국수(p.104), 도토리올챙이국수(올챙이국수, p.105), 메밀콩국수(p.106), 산채국수(산채비빔국수, p.107), 산채칼국수(p.108), 옥수수콩물국수(p.109), 팥국수(p.110), 곤달비수제비(p.111), 감자수제비(p.112), 메밀감자수제비(p.114), 옥수수수제비(강냉이수제비, p.114), 찰옥수수팥옹심이(p.115), 채만두(p.117), 감자만두(p.118), 메밀만두(p.119) 등이 수록되었다.

32) 한창기, 강원도, 뿌리깊은 나무, 1983, p.96.

33) 농촌진흥청 농업과학기술원 농촌생활연구소, 위의 책, p.56.

34) 안동 장씨 저, 음식지미방, 경북대학교출판부, 2005, p.126.

35) KBS1 한국인의 밥상, 202회.

36) 한복진, 우리가 정말 알아야 할 우리음식 백가지 2, 현암사, 1998.

37) 윤덕인, 강원도의 민속과 음식, 비교민속학 31집, 2006, p.141.

38) 농촌진흥청 농업과학기술원 농촌생활연구소, 한국의 향토음식, 1994, p.53.

39) 한창기, 강원도, 뿌리깊은 나무, 1983, p.95.

40) 정현숙, 강원도의 메밀음식, 향토사연구, 15, 2003, pp.141-154.

41) 정재홍, 아름다운 우리 향토음식, 형설출판사, 2018, p.80.

42) 한복진, 수제비, 한국 의·식·주 생활사전 - 식생활, 국립민속박물관, 2018, p.630.

43) KBS1 한국인의 밥상, 389회.

44) 매일신문, 2019.1.14.

45) 최명환, 장칼국수, 한국 의·식·주 생활사전 - 식생활, 국립민속박물관, 2018, p.805.

46) 국제신문, 2019.1.20.

47) *농촌진흥청 농업과학기술원 농촌자원개발연구소, 한국의 전통향토음식 3 - 강원도, 교문사, 2018.에는 부식류 중 국은 쏘가리매운탕(p.121), 삼세기탕(삼숙이탕, p.123), 다슬기해장국(달팽이해장국, p.125), 우럭미역국(p.126), 김국(p.127), 꺽지매운탕(p.128), 꺽지알탕(p.129), 걱저기탕(꾹저구탕, 뚜거리탕, p.130), 늙은 호박삼계탕(p.131), 메밀묵냉채국(p.131), 물메기국(p.132), 복추어탕(p.133), 알탕(p.134), 정선황기탕(p.135), 콩탕(p.136), 호박고지탕(p.137) 등이 수록되었다.

48) 전통향토음식 용어사전, 김국, 농촌진흥청, 2010, p.63.

49) 황재희, 향토음식문화 - 강원도 영동·영북지역 -, 강원미디어, 1998, p.120.

50) 전통향토음식 용어사전, 농촌진흥청, 2010, p.68.

51) 중앙일보, 2009.8.20.
52) 전통향토음식 용어사전, 농촌진흥청, 2010, p.151.
53) 전통향토음식 용어사전, 농촌진흥청, 2010, p.204.
54) 전통향토음식 용어사전, 농촌진흥청, 2010, p.222.
55) 전통향토음식 용어사전, p.388.
56) 전통향토음식 용어사전, 농촌진흥청, 2010, p.415.
57) 강원도 고성군청, 고성8미, www.gwgs.go.kr
58) KBS1 한국인의 밥상, 370회.
59) 강원일보, 2018.10.16.
60) KBS1 한국인의 밥상, 389회.
61) 김재희 · 박나물, 한국 의 · 식 · 주 생활사전 - 식생활, 국립민속박물관, 2018, p.388.
62) 서울신문, 2016.07.30.
63) 전통향토음식 용어사전, p.340.
64) KBS1 한국인의 밥상, 202회.
65) KBS1 한국인의 밥상, 2018.11.01.
66) 농촌진흥청 농업과학기술원 농촌생활연구소, 한국의 향토음식, 1994, p.104.
67) *농촌진흥청 농업과학기술원 농촌자원개발연구소, 한국의 전통향토음식 3 강원도, 교문사, 2018. 에는 부식류 중 찌개, 전골은 명란젓찌개(p.138), 명태무왁찌개(p.139), 감자전골(p.140), 능이버섯전골(p.141), 버섯전골(p.142), 송이버섯전골(p.143) 등이 수록되었다.
68) 전통향토음식 용어사전, 농촌진흥청, 2010, p.85.
69) 강원도 고성군청 http://www.gwgs.go.kr
70) *농촌진흥청 농업과학기술원 농촌자원개발연구소, 한국의 전통향토음식 3 - 강원도, 교문사, 2018. 에는 부식류 중 김치는 명란채김치(p.145), 서거리깍두기(p.147), 창란채김치(p.151), 더덕김치(p.152), 창란젓깍두기(p.153), 채김치(p.154), 해물김치(p.155), 해수배추김치(p.156), 호박김치(p.157) 등이 수록되있다.
71) 윤덕인, 강릉의 산출식품과 향토음식의 전통성에 관한 연구, 강릉지역의 전통문화, 월평두창구박사 화갑기념논총집, 국학자료원, 1999, p.193.
72) 한진숙, - 서거리젓, 한국 의 · 식 · 주 생활사전 - 식생활, 국립민속박물관, 2018, p.576.
73) 강인희, 한국의 맛, 대한교과서, 2002, p.409.
74) 전통향토음식용어사전, 농촌진흥청, 2010, pp.231-232.
75) KBS1 한국인의 밥상, 361회.
76) 사진 - 강릉로컬푸드연구소 연미소 제공.
77) 중앙일보, 2018.12.21.
78) 중앙일보, 2019.1.3.
79) 한복려, 우리가 정말 알아야 할 우리김치 백가지, 1999, 현암사.
80) 강원도민일보, 2016.3.19.

81) 한복려, 우리가 정말 알아야 할 우리김치 백가지, 2012, 현암사.

82) 한국민속종합조사보고서, 향토음식편, 문화재관리국, 1984, p.421.

83) KBS1 한국인의 밥상, 389회.

84) *농촌진흥청 농업과학기술원 농촌자원개발연구소, 한국의 전통향토음식 3 강원도, 교문사, 2018.에 부식류 중 나물 - 숙채는 취나물(p.159), 톳나물무침(p.161), 더덕생채(p.162), 박나물(p.162), 메밀나물(p.163), 메밀두루말이(p.163) 등이 수록되었다.

85) 이영은, 취나물, 한국 의·식·주 생활사전 - 식생활, 국립민속박물관, 2018, pp.930-931.

86) 한국민속종합조사보고서, 향토음식편, 문화재관리국, 1984, p.281.

87) KBS1 한국인의 밥상, 361회.

88) 글로벌이코노믹, 2018.4.14.

89) 김재희, 방풍나물, 한국 의·식·주 생활사전 - 식생활, 국립민속박물관, 2018, p.406.

90) 내외경제TV, 2018.12.20.

91) *농촌진흥청 농업과학기술원 농촌자원개발연구소, 한국의 전통향토음식 3 - 강원도, 교문사, 2018.에 부식류 중 구이는 오징어불고기(p.165), 동태구이(p.66), 송이구이(p.66), 은어구이(p.67)가 수록되었다.

92) 한국민속종합조사보고서, 향토음식편, 문화재관리국, 1984, p.278.

93) 하응백, 임연수어, 한국 의·식·주 생활사전 - 식생활, 국립민속박물관, 2018, p.779.

94) 위의 책, p.84.

95) 오마이뉴스, 2014.03.05.

96) 정재홍 외, 아름다운 우리 향토음식, 형설출판사, 2018, p.85.

97) *농촌진흥청 농업과학기술원 농촌자원개발연구소, 한국의 전통향토음식 3 - 강원도, 교문사, 2018.에 부식류 중 조림, 지짐이는 곤달비꽁치조림(곤드레꽁치조림, p.169), 도토리묵조리(p.170), 돼지고기우엉조림(p.171) 등이 수록되었다.

98) 전통향토음식 용어사전, 농촌진흥청, 2010, p.48.

99) 윤덕인, 강릉의 산출식품과 향토음식의 전통성에 관한 연구, 강릉지역의 전통문화, 월평두창구박사 화갑기념논총집, 국학자료원, 1999, p.182.

100) *농촌진흥청 농업과학기술원 농촌자원개발연구소, 한국의 전통향토음식 3 - 강원도, 교문사, 2018.에 부식류 중 볶음, 초는 닭갈비(춘천 닭갈비, p.173), 도치두루치기볶음(p.174), 석이볶음(p.175), 송이볶음(p.176), 연어채소볶음(p.177) 등이 수록되었다.

101) 전통향토음식 용어사전, 농촌진흥청, 2010, p.94.

102) 강원도민일보, 2018.11.29.

103) 두산백과, 송이볶음.

104) 위의 책, p.243.

105) 뉴시스, 2018.02.25.

106) *농촌진흥청 농업과학기술원 농촌자원개발연구소, 한국의 전통향토음식 3 - 강원도, 교문사, 2018.에 부식류 중 전, 적은 감자부침(감자전, p.179), 느르미(p.181), 두릅녹두전(p.183), 메밀부침(p.184), 누룩치부침(노리대부침, p.185), 늙은 호박전(p.186), 두드러기빈대떡(p.187), 두릅전(p.187), 산

채산적(p.188), 송이산적(p.189) 등이 수록되었다.

107) 농촌진흥청 농업과학기술원 농촌생활연구소, 한국의 향토음식, 1994, p.180.

108) 황재희, 향토음식문화, 강원미디어, 1998, p.276.

109) KBS1 한국인의 밥상, 202회.

110) MBC, 2009.06.18.

111) KBS1 한국인의 밥상, 2018.11.1.

112) 농촌진흥청 농업과학기술원 농촌생활연구소, 한국의 향토음식, 1994, p.188.

113) 두산백과, 홍총떡.

114) *농촌진흥청 농업과학기술원 농촌자원개발연구소, 한국의 전통향토음식 3 - 강원도, 교문사, 2018. 에 부식류 중 찜, 선은 메기찜(p.190), 대게찜(p.191), 명태찜(p.191), 도루묵감자찜(p.192), 황기향어찜(p.193) 등이 수록되었다.

115) 전통향토음식 용어사전, 농촌진흥청, 2010, p.427.

116) KBS1 한국인의 밥상, 202회.

117) KBS1 한국인의 밥상, 389회.

118) 서울신문, 2009.02.11.

119) 강원도 고성군청 http://www.gwgs.go.kr

120) KBS1 한국인의 밥상, 389회.

121) *농촌진흥청 농업과학기술원 농촌자원개발연구소, 한국의 전통향토음식 3 - 강원도, 교문사, 2018. 에 부식류 중 회는 능이버섯회(p.194), 산오징어회(p.194), 두릅회(p.195), 도치회(p.196), 명태회무침(p.197), 오징어무침(p.198), 주문진한치물회(p.198), 춘천쏘가리회(p.199), 향어회(p.199) 등이 수록되었다.

122) 위의 책, p.85.

123) 강인희, 한국의 맛, 대한교과서, 2002, p.407.

124) 전통향토음식 용어사전, 농촌진흥청, 2010, p.110.

125) 빙허각 이씨 저, 정양완 역, 규합총서, 보진재, 1986, p.59.

126) 전통향토음식 용어사전, 농촌진흥청, 2010, p.377.

127) 황재희, 향토음식문화, 강원미디어, 1998, p.284.

128) KBS1 한국인의 밥상, 370회.

129) *농촌진흥청 농업과학기술원 농촌자원개발연구소, 한국의 전통향토음식 3 - 강원도, 교문사, 2018. 에 부식류 중 마른반찬은 마른오징어젓갈무침(p.200), 쇠미역도라지자반(p.203), 쇠미역튀각(p.205), 지누아리무침(p.207), 감자부각(p.208), 두릅부각(p.208), 쇠미역부각(p.209), 초피잎부각(p.209), 쑥부각(p.210), 더덕튀김(p.211) 등이 수록되었다.

130) 한창기, 강원도, 뿌리깊은 나무, 1983, p.97.

131) 전통향토음식 용어사전, 농촌진흥청, 2010, p.125.

132) 전통향토음식 용어사전, 농촌진흥청, 2010, p.374.

133) 한창기, 강원도, 뿌리깊은 나무, 1983, p.97.

134) *농촌진흥청 농업과학기술원 농촌자원개발연구소, 한국의 전통향토음식 3 - 강원도, 교문사, 2018.

에 부식류 중 순대, 편육, 족편은 오징어순대(p.213), 명태순대(p.214) 등이 수록되었다.
135) 한국민속종합조사보고서, 향토음식편, 문화재관리국, 1984, pp.352-353.
136) 정재홍 외, 아름다운 우리 향토음식, 형설출판사, 2018, p.82.
137) 손정우, 오징어순대, 한국 의 · 식 · 주 생활사전 - 식생활, 국립민속박물관, 2018, p.732.
138) *농촌진흥청 농업과학기술원 농촌자원개발연구소, 한국의 전통향토음식 3 - 강원도, 교문사, 2018. 에 부식류 중 묵, 두부는 가시리묵(p.215), 감자청포묵(p.216), 고구마묵(p.217), 올챙이묵(p.218), 강릉초당두부(p.219) 등이 수록되었다.
139) 전통향토음식 용어사전, 농촌진흥청, 2010, p.2.
140) 농촌진흥청, 전통향토음식 용어사전, 2010, p.24.
141) 위의 책, p.242.
142) 농촌진흥청 농업과학기술원 농촌생활연구소, 한국의 향토음식, 1994, p.200.
143) 위의 책, p.253.
144) *농촌진흥청 농업과학기술원 농촌자원개발연구소, 한국의 전통향토음식 3 - 강원도, 교문사, 2018. 에 부식류 중 쌈은 곰취쌈(p.220), 쇠미역쌈(p.223), 더덕쌈(p.224), 장어채소말이(p.225) 등이 수록되었다.
145) 강원도, 뿌리깊은 나무, 한창기, 1992, pp.124-125.
146) 윤덕인, 강릉의 산출식품과 향토음식의 전통성에 관한 연구, 강릉지역의 전통문화, 월평두창구 박사 화갑기념논총집, 국학자료원, 1999, p.194.
147) 윤덕인, 위의 논문, 1999, p.194.
148) 황재희, 향토음식문화 - 강원도 영동 · 영북지역 -, 강원미디어, 1998, p.71.
149) *농촌진흥청 농업과학기술원 농촌자원개발연구소, 한국의 전통향토음식 3 - 강원도, 교문사, 2018. 에 부식류 중 젓갈, 식해는 멍게젓갈(p.231), 명태식해(명태밥식해, p.233), 가자미식해(p.234), 명란젓(p.236), 방게젓(p.237), 서거리젓(p.238), 오징어젓(p.239), 창란젓(p.240), 더덕식해(p.241), 도루묵식해(p.242), 멸치식해(p.244), 명란식해(p.244), 북어포식해(p.245), 서거리식해(p.246), 전갱이식해(맹이식해, p.247), 청어식해(p.248), 햇떼기식해(p.249) 등이 수록되었다.
150) 한국민속종합조사보고서, 향토음식편, 문화재관리국, 1984, p.203.
151) 전통향토음식 용어사전, 2010.7.5., 농촌진흥청, p.187.
152) 한국민속종합조사보고서, 강원도편, 문화재관리국, 1984, p.425.
153) 황재희, 향토음식문화 - 강원도 영동 · 영북지역 -, 강원미디어, 1998, p.212.
154) 위의 책 p.212.
155) 한국민속종합조사보고서, 향토음식편, 문화재관리국, 1984, p.203.
156) 황재희, 향토음식문화 - 강원도 영동 · 영북지역 -, 강원미디어, 1998, p.248.
157) 윤덕인, 위의 논문, 2006, p.140.
158) 농촌진흥청 농업과학기술원 농촌생활연구소, 한국의 향토음식, 1994, p.317.
159) 문화일보, 2015.12.16.
160) 윤덕인, 강원도의 민속과 음식, 비교민속학 제 31집, 2006, p.140.
161) *농촌진흥청 농업과학기술원 농촌자원개발연구소, 한국의 전통향토음식 3 - 강원도, 교문사, 2018.

에 장류로는 막장(p.250), 밀고추장(p.251), 정지뜰고추장(p.251), 집장(p.252), 찹쌀고추장(p.253) 등이 수록되었다.

162) 한복진, 우리가 정말 알아야 할 우리 음식 백가지 1, 현암사, 1998.

163) 강원도민일보, 2017.11.30.

164) 평창나또 http://www.pcnatto.co.kr

165) 두산백과, 인제용대리황태덕장.

166) *농촌진흥청 농업과학기술원 농촌자원개발연구소, 한국의 전통향토음식 3 - 강원도, 교문사, 2018. 에 떡류는 감자떡(감자송편, p.255), 감자붕생이(감자범벅, p.257), 감자취떡(p.259), 구름떡(p.261), 메밀총떡(메밀전병, p.263), 수수제비치(수수부꾸미, p.265), 수수팥시루떡(p.267), 찰옥수수뭉생이(p.269), 씨종자떡(p.270), 증편(기장떡, 기주떡, 쪽기정, p.271), 차조떡(정성떡, 차좁쌀인절미(p.272-273), 감말랭이찰편(p.274), 감자경단(p.275), 감자뭉생이(p.276), 감자시루떡(p.277), 감자전분송편(p.278), 감자찰단자(p.279), 고탄절편(p.280), 곱장떡(p.281), 귀리떡(p.282), 귀리투생이(p.282), 댑싸리떡(p.283), 더덕설기(p.284), 도토리시루떡(p.284), 도토리송편(p.285), 도토리전병(p.286), 도토리지엄떡(p.287), 머습숙송편(p.288), 메밀개떡(p.289), 메밀증편(p.289), 메밀삼색경단(p.290), 메싹떡(p.291), 무송편(p.292), 무시루떡(p.293), 보리개떡(p.294), 봉치떡(봉채떡, p.295), 산채가루시루떡(p.296), 송기떡(송기송편, p.297), 송화고물경단(p.298), 수리취개피떡(p.299), 수리취덕(p.300), 순채떡(p.301), 승검초잎떡(당귀잎떡, p.302), 쑥개떡(p.303), 쑥버무리(p.305), 쑥시루떡(p.305), 영동풍신떡(p.306), 오매두떡(p.306), 옥수수경단(p.307), 옥수수보리개떡(p.307), 옥수수부꾸미(p.308), 옥수수설기(p.309), 옥수수술떡(옥수수기정, p.310), 옥수수인절미(옥수수찰떡, p.311), 옥수수칡잎떡(p.312), 옥수수화전(p.313), 용떡(p.313), 율무떡(p.314), 차조약식(p.315), 청치주먹떡(p.315), 찰옥수수시루떡(p.316), 취떡(p.317), 칡송편(p.318), 칡전병(p.319), 콩비지떡(p.320), 팥소흑임자떡(p.321), 호박고지시루떡(p.322), 화전(전화, 꽃전, p.323) 등이 수록되었다.

167) 윤덕인, 버무리떡, 한국 의 · 식 · 주 생활사전 - 식생활, 국립민속박물관, 2018, p.421.

168) 위의 책, p.357.

169) 농촌진흥청 농업과학기술원 농촌생활연구소, 한국의 향토음식, 1994, p.354.

170) 농촌진흥청 농업과학기술원 농촌생활연구소, 한국의 향토음식, 1994, p.365.

171) 강인희, 한국의 떡과 과줄, 대한교과서, 1997, p.203.

172) KBS1 한국인의 밥상, 81회.

173) 위의 책, p.359.

174) 신길만, 찹쌀떡, 한국 의 · 식 · 주 생활사전 - 식생활, 국립민속박물관, 2018, p.904.

175) 농촌진흥청 농업과학기술원 농촌생활연구소, 한국의 향토음식, 1994, p.336.

176) 윤덕인, 증편, 한국 의 · 식 · 주 생활사전 - 식생활, 국립민속박물관, 2018, p.880.

177) 동해기정, http://dhgijung.com

178) 농촌진흥청 농업과학기술원 농촌생활연구소, 한국의 향토음식, 1994, p.347.

179) 강원도민일보, '양양 송천 떡마을', 이광식, 2010년 07월 09일 금요일.

180) 황재희, 향토음식문화 - 강원도 영동 · 영북지역 -, 강원미디어, 1998, p.292.

181) KBS1 한국인의 밥상, 202회.

182) 서해숙, 수리취떡, 한국 의 · 식 · 주 생활사전 - 식생활, 국립민속박물관, 2018, p.619.

183) 정선수리취떡 명품화사업단(http://www.surichitteok.com/docs/page/story.php)

184) KBS1 한국인의 밥상, 2018.11.1.

185) 영남일보, 2015.12.17.

186) *농촌진흥청 농업과학기술원 농촌자원개발연구소, 한국의 전통향토음식 3 - 강원도, 교문사, 2018에 과정류는 강릉산자(과즐, p.325), 옥수수엿(황골엿, p.327), 약과(p.328), 옥수수약과(p.329), 호박매작과(p.330), 강정(오색강정, p.331), 다식(p.332), 더덕정과(p.333) 등이 수록되었다.

187) 농촌진흥청 농업과학기술원 농촌생활연구소, 한국의 향토음식, 1994, p.389.

188) KBS1 한국인의 밥상, 202회.

189) 강원일보, 2019.1.23.

190) 노컷뉴스, 2019.1.28.

191) 황재희, 향토음식문화 - 강원도 영동 · 영북지역 -, 강원미디어, 1998, p.120.

192) 한국민속종합조사보고서, 강원도편, 문화재관리국, 1984, p.454.

193) *농촌진흥청 농업과학기술원 농촌자원개발연구소, 한국의 전통향토음식 3 - 강원도, 교문사, 2018.에 음청류는 메밀차(p.335), 송화밀수(송화수, 송화화채, p.337), 창면(책면, p.339), 호박수정과(p.341), 당귀차(p.342), 솔순차(p.342), 옥수수차(p.343), 아카시아차(p.344), 연엽식혜(연엽주, p.345) 등이 수록되었다.

194) 유주(장원 설록차연구소 연구소장), 계절별 마시기 좋은 한국의 차(茶) - 제철에 생산되는 재료로 최고의 맛을 우린다.(차의 향기), 2012.11.13.

195) 송분선, 수을향, 2019.

196) 최철, 『강릉, 그 아득한 시간 : 해방 전 · 후와 전란기』, 연세대학교출판부, 2005. pp.237-238.

197) 강원도민일보, 2017.10.26.

198) 국민일보, 2005.3.24.

199) 강원도민일보, 2017.12.26.

200) *농촌진흥청 농업과학기술원 농촌자원개발연구소, 한국의 전통향토음식 3 - 강원도, 교문사, 2018.에 술로는 감자동동주(서주, p.346), 메밀동동주(p.346), 솔잎동동주(p.347), 옥수수동동주(p.348), 호박동동주(p.348), 강릉청주(p.349), 불술(p.350), 삼지구엽초주(선령비주, p.351), 쑥약주(p.352), 오죽청주(p.353), 옥로주(p.354), 옥향주(p.355), 의이인주(p.356)가 수록되었다.

201) 이뉴스투데이 - "전통주 주인공은 나야 나"…30년 명맥 이어온 '평창 서주' 문재인 대통령이 선정한 설 선물에 포함, 우정자 기자, 2018.02.14.

202) 서울신문, 2018년 1월 30일자.

203) 김도현, 불술, 한국 의 · 식 · 주 생활사전 - 식생활, 국립민속막물관, 2018, p.556.

204) KBS1 한국인의 밥상, 370회.

205) 강원도민일보, 2015.09.09.

206) 농민신문, 2009.10.21.

207) 에이빙뉴스, 2016.10.10.

208) 강원도민일보, 2015.9.2.

209) 강원도민일보, 2013.6.7.

210) 강원도민일보, 2015.9.2.

211) 강원도민일보, 2009.12.25.

212) 강원도민일보, 2018.06.18.

213) 김미영 · 송엽주, 한국 의 · 식 · 주 생활사전 - 식생활, 국립민속박물관, 2018, p.607.

강원인의 지혜와 맛

강원도 음식문화

Ⅲ

강원도 특산식품

조용현

강원인의 지혜와 맛

강원도 음식문화

1. 특산식품의 정의와 지역 축제 속의 특산식품

1) 특산식품의 정의

우리나라는 지형과 기후의 차이로 인해 각 지역별로 특색 있는 지역 특산물이 생산되고 있으며, 지방마다 고유의 특산물을 활용한 음식들이 발달하여 왔다.[1] 지역 특산물은 단순한 제품이 아니라 지역의 문화와 풍습 등이 집약된 제품[2]으로서 다른 지역과는 차별성을 지니는 상품을 의미하고 있고,[3] 지역 특산음식은 특정 지역의 대표성을 지닌 식재료를 활용한 먹거리를 의미한다.[4] 결론적으로 지역 특산식품은 지역 특산음식을 포함하여 지역 특산물 중 먹거리에 해당하는 모든 것을 의미한다.

그러나 지역 특산품의 이러한 의미를 현재 지역에서 생산되는 식재료를 이용한 먹거리로 단정 짓기에는 다소 무리한 부분이 있다. 그 이유로는 계속되는 환경의 변화로 기존의 자원이 고갈되고 기후의 변화로 인해 지역에서 재배되는 품종이 변화하여 지역 특산물의 종류가 달라지고 있으며 수입되어 사용되는 식재료도 다양해졌기 때문이라고 여겨진다. 또한 교통과 통신이 편리해짐으로 인하여 지역 간의 시간적인 거리는 단축되고 지리적 요건에 의하여 지역의 식자재만을 이용할 수밖에 없었던 전통적인 특산품이나 특산음식으로 한정하는 것보다 지역 특산식품은 상품의 개발이나 발굴로 지역을 대표할 수 있는 특산품이나 특산음식으로 그 범위가 확대되어져야 할 것이다. 이 장에서는 강원도의 향토음식을 앞에서 다루고 있으므로 주로 대표적인 강원도 특산식품 위주로 다루고자 한다.

2) 지역축제 속의 강원도 특산식품

강원도에서 개최되는 축제들은[5] 대부분 지역에서 생산되는 지역 특산품을 음식축제의 메인타이틀로 정하고 있으며, 지역 기반의 1차 특산품을 프로모션하기 위한 목적성에 의해 신생 음식축제를 매우 적극적으로 개최하고 있는 실정이다. 하지만 지역 특산품 프로모션을 위한 음식축제 개최는 강원도만의 현황이 아니어서 전국적으로 유사한 특산품 축제가 남발되면서 오히려 특산품에 대한 이미지 형성에 부정적 효과를 가져올 소지도 많다.

지역 특산식품을 활용한 축제는 축제 개최지의 식품과 관련된 관광목적지의 이미지를 각인시키는 효과가 높다. 따라서 유명한 지역 특산식품이 있거나 먹거리촌, 지역 특산식품 거리 등 관광목적지 자체가 특산식품이라는 테마를 걸고 형성되어있다면 이를 바탕으로 한 축제를 개최하는 것이 바람직하다고 할 수 있다.

강원지역 축제와 특산식품은 [표 3.1]과 같다.[6)]

[표 3.1] 강원도 특산식품 관련 축제

지 역	축제명	특산식품	비 고
강원	강원 감자큰잔치	감자	
춘천	춘천 닭갈비축제 춘천 막국수축제	닭갈비 막국수	
원주	원주 치악산 산나물축제	산나물	
강릉	강릉 커피축제 강릉 개두릅축제 강릉 오징어축제 강릉 몽글몽글 순두부축제	커피 개두릅 오징어 순두부	
동해	동해 오징어축제	오징어	
속초	속초 콩꽃마을 순두부축제	순두부	
삼척	삼척 하장고랭지 배추축제 삼척 대게축제	배추 대게	
홍천	홍천 찰옥수수축제 홍천 인삼축제	찰옥수수 인삼	
횡성	횡성 한우축제 안흥 찐빵축제 둔내 토마토축제	한우 찐빵 토마토	
영월	영월 예밀촌 포도축제 영월 송이따기체험축제	포도 송이	
정선	정선 감자축제	감자	

지 역	축제명	특산식품	비 고
평창	평창 산약풀축제 대관령 감자축제	산약풀 감자	
화천	화천 산천어축제 화천 토고미 오리쌀축제 화천 화악산 찰토마토축제	산천어 쌀 토마토	
양구	양구 곰취축제 양구 시래기축제	곰취 시래기	
인제	인제 용대리 황태축제 인제 미산 고로쇠축제	황태 고로쇠	
고성	고성 명태축제	명태	
양양	양양 송이축제 양양 연어축제	송이 연어	

강원도가 현재 축제를 통해 홍보하고 있는 특산물은 감자, 옥수수, 송이, 개두릅, 곰취 등의 나물류, 토마토, 포도 등의 과일류, 황태, 명태, 오징어 등의 어류 등으로 다른 지역들과 많이 중복되고 있다. 어느 지역 축제가 잘된다 싶으면 모방적으로 따르기 때문이라고 여겨진다.

한편, 다른 지역과 달리 강원도의 지역축제는 직접적으로 특산품의 이름을 다는 경우보다는 특산품을 이용해 만든 음식명을 붙이거나 또는 각종 문화행사에 지역 향토음식과 관련된 체험을 도입하는 일이 많은 편으로 차별화가 이루어지는 특징이 있다. 이는 음식과 문화를 연결시킬 수 있는 기능성 면에서 단순한 특산물 프로모션형 축제보다는 훨씬 바람직한 현상이다.

다른 지역과 차별화된 강원도 축제의 일면을 2019년에 14만 명이 모여 화제를 이끈 '화천 산천어축제'에서 보면[7], 영하의 매서운 추위에도 수많은 사람들이 산천어를 낚아 올리고, 직접 잡은 산천어를 굽거나 회로 먹을 수 있는 구이터와 회센터에도 긴 줄이 늘어섰다고 한다.

2003년에 시작된 화천 산천어축제는 미국 CNN 방송이 선정한 세계 4대 겨울축제이자 국내 대표적인 겨울축제라고 했다. 산천어도 개막을 앞둔 지난 3일부터 사흘간 42톤 이상을 풀었다. 마릿수로 계산하면 28만 마리가 넘는다고 한다. 화천군은 축제기간 동안 산천어를 총 190톤을 풀었다고 한다.

산천어는 연어목 연어과의 민물고기로 1급수에만 사는 어종이다. 우리나라 토종 물고기로 바다로 나가 산란기에만 돌아오는 송어가 생활습성이 바뀌어 강에서만 생활하는 육봉형(陸封型)으로 굳어져 생겨난 것이며, 생김새는 송어와 비슷하지만 크기는 송어의 반 정도이다. 우리나라에 서식하는 산천어는 대부분 동해로 흐르는 강에 분포한다. 낚시로 잡히기도 하나 산천어의 수가 많지 않아 낚시를 금지하는 곳이 많다. 송어와 마찬가지로 예로부터 고급 식용어로 이용되며, 현재는 양식을 하기도 한다. 굽거나 쪄서 먹을 수도 있다.

산천어 축제가 열릴 때 화천군은[8] 190톤에 달하는 산천어를 전국 9개 양식업체로부터 공급받아 축제에 활용한다. 국내 양식 산천어의 80%가 화천으로 집결한다. 영하 20도까지 치닫는 산골마을 추위에다 청정계곡에 사는 '산천어'를 접목해 탄생한 이 축제는 지역 특산품과는 직접적인 관련이 없지만, 축제 마케팅 면에서는 성공해 지난해에는 정부로부터 '글로벌육성 축제'로 선정되었다.

강원지역의 지역 특산식품 관련 축제를 살펴본 결과 지역에서 재배되거나 채취되어지는 1차 산물은 감자, 산나물, 개두릅, 오징어, 배추, 대게, 찰옥수수, 인삼, 한우, 토마토, 포도, 송이, 산약풀, 산천어, 쌀, 곰취, 시래기, 고로쇠, 연어 등이 있으며, 지역에서 생산되거나 채취되지는 않지만 원재료를 들여와 지역에서 가공되어 판매되며 해당 지역을 대표하는 지역 특산식품은 닭갈비, 막국수, 커피, 순두부, 찐빵, 황태 등이 있다.

지역의 특산식품은 전통적인 식품에서부터 현재의 가공식품으로 다양하게 변화하고 있다. 지역에서 재배되거나 채취되는 1차적인 산물로서의 지역 특산식품에서 원재료의 가공과 판매로 지역 특산식품을 개발하여 지역 관광상품으로 특화시키는 새로운 지역 특산식품의 변화가 계속되고 있다. 예를 들면, 강원도에서 생산이 전혀 이루어지지 않는 커피가 지역 특산식품으로 발전된 강릉의 경우를 보면 커피거리 조성, 커피축제 등 커피로 인한 경제효과는 1차 산물을 생산하여 판매하는 전통적인 지역 특산식품의 경제적 효과보다 실질적으로 미치는 파급효과가 막대하다.

2. 강원도의 자연환경과 전통적인 특산식품

1) 강원도의 자연환경

강원도는 백두대간(태백산맥)이 도(道) 동쪽을 남북으로 기울어져 지나가며, 이 백두대간을 넘는 고개 중 하나인 대관령을 기준으로 동쪽을 영동(嶺東), 서쪽을 영서(嶺西)라고 일컫는다. 영동지방은 고성, 속초, 양양, 강릉, 동해, 삼척, 태백, 영서지방은 철원, 화천, 양구, 인제, 춘천, 홍천, 횡성, 원주, 평창, 영월, 정선이 해당된다. 이따금 속초, 고성, 양양 지역을 따로 떼어 영북(嶺北)이라고 하는 경우도 있지만 자주 쓰는 표현은 아니며 인구가 얼마 안 되는 관계로 주로 영동으로 함께 묶여 설명되곤 한다.

영동과 영서 두 지방은 서로 기후가 매우 다르다. 강원도는 태백산맥이 남북으로 길게 뻗쳐 있어 이 산맥을 중심으로 영동지방과 영서지방으로 나누어지고, 이들 지역의 기후 또한 매우 다른 특성을 보이고 있다.

일반적인 기상 특성을 보면, 산맥의 급한 경사면을 따라 내려와 바다로 연결되는 영동지방은 해양성 기후에 가까운 기상 특성을 많이 보이고 있는 반면, 영서지방은 한반도의 중앙내륙에 위치해 있어 대륙성 기후에 가까운 특성을 보이고 있다. 또한 산맥의 정상부를 중심으로 한 산악지방은 산악기후의 특성을 가지고 있어 복잡한 기상현상을 나타내고 있다.

영동지방은 산맥의 급경사면이 바다와 접해 있어 평야 지역은 거의 없으며, 해안선을 따라 좁고 길게 형성되어 있다. 이러한 지형적 여건에 따라 영동지방은 위도에 비하여 겨울철은 온난하고 여름철은 비교적 시원한 편이어서 연 기온의 교차가 적은 편이다. 기온은 영동지방이 영서지방보다 2도 가량 높은 분포를 나타내며, 강수량은 영동, 영서지방의 평년값은 각각 2,058.5mm, 1,690.3mm로 영동(강릉, 속초, 삼척)이 영서(춘천, 원주, 철원)보다 약 370mm가 더 많은 편이다. 겨울철과

봄철에 강풍 현상이 자주 있으며, 평균 풍속도 다른 지역에 비하여 강하다. 또한 겨울철에는 눈이 많이 내리는데, 영동지역은 영서지방이나 서해안 지방보다 1, 2월에 많은 양의 눈이 내리고 북동기류 유입 시 더욱 많이 내린다.[9)]

영동지방은 해양성 기후가 매우 강하지만, 영서지방은 사실상 내륙성 기후가 나타난다.(그림 3.1 참조)

[그림 3.1] 강원도 지도[10)]

강원도를 동·서·남·북으로 구분하여 도시를 살펴보면 [표 3.2]와 같다.

[표 3.2] 강원도 권역별 도시 구분

권 역		도시명	비 고
영서 북부	춘천 광역권	춘천, 화천, 양구, 인제, 홍천, 철원	
영서 남부	원주 광역권	원주, 횡성, 영월, 평창, 정선, 태백	
영동 북부	강릉 광역권	강릉, 고성, 속초, 양양	
영동 남부		동해, 삼척	

강원도 권역별 구분으로는 영서 남·북, 영동 남·북 정도로 구분이 되겠으나, 실질적으로는 같은 영동지방이라 해도 영동 북부 쪽은 속초시가 중심이 되어 주변의 고성, 양양을 포함하고, 영동 남부에서는 동해, 삼척으로 구분되어지며 영서에서도 영월, 평창, 정선은 예부터 영동과 더 밀접하게 교류하였고, 방언도 영동 방언을 사용하여 영동으로 분류하는 경우도 있다. 하지만 지역적인 분류를 하고자 함으로 영서 남부로 분류하였다. 태백시 또한 자체적인 생활권을 가지고 있다고 볼 수 있다. 이 경우 태백시, 정선군 사북읍, 고한읍, 영월군 상동읍, 봉화군 석포면, 삼척시 도계읍 등이 태백 생활권에 속한다.[11)]

2) 강원도의 전통적인 특산식품

강원도를 대표하는 전통적인 특산식품은 강원도의 지형적인 조건으로 인하여 감자, 옥수수, 메밀 등 구황작물의 비중이 높을 수밖에 없었다. 이것은 강원도의 지리적인 특성이 나은 결과다. 강원도는 전체 면적의 81%를 차지할 정도로 많은 산간지대로 인하여 농사를 지을만한 땅이 부족하였다. 그로 인하여 감자, 옥수수, 메밀 등을 화전경작을 하여 생계를 꾸려야 했다.

화전농업(火田農業)은 임야를 불태우고 들풀과 잡목을 태운 뒤 그곳에다 농사를 짓는 농업법이다. 화전민들은 일정한 땅을 정해 불을 놓고 불에 탄 풀과 나무의 재를 비료로 이용한다. 처음에는 불태운 초목의 재가 거름이 되므로 조, 피, 메밀, 기장, 옥수수, 콩, 보리, 육도(陸稻, 밭벼) 등을 파종하여 그대로 수확을 기다린다. 그 후 일체 거름을 주지 않으므로 몇 년 후에는 지력이 상실되어 새로운 곳으로 이동해야 했다.

화전은 신라 진흥왕(眞興王)시대의 문헌에 기록이 되어있는데, 처음 1년 동안은 부덕(火德)이라 하였고, 2년 후부터 화전이라고 하여 부락 부근의 숙전화(熟田化)한 것은 산전(山田)이라고 불렀다. 당처에는 산골짜기의 궁핍한 주민들이 주인 없는 산에 불을 질러 밭으로 사용한데서 유래되었다고 한다.

일제강점기인 1926년에는 3만여호, 1931년에는 4만여호, 1935년에는 7만여호로 증가하였다. 1935년 이후로는 일제의 북선 개척사업으로 화전민의 수가 감소하였다. 남한에서는 1968년 「화전정리법」으로 강원도 산간지방에 남아 있던 화전민을 다른 지방에 정착시키기 시작하여 1976년에는 화전정리가 종결되었다.[12)]

오늘날에도 강릉시 왕산면 대기리에 있는 화전민들의 생활을 체험할 수 있는 '강릉 희망마을 화전민 생활 체험촌'[13)]을 운영하고 있다.

강원도 식품에 대한 기록으로는 우리나라 최초의 한글소설 『홍길동전』을 쓴 허균(許筠, 1569~1618)이 「도문대작(屠門大嚼)」에서 강원도 식품과 강원도 음식으로[14)] [15)] 방풍죽, 석용(이)병, 백산자, 다식, 밤다식, 차수, 이(飴), 대만두, 두부, 두을죽, 웅지정과, 우포(牛脯)와 같은 삼포(蔘脯), 맵고 산뜻한 산개저(山芥菹) 등과, 과일로는 천사리, 금색리, 자도, 황도 등을 기록하였다.

육류로는 웅장, 표태(豹胎, 표범의 내장), 녹설(鹿舌, 사슴의 혀) 등과 부어(鯽魚, 붕어), 홍합(紅蛤), 여항어(餘項魚), 방어(魴魚), 연어(鰱魚), 송어(松魚), 황어(黃魚), 접어(鰈魚), 가을에 말린 것이 좋은 광어(廣魚), 대구어(大口魚), 팔대어(八帶魚, 문어), 강문(江門)에서 나는 작은 물고기(小水魚)인 정어(丁魚), 목어(木魚), 환목어(還木魚, 도루묵)라 부른 은어(銀魚), 내장으로 담근 젓도 좋으며, 미어(微魚)라고도 불리는 고도어(古刀魚, 고등어) 등의 어류가 있었으며, 흉년에는 굶주림을 면할 수 있는 곡식과 같다는 뜻의 제곡(齊穀), 자합(紫蛤) 등의 조개, 해(蟹, 게), 석화와 같은 윤화(輪花) 등도 있다. 채소류로는 석순(石蓴), 목숙(苜蓿, 거여목), 고사리, 아욱, 콩잎, 부추, 미나리, 배추, 송이, 참버섯, 표고(蔈古), 산(蒜, 마늘)과, 해조류로는 조곽(早藿, 올미역) 그리고 봉밀(蜂蜜, 꿀)을 기록하였다.

위의 기록에서 보듯이, 17세기 초 강원도 지방의 음식은 동해 바닷가와 산간지대에서 생산되는 물고기와 곡식, 산나물로 만든 음식들이 대부분이었다. 강원도 지방은 다른 도에 비해 자연조건이 불리하여 벼농사에 적합하지 않았으며, 벼보다도 곡식으로 옥수수, 메밀, 조, 차조 등이 잘 재배되었으므로 주식도 옥수수밥, 조밥, 찰수수밥 등 잡곡밥이 기본을 이루었다. 떡도 이러한 잡곡을 넣은 떡이 많은데, 손으로 꽉 쥐었다 놓은 모양과 같은 감자송편이 있고, 기장쌀에 참취를 섞고 쳐서 만든 기장취떡이 있다. 평야지대의 찹쌀인절미와 같이 차조로 인절미(조 찰떡)를 만들어 추석이나 설 때 팥고물을 묻히거나 엿에 찍어먹기도 하였다. 그 외에도 총떡, 댑싸리떡, 강냉이설기떡 등이 있다.

산악이나 고원지대에서는 감자, 강냉이, 메밀, 도토리가 많이 나므로 이를 이용해서 만든 음식과 산나물 음식이 많은 비중을 차지하는데, 특히 감자로 만든 음식의 종류가 많다. 식량 대용으로 감자 수제비나 옥수수 범벅을 만들어 먹었으며, 『음식보』에는 강원도에는 옥수수범벅 외에도 감자범벅, 호박범벅이 있다고 기록되어 있다. 또한 면류로는 강원도의 막국수가 메밀가루로 국수를 뽑아 김칫국에 만 막국수가 유명하다.

동해를 끼고 있는 해안 지역에서는 신선한 생선이 많이 잡혔기 때문에 강원도 사람들은 일반적으로 물고기와 젓갈음식을 좋아하였다. 생선을 이용하여 회를 해서 먹거나 북어, 편포 등 말려먹는 음식과 젓갈류가 발달하였다. 특히 생태나 오징어 그리고 미역 등의 해초가 많이 나서 이를 가공한 황태, 건오징어, 건미역, 명란젓, 창란젓을 잘 담갔다.

또한 산간지대에서는 고사리, 두릅, 참나물, 참취, 곰취, 도라지와 같은 산나물이 많이 났다. 특히 금강산에서 나는 광명 곰취가 가장 유명하였다. 이러한 산나물을 무치거나 김치를 담가서 먹었으며, 곰취는 주로 4월에 쌈을 싸서 먹기도 하였다. 음식은 사치스럽지 않고 극히 소박하며 먹음직스럽다. 조리법은 비교적 간단하며, 천연의 맛과 향기를 살려서 만드는 것이 특징이었다.[16)]

강원도 내의 시 · 도별 특산식품, 음식을 비교하여 분석한 [표 3.3]에서는 지역특산식품과 시 · 군별 지정지역 특산식품과 도에서 지정한 대표음식을 평창군문화관광포털(http://tour.pc.go.kr), 영월군문화관광포털(https://www.yw.go.kr), 횡성군청(http://www.hsg.go.kr/tour), 철원군문화관광포털(https://www.cwg.go.kr/site/tour), 홍천군문화관광포털(http://www.great.go.kr), 인제군문화관광포털(http://tour.inje.go.kr), 양구군문화관광포털(http://www.ygtour.kr), 춘천시문화관광포털(http://tour.chuncheon.go.kr), 강원도청 - 강원도대표음식(http://www.provin.gangwon.kr), 삼척시문화관광포털(http://www.samcheok.go.kr/tour), 동해시문화관광포털(http://www.dh.go.kr/tour), 양양군문화관광포털(http://tour.yangyang.go.kr), 속초시문화관광포털(http://www.sokchotour.

com), 고성군문화관광포털(http://tour.gwgs.go.kr/site/tour), 강릉시문화관광포털(http://gnfoodtour.com)을 참조하여 정리하였다.17)

[표 3.3] 강원지역 특산식품의 분포

구 분	도시명	지역 특산식품(향토음식포함)	시 · 군 지정 특산음식, 식품	도 지정 대표음식
영서 북부	춘천	막국수 닭갈비	닭갈비, 막국수, 총떡, 칡국수, 민물회, 민물매운탕, 모래무지찜, 약수산채백반	춘천닭갈비 춘천막국수
	화천	산천어 어죽탕		산천어영양돌솥밥 산나물밥
	양구	시래기 어죽탕	오골계구이, 시래기요리, 산채요리, 막국수, 두부요리	시래기요리
	인제	황태요리 빙어	황태정식, 메기찜, 산채정식, 송어회, 오골계	황태찜
	홍천	감자옹심이 메밀묵 감자떡 옥수수찐빵	닭갈비, 산채비빔밥, 막국수, 홍천메밀총떡, 양지말화로구이, 홍천한우늘푸름	홍천홍총떡 화로숯불구이
	철원	돼지갈비 오대미	한탄강메기매운탕, 철원포크왕갈비, 고추냉이쌀국수	돼지갈비
영서 남부	원주	추어탕 꿩만두 치악산복숭아	뽕잎황태밥, 복숭아숯불불고기	뽕잎황태밥 복숭아불고기
	횡성	한우 더덕 안흥찐빵	횡성한우, 횡성더덕, 안흥찐빵, 어사진미(쌀), 토마토, 잡곡, 절임배추	한우구이 더덕요리
	영월	동강수울떡	장어구이, 송어회, 보리밥, 곤드레나물밥, 산채비빔밥, 꺼먹돼지, 메기매운탕, 칡국수, 골뱅이전골	곤드레밥 메밀전병
	평창	메밀국수 메밀전병 오삼불고기 송어 오대산산채	비빔밥샐러드, 메밀파스타, 사과파이, 송어만두, 송어덮밥, 한우불고기, 황태칼국수, 초코감자, 더덕롤가스, 굴리미	메밀막국수 황태구이
	정선	곤드레밥 콧등치기국수 황기닭백숙 감자붕생이	곤드레비빔밥, 곤드레버섯불고기, 황기백숙, 황기족발, 더덕보쌈, 감자붕생이, 채만두, 콧등치기국수, 누른죽, 옥수수푸딩	곤드레밥 콧등치기국수
	태백	물닭갈비 한우연탄숯구이		한우연탄숯불구이

구 분	도시명	지역 특산식품 (향토음식포함)	시 · 군 지정 특산음식, 식품	도 지정 대표음식
영동 북부	강릉	초당두부 커피 짬뽕순두부 교동짬뽕 커피빵 감자빵 부새우 동해기정떡 사천한과	삼계옹심이, 크림감자옹심이, 째복옹심이, 초당두부탕수, 두부샐러드, 두부삼합, 초당두부밥상, 삼선비빔밥, 해물뚝배기, 바다해물밥상	감자옹심이 순두부
	고성	명태서거리	고성막국수, 도루묵찌개, 도치두루치기, 명태지리국, 자연산물회, 추어탕, 멀게찜, 토종흑돼지	생태맑은탕
	속초	오징어순대 식해 닭강정 물회	젓갈, 단풍빵, 바다과자, 칡즙, 해양심층수, 오징어순대, 아바이순대, 건어물	오징어순대 닭강정
	양양	섭국 송이버섯	송이요리, 산채요리, 홍합장칼국수, 회냉면, 생선회, 섭국, 뚜거리탕, 메밀국수	송이버섯전골 메밀홍합장칼국수
영동 남부	동해	생선찜	활어회, 감자전, 산채비빔밥, 황기백숙, 더덕구이, 소머리국밥, 동해기정떡, 곰치국	생선찜
	삼척	곰치국	곰치국, 활어회	복어국

3. 강원지역의 권역별 특산식품의 특성

강원도는 대부분이 산지로 형성된 산악도(山岳道)이다. 100m 이하의 저지대가 강원도 총면적의 5.6%에 불과하여 함경남도의 9.6%보다 적고, 100m에서 500m까지 저 산야 지대가 43.1%, 500m에서 1,000m까지의 중 산야 지대가 43.4%로 전국에서 가장 그 비율이 높으며, 1,000m 이상의 고산지대가 7.7%로 형성되고 있다.[18] 따라서 산악지대나 고원지대가 많다보니 감자, 메밀 등으로 만든 음식들이 많은 비중을 차지한다. 그리고 강원 전 지역에서 나는 산나물은 권역별 특산식품이라기보다는 강원지역의 특산식품이라고 할 수 있다.

영동과 영서지방은 태백산맥을 따라 나누어지며 강수량이나 기온 등 매우 다른 기후적 특성을 보이고 있으나, 북부와 남부는 큰 차이를 보이지 않아 영동지방과 영서지방의 특성을 구분하여 설명하고자 한다.

1) 영서지방

영서지방은 춘천, 화천, 양구, 인제, 홍천, 철원, 원주, 횡성, 영월, 평창, 정선의 해당 지역을 말한다. 영서지방의 기후는 한반도의 중앙 내륙에 위치하고 있어 대륙성 기후에 가까운 특성을 보이고 있다. 또한 산맥의 상부를 중심으로 한 산악지방은 산악기후의 특성을 가지고 있어 복잡한 기상현상을 나타내고 있다.

영서지방의 지역 특산식품은 강원도지방의 내륙적인 특성을 보이는 특산식품이 많다. 대표적으로는 춘천의 닭갈비와 막국수를 비롯하여 지역 특산식품을 활용한 축제로, 큰 성공을 보인 화천의 산천어, 양구의 시래기, 인제의 황태, 홍천의 메밀총떡, 철원의 오대미, 횡성의 한우, 평창의 송어 등이 있다.

2) 영동지방

영동지방은 강릉, 고성, 속초, 양양, 동해, 삼척, 태백의 해당 지역을 말한다.

영동지방은 산맥의 급경사면이 바다와 접해있어 평야 지역은 거의 없으며, 해안선을 따라 좁고 길게 형성되어 있어 해양성기후에 가까운 기상 특성을 많이 보이고 있다. 이러한 지형적 여건에 따라 영동지방은 위도에 비해 겨울철은 온난하고, 여름철은 비교적 시원한 편이어서 연 기온의 교차가 적은 편에 속한다.

영동지방의 지역 특산식품은 해산물이 주를 이루고 있다. 대표적으로는 고성의 명태서거리, 속초의 오징어순대, 곰치국, 복어국 등이 있다. 새로운 지역 특산식품으로 떠오르는 강릉의 커피빵, 동해기정떡, 감자빵 등은 관광객의 구매력이 만들어낸 지역의 새로운 특산식품이라고 할 수 있다.

4. 강원지역 특산식품 활용

지역의 특산식품을 이용한 새로운 음식 메뉴를 개발하여 손님맞이 준비를 한 2018 평창 동계올림픽의 메뉴 개발 콘텐츠로는 지역 특산품이 중심에 있었다. 지역의 특산물을 이용해야 하면서도 전 세계에서 찾아오는 방문객들의 입맛에 맞춰야 하는 과제를 안고 있었다.

평창 동계올림픽의 주 개최지인 평창에서는 에드워드 권, 빙상경기가 열리는 강릉에서는 가톨릭관동대학교 산학협력단 김호석 교수 연구팀, 알파인 경기장이 있는 정선에서는 김수진 원장이 각각 특산음식 개발을 진행하였다.[19]

1) 2018 평창 동계올림픽 손님맞이 음식 메뉴 개발

(1) 평창의 특선메뉴

평창의 특선메뉴는 비빔밥샐러드, 메밀파스타, 사과파이, 송어만두, 송어덮밥, 한우불고기, 황태칼국수, 초코감자, 더덕롤가스, 굴리미의 10선이고, 강릉은 삼계옹심이, 크림감자옹심이, 째복옹심이, 초당두부탕수, 두부샐러드, 두부삼합, 초당두부밥상, 삼선비빔밥, 해물뚝배기, 바다해물밥상 10선, 정선은 곤드레비빔밥, 곤드레버섯불고기, 황기백숙, 황기족발, 더덕보쌈, 감자붕생이, 채만두, 콧등치기국수, 누른죽, 옥수수푸딩의 10선을 개발 · 보급하여 평창 47곳과 강릉 69곳, 정선 12곳 등 128곳의 음식점에서 맛볼 수 있다.

평창은 메밀과 송어, 한우가 유명하다. 평창군은 한식과 양식을 접목한 올림픽 특선음식 10선을 만들었다. 메밀파스타, 메밀더덕롤가스, 황태칼국수, 송어덮밥, 송어만두, 초코감자, 사과파이 등 지역의 특산물을 적극 활용하였다. 평창송어를 활용한 메뉴도 선보였는데, 평창은 1965년 전국에서 처음으로 송어 양식을 시작했다. 생육에 가장 적합한 15도 내 · 외의 수온을 유지하는 용천수 덕분에 쫄깃한 식감과 감칠맛이 좋기로 유명하다. 평창사과를 이용한 장미꽃 모양의 사과파이도 인기를 끌고 있다. 평창 사과는 2006년 시험재배를 시작으로 맛과 당도가 뛰어나 새로운 지역의 특산물로 각광받고 있다. 평창 특선음식 10선은 [그림 3.2]와 같다.

2018올림픽 강원 특선음식 30선

평창 10선

한우불고기

평창을 상징하는 한우! 선대들 삶의 건강한 지혜가 담긴 평창 아라리! 평창의 유구한 숨결이 있는 둘의 공통점을 하나의 이미지로 담은 메뉴

송어덮밥

고추장 소스를 발라 껍질은 바삭하게, 살은 촉촉하게 구운 송어와 각종 채소를 넣은 볶음밥이 조화를 이루는 메뉴

송어만두

송어의 맛과 향을 살리고 부드러운 토마토와 크림소스에 곁들여 만두를 새로운 방식으로 풀어낸 메뉴

황태칼국수

계란을 입혀 튀긴 황태채가 쫄깃한 감자면과 시원한 조개육수를 만나 놀랍도록 부드러운 식감을 내는 메뉴

메밀파스타

이효석의 "메밀꽃 필 무렵"을 연상시키는 강원도 평창의 봉평, 메밀의 꽃말인 "연인"을 연상시켜 문학과 사랑의 이미지를 함께 담은 메뉴

메밀더덕 롤까스

강원도의 더덕을 사용한 야채 돈까스로 얇게 썬 등심과 더덕, 야채로 롤을 만든 후 메밀가루를 입혀 튀긴 메뉴

비빔밥샐러드

온갖 꽃이 핀 것 같다는 뜻의 "화반(花飯)"으로 불렸던 비빔밥의 이미지와 바삭한 튀일을 얹은 샐러드의 우아하면서도 화려한 이미지를 함께 담은 메뉴

굴리미

강원도의 대표 특산물 감자를 이용한 주전부리 메뉴로 전채나 후식으로 활용할 수 있는 메뉴

사과파이

강원도 평창의 특산물 고랭지 사과에 유자청과 견과류를 넣은 파이로 테이크 아웃으로도 활용할 수 있는 메뉴

초코감자

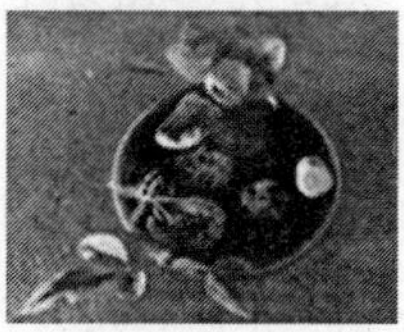

강원도 감자를 형상화한 화분 디저트의 시각적인 즐거움과 달콤한 초콜릿으로 강원도를 나타낸 치즈무스

[그림 3.2] 평창 특선음식 10선(강원도청)

(2) 강릉의 특선메뉴

강릉은 평창 동계올림픽을 준비하면서 기존의 특산음식 마을로 지정되어 있는 병산옹심이마을, 초당두부마을, 사천물회마을, 주문진해물마을을 테마로 하여 올림픽 특선메뉴를 개발하였다.

강릉의 특선음식은 강릉의 대표 음식인 두부와 감자, 해산물을 재료로 사용한 것이 특징이다. 병산 옹심이마을의 삼계옹심이 · 째복옹심이 · 크림감자옹심이와, 초당두부마을을 테마로 한 초당두부밥상 · 초당두부탕수 · 두부삼합 · 두부샐러드, 사천 물회마을과 주문진해물마을의 바다해물밥상 · 삼선비빔밥 · 해물뚝배기로 구성되었다.

옹심이를 테마로 한 특선메뉴인 '삼계옹심이'는 엄나무와 수삼, 황기 등의 한약재를 우려낸 국물에 닭과 함께 강원도 감자로 만든 쫀득한 옹심이를 띄워 끓여내어 보양식으로도 단연 최고이지만, 깊은 국물 맛과 부드러운 닭고기, 최고의 품질로 유명한 강원도 감자를 직접 갈아 만들어 씹히는 맛이 좋은 옹심이까지 3박자가 제대로 어우러진 대표적인 강원도의 지역 특산음식이다.

째복옹심이에 사용하는 '째복'이라는 말이 생소할 수 있지만, 째복은 동해에서 흔히 나는 비단조개를 말한다. 맑게 끓여낸 째복(비단 조개) 국물에 건고추와 쫀득한 식감의 옹심이를 넣어 칼칼함과 시원함을 느낄 수 있는 음식이 바로 째복옹심이이다. 자극적인 매운맛이 아닌 은은한 매운맛과 깔끔하고 시원한 국물이 일품이다.

크림감자옹심이는 한국을 넘어 전 세계인들의 입맛에 맞게 개발된 부드러운 크림감자옹심이는 한국의 맛이 가미된 옹심이에 서양식 크림소스를 얹고 볶은 후 기름을 뺀 베이컨과 토마토를 곁들인 음식이다. 옹심이를 활용한 음식은 일반적으로 국물요리가 대부분인 가운데 크림 감자옹심이는 한국음식이 입에 맞지 않는 외국인들도 부담 없이 먹을 수 있다.

외국인을 대상으로 한 초당두부밥상은 동해 청정 바닷물과 콩을 이용해 전통방식으로 만든 강릉 초당두부를 활용하여 밥과 초두부, 기본찬 등으로 구성되어 있으며, 담백하고 부드러운 맛이 일품인 초두부로 외국인들의 입맛을 사로잡고자 하였다.

초당두부탕수는 초당두부와 버섯류를 활용한 육식을 하지 않는 관광객도 편하게 즐길 수 있도록 개발하였다. 두부삼합의 경우 한국인에게 삼합은 언제나 인기 있는 메뉴이다. 특히 강릉 초당에서 만든 모두부와 돼지고기 수육에 묵은지를 얹은 강릉 두부삼합은 더욱이 그렇다. 야들야들 부드럽고 담백한 두부와 기름기를 뺀 수육, 한국의 대표음식 김치(묵은지)를 입에 넣는 순간 한국인은 물론이고 외국인들도 반하지 않을 수 없다.

두부샐러드는 건강식으로도 좋고, 식사에 곁들여도 좋은 두부샐러드는 강릉 초당의 모두부를 구워내 신선한 어린 채소와 제철 과일을 한데 섞어 두부와 홍시, 연근칩으로 맛을 낸 두부 드레싱 샐러드다. 아삭한 채소와 구워서 더욱 고소한 두부를 함께 먹으면 그 맛에 반해 입가에 저절로 미소가 지어진다. 달콤한 홍시 역시 샐러드의 맛을 한층 더 좋게 만들어 준다.

사천 물회마을과 주문진 해물마을을 테마로 개발된 바다 해물밥상은 해안 지역 강릉의 해산물을 함께 넣어 지은 돌솥밥과 다양한 해산물을 활용한 반찬으로 구성되어 있으며, 음식 자체가 맵거나 짜지 않고 남녀노소 누구나 먹을 수 있게 담백하게 개발되어 외국인들에게도 좋은 반응을 얻을 것으로 기대된다.

해물삼선비빔밥은 해삼과 전복 등의 해산물을 향신채에 볶아 구운 차돌박이와 볶은 채소에 홍시를 더해 고추장과 향신간장소스를 비벼 만들어 한국 대표음식 비빔밥을 강릉 스타일로 업그레이드해 만들었다. 흰 쌀밥 위에 얹어진 볶은 해산물과 달걀지단, 채소들의 색 조화가 너무나 예뻐 먹기 전 인증샷을 찍지 않을 수 없게 만든다.

해물뚝배기는 다양한 해산물이 나는 해안 지역답게 뚝배기에 전복과 새우, 조개 등의 해물을 푸짐하게 담아 끓여낸 해물뚝배기는, 얼큰하고 시원한 국물 맛이 한겨울 추위도 잊게 만들어 준다. 국물 맛이 깔끔하면서도 얼큰해 특히 아시아 지역 외국인들에게 인기가 좋을 것으로 보인다.[20]

강릉 특선음식 10선은 [그림 3.3]과 같다.

○ 강릉 10선

삼계옹심이

엄나무, 수삼, 황기 한약재를 우린 물에 닭을 넣고 쫀득한 옹심이를 띄워 끓여낸 음식

째복옹심이

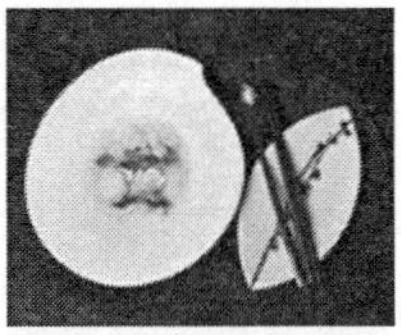

맑게 끓여낸 째복(비단조개) 국물에 건고추를 넣어 칼칼함과 시원함을 가미한 옹심이 음식

크림감자옹심이

동해 바닷물과 콩을 이용한 전통방식으로 만든 초당두부 밥상

마파두부탕수

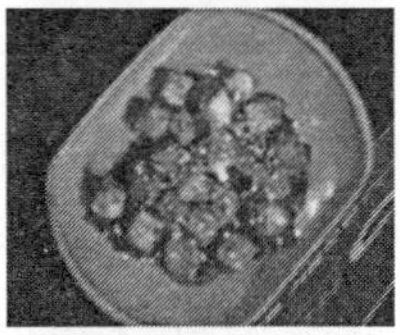

강릉의 초당 두부를 이용해 녹말가루 및 특제 소스를 얹어 만든 두부 탕수

초당두부밥상

동해 바닷물과 콩을 이용한 전통방식으로 만든 초당두부 밥상

두부삼합

초당에서 만든 모두부와 돼지고기 수육, 묵은지를 얹어 만든 두부김치

두부샐러드

잘 구워진 두부, 신선한 어린 채소, 제철 과일을 한데 섞고 두부와 홍시, 연근칩으로 맛을 낸 두부드레싱 샐러드

삼선비빔밥

해삼, 전복 등 해산물을 향신채에 볶고 구운 차돌박이와 볶은 채소에 홍시를 더해 고추장과 향신간장소스를 비벼 만든 비빔밥

바다해물밥상

갖지은 돌솥밥에 정갈하게 준비된 향토음식 해물강된장과 반찬을 곁들여 진한 바다 향을 느끼게 만든 메뉴

해물뚝배기

강릉의 각종 전복, 새우 조개 등 해물을 이용해 뚝배기에 담아 끓여낸 메뉴

[그림 3.3] 강릉 특선음식 10선(강원도청)

(3) 정선의 특선 메뉴

곤드레가 유명한 정선군에서는 김수진 음식감독이 추천하는 '정선 대표음식 10선'이 개발되었다.(그림 3.4 참조) 김 감독은 리플릿에서 "온 국민이 열망했던 88서울올림픽을 성공적으로 마친지 30년이 지났다. 그리고 다시 한 번 전 국민이 하나가 될 기회가 찾아왔다. 이번 평창 동계올림픽을 계기로 강원도 정선에서 생산되

는 특산물인 곤드레, 감자, 황기, 옥수수, 더덕, 메밀 등을 이용해 세계인의 입맛에 맞는 정선의 대표요리 10선을 연구 개발했다."고 취지를 설명하였다.

정선 특선메뉴는 곤드레 비빔밥, 감자붕생이밥, 곤드레 버섯불고기, 채만두, 황기닭백숙, 콧등치기국수, 황기족발, 느른국, 더덕보쌈, 옥수수푸딩이 있다.

곤드레 비빔밥과 곤드레 버섯불고기는 곤드레를 이용한 음식으로, 곤드레는 보통 산나물에 비해 자극적인 향이 없이 부드러운 향과 식감을 가졌다. 정선군의 곤드레는 높은 해발과 큰 일교차 덕분에 섬유질이 풍부하고 씹는 식감이 좋을 뿐만 아니라 철, 칼슘 등이 타 지역보다 함량이 높다고 한다. 곤드레는 들기름에 볶고 갓 지은 밥에 여러 나물들과 함께 올려 간장양념장이나 약고추장과 비벼먹으면 입맛을 살리는데 탁월하다.

황기는 보양의 으뜸이라고 한다. 예로부터 땀을 다스려 체력을 증강시키고 빈혈을 없애준다고 알려져 있다. 황기닭백숙과 황기족발은 황기를 이용하여 개발하였다. 더덕보쌈도 보양식이다. 산에서 나는 고기라 불리는 정선더덕은 향과 풍미가 뛰어나 돼지고기와 함께 먹으면 고기의 잡내를 없애고 더욱 맛있게 즐길 수 있다.

감자 붕생이밥은 쌀이 들어가지 않고 삶은 감자와 감자전분으로 만든다. 감자가 유명한 강원도에서는 해발 600m 이상 고랭지가 많은데, 일교차가 커서 감자재배에 적합한 환경을 갖추고 있다. 채만두는 채소로만 만두소를 넣은 강원도 향토음식이다. 콧등치기국수는 면이 탄력이 있어 먹을 때 빨아들이면 면 끝으로 콧등을 친다고 하여 붙은 이름이다. 메밀을 이용해 만든 면과 국물을 이용해 만든 면 그리고 국물을 시원하게 즐길 수 있다. 느른국 역시 메밀로 만든 음식이다. 메밀과 밀가루로 면을 만들고 거기에 감자전분으로 옹심이를 만들어 넣고 함께 끓인 것이다.

옥수수푸딩은 섬유질이 풍부하여 장 기능을 돕는 옥수수를 이용해 달콤하고 부드러운 식감으로 만들었다.

○ 정선 10선

▶ 곤드레 비빔밥

곤드레를 들기름에 볶고 갓 지은 밥에 여러 나물들과 간장양념장이나 약고추장을 넣은 비빔밥

▶ 곤드레 버섯불고기

곤드레 특유의 향이 감칠맛 나는 육수와 불고기의 부드러운 맛과 잘 어울려 식감을 돋우는 메뉴

▶ 더덕보쌈

산의 고기라 불리는 정선 더덕에 삶은 돼지고기를 함께 곁들인 메뉴

▶ 감자 붕생이밥

감자 전분이 포슬포슬한 상태(강원도에서 '붕실거린다'고 표현)가 되도록 삶은 감자에 완두콩을 곁들인 메뉴

▶ 콧등치기 국수

국수면을 후루룩 빨아들일 때 끄트머리가 탄력 있게 흔들려 콧등을 치고 입안으로 들어온다고 해서 이름 붙은 메밀을 주재료로 만든 국수

▶ 채만두

갓김치 등 채소로 속을 채워 채만두라는 이름이 붙은만두

▶ 느른국

삶은 메밀국수를 찬물에 헹구지 않고 국수 끓인 물을 그대로 육수로 활용, 메밀의 향과 맛이 느럿하게 배어든 음식

▶ 황기 닭백숙

보양의 으뜸이라 불리는 황기로 끓여낸 닭백숙

▶ 황기족발

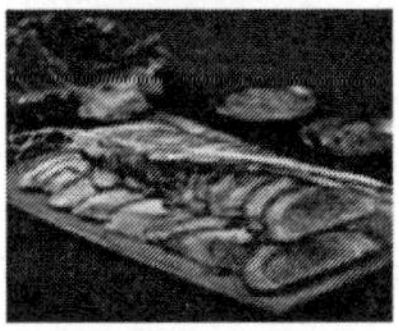

따뜻한 성질을 지닌 황기와 찬 성질의 돼지고기가 궁합을 이루는 메뉴

▶ 옥수수 푸딩

당도가 높고 섬유질이 풍부한 옥수수로 만든 푸딩

[그림 3.4] 정선 특선음식 10선(강원도청)

2) 강원도 대표음식 강원나물밥

강원나물밥은 2018년 평창 동계올림픽을 맞아 강원 음식문화를 세계에 소개하기 위해 강원도농업기술원에서 개발한 오륜쌀, 오륜감자와 청정 강원산채(참취, 곰취, 곤드레, 어수리)로 만들어졌으며, 지정 음식점 및 농가 맛집 등 50여 개의 전문점을

활용하여 내 · 외국인이 일상적으로 즐길 수 있도록 인프라를 구축하고 강원도를 대표하는 음식으로 관광자원화 하여 찾아오는 강원도 만들기에 앞장설 계획이다.[21)]

[그림 3.5] 강원나물밥(강원도농업기술원)

강원나물밥(그림 3.5 참조)은 곰취, 참취, 곤드레, 어수리 등 4가지 산나물과 도내에서 개발한 오륜쌀, 오륜감자, 표고버섯 등을 넣은 영양밥으로 산채를 이용해 만든 4가지 소스가 제공되어 취향에 따라 다양한 맛을 느낄 수 있고, 조리 후에도 나물의 색과 향을 유지하는 녹색 유지 건나물 특허기술을 적용하여 보는 맛 먹는 맛을 동시에 느낄 수 있다.

도지사가 인증한 강원나물밥 전문점은 나물밥 레시피와 특허기술을 전수받아 주메뉴 또는 특선메뉴로 판매하고 있다. 현재 강원도 내 26곳에서 운영 중이다.[22)]

[그림 3.6] 강원나물밥 판매점(강원도청)

3) 강릉 소재 S호텔 메뉴 구성 속의 강원도 특산식품

강릉 소재 S호텔에서는 한식, 양식, 일식 등 메뉴 개발 시 강원도에서 주로 생산되는 식재료를 이용하고 있다. 다음에는 메뉴명을 제시하면서 특산품의 현황을 살펴본다.[23)]

(1) 한식

초당순두부, 대관령 황태해장국, 우럭미역국, 홍천 잣죽과 동치미, 평창 한우소고기 편채, 대관령 감자전, 봉평 메밀전, 강원도 자연송이, 강원도 산채비빔밥, 강릉 곶감을 곁들인 수정과, 사천 한과, 도루묵구이, 평창 불고기, 평창 한우갈비찜, 평창 한우영양찜, 평창 한우갈비구이와 아스파라거스, 강원도 산채 돌솥비빔밥, 평창 한우불고기 반상, 대관령 명품황태 · 버섯강정, 삼품냉채와 겨자소스(소고기 : 미국산), 송이버섯죽, 해물매생이전, 계절생선구이, 자연송이를 곁들인 갈비 찜(소고기 : 미국산), 진지와 초당두부, 들깨탕(콩 : 수입산)

(2) 양식

① WINTER SPECIAL_A

- 라임, 바질향의 동해산 광어, 문어 세비체, 캐비어
- 프렌치 어니언수프
- 성게알찜 가리비구이, 화이트 비스큐소스, 처빌
- 홍시셔벗
- 허브드레싱 그린샐러드
- 최상급 한우 안심과 호주산 양고기 마늘크러스트구이, 계절야채, 트러플소스
- 부드럽고 달콤한 치즈무스
- 커피 또는 차

② WINTER SPECIAL_B

- 강원 양구 시래기 고등어죽
- 전복 냉채
- 대게살 매생이 부침
- 강원 된장소스를 곁들인 광어살구이
- 국내산 한우 안심 양념구이
- 평양온반
- 수정과와 곶감
- 강원 산지 버섯 리조또, 홈메이드 라자냐, 한우 미트소스 볼로네즈 스파게티
- 달걀노른자, 베이컨, 크림소스의 까르보나라 펜네, 봉골레 링귀니 파스타
- 토마토소스의 스파게티, 마르게리타 피자, 고르곤졸라 피자

5. 강원도 대표 특산식품의 종류와 특징

1) 곡류

(1) 메밀

메밀은 서늘하고 습한 기후에서 가장 잘 자라며 모밀이라고도 한다.[24] 원산지는 히말라야, 동아시아 북부, 시베리아의 바이칼호 부근 등 추운 지방으로 여겨지며, 우리나라에는 중국과 유럽을 통해 고려시대에 송나라로부터 들어왔다. 러시아와 폴란드는 세계 제일의 메밀 생산국이다.

메밀 전래 설화로는[25] 한반도에 극심한 가뭄이 들어 중국에 식량을 지원해 달라고 하자, 영영 살아남지 못하게 하려 메밀을 보냈다고 한다. 메밀은 성질이 차고 장을 씻어내려 가뜩이나 굶주린 상태에 있는 사람들이 생명을 부지할 수 없을 것

으로 판단했다는 이야기다. 하지만 예상은 빗나갔고, 집집마다 묵과 막국수, 전병 등을 만들어 동치미와 돼지고기를 곁들여 지루한 겨울밤의 허기를 달래며 별미로 즐겼다고 한다.

메밀로 만든 냉면은 160년 전 『동국세시기(東國歲時記)』(1849)에 등장한다. 위의 메밀의 전래설화도 이때쯤 생겨난 것이 아닐까 한다. 이미 일상화되었지만 새로운 먹거리에 대한 반론이 있었던 것 같다.

메밀은 조리과정을 통해 독성을 가라앉히면 건강에 좋다. 전통 한방에서는 메밀이 장의 기능과 위를 강화하고 통변과 설사를 동시에 다스리며 머리를 맑게 해준다고 했고, 현대 영양학에서는 그 밖에 동맥경화나 고혈압 등 성인병 예방에 효과가 있는 식품이라고 뒷받침해주고 있다.

메밀의 종류는 크게 달단 메밀과 보통 메밀로 나뉘는데[26)], 우리가 먹는 메밀은 보통 메밀이다. 달단 메밀은 중세 때 달단인(타르타르인)에 의해 유럽에 전해진 것으로 씁쓸한 맛이 있어 사료로 많이 이용된다. 보통 메밀은 5월 중순에서 하순 사이에 파종하여 7, 8월에 수확하는 여름 메밀과 7월 중에 파종하여 10월에 수확하는 가을 메밀이 있는데, 단백질과 영양가가 높아 요즈음은 계절을 가리지 않고 많이 먹는 편이다.

메밀은 추운 곳이나 척박한 땅에서도 잘 자라며 생육기간이 짧아 구황식물의 하나로 재배되어 왔다. 『본초강목』에서는 "메밀은 성질이 차고 달며, 오장의 기능을 단련시키고 혈압을 조절한다."고 기록되어 있다.

우리나라에서는 제주도, 강원도와 같은 산간지방에서 메밀을 맷돌에 갈거나 가루로 만들어 죽이나 국수, 전 등을 만들어 즐겨 먹었다. 특히 메밀은 곡류에서 부족되기 쉬운 필수아미노산과 비타민 B_1, B_2와 철분이 많이 들어 있다. 메밀은 효소가 많아 소화가 잘 되므로 부담 없이 먹을 수 있는 식품이다. 다만, 메밀의 단백질에는 끈기 있는 성분이 밀처럼 많지 않기 때문에 밀가루를 섞어서 반죽하는 것이 좋으며, 외피를 덜 벗긴 메밀가루는 소화되지 않는 섬유질이 많아 변비에 효과적이다. 따라서 메밀로 음식을 만들 때는 될 수 있으면 겉껍질을 함께 섞어 빻은 거뭇거뭇한 메밀가루를 사용하는 것이 좋다. 특히 흡착, 배출하는 성질이 있어 순환기 계통의 원활한 활동에 도움을 준다고 알려져 있다.

메밀은 제분 직후의 것이 특히 풍미가 있는데, 건조가 잘 된 것을 한랭한 곳에 두면 4~6개월은 맛을 잃지 않는다. 메밀은 본래 끈기가 있지만, 열을 가하면 끊어져 면 상태로 하기 어려우므로 국수를 만들 때는 밀가루나 그 밖에 콩가루, 전분, 달걀흰자, 인산염, 참마가루 등을 섞어서 쓴다.

강원도에서는 메밀을 망종 무렵에 곧 유월 초에 모를 심는다. 그런데 비가 오지 않아 모를 못 내면 논에 메밀을 심는다. 가뭄이 들면 메밀꽃이 이곳의 산과 들을 뒤덮는다. 메밀쌀 몇 섬씩을 집집마다 거두게 되고, 심지어는 밭 메밀까지 합쳐 몇 십 섬의 메밀쌀을 추수하는 집도 생기기도 한다. 성질이 찬 메밀로는 여름철에 메밀로 만든 국수나 냉면을 만들어 먹는다. 여기에서 춘천 막국수가 향토 별식으로 태어났다. 곧 흉년이 들어 쌀밥 대신에 먹던 국수가 풍년이 든 해에는 별식이 된다. 메밀가루를 묽게 반죽하여 배추나 배추김치를 넣고 메밀전을 부치거나, 메밀전에 송송 썰어 양념한 갓김치를 넣어 두루마리처럼 도르르 말아 메밀전병을 부쳐 먹는다. '메밀총떡'이라고도 한다.

날씨가 더워지면서 메밀을 찾는 사람들이 늘어나는 것은[27] 메밀이 가지고 있는 찬 성분이 몸의 열을 낮춰주고, 몸 안에 쌓인 노폐물들을 순환시켜 배출하기 때문인데, 이럴 때 일수록 따듯한 성질의 음식과 함께 섭취하여 장기가 놀라지 않도록 보호해 주어야 한다. 메밀국수와 함께 따듯한 성질의 겨자를 곁들여먹거나, 찬 음식인 배추로 만든 김치보다는 따듯한 성질의 뿌리채소인 무로 만든 무김치를 곁들이는 것이 좋다. 막국수를 먹을 때 국수 삶은 물을 같이 마시는 것도 메밀에 들어 있는 수용성 비타민인 비타민 B군과 루틴 등이 들어 있으므로 마시는 것이 좋다.

(2) 옥수수

옥수수는 화전을 일구어 밭농사를 짓던 옛날부터 심었다.[28] 1960년대까지만 해도 산골의 가난한 화전민들의 주식 작물로 심었다. 그리고 1976년부터 새로운 옥수수 품종을 심었다. 곧 1960년대까지는 1단보의 생산량이 두 가마, 곧 120kg 안밖이었는데, 그 후 같은 땅에서 600kg이 넘게 거두게 되었다. 따라서 맛은 없으나 소출이 높은 새 품종의 옥수수를 너도 나도 심게 되면서 전국 옥수수 생산량의 90%를 수확하였다. 1970년대 후반기에는 옥수수 두 가마를 팔면 쌀 한 가마를 살 수가 있었다. 그러나 그 뒤로 외국에서 들여오는 옥수수의 양이 늘어나면서 값이 떨어져 1980년대에는 옥수수 네 가마를 팔아야 쌀 한 가마를 살 수 있게 되었다. 그리하여 같은 땅에다가 엇갈이무, 배추 같은 고랭지 채소를 심으면 옥수수 재배에서 나오는 수입의 두세 곱절을 올릴 수가 있었으며, 1979년을 고비로 하여 옥수수 농사는 점차 인기를 잃었다. 따라서 인제, 평창, 홍천 같은 산간 지방에서 주로 경작해 오던 옥수수는 그 재배 면적이 점차 줄어들었다. 요즈음은 옥수수 대신 고랭지배추와 씨감자를 심는다.

옥수수가 익기 시작하는 초여름에 풋옥수수로 올챙이묵을 만든다. 다른 지역에서는 볼 수 없는 고유한 음식이다.[29] 생긴 모양이 올챙이 같다고 하여 '올챙이국수'라고도 한다. 물기가 있는 젖은 옥수수를 따서 맷돌에 갈아 가는 체에 밭쳐 앙금이 가라앉으면 그것을 냄비나 솥에 넣어 풀처럼 휘저어 쑨 옥수수풀을 새끼손가락이 들어갈 만한 구멍을 여러 개 뚫은 바가지에 넣어 누르면 밑에 받친 찬물 그릇에 올챙이 같은 묵이 떨어져 살며시 굳는다. 이때에 물을 따라내고 갖은 양념을 하여 먹으면 옥수수로 만든 음식 같지 않게 맛 좋은 별미식품이 된다.

또한 다량으로 생산된 옥수수를 저장해 두었다가 먹는 이용법도 다른 지역과 차별성이 있다. 적당히 익은 옥수수를 따서 껍질을 두세 겹을 남기고 벗겨 찜통에 넣어 찐 다음, 바람이 잘 통하는 곳에 곰팡이가 슬지 않게 잘 엮어서 말려 건조한 곳에 저장해 두었다가 옥수수가 제철이 아닌 때나 손님을 접대할 때에 물에 불려서 다시 쪄 먹는다. 옥수수에 들어 있는 섬유소는[30] 위장뿐만 아니라 대장의 배출 활동도 돕기 때문에, 옥수수는 순환과 배설에 이로운 역할을 한다.

(3) 콩-두부

강릉 경포대 근처의 초당지역의 대표적인 먹거리인 초당 순두부촌이 형성되어 있다. 기록에 의하면, 허균의 부친 허엽이 강릉부사로 재임할 때 관청 앞 샘의 물맛이 너무 좋아 이 물로 콩을 갈아 두부를 만들어 먹었는데, 그 맛이 소문이 나서 허엽의 호인 '초당'을 붙여 초당두부라 불렸다고 전한다. 현재 초당의 순두부촌은 두부를 굳힐 때 일반적으로 사용하는 간수나 화학응고제를 쓰지 않고 강릉의 맑은 바닷물을 길어와 만들기 때문에 두부의 맛이 깔끔하고 부드러운 것이 특징이다.[31]

두부의 문헌상의 기록은[32] 지금부터 2천 년 전에 중국 한나라의 회남왕(淮南王) 유안(劉安)이 발명한 것이 시초라 한다. 우리나라에서는 고려 말기의 성리학자 이색(李穡)의 『목은집(牧隱集)』에 '대사구두부내향(大舍求豆腐來餉)'이라는 제목의 시(詩)에 "나물죽도 오래 먹으니 맛이 없는데, 두부가 새로운 맛을 돋우어 주어 늙은 몸이 양생하기 더 없이 좋다."'라는 구절이 나오는 것이 처음이고, 중국과 교류가 가장 활발했던 고려 말에 원(元)으로부터 전래되었을 것으로 추측한다.

'초당두부'로 유명한 강원 강릉 초당마을에선 순두부를 '초두부'라고 한다. 두부가 완전히 응고되기 전에 꺼낸 '첫 두부'라서 처음 '초(初)'자가 앞에 붙었다.

마을 초입에 자리한 '토박이할머니순두부'의 김○태(49) 대표는 가업을 이어받아 14년째 두부음식점을 운영하고 있는데, 이 마을에는 두부음식점이 20여 곳 있으며, 대부분 두부를 직접 만든다. 그래서 새벽녘 초당마을에 가면 집집마다 가마솥 연기가 안개처럼 피어오르는 모습을 어렵지 않게 볼 수 있다. 초당동에서 두부음식점을 운영하는 주민들은 지금도 이 지역의 두부 제조업체인 '강릉초당두부' 공장에서 정화시설을 거친 바닷물을 얻어다가 쓴다.[33]

(4) 도토리[34]

도토리는 떡갈나무를 비롯한 졸참나무, 물참나무, 갈참나무, 돌참나무 등 참나무과 열매의 총칭으로, 그 산출량이 넉넉하여 여름의 올감자와 함께 보릿고개를 넘기는데 큰 보탬이 되었다. 전 세계적으로 고대의 주거지에서 도토리가 발견되고 있어 옛날부터 식용을 해 온 것을 알 수가 있는데, 곡류를 재배하면서 도토리보다는 벼나 보리를 주식으로 먹게 되었고 가뭄이 들었을 때 곡식 대신 구황식물로 먹어왔다.

요즈음은 도토리수제비, 도토리국수, 꿀밤 또는 도토리를 삶아서 엿기름으로 만든 물엿을 섞으면 언제나 먹을 수 있는 경단이 되고, 묵으로 만들어서 갖가지 산나물과 더불어 갖은 양념을 해서 곁들여 먹으면 구황식품이라기보다 오히려 별식이 된다.

최근에는 도토리에서 추출한 아콘산(acornic acid)이 환경오염의 주범인 중금속을 제거할 수 있는 기술이 개발되어 수질오염 해결에 크게 기여할 것으로 보인다.

2) 채소류

(1) 감자[35)]

감자는 페루, 칠레 등의 안데스산맥이 원산[36)]으로 온대지방에서 널리 재배하며, 우리나라에서는 전국적으로 재배되지만 특히 강원도에서 많이 생산되고 요즈음은 1년에 2모작을 한다.

감자의 학명은 'Solanum Tuberosum L'이다. 본초명은 마령서(馬鈴薯), 북저(北藷), 지저(地藷), 양저(洋藷), 토감저(土甘藷), 북감저(北甘藷), 번서(蕃薯), 양우(陽芋), 하지감자이다. 페루 · 칠레 등 남아메리카 고산지대가 원산지로, 온대지방에서 널리 재배된다. 우리나라에 1824년(순조 24) 이규경의 『오주연문장전산고[五洲衍文長箋散稿]』에 산삼을 캐러 함경도에 들어온 청나라 사람이 가져왔다고 기록되어 있다. 한편 조성묵(趙性默)이 1832년(순조 32)에 지은 『원저방(圓著方)』에 의하면 "우리나라에 감자가 처음 들어오기는 북개시(北開市)의 영고탑(寧古塔)이니 이것을 북감저(北甘藷)"라 불렀다고 한다. 이에 따르면, 우리나라의 재래종 감자가 북방으로부터 전래되었음을 확인할 수 있다.

우리나라의 감자 평균 생산성은 선진국의 50~70% 수준이다. 지역별로는 강원, 제주, 영호남지역에서 고루 재배되고 있다. 2016년 통계청 자료에 의하면, 강원도는 감자 재배 최다면적, 최고 우량 생산지이다. 감자는 벼, 보리, 콩, 옥수수와 함께 국가품종목록등재 5대 작물로 지정되어 있다. 2011년 말 기준 새봉, 방울 등 40여 종이 출원(등록)되어 있다. 우리나라 감자 소비 형태는 대부분 간식이나 반찬용으로 이용되는 식용 위주이며, 가공용 소비는 16%에 불과하다.

감자는 예로부터 구황작물로서 찌고, 굽고, 조리고, 지지는 등 다양한 조리법과 요리가 발달되었다. 감자로 만들 수 있는 요리는 무한대이다. 특히 강원도 지역에서는 향토음식으로 감자밥, 감자범벅, 감자수제비, 감자옹심이, 감자전, 감자부각 등 주식과 부식으로 대중음식 속에 그대로 남아있는 것이 많다.

감자는 식용뿐만 아니라 가벼운 화상, 습진, 풀독, 타박상을 치료하는 민간요법으로 쓰이기도 하였다. 맛이 평이한 알칼리식품의 대명사이기도 하지만, 감자 싹이 돋는 부분에는 알칼로이드 1종인 솔라닌(solanine)이 들어 있다. 싹이 나거나 푸르게 변한 감자는 독성이 있으므로 조리 시 유의해야 한다. 썩기 시작한 감자에도 셉신(sepsin)이라는 독성물질이 생겨 심한 중독현상을 일으키기도 하는 식품으로 주의가 필요하다.[37)]

강원도에서 나서 사는 사람들을 '감자바위'라고 부르는데, 이것은 이곳 사람들의 품성의 특징을 가리키는 말이기도 하지만, 한편으로 우리의 머릿속에 이 도의 산업 또는 경제생활의 바탕이 땅임을 심어주는 말이기도 하다.

강원도는 해발 600m 이상의 고랭지이고 일교차도 커서 감자가 크는데 좋은 환경을 가지고 있다. 감자의 여러 품종 중 춘천재래(春川在來, 자주감자)는 한국 산간지대의 재래품종으로 감자가 굵지 않고 길며 진한 청자색이다. 별에 강하고 저장하기에 적당하며, 척박한 땅에서도 잘 적응하기 때문에 주로 산간지대에서 재배된다. 난곡 1호(蘭谷一號)는 강원도 난곡의 독일인 농장에서 개발한 품종으로 비교적 민생이나 수확량은 남작보다 많고 병에도 강해 남작 다음으로 널리 보급된 품종이다. 그 밖에 두미 2호, 수원 백종, 대관 22호, 남작, 금시, 수미 등이며, 가장 많이 보급된 품종은 남작이다. 남작은 표피가 희고 매끄러우며 눈도 얕고 적으며, 감자의 속살색은 희고 분질상이다. 수미(秀美) 감자 또한 많이 소비되는데, 전분함량이 많아 쉽게 부서지나 비교적 한랭한 기후에서 키우기 쉽고 저장성이 좋아 대마지종과 함께 대표품종이다.

감자전, 감자조림, 감자볶음, 감자국, 감자탕, 감자수제비, 감자막걸리(薯酒), 감자송편, 감자옹심이, 감자뭉생이, 감자범벅 등 어느 지역보다 이용도가 높다.

(2) 고랭지 배추, 무

배추의 원산지는 중국 화북지방이다. 중국, 한국, 일본에서는 중요한 채소로 여기고 있으며, 특히 우리나라에서는 무와 함께 중요한 채소의 하나로 김치의 주재료로 가장 많이 쓰인다.[38)]

배추의 종류는 속이 차는 정도에 따라 결구형과 반결구형이 있으며, 주로 결구형이 재배되고 있다. 배추는 호냉성 채소이며, 11월 초에 수확하는 가을 김장배추가 봄이나 여름에 수확하는 배추에 비해 단맛이 많고 연하며 수분이 94.4%로 많다.

강원도에서는 고랭지(高冷地) 채소 재배가 유리하다. 해발 600미터 이상이 되면 한여름에도 배추가 버틸 수 있을 정도로 온도가 낮다. 예전에는 화전을 일구던 곳이었으나 1979년 화전을 더 이상 할 수 없게 되고, 근대화된 농업기술이 전파되면서 한여름에 신선한 채소를 공급하는 농업기지가 되었다. 우리 땅에서 생산되는 배추의 약 15%가 이 고랭지에서 나온다.

영월농업기술센터에 따르면[39)], 영월 절임배추는 지난해 배추작황이 안 좋은 상황에서도 104억 원의 판매고를 올린 것으로 나타났다. 2016년에는 99억 원, 2017년에는 102억 원의 매출을 올렸다. 절임배추 생산에는 관내 150여 개 농가가 참여하고 있다. 11월, 12월 두 달간 작업하여 농가 당 평균 6,000만 원 이상의 소득을 올리고 있다. 재료는 해발 300~400m 준 고랭지에서 재배되는 김장용 월동배추를 사용한다.

(3) 더덕

초롱꽃과에 속하는 다년생 덩굴성식물인 더덕은 8월에서 10월에 검은 자주색의 종 모양의 꽃이 피며, 수확기는 가을의 첫서리가 내린 후 줄기가 마른 다음부터 이듬해 싹이 나오기 전까지가 좋다. 어린 순을 나물로 먹기도 하나, 주로 뿌리를 먹는다. 칼슘이 비교적 많으며 사포닌류와 스테롤류가 들어있는데, 콘도놉신(condonopsin)으로 알칼로이드의 일종이다.[40)]

예로부터 더덕은 사삼(沙蔘)이라고 하여 5삼(인삼(人蔘), 현삼(玄蔘), 만삼(蔓蔘), 고삼(苦蔘), 사삼(沙蔘) 중 하나로 여겨질 만큼 한방 효과도 뛰어나 해열, 강장, 거담, 해독, 갈증, 고혈압에 효과가 있다. 최근에는 항암 효과와 변비 예방 및 치료에 효능이 있는 식이섬유소가 다량 함유되어 있는 것으로 밝혀져 약용을 겸한 건강식품으로 매우 인기가 높은 산채이다. 더덕구이, 더덕찜, 더덕장아찌, 더덕생무침, 더덕정과, 더덕누름적, 더덕위김, 더덕자반, 더덕술 등 이용도가 높다.

강원도에서는 횡성이 더덕 특산식품으로 유명한데, 횡성더덕의 특징은 평균 해발 300m의 고랭지에서 낮과 밤의 기온차가 뚜렷하고, 섬강 발원지 청정물로 재배하여 전국 최고의 아삭한 식감과 향을 지니고 있다.

횡성군 관계자는 "연일 기록적인 폭염이 지속되면서 식욕도 떨어지고 땀을 많이 흘리면 입맛이 떨어져 식사를 거르기 십상이며, 열량이 부족하여 체력도 고갈될 때 건강밥상으로는 횡성더덕을 꼽는다."라고 말했다.

이는 사삼(沙蔘)이라 불리며, 밭에서 나는 고기라고 일컬을 만큼 더덕은 몸의 피로를 없애고 진액을 보충하는 중요한 약재로, 인삼과 견주어도 손색이 없는 다년생 작물이기 때문이다. 횡성 지역은 전국 생산량의 약 50% 정도를 차지한다. 그 중에 절반이 청일면에서 재배되고 있다. 한편 횡성군은 2018년 9월 7일부터 3일간 전국 유일의 더덕축제인 '횡성더덕축제'를 진행하였다.[41]

(4) 두릅, 개두릅

두릅나무과의 낙엽활엽 관목으로 산채의 일종이다. 목두채(木頭菜), 문두채(吻頭采), 요두채(搖頭菜)라고도 한다. 4~5월경 줄기의 끝에서 돋아나는 새순을 식용한다. 두릅나무과에 속하는 나무는 전 세계에 약 600여 종이 있으며, 우리나라에서는 두릅나무, 오갈피나무, 음나무, 황칠나무 등 10여 종이 있다. 특히 단백질과 회분이 많으며, 단백질은 아미노산 조성이 우수하다. 철이 풍부하며 특수성분인 올레아노린산, 알파타랄린, 베타타랄린, 이라로시드, 샤포닌 등 다양한 성분을 함유하고 있다. 쌉싸름한 맛이 식욕을 돋우어 준다. 그러나 많이 먹으면 설사나 배탈이 나기가 쉽다.

두릅은 강원 강릉, 철원, 홍천, 양양 등지에서 4~5월경 새순을 땅을 파 잘라낸 것으로 강원도와 충북에서 많이 재배된다. 참두릅(그림 3.7)[42]은 두릅나무에 달리는 새순으로 나무두릅이라고도 부른다. 자연산 나무두릅은 산이 많은 강원도에서 나지만 채취 가능 시기가 짧고 채취량도 적어 가지를 잘라 하우스 재배를 하는 경우가 많다.

개두릅(그림 3.7)[43]은 여러해살이 음나무(엄나무)의 새순으로 쌉싸름한 맛에 향이 강하고 약효가 좋아 두릅 중에서도 최고로 친다. 개두릅은 나무가 커서 하우스 재배가 어렵기 때문에 다른 두릅에 비해 가격도 비싸다. 강릉에서는 산지가 많아 산간 지역에서 주로 많이 채취되고 있었으나, 강릉 해살이 마을에서는 엄나무 재배를 통해 해마다 많은 양의 개두릅을 채취하고, 개두릅을 통한 가공 상품까지 개발하면서 지역소득의 주요한 작물로 자리 잡게 하였다. 강릉의 개두릅 축제는 전국적으로 유명해졌으며, 이러한 개두릅은 '지리적 표시 임산물 제41호'로 등록되어 품질을 인정받아 주민소득에 큰 기여를 하는 특산물이다.

지리적 표시제는 '농 · 임산물 및 그 가공품의 명성 · 품질 기타 특징이 특정지역의 지리적 특성에 기인하는 경우, 그 생산물이 그 지역에서 생산된 특산품임을 표시하는 제도'이고 최근 자유무역협정(FTA)으로 인해 지리적 표시제도는 더욱 주목받고 있으며 우수한 지리적 특산품을 국내 · 외적으로 보호하기 위한 제도이다.

강릉 개두릅(음나무 새순)은[44] 2012년 3월 1일 산림청에 지리적 표시 등록 임산물 제41호로 등록되었다. 품질 특성과 역사성, 유명성, 지리적 요인, 자체품질관리기준 등에 대한 세부 심사과정을 거쳐 지리적 특성과 우수한 품질을 인정받았고, 이는 두릅으로서는 최초의 등록이며 이로써 전국 41개 지리적 표시 등록임산물 중 강원도에는 양양 송이(제1호), 횡성 더덕(제22호), 홍천 잣(제26호), 정선 곤드레(제29호), 태백 곰취(제31호), 인제 곰취(제32호), 횡성 참숯(제35호)에 이어 등록된 8개 품목에 포함되게 되었다.

개두릅은 가구재 등 최고급 목재로도 쓰이는 음나무의 새순을 일컫는 것으로

[그림 3.7] 참두릅, 개두릅, 방풍, 갯방풍

잎, 가지, 줄기 및 뿌리에 여러 종류의 사포닌 성분 등 생리활성 물질이 함유되어 있어 약재자원으로서의 가치도 매우 높을 뿐만 아니라 이른 봄에 나오는 새순은 유용물질 함량이 높아 중요한 산채자원으로 이용되고 있어 앞으로 생산 농가의 소득창출에 크게 기여할 것으로 전망된다.

(5) 방풍, 갯방풍[45)]

방풍(그림 3.7)[46)]은 한반도를 비롯해 중국 북부와 동북부, 몽골에 분포하며 산과 들에 자생하는 나물이다. 『세종실록지리지(世宗實錄地理志)』에는 "경상북도 포항과 영덕 등지에서 생산되는 토산물"로 나와 있다. 무엇보다 이는 식재가 아닌 약재로, 더 앞선 시기에 편찬된 『향약집성방(鄕藥集成方)』에는 "당귀와 백작약 등 다른 약재와 혼합해서 풍사로 인한 질병치료 배합" 사례가 나온다.

『본초강목(本草綱目)』에서는 방풍의 묵은 뿌리가 감기몸살이나 각종 전염병을 치료하고 몸을 보하는 약재란 점을 강조하며, "순 · 잎 · 줄기 · 꽃 · 씨도 관절염과 파상풍 등에 좋다."는 기록이 있다. 감기와 해열, 진통과 항균 약재로도 쓰이고, 나물 반찬의 식재로도 활용하다보니 예전에는 텃밭 한편에서 흔히 재배되는 식물이었다.

한편 1541년 충청북도 충주 지역에서 출간된 『구황촬요(救荒撮要)』에는 "설날 아침 차례를 지낸 후 마시면 일 년 내내 나쁜 기운을 물리치는 힘이 있다."는 '도소주(屠蘇酒)'에 도라지, 산초, 육계, 방풍을 넣어 술을 담그는 내용이 있다. 『증보산림경제(增補山林經濟)』에서는 "잣을 방풍잎에 싸 두면 오래 보관할 수 있다."고 했고, 『해동농서(海東農書)』에는 "음력 2월과 10월 방풍 뿌리를 캐서 말려두고 잎으로 나물반찬을 하면 맛이 시원하고 중풍을 예방한다."고 실려 있다.

허균은 1610년 전라북도 익산 함열로 유배를 떠나 이듬해 작성한 전국의 별미를 기록한 『도문대작(屠門大嚼)』에 "강원도 강릉 지역에서 해뜨기 전 이슬을 맞고 처음 돋아난 방풍의 싹으로 방풍죽을 끓여 먹으면 달콤한 향기가 사흘 동안 입에서 가시지 않았다."며 외갓집에서 먹던 방풍죽 맛을 회고한다. 해안 모래땅에서 자라는 갯방풍(그림 3.7)[47)]의 어린 순은 더욱 부드럽고 독특한 향기와 풍미가 각별하여 『임원경제지(林園經濟志)』에도 "눈, 싹, 잎을 삶아 나물을 만들면 입 안이 상쾌하다."는 설명이 있을 정도로 각별한 맛이 나는 별식이었다. 한편 18세기 출판된 『산림경제(山林經濟)』에는 "추위와 구황을 이기는 필수음식"으로 소개되었다.

(6) 산나물류

산나물은 재배하는 작물이 아닌 산이나 들에서 자연적으로 자라며 식용할 수 있는 식물 모두를 일컬어 말한다. 이 경우 어원상 '야생식용식물'이라고 부르는 것이 적합한 표현이겠지만, 대개 산나물로 통용되고 있다. 우리나라에서 자생하는 약 4,200여 종의 식물 중에서 식용 가능한 것은 2,500여 종이며 그 중에서 산나물은 약 300여 종 정도이다.

산나물류는 우리나라 전역에 자생하고 있으며, 산뜻한 미각과 더불어 무공해 식품으로 일반 채소류에 비해 영양가가 높을 뿐만 아니라 무기질과 비타민 그리고 섬유질원으로서 우수하며 대부분이 약리적인 특수성분을 함유하고 있어 건강식품으로도 가치가 매우 높다.

산나물류에는 참나물, 곰취, 떡취, 고사리, 고비, 두릅, 지장나물, 방풍나물, 곤드레 등 종류도 많다. 산나물은 대체로 햇순이 돋아날 때 바로 삶아서 먹거나, 데쳐서 말려두었다가 묵은 나물로 이용한다.

강원도에서 많이 나고 소비되는 산나물은 다음과 같다.[48)]

참나물은 샐러리와 미나리를 합친 것과 같은 향기를 가진 채소이다. 생 참나물은 샐러드나 생채로 먹으면 그 향을 온전히 즐길 수 있으며, 쌈채소로 활용하면 고기의 산성 성분을 중화시켜주어 궁합이 좋다. 데쳐서 얼려두었다가 필요시 먹으면 사시사철 활용 가능한데, 주로 밥에 넣어 먹거나 불려서 나물반찬으로 만들어 먹는다. 생 참나물로도 김치를 담글 수 있는데, 특히 자연산으로 줄기가 붉은빛을 띠는 참나물은 국물의 빛깔이 곱게 우러나 김치를 담그기가 좋다. 원래 참나물은 재배가 어렵고 수확량이 많지 않다. 반면, 그 모양과 맛이 매우 유사한 파드득나물(삼엽채)은 일본에서 들여온 종자로 시설재배가 가능하여 농민들이 이를 참나물이라 부르면서 유통되었고, 이후로 파드득나물이 참나물인 것처럼 참나물로 유통되는 것은 대부분 파드득나물이다. 현재는 야생에서만 찾을 수 있는 참나물은 5~6월에만 채취할 수 있고, 줄기 부분에 보랏빛이 감돌지만, 파드득나물은 인공재배하기 때문에 사시사철 구할 수 있고 줄기가 연한 녹색이다.[49]

취나물은 특유의 향과 쌉싸름한 맛이 특징으로 국내에 60여 종이 자생하고 있으며, 그 중 참취, 개미취, 각시취, 미역취, 곰취 등 24종이 식용으로 활용되고 있다. 그 중 참취는 연중 수확량이 가장 많으며 다양한 요리에 활용되고 있다. 참취는 재배 산채 중에서 더덕, 고사리, 도라지에 이어 네 번째로 재배 면적이 크며, 단백질·칼슘, 인, 철분 등 각종 영양소가 함유된 알칼리성 식품으로 알려지면서 연중 소비가 늘어나고 있다. 곰취와 참취는 생식이나 나물로 주로 활용되며, 개미취와 미역취 등은 묵은 나물로 이용된다. 종류에 따라 잎의 모이 다른데, 참취와 곰취는 잎이 넓은 편이며, 개미취와 미역취의 잎은 쐐기 모양을 하고 있다. 우리나라의 산과들, 고산지대에서 골고루 재배되어온 취나물은 예부터 정월 대보름날 아침 오곡밥을 싸서 먹는 '복쌈'의 재료로 쓰이는 등 좋은 의미로 사용되어 왔다.[50]

곰취는 국화과의 다년생 식물로 산채의 일종이다. 어린잎을 나물로 먹는데, 독특한 향미가 있다. 한방에서는 가을에 뿌리줄기를 캐서 말린 것을 호로칠이라 하여 해수, 백일해, 천식, 요통, 관절통, 타박상 등에 사용한다. 쌈, 무침, 나물 등으로 많이 이용되며, 특히 최근에는 항암작용이 있는 것으로 밝혀졌다.

떡취는 수리취로 엉거시과에 딸린 여러해살이 풀이다. 줄기 높이 70~100m, 줄기 잎은 길둥근 모양에 톱니가 있고 뒷면에 흰 털이 있으며, 뿌리에서 나는 잎은 자루가 길고 약간 우엉잎과 비슷하며, 가장 자리에 날카로운 톱니가 불규칙하게 나 있고 꽃이 필 무렵 말라서 시든다. 수리치떡은 수리치의 잎사귀를 넣어 만든 시루떡이다.

고사리는 세계에서 가장 오래된 식물 중 하나로, 예부터 음식과 약의 재료로 사용해 온 고사리과의 여러해살이풀이다. 고사리는 오래 전부터 제사 때 숙채나물로 활용되어 왔다. 노래나 놀이, 이야기, 속담과 격언 등으로도 전해진다. 중국의 『사기(史記)』 '백이열전(伯夷列傳)'에는 백이(伯夷)와 숙제(叔齊) 두 형제가 침범한 주나라 무왕에 항거하며 수양산에 들어가 고사리만 캐먹다가 굶어죽었다고 한다.

"저 서산에 올라 / 고사리를 캐도다 / 모진 것으로 모진 것을 바꾸고도 / 그것 이 잘못인 줄 모르도다. …"는 고사리를 캘 때 부르는 〈채미가(采薇歌)〉의 일부다. 사육신 중 한사람인 성삼문(成三問)은 중국으로 가는 길에 백이숙제 묘소 앞에서 "… 대의는 당당히 해와 달처럼 밝아 … 당신들이 여전히 수양산 고사리를 먹은 것을 나는 부끄러워한다."라고 읊어 자신의 절의를 과시했다.

고사리는 데쳐서 말려 묵나물로 보관하는 것이 보통이지만, 소금에 절이거나 병조림 혹은 장아찌로 저장하기도 한다. 한자로 '궐채'라고 일컬으며, 옛날에는 '고자리'라고도 불렀다. 한약명은 '궐근(蕨根)'이다. 두통, 가래, 해독, 구충, 황달, 종기, 습진, 관절통, 열증 등에 효과가 있다. 『동의보감(東醫寶鑑)』에 의하면, "성질이 차고 미끄러우며 맛은 달다. 약재로서의 효능은 갑자기 열이 나는 것을 내리고 소변을 잘 나오게 한다. 산야 곳곳에서 자라고, 사람들이 많이 채취하며 삶아 먹으면 맛이 좋다. 하지만 오랫동안 먹으면 독성으로 인해 양기가 줄어들고 다리에 힘이 없어져 잘 걷지 못하게 되고, 눈이 어두워지고 배가 불러온다."라고 하였다.

고사리도 제철이 지나면 못 먹게 되듯, 무슨 일이든지 시기를 놓치지 말아야 된다는 의미로 '고사리도 한철이다'라는 격언이 전해진다.[51]

고비는 고비과에 속하는 여러해살이풀로서 산과 들에서 많이 나는 식물의 어린 순을 따서 나물로 먹거나 국의 재료로 쓴다. 우리나라 전역 평지(함경도, 평안도 제외)나 산야에서 분포하는데, 해발 1,000m 이상의 히말라야 고산지대에서도 자생한다. 맛은 고사리보다 연하고 씹는 맛이 있다.[52]

양질의 단백질, 비타민 A, B_2, C, 펜토산, 카로틴, 니코틴산을 함유하고 영양가가 높다. 한방에서는 뿌리줄기를 약재로 쓰는데, 감기로 인한 발열과 피부발진에 효과가 있고 기생충을 제거하며 지혈효과가 있다. 민간에서는 봄과 여름에 캐어서 말려 줄기와 잎은 인후통에 사용하고 뿌리는 이뇨제로 사용한다.

두릅은 두릅나무의 낙엽활엽 관목으로 산채의 일종이다. 4~5월경 줄기의 끝에서 돋아나는 새순을 식용한다. 두릅에는 단백질과 회분이 많은데, 단백질은 아미노산 조성이 우수하다. 특히 철이 풍부하며, 특수성분인 올레아노린산, 알파타랄린, 베타타랄린, 이라로시드, 사포닌 등 다양한 성분을 함유하고 있다. 삽싸름한 맛이 식욕을 돋워준다. 목두채(木頭菜), 문두채(吻頭采), 요두채(搖頭菜)라고도 한다.

지장나물은 풀솜대로, 보릿고개 때 주린 배를 채워 준 고마운 나물이라 하여 지장나물, 지장보살이라고도 한다. 어린 순을 데쳐서 쌈으로 먹고 다른 산나물과 된장이나 간장, 고추장에 무쳐 먹는다. 데친 나물을 볶아도 맛있다. 비빔밥에 넣거나 묵나물로 먹기도 한다.

곤드레는 고려엉겅퀴(곤드레)로 국화과에 속하는 다년초로서 전국 들판에 자생한다. 어린잎과 줄기를 식용하는데 데쳐서 우려내어 건나물, 국거리, 볶음으로 이용한다. 식물성 단백질이 풍부하여 옛날 보릿고개 때 구황작물로 이용됐으나 최근에는 특유의 풍미와 효능으로 인해 건강식품으로 주목받고 있다.[53)]

곤드레나물은 태백산의 해발 700m 고지에서 자생하는 야생나물로서 담백하고 영양가가 풍부하며 귀한 나물이다. 강릉, 정선, 평창 등 강원도 무공해 특산물로 매년 5월쯤 채취하여 이용할 수 있어 이를 이용한 음식이 발달하였다. 산채는 과거 이래 농산촌 주민들의 귀중한 구황식물 또는 현금 수입원에 불과하였으나, 1980년대에 들어 그 가치가 재평가되었다. 최근에 와서는 산채시험장(강원도 평창군 소재)이라는 전문연구기관이 설립될 정도로 산채에 대한 관심은 기하급수적으로 높아지고 있다.

(7) 파프리카

화려하고 다양한 컬러만큼이나 다양한 영양소를 함유한 파프리카는 특히 비타민이 풍부하여 피부에 좋으며, 색깔별로도 영양과 효능이 다른 것이 특징이다. 파프리카와 피망을 혼동하는 경우가 많은 파프리카는 피망에 단맛을 더하고 과육이 많도록 개량한 것으로, 서양에서는 Sweet Pepper라고 해 피망과 동일한 품목으로 인식하기도 하지만, 우리나라에서는 색깔과 과육의 두께가 다르기 때문에 구분해서 취급하고 있다. 국내에서는 초록색, 노란색, 주황색, 빨간색이 대부분이지만 유럽에서는 초록, 노랑, 자주, 검정, 주황, 빨강, 흰색 등 8~12가지의 다양한 품종이 생산 및 유통되고 있다. 우리나라에서는 재배 초기 고품질의 파프리카 생산으로 가격이 높고 또 대부분 수출용으로 활용되다보니 국내에서의 소비의 기회가 적었

으나, 최근에는 수요 및 생산량 증가로 과거보다 대중적으로 사용되고 있다.[54)]

(8) 산초

운향과 낙엽 활엽관목으로 한자명은 천초(川椒), 화초(花椒)이고, 또한 진초(秦椒)라고도 한다. 잎과 어린 열매는 그대로 이용하고, 익은 열매는 말려서 가루로 쓰는데, 상쾌한 향기와 매운 맛이 독특하다. 산초가 갖는 향기의 주성분은 정유에 있는 Limonene, Geraniol, Citronellal 등이며 매운맛 성분은 산숄(sanshool)이고, 어류의 비린내를 없애준다. 장어나 추어탕에 사용한다.[55)]

중국요리에서 오향이라는 혼합 향신료는[56)] 산초, 회양, 계피, 정향, 진피의 다섯 가지를 혼합한 것이다. 산초나무는 운향과에 속하는 높이가 3m 가량의 낙엽활엽의 관목이다. 4~5월에 녹황색의 무판화가 잔가지 끝에 산방화서로 피며 길이 5mm 정도의 삭과를 맺는다. 이 열매는 10월경 빨갛게 익는데, 속에는 까만 씨를 갖는다. 한국 각지와 중국과 일본의 야산에 자생한다. 특유한 향기와 매운맛이 있어서 향신료로 사용하는데, 잎과 어린 열매는 그대로 이용하며 익은 열매는 말려서 가루로 쓴다. 산초에는 해독작용뿐 아니라 마취성도 있어서 많은 양을 이용하면 음식의 맛을 잃게 한다.

【산초장아찌[57)]】

산초 300g, 간장 2컵

① 간장을 팔팔 끓여 식힌 후 항아리에 붓고 산초를 넣는다.

② 15일 정도 지나 간장을 따라내고 다시 한 번 끓여 식힌 다음 붓는다.

- 산초장아찌는 여름철의 식욕을 돋우는 반찬으로 닭백숙에도 곁들여 먹는다. 이 산초는 반쯤 여물었을 때 가지째 딴다.
- 산초장아찌는 산초에 팔팔 끓여 식힌 간장을 붓고 15일 정도 지난 후 간장을 따라내어 다시 끓여 부어 숙성시킨다. 너무 익지 않은 산초를 꼭지까지 따서 간장에 담는 것으로, 향이 독하고 뒷맛이 강한 특징을 가지고 있다. 산초는 천

초, 화초라고도 하며 복부의 찬 기운으로 인한 복통, 설사와 치통, 천식, 요통에 쓰고 살충작용이 있어 약재로 많이 쓰인다. 맛은 맵고 성질은 따듯하며 독이 있다. 열매가 파랗고 껍질이 벗겨지지 않을 때 장아찌나 차로 이용하는데, 사찰의 대표적인 저장식품이다.[58]

(9) 시래기

시래기는 무청을 말린 것이다. 무청은 무의 줄기, 잎 부분을 가리키는 말로 무를 수확하고 손질하고 남은 부분이다. 무는 우리나라 어디든 재배가 가능해서 흔히 볼 수 있는 재료이다. 예로부터 무는 버릴 것이 없다며 겨울 무를 수확해 뿌리인 무는 김치를 담고, 줄기와 잎인 무청은 말려서 여러 가지 음식의 재료로 써왔다. 그것이 지금까지 내려와 우리가 알고 있는 무청시래기가 된 것이다.

수확 시기는 무가 한창 제철을 맞아 맛있을 시기인 10~12월에 수확해서 손질을 한다. 푹 삶아 서늘하고 그늘진 처마 밑에 걸어 말려두었다가 필요할 때마다 꺼내어 각종 반찬으로 먹는데, 구수한 맛과 부드러운 촉감으로 시래기나물이나 시래기죽, 시래기찌개, 시래기국 등에 다양하게 사용되는 채소이다. 특히나 겨울철 부족하기 쉬운 영양을 공급해주는 무청에는 섬유질과 비타민, 미네랄이 풍부해서 부족한 영양소를 채워줄 수 있고, 특히 한창 성장하는 어린이에게 더욱 좋다고 알려져 있다.

겨울철 시래기는 보약이라는 말이 있듯이 많은 영양소를 담고 있다. 빈혈에 좋은 철분은 물론이고 비타민 A, C 등 각종 무기질과 섬유소가 많이 들어있어 겨울철 부목하기 쉬운 영양소의 보고라 할 수 있다. 무청에 칼슘 및 식이섬유소가 함유되어 있어 혈중 콜레스테롤을 떨어뜨려 동맥경화 억제효과가 있다. 무청에 있는 식이섬유소는 위와 장에 머물며 포만감을 주어 비만을 예방하고 당의 농도가 높아지는 것을 예방한다. 하지만 시래기에는 인성분이 많이 함유되어 있어 신장기관이 약해져 있는 사람들은 피해야 한다. 강원도 홍천과 양구, 평창 등지에서 주로 생산된다.[59]

3) 육류

(1) 한우

산골의 땅에 씨를 뿌리고 그것을 거두어들여 살아가던 이 고장에서 소나 젖소를 길러 돈을 벌어보려는 움직임을 보였다. 그것은 정말로 이 고장 농촌의 경제생활에 일어난 혁명이라고 해도 지나치지 않을 듯하였다. 산의 풀을 이용하여 가축을 길러 파는 것을 생각해 낸 것이다.[60] 60년대만 해도 젖소가 여섯 마리에 지나지 않았고, 쇠고기를 얻으려고 기르는 소인 육우는 한 마리도 없었으며, 재래종 소가 십만 마리 있었다.

그러나 1980년 말에는 한우가 133,658마리, 육우가 2,687마리, 젖소가 9,149마리에 이르게 되었다. 그리고 강원도의 농민들은 이 소들을 기르려고 5,217헥타아르의 풀밭도 일구었다. 도청에서는 태백지구 축산단지 조성사업 계획을 세우고 태백산맥의 구릉지대에 있는 홍천, 횡성, 평창의 세 군을 축산의 고장으로 개발하였다. 태백산맥 구릉지대는 풀이 많고 가축의 먹이로 쓸 수 있는 옥수수가 많이 나 목장을 하기에는 안성마춤이다. 그래서 대관령이 있는 평창군에는 삼양축산을 위시하여 한일농산, 관동목장 같은 기업 축산업체가 들어서 있다.

현재 보존되고 있는 토종 한우는 털색에 따라 황소, 칡소, 흑소로 나누어진다. 이 한우(韓牛)는 예부터 역육겸용종(役肉兼用種)으로[61] 고기 맛의 명성이 높았다. 한우의 고기 맛은 질기면서 씹을 때 우러나는 독특한 맛이 있으며, 국을 끓이면 국물의 색깔이 짙으면서 맛이 약간 진하다. 불고기를 하면 쫄깃쫄깃하고 맛이 매우 진하다. 이에 비해 젖소는 고기가 연하고 맛이 민민하여 국을 끓이면 엷은 빛깔을 띠며 약간 뭉클뭉클한 기분이 든다. 그러나 젖소의 갈비고기는 제법 맛이 좋다. 종전 한우육은 농경용으로 3~4년 사육한 것이고, 젖소육은 어린 새끼소를 들여와 1~2년 사육하여 도살한 것이다.

강원도 횡성은 동쪽으로는 치악산(1,288m), 남쪽으로는 백운산(1,087m)을 중심으로 서북쪽은 남한강과 섬강이 감싸 안고 흐르는 분지형 지형으로 전형적인 내륙기후의 특징이며, 한반도의 중심부로 연평균기온 11도, 연평균최고기온 32도, 연평균 최저기온 영하 12도로 기온차가 심하고 밤과 낮의 일교차가 뚜렷하다. 높은 일교차와 섬강 발원지의 깨끗한 물 그리고 청정한 환경은 한우 사육의 최적지라고 할 수 있다. 또한 횡성한우는 국내 최초로 쇠고기 생산이력추적시스템을 도입하여 한우의 출생에서 사육, 도축, 가공, 판매 그리고 식탁에 이르기까지 횡성한우의 모든 정보를 고객이 직접 확인할 수 있다.[62]

한우가 대표 특산식품인 횡성군에서는 2018년 11월 30일 횡성한우체험관을 개관하여 다양한 횡성한우 콘텐츠로 인기몰이를 하고 있다. '횡성한우체험관'은 지상 3층, 연면적 2,119㎡의 규모로 1층은 한우요리 체험실과 전시장, 2층은 한우 스토리텔링관, 3층은 한우 체험공간 등 다양한 횡성한우 콘텐츠를 담고 있다. 이 중 한우요리 체험관은 떡갈비, 소시지, 떡갈비 + 소시지 만들기 등 세 가지 요리 프로그램을 운영, 현장학습의 장으로 큰 호응을 얻고 있다.[63]

(2) 흑염소

염소는 산양이라고도 불리며 면양(綿羊)과 비슷하나 턱수염이 있고, 성질이 민첩하고 활발하다. 고문헌에는 고양(羖羊), 고(羔), 염우(髥牛)라고 기록되어 있으나, 현재는 산양(山羊)으로 통용되고 있다. 우리나라에는 중국으로부터 서해안지역을 통해 삼한시대 말경 유입된 것으로 추정하며, 사육 역사도 유사할 것으로 생각된다.

산양고기에 비해 염소고기는 단백질 함량이 많고 지방 함량이 적다는 점이 다르며, 염소는 고기뿐만 아니라 젖을 이용한다는 점이 큰 차이이다. 염소고기는 예로부터 허약한 사람과 몸이 찬 사람에게 양기를 북돋아주는 좋은 식품으로 알려져 있다. 염소탕은 주로 흑염소탕을 말하는데, 흑염소탕은 특히 더운 여름철에 기력을 보충할 수 있는 보양식으로 즐긴다.

『태종실록(太宗實錄)』에는 염소(羔)·양(羊)·당저(唐猪)·기러기(雁)·오리(鴨)·닭(鷄) 등을 사육하는 쌀과 콩이 너무 많이 드니 『농잠집요(農蠶輯要)』의 법에 의하여 양사(養飼)하도록 하며, 『세종실록(世宗實錄)』에는 충청도·경상도에서 공납한 염소새끼를 강화부(江華府)의 매도(煤島)에 방목하여 번식시킬 것을 지시하고 있는 것으로 보아 염소사육이 흔했던 것으로 보인다.

우리나라 염소는 검은색, 흰색, 갈색 계통의 것이 있다. 그 중 주로 키 작은 흑염소가 식용과 약용으로 사육되고 있다. 『동의보감(東醫寶鑑)』에는 "염소를 고양(羖羊)이라 하는데, 허약한 사람을 낫게 하고 자양강장에 좋다. 또한 머리를 차게 하고 피로와 추위를 물리치고 위장활동을 원활하게 하여 소화를 돕는 보양제"라고 하였다. 염소는 쓸개와 뿔까지 약재로 사용되었다.[64)]

(3) 닭 – 닭갈비

닭고기는 백색육(White Meat)으로 20%의 지방을 함유하고 있지만 90%의 지방이 닭껍질에 포함되어 있으며, 껍질과 근육은 쉽게 분리된다. 닭껍질이 분리된 닭고기는 지방함량이 낮은 고단백질의 식육자원이다. 닭고기의 섬유소는 부드럽고 씹기 편해 소화율이 높으며, 그 향이 부드러워 다른 향신료나 식품과의 조화가 우수하다.[65)]

닭갈비는 고추장 양념에 버무려 7~8시간 재운 닭갈비와 양배추, 고구마, 양파, 대파, 배춧잎 등의 채소, 가래떡을 식용유를 두른 팬에 넣고 볶은 것이다. 이 닭갈비는 상추와 깻잎을 곁들여 먹는 춘천닭갈비가 유명하다. 춘천닭갈비의 역사는 1960년대 말 선술집 막걸리판에서 숯불에 굽는 술안주 대용으로 개발되었는데, 군생활에서 휴가나 외출을 나온 군인들이 즐겨 먹었고, 값이 싸고 배불리 먹을 수 있어 강원도 춘천 시내의 대학생들도 좋아하는 음식이었다.[66)]

4) 어류

(1) 명태

동해안에서 명태가 씨가 말랐다고, 사라졌다고 하여 러시아산 명태를 주로 먹던 우리에게 강원도 한해성수산자원센터는 '명태살리기 프로젝트'를 2015년부터 수행하여 그동안 계속 122만 마리의 치어를 방류하여 왔다. 그런데 2018년 12월 고성 앞바다에서 잡힌 반가운 명태는 유전자 검사 결과 인공 방류한 명태가 아닌 자연산으로 판명되어 많은 노력에도 불구하고 동해안에서 명태를 쉽게 보기는 여전히

어려울 것 같다.[67]

또한 2019년 1월 22일을 기하여 명태 자원회복을 위해 '명태 금어기' 시행에 들어갔다.[68] 개정된 「수산자원관리법」 시행령은 크기와 관계없이 연중 명태를 잡지 못하도록 하고 있다. 명태를 잡거나 유통하다가 적발되면 포획금지가 지정된 다른 수산물과 같이 2년 이하의 징역이나 2천만 원 이하의 벌금 처분을 받게 된다. 그러나 어민들은 "게와 달리 명태는 그물에 걸리면 대부분 죽기 때문에 방류할 수도 없을 뿐더러, 이를 바다에 버리면 환경오염으로 처벌받게 되어 이러지도 저러지도 못한다."는 입장이다.

예전에 매우 흔하던 명태는 한류성 어종으로 오랜 세월 사랑을 받아 온 생선[69]이다. 국이나 찌개는 물론 전, 찜, 구이로 즐겼다. 북어는 술국 거리로 최고이고, 제사와 굿, 고사를 지낼 때도 빠지지 않는다. 함경도에서는 입을 통해 내장을 빼내고 두부, 고기, 채소 소를 채워 넣고 추운 곳에 널어 꽁꽁 얼린 동태순대를 만들어 밖에 걸어두고 겨우내 쪄먹었다.

명태라는 이름은 영조 17년 『비변사록』(1741)에 처음으로 등장했다. 숙종 19년에 '무태어'라는 이름의 어류가 명태라고 하였으나 확실하지는 않다. 『송남잡식』에 "함경도 명천 사람 태(太) 아무개가 북해에서 낚시로 잡았다. 크고 살찌고 맛이 좋아 명태라 이름을 지었다고 전한다. 명천의 명(明)과 태씨의 태(太)를 따 명태로 이름을 붙였다는 것이다.

명태의 동건품인 북어는 『난호어묵지』에 "매번 납월(12월)에 시작한다. 어망을 설치하여 잡아 배를 가르고 아가미, 뼈를 빼서 소금에 절이면 붉은색이 돈다. 정월에 잡은 것이 살이 부드러워 가장 좋고, 2~3월의 것이 다음이며, 4월 이후의 것은 살이 질겨 하품(下品)이다. 즉 겨울에 잡은 명태는 엄동 중에 동건(凍乾)을 해야 보슬보슬한 황태로 만들 수 있다."고 한다.

18세기가 되어 명태잡이가 본격화되면서 북어의 가공이 시작되었음을 알 수 있으며, 이 북어는 조선시대 말기부터 오늘날까지 찬물로 널리 보급되었다. 북어는 여러 지방으로 연중 수송, 판매되고 있었으므로 가정에서 제사를 지낼 때 북어포가 어포로서 흔히 쓰였다.

명태는 조선 초기 그 이전부터 우리나라에 있었던 것으로 짐작이 되며, 1530년(중종 25)의 『신증동국여지승람(新增東國輿地勝覽)』에 무태어(無泰魚)란 명칭으로 경성(鏡城)과 명천(明川)의 토산물로 나타났다.

예전에 명태는 강원도 연안에 많이 잡히고 있었으나, 무명어(無名魚)인 고기는 먹어서는 안 된다고 하는 미신 때문에 세인(世人)이 돌보지 않았고, 그 어업(漁業)도 흥하지 못하였으나 그 뒤 함경도에서 잡히게 되고 명태란 명칭이 붙은 후부터 널리 이용하게 되었다고 한다.

명태의 용도는 말린 북어, 얼린 동태, 반건조된 코다리로 쓰이며 김치소, 생태찌개, 북어국, 황태국(건곰), 명태국, 북어포무침, 명란젓, 창란젓, 머리는 귀세미젓, 아가미는 서거리젓, 간유, 훈제품의 원료 등으로 이용된다. 그 밖에 회냉면에 얹기도 한다. 명태찜은 밥반찬이나 술안주로 많이 쓰인다.

명태는 강릉 지역의 동해안 바닷가에서 많이 잡혔던 생선이나, 최근에는 해수의 온난화 현상으로 어획량이 상당히 줄고 있다. 명태찜에 이용하는 명태는 주로 주문진 바닷가에서 해풍으로 말린 반건조 명태와 공장에서 다량으로 열풍 건조시킨 코다리가 있다. 코다리는 생태의 내장을 빼고 입에 줄을 꿰어 살짝 말린 것인데, 코에 꿰어 말렸다하여 코다리라는 이름이 붙여졌으며, 열풍에 말린 것은 해풍에 말린 것보다 맛이 덜하다. 덜 말린 코다리나 반건조 명태가 인기가 있는 것은, 딱딱한 것보다는 적당히 연한 음식을 좋아하는 식습관의 변화 때문이다.

강릉 지역의 명태찜 특징은 주로 신선하고 깨끗한 국내산 명태를 이용하며, 부드럽고 연한 반건조 명태나 코다리를 콩나물과 여러 가지 채소와 함께 어우러지게 끓여 얼큰하고 매콤하면서 담백한 맛을 내는 것으로 인기가 좋다.

(2) 오징어[70]

오징어는 『규합총서(閨閤叢書)』에 의하면, "물 위에 떴다가 까마귀를 보면 죽은 체 하여 오징어(오적어, 烏賊魚)라 한다."고 했다. 이는 오징어가 까마귀를 즐겨 먹는 성질이 있어서 물 위에 떠서 죽은 체하다가 이것을 보고 달려드는 까마귀를 발로 감아서 물속에 들어가 먹는다고 하여 붙여진 이름이다.

또, 『규합총서(閨閤叢書)』에서는 "오징어의 배 모양 같은 뼈가 금창(金瘡)에 피 그치게 하는데 그만이오, 그 배의 검은 먹물로 글씨를 쓰나 해가 바뀐, 즉 빛이 없어져 빈종이가 된다 하므로 헛맹세를 서계오적묵(誓戒烏賊墨)이라 한다."고 했다.

중국 어민들에게 전해 내려오는 이야기로는 진나라 황제가 바다에 버린 산대(算袋 : 붓이나 벼루를 넣는 휴대용 자루)가 오징어로 변한 것이라 하며, 이 때문에 모양도 비슷하고 몸속에 먹물이 들어있다고 한다.

『자산어보』(1814)에는 '오적어(烏賊魚)'라고 하였다. 큰 놈은 몸통이 한 자 정도다. 오징어의 살은 대단히 무르고 연하며. 알이 있다. 가운데에 있는 주머니에는 먹물이 가득 차 있다. 만일 적이 나타나 침범하면 먹물을 뿜어내어 주위를 가리는데, 그 먹으로 글씨를 쓰면 빛깔이 매우 윤기가 있다. 단 오래되면 벗겨져서 흔적이 없어진다. 그러나 다시 바닷물에 넣으면 먹의 흔적이 새로워진다고 한다. 맛은 감미로워 회나 마른 포감으로 좋다.

강원도에서는 회, 구이, 찌개, 순대 등으로 이용하고 있다.

(3) 문어[71)]

연체동물 팔완목 문어과의 두족류이다. 한자어로는 팔초어(八梢魚), 장어(章魚), 팔대어(八帶魚)라고도 한다. 우리나라의 동해안과 남해안에 분포한다. 우리나라에서 성수기는 11월부터 이듬해 2월로 맛이 좋은 시기이다. 냉동시켜 보관하거나 건조시켜 보관한다. 지질, 당질은 적고 단백질은 아주 높은 고단백질 저지방 식품이다. 그러나 영양가는 높지만 근육이 단단해서 소화에 부담이 가는 식품이다. 아미노산의 일종인 타우린이 풍부하여 문어의 독특한 맛을 내게 하는 주성분이며, 근육 중의 베타인(betaine)은 단맛을 나타낸다. 껍질에는 오모크롬(ommochrome)이라는 색소가 단백질과 결합상태로 들어 있다.

옛날부터 혈압이 높거나 심장병 등의 순환기질환에 걸리면 오징어나 문어를 푹 고아 먹어왔으며 숙회, 무침 등으로 먹고, 동해안에서는 결혼식이나 제사의 제물로 필수적으로 이용되어 왔다.

삶을 때는 식초와 설탕을 조금씩 넣는다. 육질을 부드럽게 하며 감칠맛이 돌게 한다. 너무 삶으면 질기며, 낙지도 마찬가지지만 머리와 다리가 익는 시간이 다르다. 다리가 다 익었으면 잘라내고 머리 부분만 더 삶는다. 암컷은 봄철에 알이 차 있다. 특히 알의 맛이 기가 막히다. 아주 잔 찹쌀로 밥을 지어놓은 것 같다. 씹는 질감이 좋고 머리를 가르면 먹물이 들어있는데, 여기에 찍어먹으면 먹물이 소스의 역할을 한다. 너무 익히면 먹물이 굳어버린다. 다리는 어슷어슷 잘라 무쳐 놓으면 좋은 반찬이 되고, 죽을 쑤려면 북어처럼 방망이로 두들긴다.[72)]

(4) 가자미[73)]

중국에서는 우리나라를 접역(鰈域)이라고도 불렀다. 가자미는 종류도 많고 지역에 따라 이름도 다양하다. 우리나라에서 가자미가 많이 난다고 해서 붙여진 이름이다(한서 교사지(漢書郊祀志)), 가자미는 한자어로 접어(鰈魚), 비목어(比目魚), 판어(版魚), 혜저어(鞋底魚), 겸(鰜), 화어 등 여러 이름으로 불렀다. 서유구의 『난호어명고(蘭湖魚名考)』에 "동해에서 나며 서해와 남해에도 간혹 있지만 동해만큼 많지는 않다."고 한 것처럼 동해에서 많이 어획된다. 조선 순조 때 김려는 진해 앞바다로 유배되어 『우해이어보(牛海異語譜)』라는 책을 지었는데, 여기에서는 가자미를 화어라 하면서 "맛은 담백하고 회로 먹거나 구이로 먹어도 맛있다."고 기록하고 있다. 특히 비슷한 어종으로 목면화를 소개한다. 목화열매가 달릴 때 많이 잡히므로 목면(木綿)이라는 이름이 붙은 것으로 그 맛이 매우 달콤하다. 여러 종류의 가자미 중에 김려가 말한 목면화는 돌가자미로 짐작된다.

여름철에는 참가자미나 노랑가자미, 겨울철에는 용가자미를 낚는다. 겨울철 강원도 속초 이북의 공현진항, 아야진항 등지에서는 용가자미를 잡는 낚싯배가 파시를 이루기도 한다.

『자산어보(玆山魚譜)』에 "넙치가자미(鰈魚) 큰 놈은 길이가 4~5자, 넓이가 두자 정도이다.[74)] 몸은 넓고 엷으며 두 눈은 몸의 왼쪽에 치우쳐 있고, 입은 가로로 찢어졌으며 꽁무니는 입 아래에 있다. 등은 검고 배는 희며 비늘은 매우 잘다. 맛은 달고 텁텁하다."고 하였다.

가자미는[75)] 가자미목에 속하는 가자미류, 넙치류, 서대류 등을 포함하지만, 보통 시장 등지에서 말하는 넙치, 도다리 등 이름을 아는 몇 종을 제외하고는 모두 가자미로 총칭한다. 한자어로 비목어(比目魚) 또는 첩이라 하였다.

『지봉유설(芝峰類說)』에 "광어(넙치) 및 설어(舌魚, 서대)를 첩류라 하였고, 비목어를 가자미, 광어를 넙치라 하였으며, 비목어는 동해에서 난다."고 하였다.

가자미 중에서 가장 맛이 좋은 것은 돌가자미이고 참가자미, 문치가자미, 범가자미도 맛이 좋다. 고기의 맛이 담백하고 단백질이 풍부하다. 큰 넙치류는 회 맛이 좋고, 참서대류는 건어로 한 것이 맛이 좋다. 동해안에서는 참가자미, 노랑가자미, 기름가자미, 용가자미 등은 회 · 구이 · 조림 · 식해 등으로 요리해서 먹는다. 강도다리를 제외하면 자연산이다. 어획량이 많아 경상북도 울산과 영덕, 강원도 강릉 등지에서는 축제까지 열리기도 한다. 큰 것은 회, 작은 것은 뼈째로 썰어먹는다(뼈회). 가자미는 동해안 전역에서 각종 채소와 고추장에 비벼서 물을 부어 먹는 물회로도 많이 먹는다. 밥을 말면 회밥, 국수를 말면 회국수가 된다.

(5) 도루묵[76]

도루묵은 생태 특징 때문에 목어(木魚) · 목어(目魚) 또는 은어(銀魚)로 불렸고, 도로목어를 뜻하는 환목어(還木魚) · 환목어(還目魚), 회목어(回目魚)로 표기되었다. 이와 관련한 내용을 담은 〈도루묵설화〉는 허균의 『도문대작(屠門大嚼)』(1611), 이식이 쓴 『빨목어(還目魚)』에 소개되어 있다. 허균의 『도문대작』에 소개된 〈도루묵설화〉는 다음과 같다.

"동해에서 난다. 처음 이름은 '목어(木魚)'였는데, 전 왕조에서 그것을 좋아하는 임금이 계셔서 은어(銀㶖)로 고쳐 불렀고, 많이 드셔서 싫증이 나자 다시 고쳐 화목어(還木魚)라고 불렀다."

한국 동해안 연안에서 부화한 도루묵은 일본 돗토리현으로 이동하여 약 2~3년간 성장한 후 산란 시기가 되면 다시 한국 동해안의 수심 2~10m의 연안 암초지대로 떼지어 몰려와 모자반과 같은 해조류에 탁구공만한 둥근 알 덩어리를 붙인다. 이때 몸길이는 20cm 내 · 외이며, 등에는 흑갈색 물결무늬가 있다. 옆구리와 배는 환한 은백색이며, 껍질은 얇고 투명하여 나뭇결처럼 촘촘한 빗살무늬 살결이 훤히 보인다.

회유한 도루묵은 11월 중순 이후부터 12월 중순까지 산란을 하기에 12월 하순이 되면 대부분의 암컷이 방출한 상태이고, 1월 초순에는 전혀 산란이 이루어지지 않는다. 이에 우리나라 동해안에서 도루묵 포획을 위한 자망어업은 주로 산란 시기에 연안으로 회유하는 특성을 이용하여 연안에서 조업하고, 기선저인망어업과 트롤어업은 근해에서 조업한다. 도루묵이 잡히는 11월부터 이듬해 1월까지 도루묵구이, 도루묵찜, 도루묵조림 등으로 조리하여 먹는다.

(6) 청어[77)]

청어는 지금은 많이 잡히지 않아 귀해진 생선이 되었으나, 예전에 많이 잡힐 때는 값이 쌌지만 영양이 많은 생선이었다. 청어 말린 것이 과메기인데, 지금은 청어가 귀해져 과메기도 주로 꽁치로 만들고 있다. 청어와 관련된 기록은 『도문대작』(1611)에 "서해 청어 가운데서도 2월에 황해도 해주 근해에서 잡힌 청어가 제일 맛이 좋다."고 했다. 이 서해 청어를 서울 지방에서는 청어라 부르지 않고 '비웃'이라 불렀다.

『자산어보』에서는 "길이는 한 자 남짓하며 몸이 좁고 빛깔이 푸르다. 맛은 담백하며 국을 끓이거나 구워먹어도 좋고 어포를 만들어도 좋다. 정월이 되면 알을 낳기 위해 해안을 따라 떼를 지어 회유해 오는데, 이때의 청어떼들은 수억 마리가 대열을 이루어 오므로 바다를 덮을 지경이다. 석 달 동안 산란을 마치면 청어떼들은 곧 물러간다."고 하였다.

『명물기략』(1870년경)에는 '비유어(肥儒魚)'라고 기록되어 있는데, 이는 선비를 살찌게 하는 생선이라는 뜻이다. 원래 청어는 많이 잡히는 생선이기에 값이 쌌다. 고려 말 이색의 『목은집』에 "쌀 한 되에 청어 마흔 마리만 주니 세상이 어지럽고 흉년이 들어 백물(百物)이 귀해져 청어마저 드물구나."라고 기록되어 있다. 쌀 한 되에 청어 40마리면 헐값인데도 그것도 비싸다고 여긴 것을 보면, 청어는 무척 값이 싼 생선이었던 것을 알 수 있다. 이렇게 값이 싼 것 치고는 맛이 좋기에 가난한 서울의 남산골 양반이나 선비들이 무척 잘 먹었던 것 같다. 그래서 가난한 선비들을 살찌게 한 고기라 해서 비유어라 하다가 '비웃'이 되었다고 한다.

오늘날 시장에 나오는 청어는 대부분이 북태평양에서 원양어선으로 잡아오는 것으로 맛은 훨씬 떨어진다. 옛 서울의 비웃 맛은 도저히 따를 수가 없다. 이같이 청어의 생산량이 때와 장소에 따라 변천하는 것도 난류의 북상인 해류의 변동 때문이다.

청어 말린 것은 관메기(貫木)라 한다. 『규합총서(閨閤叢書)』(1815)에는 “비웃 말린 것을 세상에서는 흔히들 관목이라 하니 잘못 부름이오, 정작 관목을 비웃을 들어 비추어 보아 두 눈이 서로 통하여 말갛게 마주 비추는 것으로 말려 쓰면 그 맛이 기이하다.”고 했다. 아마 청어 가운데 두 눈이 관통된 특수한 어종이 있으며 이 눈이 뚫린 관목의 청어 말린 것을 관메기라고 불렀던 것 같다.

(7) 꽁치, 곰치, 도치, 삼세기

동해안에서는 꽁치옹심이, 물곰해장국(곰치국), 도치(심퉁이), 삼세기(삼숙이) 등의 국과 매운탕을 잘 끓인다.[78]

꽁치옹심이는 국으로 꽁치를 뼈째 잘게 다져 동그랗게 옹심이를 만들어 끓는 멸치의 육수 속에 넣어 익힌 것이다. 곰치는 물메기라고도 하는 쏨뱅이목 꼼치과의 바닷물고기이다. 살이 연하여 끓으면 형체를 갖추기가 어렵다. 예전에는 생선으로 취급하지 않았는데, 지금은 물메기탕, 곰치국 등으로 유명하다.

『자산어보』에 실려 있는 물메기의 정식 명칭은 해점어(海鮎魚)이다.[79] 점어(鮎魚)는 메기이다. 그러니 우리말로 하면 바다메기이다. 이 물메기의 표준어는 꼼치이다. 꼼치는 우리나라 바다 전역에서 나는데, 이 이름 그대로 부르는 지역은 거의 없다. 동해에서는 곰치, 물곰이라 부른다.

삼척에서 물곰(곰치)국은 흐물흐물한 질감의 곰치와 신김치를 잘게 썰어 넣고 끓인 것으로 시원한 맛이 일품인 해장국이다. 물메기는 말리면 미끈거리는 질감이 없어진다. 껍질을 벗겨 말리면 살의 부드러움이 더 좋아진다. 서해안에서는 말려서 많이 먹는다.

도치는 심퉁이라고도 불린다. 경골어강 횟대목 도치과에 속하는 바닷물고기로 많은 양의 알을 가지고 있어서 알탕을 끓여먹거나 쪄 먹고, 살코기는 주로 데쳐

회로 먹는다. 강원도에서는 심퉁이를 데쳐서 꾸덕꾸덕하게 말렸다가 두르치기를 해 먹는다. 심퉁이는 배를 가른 뒤 내장과 알을 꺼내어 손질해 놓고 팔팔 끓는물에 살짝 데치거나 찐다. 심퉁이를 찬물에 잘 헹구어 먹기 좋은 크기로 썰어 놓는다. 미역은 물기를 빼고 알맞은 크기로 썬다. 심퉁이 알은 소금으로 씻은 후 소금간을 해 두었다가 굳으면 찜통에 살짝 찐다. 심퉁이와 미역, 심퉁이 알을 접시에 담고 초고추장을 곁들여 낸다.

삼세기 매운탕의 주재료인 못생긴 삼세기는 쏨뱅이목 삼세기과 바닷물고기로 삼숙이, 삼식이라고도 한다. 겨울이 제철로 살이 연하여 주로 매운탕이나 속풀이국으로 많이 해 먹는다. 다시마장국에 무를 넣고 끓이다가 삼세기와 대파, 양파, 호박, 풋고추, 양념장을 넣고 끓여 두부, 쑥갓을 올리고 소금간을 한다. 국물에 된장을 풀어 끓이기도 하며 삼숙이탕이라고도 한다.

[그림 3.8] 삼숙이, 도치, 도루묵(출처 : 쿡쿡TV)

(8) 연어, 송어, 산천어

연어(salmon)는 연어목 연어과의 한대성 회유어이다. 『신증동국여지승람』, 『세종실록지리지』, 『난호어목지』에서는 년어(年魚) 또는 연어(連魚)라고도 적었다. 속어로는 '연어'라 한다고 기록하였다. 『전어지』에서는 계어(季魚)라 하였다. 한자어로는 연어(年魚 또는 連魚)라고 적었다.[80]

연어는 민물에서 산란하고 바다에서 성장한다. 산란기인 9~10월에는 태어난 하천으로 거슬러 올라와 개울 바닥의 모래에 구멍을 뚫고 약 3천 개의 알을 넣는다. 수정된 알은 8~10도에서 약 60일이 지나면 부화하며, 이듬해 봄이 오면 바다로 내려가 생활한다. 보통 3~5년이 지나면 성숙하여 짝짓기를 할 수 있으며, 최대 6년까지 사는 것으로 보고되어 있다.

우리나라, 일본, 오호츠크해, 북아메리카 서부 등에 분포하며, 몸은 비교적 가늘고 긴 원통형으로 옆으로 다소 납작하다. 송어나 산천어처럼 등지느러미와 꼬리지느러미 사이에는 기름지느러미가 붙어 있다. 몸 빛깔은 등 쪽이 어두운 청색이고, 배 쪽이 은백색을 띠지만 산란기가 되어서 강으로 거슬러 올라오면서 적자색의 붉은 반점이 나타난다.

연어는 늦가을에 특히 하천으로 산란하기 위해 올라왔을 때 가장 맛이 좋아서 횟감으로 많이 쓰인다. 내장 손질 후 용도에 맞게 잘라 영하 35도로 급냉하여 저장한다.

연어의 살 색깔은 홍색을 띠는데, 이 근육 색소는 지용성의 카로티노이드의 일종인 아스타잔틴(astaxanthin)이다. 이 색소는 가열해도 변화되지 않으므로 연어는 가열 조리해도 아름다운 색깔을 그대로 유지할 수 있다. 알은 성숙 전의 것이 생선초밥용, 산란 직전의 알은 콜레스테롤 함유량이 높지만 콜레스테롤 저하작용이 있는 다가의 불포화지방산도 많다. 조선시대에는 건연어나 염연어로 가공하였고, 알은 젓갈로 만들어 먹었다. 오늘날에는 훈제품이 인기가 있다.

송어는 연어목 연어과의 물고기로,[81] 학명은 Oncorhynchus Masou BREVOORT고, 시마연어라고도 한다. 몸은 연어보다 몸이 굵고 둥글며 약간 옆으로 납작하다. 몸 빛깔은 성어의 경우 등 쪽이 짙은 남빛이고, 배 쪽은 은백색이며 옆구리에는 작은 암갈색의 반점이 있다. 산란기는 9~10월이며 산란기가 되면 암컷과 수컷이 다 같이 바다에서 강으로 올라온다. 부화 후 바다로 내려가지 않고 강에 남아서 성숙한 것을 산천어라고 한다. 오호츠크해, 동해 등 북 · 서태평양에 분포한다. 경상남도 이북의 동해안에 분포하며,. 과거 한류세력이 강했을 때는 남해안의 하천에도 거슬러갔다고 한다. 고급 식용어로 알려져 있다.

산천어는 우리나라의 토종 민물고기로, 바다로 나가 산란기에만 돌아오는 송어가 생활 습성이 바뀌어 강에서만 생활하는 육봉형(陸封型)으로 굳어져 생겨난 것으로 여겨진다. 일본 명인 야마메(ヤマメ, 山女魚)는 '산의 여인'이라는 뜻을 가지

고 있다. 송어와 학명이 동일하다. 생김새가 '시마연어'로도 불리는 송어와 아주 비슷하다. 그러나 60cm까지 자라는 송어와 달리 몸길이가 그 절반에도 미치지 못하는 경우가 많다. 연어에 비해 몸 폭이 넓은 편이며, 연어나 송어와 마찬가지로 등지느러미 뒤에 기름지느러미가 있다.

몸의 양쪽 옆면에는 파마크(parrmark)로 불리는 갈색의 특징적인 타원형 가로무늬가 있으며, 이 무늬는 일생 동안 없어지지 않는다. 수온이 20도를 넘지 않고, 용존 산소량이 9ppm을 넘는 강 상류의 맑은 물에서 산다. 육식성으로 동물성 플랑크톤, 갑각류, 물 속 곤충이나 작은 물고기, 물고기의 알을 먹으며 생활한다.

강에 사는 산천어는 암컷보다는 수컷인 경우가 많은데, 이것은 많은 수의 암컷이 바다로 내려가 생활하다가 산란기가 되면 올라오는 반면, 수컷은 바다로 내려가지 않고 강에서 생활하는 방식에 적응하였기 때문으로 생각된다. 또한 수컷 산천어는 송어의 암컷과 짝짓기가 가능하며, 현재까지 송어와 산천어가 같은 종으로 여겨지기 때문에 이 둘을 확실하게 구분하기 위해서는 생활사에 대한 더 많은 연구가 필요하다.[82]

(9) 대게(tanner crab), 붉은 대게(홍게)

십각목 물맞이게과의 갑각류로, 몸통에서 뻗어나간 다리가 대나무처럼 생겨서 '대게'라고 부른다. 전 세계 북방냉수역 대게 속 5종 중 우리나라 동해안에서는 영덕 대게와 붉은 대게(홍게) 두 종류가 있다. 한류성 게이며 30~1,800m 깊이의 진흙 또는 모래바닥에서 사는데, 몸이 커서 살이 많고 맛이 좋다. 이북, 캄차카, 알래스카, 그린란드에 분포하는데 우리나라가 남방한계선이다. 러시아산, 북한도 유통되는데, 상품가치는 국내산이 더 높다.

고려 태조가 영해를 순시할 때 주안상에 대게가 진상된 이후 임금의 수라상에 오르는 지역특산물로 자리잡아 왔으며, 영덕 대게가 전국적으로 명성을 얻게 되기 시작했고, 1950년대부터 영덕 강구면에서 통조림 대게를 생산하면서 널리 알려지게 되었다. 겨울에 수확하는데, 특히 강구 앞바다의 '박달게'가 속이 꽉 차고 살이 단단하여 유명하다.

대게는 단백질 함량이 많으며, 그 중에서도 필수아미노산인 리신, 류신, 메티오닌이 풍부하여 발육기 어린이에게는 아주 훌륭한 식품이다. 특히 지방 함량이 적기 때문에 맛이 담백하고 소화도 잘되어 회복기 환자에게 좋다. 몸을 차게 하는 성분이 있고, 해열에 효과적이며, 알코올의 해독작용이 있으므로 술안주로도 일품이다. 찜, 구이, 찌개, 샤브샤브, 회 등으로 많이 이용된다.

홍게는 동해에서만 분포하며, 수심 400~2,300m의 부드러운 회색 진흙 또는 모래 바닥에 서식한다.[83] 전체적으로 짙은 적색이며, 갑각의 뒷아가미 쪽이 부풀어 올라 있으며 뒷부분의 경사가 급하고 옆 가장자리 뒷부분에 예리한 가시가 있다. 동해의 수심 450~600m에서는 대게와 홍게의 잡종인 너도대게도 출현한다. 산란기는 2~3월이며, 주로 통발에 의해 어획되는 중요 산업종이다.

(10) 쏘가리

쏘가리는 농어목 꺽지과의 민물고기로[84] 일명 금린어(錦鱗魚)로 천증어라고도 하며, 천자가 먹으므로 천자어라고도 한다. 『임원경제지』 '전어지'에는 맛이 돼지고기와 비슷하다고 하여 수돈이라고 표기되어 있으며, 살은 두텁고 가시가 없어 담백한 맛이다. 민물고기 중 최고의 맛을 지녀 예로부터 전자어라고 하였다. 지방에 따라 강쏘가리, 금잉어, 쏘가리 등으로 불리고 있다.

만주 송화강과 중국 양자강이 주산지이며, 우리나라 서남해로 흘러드는 모든 하천에 서식한다. 양생기에 허약함을 보하고 위에 유익하나, 등마루 뼈에 독이 있으니 모조리 제거하고 먹으라 했다. 『동의보감』에는 성인병에 좋고 맛이 달며 독이 없으며, 창자의 풍과 혈변을 고치고 기력을 더하게 한다고 하였다. 구이, 지짐, 회, 매운탕, 전 등으로 먹는다.

5) 버섯류

(1) 송이(pine mushroom)

담자균류 주름버섯목 송이과의 버섯으로, 분포지역은 한국, 일본, 중국, 대만 등이고, 한국에서의 주산지는[85] 태백산맥과 소백산맥을 중심으로 경북 울진, 영주, 봉화지방과 강원 강릉, 양양지방이다. 인공재배가 어렵고 가을에 잠깐만 나기 때문에 귀하고 값이 비싸다. 자연송이는 20~60년생 적송림의 뿌리에서 자라며 향기와 맛이 매우 좋고 질감 또한 뛰어나다.

송이의 향기는 열에 매우 약하기 때문에 살짝 굽고 국이나 찌개에 넣을 때도 먹기 직전에 넣어 잠깐 끓이도록 한다. 전분과 단백질을 가수분해 시키는 효소가 풍부하여 위에 부담을 주지 않는다. 특히 비타민 B_1, B_2, 에르고스테롤(ergosterol) 등이 많다. 좋은 품질의 송이는 갓이 전혀 피지 않아야 하고 자루가 굵고 짧아야 좋다. 은백색으로 살이 두껍고 탄력이 있으며 향기가 진한 것이 좋다. 송이는 채취하여 주로 생송이로 수출되고 일부는 냉동, 염장, 통조림으로 가공된다. 양양 지역에서는 송이축제를 매년 성황리에 열고 있다.

『조선왕조실록(朝鮮王朝實錄)』에는 1419년(세종 원년)에 명나라에 송이를 선사했다는 기록이 있다. 1631년 광해군 때 허준의 『동의보감』에는 송이버섯의 약용에 관한 기록이 있으며, 김시습의 시조나 인조 때 홍만선이 쓴 『산림경제』에도 버섯의 식용과 약용에 대한 기록이 있다. 맛에 대한 기록으로 『증보산림경제』에는 "꿩고기와 함께 국을 끓이거나 꼬챙이에 꿰어서 유장을 발라 반숙에 이르도록 구워 먹으면 채중선품(菜中仙品)이다."라고 하였다.

송이버섯은 예로부터 귀하고 맛과 향이 뛰어나며 송이가 자라는 곳은 부자 간에도 가르쳐 주지 않는다고 했다. 송이는 모든 음식과 잘 어울리며 어떤 음식에 넣더라도 맛의 조화를 이룬다.

송이버섯은 생송이를 그냥 먹기도 하지만, 팬에 살짝 구워 소금에 찍어먹기도 한다. 그 밖에 죽, 덮밥, 영양밥, 국수, 탕, 찌개, 전골, 달걀국, 해장국, 재첩국, 산적구이, 소금구이, 모듬잡채, 쇠고기전, 불고기, 볶음, 장조림, 달걀말이, 튀김, 실파강회, 장아찌, 나물 등에 넣어 다양한 음식에 쓰인다. 최근에는 송이로 만든 송이캔디, 송이차, 송이음료 등을 개발하여 인기가 좋다. 송이버섯구이는 밥반찬이나 술안주로 이용된다.

송이버섯은 항암 효과 및 콜레스테롤을 감소시켜 주는 물질이 다량 함유되어 혈액순환을 촉진하고 당뇨병, 고혈압 등과 같은 성인병 예방에도 좋다. 그 밖에 편도선 및 유선염 등의 염증치료 효과가 있으며 종양 억제효과 및 병에 대한 저항력 향상 효과가 있다.

양양 송이는 버섯 자체의 수분 함량이 적고, 몸체가 단단하며 향이 깊고 풍부하여 우수성을 널리 인정받고 있다. 또한 지난 2006년에는 양양 송이를 산림청 지리적표시제 제1호로 등록해 타 지역 송이와 차별화했다.[86)]

(2) 능이

능이버섯은 식용이 가능한 버섯의 한 종류로 굴뚝버섯과에 속한다. 우리나라와 일본, 중국에 분포하며 건조하면 강한 향기가 나는 귀중한 식용균으로 여름부터 가을에 소나무나 참나무, 물참나무 등의 활엽수림 내 땅 위에 열을 지어 군생하고 있는 버섯이다. 능이버섯은 인공재배가 되지 않아 능이버섯 채취 시기에 직접 채취를 하여야 한다. 능이버섯 채취 시기는 평균적으로 9월 초에서 10월 말까지이지만, 강수량과 가뭄 등에 영향을 받기 때문에 정확한 능이버섯 채취 시기는 알기 어렵다.

야생에서 채취할 수 있는 능이버섯 효능은 항암효과와 면역력 강화에 도움이 된다고 알려져 있다. 능이버섯은 렌티안 성분이 풍부하여 암세포의 증식을 억제하며 암세포 발생을 예방하는데 도움을 준다. 또한 폐암이나 간암, 자궁암, 위암 등에 효능이 있는 것으로 알려져 있으며, 특히 위암에 능이버섯 효능이 좋다. 능이버섯 효능은 각종 성인병 예방에도 도움이 된다. 혈중 콜레스테롤 수치를 낮게 해주는 효능이 있어 심혈관질환 또는 각종 성인병 예방에 효능이 있다고 알려져 있다. 또한 각종 질병의 원인이 되는 면역력 강화에 도움이 되는 능이버섯의 효능은 질병에 대한 저항을 높여 건강을 유지하는데 도움을 줄 수 있다. 그 밖에 육류로 인한 소화불량에 도움이 되며 장운동을 활발하게 도와주고 노폐물 배출 등 숙변 제거에 효능이 있다. 단, 이러한 능이버섯 효능은 생으로 섭취 시 독성이 있어 복통이나 설사를 유발할 수 있기 때문에 능이버섯백숙, 능이버섯전골 등 능이버섯 맛이 풍부한 요리로 만들어 섭취해야 한다.[87)]

(3) 표고

표고버섯은[88] 담자균류 주름버섯 목 느타리과에 속하는 버섯으로 참나무, 밤나무, 물가리나무, 떡갈나무 등 죽은 나무에 자연적으로 기생하며 한국, 일본, 중국, 타이완 등에 분포하고 있다. 버섯 중에는 송이 다음으로 향기가 높아 각종 음식의 재료로 널리 이용되며, 생으로 이용하거나 말려서 사용하기도 한다. 원래 봄부터 파종하여 이듬해 가을부터 수확하지만 대부분 상수리나무 등의 참나무에 균종하여 인공재배로 연중 생산한다.

표고버섯은 생으로 먹기도 하지만, 말리는 과정에서 아미노산이 생성되어 다른 건조 버섯과는 달리 상품성이 높아진다. 표고버섯의 등급에서 건표고버섯은 갓의 형태에 따라 등급을 나누어 이름을 붙이는데, 1등급은 백화고, 2등급은 흑화고, 3등급은 동고, 4등급 향고, 5등급 향신으로 구분된다. 표고 표면이 그물무늬(거북이 등껍질) 같이 갈라진 것을 화고라 하여 고급으로 분류하는데, 흰색을 백화고, 검은색은 흑화고라 한다. '백화고'는 겨울 동안 양분을 저장하고 봄 습도가 낮은 상태에서 자란 것으로 성장기간이 길어 조직이 치밀하고 맛이 좋아 선물용으로 선호한다. 100% 빛을 받고 자라야 백화고가 되지만, 흑화고는 봄 · 가을 두 번을 수확하며 자라는 과정에서 이슬이나 습기를 먹으면 흑화고가 된다. 갓이 오므라들고 육질이 두껍고 색깔이 선명한 것일수록 고급에 속한다. 일년 내내 생산되지만 3~5월과 9~11월 등 봄, 가을이 제철이다.

말린 표고는 자외선에 의해 비타민 D 함량이 증가하고 맛도 향도 좋아진다. 비타민 중 에르고스테롤(ergosterol), 비타민 B_1, B_2가 많다. 표고의 감칠맛은 구아닐산(guanilic acid), 아데닐산(adenylate)에 기인한다.

마른 표고를 미지근한 물에 불려서 음식에 따라 알맞은 크기로 썰어 이용하고, 생 표고는 그대로 이용한다. 마른 표고를 불린 물은 향이나 맛이 좋아 국이나 찌개에 넣으면 좋다. 주로 전골, 국, 산적, 볶음, 조림, 찜, 구이 등의 조리에 많이 쓰이고, 한국음식의 고명으로도 많이 쓰인다. 표고를 우린 갈색물과 다시마 삶은 물, 간장을 사용해서 만든 표고 진간장은 궁중이나 사찰에서 사용해 온 간장으로 유명하다.

(4) 석이(manna lichen)

바위나 동 등에 이끼처럼 붙어 자라는 석이과의 버섯으로[89] 분류학상으로는 균류와 조류의 공생체인 지의류(地衣類)의 일종이다. 지의류란 자낭균(子囊菌 : 일명 인자균)의 균사(菌絲 : 팡이실)가 녹조식물(綠藻植物 : 파랑말)을 둘러싼 복합식물이다. 조류(藻類 : 말무리)의 광합성에 의해 얻은 탄수화물을 균류가 이용하고, 조류는 물이나 무기질을 공급받아 건조에서 보호되어 공생체를 이룬다. 우리나라의 주산지는 평안북도, 함경남도, 강원도이다.

표면은 회색이고 약간 매끈하나, 안쪽은 검정색으로 거칠거칠하다. 단백질, 칼슘, 인, 철 등이 비교적 많이 함유되어 있으며, 아미노산으로는 알라닌, 페닐알라닌, 류신, 글루탐산 등이 많고 레시틴, 섬유소도 많다. 습기가 있으면 부드럽지만 마르면 부서지기가 쉽다. 향기가 좋고 담백한 맛과 씹는 질감이 좋다. 요리에서 검은 색을 낼 때 이용하는데 석이단자, 증편 위에 고명으로 이용되고 있다.

6) 해조류

(1) 민물김, 김

세계적인 희귀종인 민물 김은 녹조류의 일종으로 8~10월 사이 무성생식으로 증식한다. 차고 맑은 민물에서만 서식하며, 칼슘(Ca)과 인(P), 아연(Zn)과 불포화 지방산 함량이 바다김에 비해 최대 4배 높은 것으로 알려져 있다. 삼척과 영월 등 민물 김이 자생했던 지역에선 과거 산후조리식으로 미역국 대신 민물김을 활용했다는 기록이 있을 정도로 흔한 먹거리였으나, 현재는 자생 규모가 크게 줄어든 상태이다.

민물김은 현재 세계적으로 우리나라의 삼척과 일본의 일부 지역(규슈 지방)에만 서식하는 것으로 알려져 있다. 영월지역(막골계곡)에서도 서식했으나 탄광 개발 이후 완전히 멸종되었고, 삼척지역(초당굴 하류)의 수확량도 급격히 줄었다.

강원도는 삼척시 등과 함께 민물김 복원 사업을 2011년부터 본격적으로 시작했으며, 2012년 10월에는 민물김 서식지인 삼척 소한계곡을 생태 · 경관 보존지역으로 지정하여 보호하고 있다. 삼척은 동해안에서 처음으로 김을 양식[90]해 내는데 성공하여 높은 평가를 받았다. 또 조선시대에는 왕실에 올리기까지 한 품질 좋은 이곳의 미역도 점차 양식밭을 넓혀가고 있다.

목은(牧隱) 이색(李穡, 1328~1396)은[91] 강릉의 안렴사가 김을 보내 준 것에 감사하며 지은 시 사강릉렴사송해의(謝江陵廉使送海衣)에서 "잘 익은 하얀 쌀밥은 주발에 수북하고, 새로 딴 파란 김은 접시에 가득하네, 대낮 창 아래서 김에 밥을 싸 먹노라니, 치아에 살그머니 배어나는 향기"라고 새로 딴 푸른 김에 밥을 싸먹는 모습을 노래하였다.

(2) 미역(sea weed, kelp)

미역과에 속하는 갈조류로, 학명은 Undaria Pinnatifida(Harvey) Suringar이다. 한자명은 감곽(甘藿), 해채(海菜)이다. 분포지역은 한국, 일본 등이다.[92] 모양은 길이 1~2m, 폭 50cm의 길고 넓은 잎 모양이다. 봄부터 초여름에 걸쳐 번성하는데, 봄에 채취하여 대부분 건조, 염장하여 유통된다.

건미역에는 특히 칼슘, 칼륨, 철, 요오드가 많아 강한 알칼리성 식품이다. 탄수화물로는 주로 만닛(mannit), 알긴(algin, alginic acid) 등 소화 · 흡수되지 않는 식이섬유가 대부분으로 열량은 거의 없으며 변비에 좋다. 산후회복에 좋고 성인병 예방에 우수한 식품이다. 미역국, 미역냉국, 물미역무침, 미역볶음, 미역수제비 등으로 먹는다. 『동의보감』에서는 미역의 약성에 대해 "성질이 차고 맛이 짜며 무독하다. 속열을 버리고 혹의 결기(結氣)를 다스리며 이뇨작용이 있다."고 하였다.

정동 미역은[93] 임산부에 좋고, 김은 진상품이다. 정동은 강릉 정동진리를 말한다. 이곳에서 나는 해산물 가운데 미역과 김은 좋기로 소문났는데, 미역은 임산부에 좋고 김은 나라에 진상했다. 미역은 가을에서 겨울 동안 자라 늦봄, 첫여름에 홀씨로 번식하며 참미역과 쇠미역이 있다.

김은 얕은 바다의 바위에 이끼처럼 붙는 홍조류에 딸린 바닷말로, 10월경에 나타나기 시작하여 겨울철에서 봄철까지 번식하고 그 후 차차 줄어들어 여름에는 보이지 않는다. 이 마을에서 나는 미역과 김이 왜 좋을까?

이 마을 북쪽에는 안인진리, 남동쪽에는 심곡리가 있고 이곳으로 흐르는 내는 군선강, 임곡천, 정동천이 있는데, 이 내의 상류에는 만덕봉, 덕우리재, 피내산 등이 있다. 이 일대는 우리나라에서 유명한 석회석 지대이다. 석회석 지대에서 생산되는 고추, 마늘, 무, 배추, 감자, 대추 등이 맛이 좋은 것처럼 석회석 지대에서 흘러내린 물 하구에 있는 바다에서 나는 해산물도 같은 이치다.

(3) 다시마(sea tangle)

다시마는 해조류 중에서도 큰 해조류로 길이가 15~40m에 이르는 큰 바닷말이다. 줄기, 잎, 뿌리가 구분되며, 줄기는 원기둥 모양으로 짧고, 뿌리는 바위 등에 붙는데. 동해, 서해, 남해에 분포한다. 2~4년생 엽체는 포자세대로 잎, 줄기, 뿌리가 구분되어 있다. 잎은 황갈색 및 흑갈색 띠 모양으로 자라며 두껍고 표면은 미끄럽다. 줄기는 곧게 서며 원기둥 모양이다. 뿌리는 얽혀 있어 바위를 단단하게 붙잡을 수 있도록 발달했다. 가을이면 엽체 표면에 무성포자가 만들어져 밖으로 방출되면 물속에서 헤엄쳐 다니다가 바위 등에 붙는다.

그리고 실 모양의 암수 배우체가 형성되고 수정된다. 여러해살이이지만 잎은 녹아 없어지고 해마다 새 잎으로 바뀐다. 양식은 2년생 이상이어야 채취할 수 있다. 여기에는 참다시마와 애기다시마가 있다. 다시마는 미역, 톳, 모자반 등과 함께 줄에 뿌리나 포자를 붙여서 양식한다.

다시마는 조미용이나 국물용 외에 다시마튀김, 다시마부각, 쌈 다시마, 김밥용 등 다양한 먹을거리로 진화하고 있다. 이뿐만 아니라 젤리 등 간식 재료나 공식품에도 원료로 사용되고 있다.

최근에는 다시마에 포함된 '푸코이단(fucoidan)'이 인기다. 미역에도 있는 미끌미끌한 점질물에 포함된 다당류를 말한다. 이것은 생리작용 활성화로 종양을 억제하고, 바이러스 면역체계를 향상시키며, 콜레스테롤을 감소시키는 효과가 뛰어나다. 다시마는 윤기가 있고 도톰하며 바다 냄새가 나고, 표면에 흰 분이 묻어 있는 것이 좋다. 다시마는 식용 외에도 전복 양식을 위한 먹이로 이용되고 있다.

다시마는 칼로리가 매우 낮고 섬유질이 많아 적은 양으로도 포만감을 느낄 수 있고, 장운동을 활발하게 하기 때문에 변비와 비만을 한꺼번에 해결하는 다이어트 식품으로 알려져 있다. 이것은 다시마 성분의 20~30%에 해당하는 알긴산(alginic acid) 때문이다. 이외에도 칼슘, 칼륨, 마그네슘 등 50여 종의 미네랄이 포함되어 있어 피부노화를 억제하기도 하는 완전식품이다.[94)]

7) 음료류

(1) 커피

커피나무의 열매(cherry)를 볶아서 분쇄하여 추출한 음료로 쓴맛, 떫은맛, 신맛, 구수한 맛 등이 조화된 기호음료이다.[95)] 생두(Green Bean)를 볶은 원두(Coffee Bean)와 물을 이용하여 그 성분을 추출하여 만든다. 어원은 아랍어인 카파(Caffa)로서 힘을 뜻하며, 에티오피아의 산악지대에서 기원한 것으로 알려져 있다.

커피의 종류로는 재래종으로 아라비카 커피, 리베리카 커피, 로부스타 커피 등이 있다. 커피 입자의 크기에 따라서는 레귤러(regular), 드립(drip), 파인(fine) 등 세 가지가 있다. 이 중 드립이 가장 많이 이용되는데, 입자의 크기는 20~28메시(mesh)이다. 인스턴트커피는 볶은 커피를 추출하여 농축 · 건조시킨 후 가루로 만든 것으로 경제적이며 사용하기 편리하나 방향성분이 감소되는 결점이 있다. 건조방법 중 냉동 건조한 것이 방향물질의 손실이 적다.

최근에는 인공첨가물이 들어있지 않은 원두커피의 소비가 증가하고 있다. 관세청에 따르면, 국내 커피원두의 수입량은 2008년 기준 약 3,081톤, 금액으로는 33,370만834달러에 이른다.

커피가 우리나라에 처음 들어온 것은 1896년 아관파천으로 고종황제가 러시아 공관에 머물 당시, 초대 러시아 공사였던 웨베르의 처형인 손탁으로부터 커피를 접하고, 고종은 이후 커피 애호가가 되었다고 전해진다. 우리나라 최초의 다방은 러시아공사 베베르(Karl Ivanovich Waeber)의 미인계 전략으로 한국 사교계에 침투한 손탁이 러시아공사관 앞에서 경영했던 정동구락부이다.

한편으로는 일본인 나기부라가 서울에 문을 연 다방 나까무라가 최초의 근대식 다방이라고도 한다. 이러한 일본식 다방(깃샤텐)은 한일합방 직후에 명동에 다수 문을 열었으나, 이들은 모두 일부 고위층만이 드나들던 곳으로 일반인들은 출입할 엄두도 낼 수 없었다. 이 당시에 커피를 처음 마셔 본 우리나라 사람들은 이를 이상한 서양의 국물이라 하여 '양탕국'이라고 이름을 붙였다. 커피가 들어 온 것은 개화기부터이지만 널리 퍼진 것은 1945년 이후부터로, 한국전쟁을 계기로 미군을 통해 인스턴트커피가 일반인들에게 유통되기 시작하였다.[96)]

1967년 보건사회부 통계에 따르면, 전국에서 3,600여 개의 다방이 성업 중이었고 다방에서 가장 많이 팔리는 음료가 커피였다. 잠정적인 집계로 당시 유통되고 있던 커피는 연간 420여 톤, 340여만 달러에 이르렀다. 하지만 당시 커피는 수입금지 품목이었으므로 유통되는 커피는 거의가 부정 유출된 것이었다고 할 수 있다. 이 커피는 1968년에야 제한승인 품목으로 바뀌어 정식 수입이 가능해졌지만, 높은 관세 때문에 실질적으로는 일부 관광호텔용과 약간의 원두 수입에 한정되고 있었다. 이때까지만 해도 가정에서는 손님접대용으로 커피를 쓰거나 가끔 즐기는 정도이지 필수적인 음료는 아니었다.

[그림 3.9] 안목커피거리, 테라로사커피공장, 보헤미안커피

1970년 인스턴트커피의 개발이 시작되고, 1976년 동서식품에서는 맥심(Maxim)이라는 브랜드의 커피믹스를 세계 최초로 개발하여 판매하였다. 커피와 크림, 그리고 설탕을 소비자의 입맛을 표준화하여 배합 포장한 것이 '커피믹스'였다. 커피가 일반 가정에까지 상비음료로 보편화된 것은 1980년대 이후의 일이다.[97]

강릉지역의 커피문화는 안목 강릉항에서 시작되었는데, 이곳은 1980년대 조용한 어촌마을이었으나 커피자판기 5~6대가 생겨나면서 강릉은 물론 영동 지역 청춘 남녀의 데이트 장소로 각광받았고, 바다 동네에 자연스럽게 커피마을이 조성되는 계기가 되었다.

이후 1세대 바리스타로 손꼽히는 박이추(朴利秋)가 손으로 커피를 직접 볶아 내려 마시는 커피를 선보인 뒤로 강릉의 커피문화는 꽃피기 시작하였다. 특히 커피공장 테라로사, 커피 박물관과 커피 농장 등 커피 명인들과 함께 커피 템플 스테이, 커피 힐링캠프, 커피 공원, 커피 갤러리, 한옥 카페 등 특화된 커피 명소가 늘어나면서 자연스레 커피 관련의 인구와 문화가 급속도로 늘어나게 되었다.

2009년 10월, 지방 자치단체 최초로 '강릉커피축제'가 개최되었다. 전국적인 입소문을 타면서 강릉 문화재단이 커피축제를 위탁받아 운영하기 시작한 2011년 일본 고노 커피 회장단이 강릉 커피축제를 직접 찾아 커피 시연행사를 하였고, 중국 운남성 커피생산 도시인 망시(芒市)와 도시 간 교류가 성사되어 상호교류 협력이 활발하게 진행되었다.

2013년에는 한국 커피연합회와 자매결연을 맺고, 한국의 대표 커피 축제로 만들어가는 노력을 지속하고 있다. 특히 커피 문화의 확산으로 커피 비누, 커피 화장품, 커피 향주머니, 커피로 그린 그림 등 커피 미술과 공예가 급속도로 발달하고 있으며, 커피 관련 아카데미도 각 카페별로 진행될 정도로 인기가 높다.

2014년 8월에는 산업통상자원부가 인정하는 지역특화 산업으로 '강릉커피'가 선정됨으로써 커피를 통한 지역산업 발전의 견인차 구실을 담당할 수 있게 되었다.[98]

(2) 술

우리나라 사람들이 전통적으로 즐겨 마신 주류는 막걸리로 1950, 60년대까지도 막걸리는 시장 점유율을 80%로 가장 애호하는 술이었으나, 소득 수준이 점점 높아지면서 70년대 중반부터 소주와 맥주가 막걸리를 대체하기 시작했다.[99] 지금은 대중주가 된 맥주는 70년대 초반까지만 해도 고급술에 속해 서민들이 마시기에는 부담스러운 술이었다.

옛날에는 일반 가정에서 전통적인 방법으로 직접 술을 빚어 먹었다. 가마솥에 밥을 지어 큰 독에 담고 누룩을 섞어서 꼭 덮어두면 술이 익는다. 이때 용수를 박고 떠낸 술은 말갛고 노란빛을 띠는데 이를 '청주'라 하고, 그냥 걸러 짜낸 것은 '막걸리'라 한다. 막걸리를 짜낸 찌꺼기를 '재강'이라 하고, 재강에서 짜낸 것을 '모주'라 한다. 개화기나 일제 강점기에는 술을 만들어 파는 술도가가 마을마다 있었다. 청주나 막걸리는 나무 조각으로 동그랗게 만든 통에 담아 넘기고 병이나 주전자를 가지고 사러 가면 큰 독에서 퍼주었다.

막걸리는 지역에 따라 쉽게 구할 수 있는 재료로 빚었다. 쌀농사를 많이 짓는 곳에서는 멥쌀이나 찹쌀, 평안도나 함경도에서는 좁쌀이나 수수, 강원도 산간 지역에서는 옥수수, 남쪽 섬 지역에서는 보리나 고구마로 각각 막걸리를 빚었다.

1934년부터 1995년까지 집에서 술을 빚지 못하게 하는 법률이 시행되면서 민가에서 술 빚는 행위는 불법이 되었고, 민가의 막걸리도 자취를 감췄다. 상품화된 탁주는 '포천 막걸리', '양주 막걸리', '파주 막걸리'처럼 지역명과 함께 막걸리라는 이름을 사용하게 되어 탁주와 막걸리는 동일한 개념으로 사용되고 있다.[100]

소주는 1916년 조선총독부가 「주세법」 세칙을 발표하여 음식점에서 소주를 제조하던 관습을 금지하고 소주 제조업과 음식점을 분할 정리하였다. 그 이전에는 민간이 허가 없이도 소주를 제조할 수 있었기 때문에 소주 제조상 수가 전국에 28,404개나 있었는데, 이 조치 이후 소규모 제조장이 사라지는 대신 소주 양조의 기업화가 이루어졌다.[101]

1919년에는 새로운 「주세법」을 공포, 시행함에 따라 소주의 제조방법도 달라지게 되었다. 재래식 시루 대신에 일본식 청주 제조용 시루를 사용하여 많은 양의 지에밥을 짓고, 곡자는 잘 분쇄하여 가능한 한 곡자 사용 비율을 줄이며, 재래식 소주 받이에는 냉각사관을 붙여 쓰도록 했다.

1920년에 들어서는 밀기울과 자연균을 활용하여 만드는 재래식 누룩 대신 흑곡, 황곡, 백곡의 순수 배양균을 이용하게 되었다. 1925년 이후에는 고리로 증류하던 재래식 소주 제조장에도 증기흡입식 개량 증류기를 설치하게 되어 더욱 개량된 소주를 제조화 하게 되었고, 1927년에는 흑국만을 사용한 흑곡 소주가 출현하여 재래방식의 곡자 소주는 점차 없어지고 전반적으로 흑국 소주로 제조방법을 변경하게 되었다.

광복 이후 식량 부족으로 쌀로 만드는 주류 제조를 금지 혹은 제한하게 됨에 따라 증류식 소주도 생산을 제한 받게 되었다. 1960년대까지도 증류식 소주가 제조되었으나 1965년 「양공관리법」 제정으로 증류식 소주의 제조는 전면 중지되고, 대부분의 공장에서 주정(酒精)을 마시기 편하게 조정하여 제조한 희석식 소주를 생산하였다. 증류식 소주는 1991년 7월 「주세법」 개정으로 다시 생산되기 시작했다.

맑은 물을 가지고 있는 강원도는 산지가 많고 인구밀도가 낮아 고립되는 마을이나 지역이 많았던 덕에 유사하면서도 다른 술을 만들 수 있는 최적의 환경이 조성될 수 있었다. 각 지역의 술은 비슷하면서도 미세한 차이를 보인다. 철원과 같은 일부 곡창지대를 제외하면 쌀보다는 밭작물인 감자, 옥수수, 조 등이 술의 원료로 많이 활용되었다.

도내 막걸리 시장의 큰 부분을 차지하고 있는 횡성 국순당을 제외한 소규모 양조장에서는 단호박이나 송이, 더덕 등 지역 특산물을 활용한 상품이나 삼지구엽초, 초피, 황기 등 다양한 산야초가 첨가된 기능성을 가진 상품들이 연달아 출시되고 있기도 하다.

원주에서는 토종업체 원주탁주합동의 '치악산 막걸리'가 한 달에 30만병(0.9ℓ 짜리)이나 팔려 원주 지역 막걸리 시장의 70%를 장악하고 있다. 원주주조, 강원주조 등 원주에서 생산되는 다른 막걸리들은 원주시내 대신 수도권, 춘천 등 외지를 공략하고 있다.

'치악산 막걸리' 맛의 첫 번째 비결로는 맑은 물을 꼽는다. 지하 100m에서 뽑아 올린 치악산 정기가 녹아있는 화강암 암반수로 제작하여 깨끗하고 부드럽다. 원주탁주 생산책임자는 "좋은 재료를 쓰고, 시류나 유행에 따르는 대신 전통을 고집해

트림과 머리 아픔이 없고 목 넘김이 좋으며 쌀, 옥수수엿, 밀가루의 특유의 향을 잘 빼내 맛으로 승화했다."며 "원주 시민들이 지역 술을 지켜주고 있는 것"이라고 밝혔다. 원주 문막에 있는 강원주조의 '사임당 옥수수 생동동주'는 옥수수의 달콤함과 구수함을 동시에 제공한다.

춘천 대표적인 막걸리로는 '소양강 생 막걸리'를 손꼽는다. 소양강 쌀로만 만들어 약간 거친 듯한 질감이 풍부한 맛을 띠고 뒷맛은 부드럽고 편안한 여운을 준다. 40여 년간 막걸리만을 연구해 온 공장장이 전통을 간직하며 현대인의 입맛도 사로잡았다. 또한 강릉 지역은 맑은 술이 숙취 성분이 적다는 인식이 강해 동동주 선호도가 높다. '주문진 동동주'는 파도가 부서지듯 시원한 청량감이 특징이다. 화천만의 특색을 담은 이름을 가진 산천어 생막걸리는 탄산 함량을 높여 톡 쏘는 맛이 일품이다.

증류주, 과실주를 포함한 도내 술 제조업 허가 업체는 모두 112곳이다. 이 중 탁주가 52개 업체로 전체 46.4%를 차지하고 있다. 기재부가 최근 발표한 2015년 세법 개정안 소규모 전통 주류 제조면허가의 신설은 경쟁력을 가진 소규모 자영업자들이 특색 있는 제품을 개발하여 막걸리 시장에 뛰어들 기회를 얻음으로써 하우스 막걸리의 육성도 기대되고 있다.

막걸리 시장은 한때 연 20%의 증가세를 기록하기도 하며 상승곡선을 탔으나, 일본의 엔저 폭풍과 순한 소주의 출시 공세로 주춤하고 있다. 강원도는 '지역 전통주 소비문화 장려에 관한 조례'를 2014년에 제정 · 시행하고 있지만, 강릉 롯데주류와 홍천 하이트맥주, 횡성 국순당 등 일부 대기업을 제외하면 대부분이 영세성을 벗어나지 못하고 있는 실정이다.

지역 대표로 알려져 있지만 현실적인 지원이 없이 방치되면서 다른 지역으로 이주하거나 공장이 문을 닫게 된 경우도 있다. 대표적인 사례로 들 수 있는 '철원 감홍로'다. 우리나라 3대 명주로 꼽히던 감홍로는 생산 업체가 경기도로 이주하면서 도내에서는 생산되지 않고 있다. 또 2010년도 대한민국 우리 술 품평회 기타 술 부문에서 대상을 수상한 경력으로 지역 명주로 평가받고 있던 '옥선주'도 몇 년 전 문을 닫아 그 자취를 감추었다. 이러한 가운데 전통주 소비장려 조례를 바탕으로 하여 강원도 특산품을 보다 적극적으로 활용한 특산주 개발, 명품주 육성의 필요성이 제기되고 있다.

강원발전연구원은 '강원도 술 산업화 방안'(2012년) 연구보고서를 통해 '누룩의 표준화 및 누룩기업 판매 기업의 부재'를 문제점 중 한 가지로 보아 지리적 특징, 기후조건 등에 따라 술의 발효와 품질에 영향을 미치는 누룩을 타 지역으로부터 들여오는 점을 지적했다.

최근 국립생물자원관이 동해와 정선 지방 누룩에서 우리 고유의 종균 3종을 찾아내어 특허를 출원하는 성과를 얻은 것은 희소식이 아닐 수 없다. 하지만 여기에는 여전히 강원도 청정자연과 특산품의 적절한 배합을 통한 강원도 명품 술 개발이 가장 큰 과제로 남았다.[102)]

강원도 정선을 비롯한 춘천, 원주, 태백, 삼척과 경상북도 봉화 지역에 이르기까지 여러 지역에서 옥수수술이 그 지역의 토속주이자 한 집안의 가양주로 근간을 이루었다고 볼 수 있다. 옥수수술은 '강냉이술'이라고도 한다. 옥수수만을 사용했지만 지역에 따라 사는 형편에 따라 멥쌀이나 찹쌀 또는 감자를 섞어 빚기도 했다.[103)]

8) 빵류

(1) 안흥찐빵[104)]

횡성에서 나는 국산 팥을 무쇠 솥에 넣어 4시간 동안 푹 찌고, 막걸리를 넣어 만든 반죽을 온돌방에서 1시간 동안 발효시킨 다음 20분간 쪄낸 것이 안흥 찐빵의 간략한 제조 방법이다. 이 일대에서 가장 먼저 찐빵을 만들어 팔기 시작한 '심순녀 안흥찐빵'이 원조이지만, 현재는 면사무소에서 원주 새말 방향으로 1.5㎞ 떨어진 곳에서 크게 확장해 운영하고 있다.

(2) 강원감자 감자빵

강원감자협동조합의 강원도 감자를 원료로 이용하여 만든 지역 특산식품이다.

강릉로컬푸드연구소 '연미소'에서 연구 · 개발하여 속초 '설악과자의 성'에서 ODM 방식[105]으로 제조하여 강원지역의 관광지, 음식점, 카페 등에서 판매하고 있다. 감자를 구워 제조한 가루를 사용하여 구수한 감자의 향이 좋으며 앙금의 감미도 기존의 1/2로 낮추어 담백한 맛이 일품이다.

(3) 강릉 커피빵[106]

강릉 커피빵은 대한민국 1세대 바리스타인 박이추 선생이 운영하는 보헤미안 커피공장에서 직접 로스팅 한 원두를 첨가하여 제조한다. 강릉 커피빵 안에는 실제 원두가 갈아져 들어 있다. 강릉 커피빵을 개발한 사람은 일본의 유명한 츠지제과전문학교를 졸업한 제과 · 제빵 전문 셰프로, 세계적인 제과기술을 바탕으로 개발된 강릉 커피빵은 깊은 풍미를 느낄 수 있다. 촉촉하고 많이 달지 않아 어르신들을 위한 선물로도 안성맞춤이다.

또 강릉 커피빵을 만드는 곳은 대한민국의 우수한 천연물 원료를 발굴하고 식품 소재화해 안전하고 건강한 먹거리를 개발하는 곳이다. 카페 매장에서 빵을 만드는 것이 아닌 만큼 더욱 전문적으로 빵을 만들어내고 있다.

【특산품 정보 - 지리적표시제[107]】

대한민국에서 시행 중인 지리적표시제이다. 농 · 축산물 분야의 경우, 2002년 1월 25일에 등록된 '보성 녹차'를 시작으로 2015년 7월 8일 '제주 한라봉'이 등록됨으로서 100호를 돌파하였다. 제도 자체는 시행 된지 오래되었지만, 난립한 인증단체와 더불어서 인증 로고마저도 통합이 되어있지 않다가 2012년 상단의 로고로 통합되어 2014년부터 일괄 적용되었다. 농 · 축산물은 농림축산식품부(MAFRA)가, 수산물은 해양수산부(MOF)가, 임산물은 산림청이 현재 각각 담당 중이다. 한편 특허청에도 유사한 제도가 있으며 정부 부처 간에도 생산자 간에도 명확한 구분점이 없어 제도개선에 대한 목소리가 높다.

등록 현황은 농 · 축산물의 경우, 국립농산물품질관리원 홈페이지에서, 수산물의 경우 국립수산물품질관리원 홈페이지에서, 임산물의 경우 산림청 홈페이지에서 확인이 가능하다. 또한 사단법인 한국지리적표시특산품연합회에서도 확인할 수가 있다.

한국지리 문제에서 잘 쓰이는 소재 중 하나이기도 하다. 그 중에서도 농산물 지리적표시제 1호인 '보성 녹차'는 한지에서 지리적 표시제의 상징과도 같은 존재로, 지리적 표시제가 제시문에 언급될 때는 거의 항상 보성 녹차가 따라 나온다. 일상 생활에서는 청양 고추가 가장 많이 언급된다.

① 농 · 축산물

- 철원 쌀 : Cheorwon Rice. 13호
- 홍천 찰옥수수 : Hongcheon Waxy Corn. 15호
- 홍천 한우 : Hongcheon Hanwoo. 51호
- 횡성 한우고기 : Hoengseong Hanwoo Beef. 17호
- 정선 황기 : Jeongseon Hwanggi. 27호
- 정선 찰옥수수 : Jeongseon Waxy Corn. 37호
- 평창 진부 당귀 : Chinbu Dangui. 38호. 평창군 진부면의 고지대 재래종 당귀
- 영월 고추 : Yeongwol Red Pepper. 52호
- 영월 고춧가루 : Yeongwol Red Pepper Powder. 64호
- 삼척 마늘 : Samcheok Garlic. 58호
- 원주 치악산 복숭아 : Wonju Chiacsan peach. 63호
- 강릉 한과 : Gangneung Hangwa. 75호. 강릉제일한과영농조합법인에서 등록함. 사천면에 한과촌이 있음
- 인제 콩 : Inje Kong(Soybean). 78호

② 수산물

• 평창 송어 : Pyeongchang Rainbow Trout. 23호

③ 임산물

• 양양 송이 : Yangyang Pine-mushroom. 1호
• 횡성 더덕 : Heongseong Deodeok. 22호
• 횡성 참숯 : Hoengseong charcoal(hardwood charcoal). 35호
• 홍천 잣 : Hongcheon pine nuts. 26호
• 홍천 명이(산마늘) : Hongcheon Myeongi. 46호
• 정선 곤드레(고려엉겅퀴) : Jeongseon Gondre. 29호
• 태백 곰취 : Taebaek Komchwi(Edible Greens). 31호
• 인제 곰취 : Inje Komchwi. 32호
• 인제 고로쇠수액 : Inje Goroshoe Suaec(Acer mono sap). 50호
• 강릉 개두릅(음나무새순) : Kangneung gaedureup(Kalopanax Sprouts). 41호
• 원주 옻 칠액 : Wonju Rhus lacquer. 44호
• 영월 곤드레 : Yeongwol Gondre. 51호
• 평창 산양삼 : PyeongChang Wild-cultivated Ginseng. 55호

미주풀이

1) 문성식(2012), 향토음식에 대한 인식 및 선호도에 관한 연구, 『관광연구저널』, 26(6), 435-445.
2) 전영미 · 안윤수 · 안옥선 · 김미희(2007), 지역 특산물 브랜드 개발 사례 연구, 「학술연구 발표논문집」, 한국지역사회생활과학회 2007년도 추계학술대회 자료집. 86-86.
3) 김영남 · 서용건 · 정철(2011), 지역축제 참가자의 지역 특산물 구매행동 : 제주 들불축제를 중심으로, 『관광연구저널』, 25(3), 197-217.
4) 김세경 · 윤덕인 · 김형일(2018), 지역 특산음식 선택속성이 고객만족과 행동의도에 미치는 영향, 한국콘텐츠학회논문지, 18(7), 338-349.
5) 이영주, 강원도 음식관광 활성화 방안 연구, 강원발전연구원, 2007, pp.44-53.
6) 이영주, 위의 책, pp.44-71.
7) 중앙일보, 2019년 1월 6일자.
8) 연합뉴스, 2019년 1월 4일자.
9) 강원도청 홈페이지, http://www.provin.gangwon.kr/gw/portal/sub03_01
10) 강원도청, 강원도현황 행정구역.
11) 강원도청, 자연환경과 지역구분.
12) 두산백과, 화전, 화전민.
13) 희망마을 사업은 2010년부터 시작하였으며, 조선 효종 때 밀양 박씨가 들어와 마을이 형성된 후 각 성씨가 이주해 오기 시작했다. 1917년 왕산명으로 개칭되면서 강릉 왕산면 대기리가 되었다. 1965년 국유지 개간을 허가하여 감자, 약초 등을 재배하다가 1995년 경작자들에게 농지를 불하하였다.(한국향토문화전자대전, 한국학중앙연구원)
14) 허균 지음, 허경진 · 장정룡 역, 성소부부고, 난설헌출판사, 2018, pp.379-395.
15) 황혜성, 한국요리대백과사전 중 도문대작, 삼중당, 1976, pp.493-499.
16) 한식아카이브, http://archive.hansik.org/hansik/nkfood/item/nkfood_region_feature/266/26/
17) 평창군문화관광포털 http://tour.pc.go.kr, 영월군문화관광포털 https://www.yw.go.kr, 횡성군청 http://www.hsg.go.kr/tour, 철원군문화관광포털 https://www.cwg.go.kr/site/tour, 홍천군문화관광포털 http://www.great.go.kr/인제군문화관광포털 http://tour.inje.go.kr, 양구군문화관광포털 http://www.ygtour.kr, 춘천시문화관광포털http://tour.chuncheon.go.kr, 강원도청 - 강원도대표음식 http://www.provin.gangwon.kr, 삼척시문화관광포털 http://www.samcheok.go.kr/tour, 동해시문화관광포털 http://www.dh.go.kr/tour, 양양군문화관광포털 http://tour.yangyang.go.kr, 속초시문화관광포털 http://www.sokchotour.com, 고성군문화관광포털 http://tour.gwgs.go.kr/site/tour, 강릉시문화관광포털 http://gnfoodtour.com
18) 강원도청.
19) 뉴스원 [G-1년 평창, 이렇게 준비한다] 2017.02.12.
20) 뉴스원 [G-1년 평창, 이렇게 준비한다] 2017.02.12.
21) 강원도농업기술원.

22) 강원일보, 2018년 1월 22일자.
23) 강명수, 강원지역 전통 한식의 개발과 보급, 강원지역 한식문화의 원형발굴과 세계화 전략 주제발표, pp.104-105, 한식문화진흥 지역순회포럼, 2016년 6월 24일.
24) 한국조리과학회, 조리과학용어사전, 교문사, 2002, p.95.
25) 김순경의 우리 맛 찾기, 평양냉면, 쿠켄 2007, p.152.
26) 홍종희, 보양음식 30가지, 디자인하우스, 2006, pp.49-50.
27) 홍종희, 위의 책, pp.50-51.
28) 뿌리깊은 나무, 강원도, 1992, p.56.
29) 위의 책, pp.95-96.
30) 홍종희, 위의 책, p.43.
31) 손미선. 잘먹고 잘사는 법, 048. 2004.9.17.
32) 한국조리과학회, 조리과학용어사전, 교문사, 2002, p.76.
33) 농민신문, 2016년 12월 19일자.
34) 한국조리과학회, 위의 책, p.72.
35) 뿌리깊은 나무, 강원도, 1992, p.55.
36) 한국조리과학회, 위의 책, pp.18-19.
37) 김세경. 감자, 한국 의·식·주 생활사전 국립민속박물관 2019, pp.51-52.
38) 한국조리과학회, 위의 책, pp.115-116.
39) 강원일보, 2019년 1월 22일자.
40) 한국조리과학회, 위의 책, p.70.
41) 파이낸셜뉴스, 해발 300m 생산 횡성더덕, 2018.08.14.
42) 건강다이제스트, 2018년 4월 27일자.
43) 강릉시농업기술센터.
44) 강원도청 보도자료, 2012.03.07일자.
45) 김재희, 방풍, 한국 의·식·주 생활사전, 국립민속박물관, pp.405-406.
46) 문화일보, 2018년 4월 4일자.
47) 강릉시농업기술센터.
48) 한국조리과학회, 위의 책, p.241.
49) 2018식재료디렉토리 농림축산식품부, 2018, p.266.
50) 2018식재료디렉토리, 위의 책. p.268.
51) 박경용, 고사리, 한국 의·식·주 생활사전 국립민속박물관, 2019, pp.98-99.
52) 2018식재료디렉토리, 위의 책, p.236.
53) 2018식재료디렉토리, 위의 책, p.240.
54) 2018식재료디렉토리, 위의 책, p.308.
55) 한국조리과학회, 위의 책, p.139.
56) 식품과학기술대사전, 광일문화사, 2008.

57) 농촌진흥청, 강원 향토의 맛, 1993.
58) 전통향토음식 용어사전, 농촌진흥청, 2010.7.5., p.221.
59) 2018식재료디렉토리, 농림축산식품부, 2018, pp.198-199.
60) 뿌리깊은 나무, 강원도, 1992, pp.59-60.
61) 이성우, 한국식품사회사, 교문사, 1984, p.43.
62) 횡성군청.
63) 강원도민일보, 콘텐츠 다양 횡성한우체험관, 2019.01.16.
64) 김학연 · 차경희, 염소고기, 염소탕, 한국 의 · 식 · 주 생활사전, 국립민속박물관, 2019, pp.720-722.
65) 김학연, 닭고기, 한국 의 · 식 · 주 생활사전, 국립민속박물관, 2019, pp.226-227.
66) 농촌진흥청, 닭갈비, 농사로용어사전.
67) 국민일보, 2019년 1월 7일자.
68) 연합뉴스, 2019년 1월 22일자.
69) 윤덕인, 한국음식문화 중 담백한 맛의 생선음식, 교문사, 2015, pp.385-387.
70) 정약전 지음, 정문기 옮김, 자산어보(玆山魚譜), 지식산업사, 2012, pp.81-82.
71) 한국조리과학회, 위의 책, pp.101-102.
72) 한창훈, 인생이 허기질 때 바다로 가라, 문학동네, 2010, pp.69-70.
73) 하응백, 가자미, 한국 의 · 식 · 주 생활사전, 위의 책, pp.34-35.
74) 정약전 지음 · 정문기 옮김, 자산어보(玆山魚譜), 지식산업사, 2012, p.50.
75) 한국조리과학회, 위의 책, p.14.
76) 김도현, 도루묵, 한국 의 · 식 · 주 생활사전, 국립민속박물관, 2019, pp.247-248.
77) 정약전 지음, 정문기 옮김, 위의 책, pp.34-35.
78) 윤덕인, 앞의 책, pp.403-404.
79) 정약전 지음, 정문기 옮김, 위의 책, p.77.
80) 한국조리과학회, 위의 책, p.186.
81) 한국조리과학회, 위의 책, pp.154-155.
82) 산천어 [cherry salmon/masou salmon, 山川魚] (두산백과).
83) 홍게[Red snow crab], 한국해양무척추동물도감, 2006.3.15., 아카데미서적.
84) 한국조리과학회, 위의 책, p.170.
85) 한국조리과학회, 위의 책, p.155.
86) 파이낸셜뉴스, 2018.09.14일자.
87) 메디컬리포트 2018년 12월 28일자.
88) 한국조리과학회, 위의 책, p.283.
89) 한국조리과학회, 위의 책, p.147.
90) 뿌리깊은 나무, 위의 책, p.328.
91) 김영미 외 지음, 고려시대의 일상 문화, 이화여자대학교출판부, 2009, p.42.
92) 한국조리과학회, 위의 책, p.106.

93) 김기설, 강릉에만 있는 이야기, 민속원, 2003, pp.128-129.

94) 김준, 다시마, 한국 의 · 식 · 주 생활사전 국립민속박물관 2019, pp.216-217.

95) 한국조리과학회, 위의 책, p.256.

96) 서진우, 커피바이블, 대왕사, 2010. pp.16-17.

97) 아시아경제, 2018년 1월 22일자.

98) 아시아경제, 2018년 2월 20일자.

99) 한복진, 우리생활 100년 음식, 현암사, 2000, pp.185-186.

100) 허시명, 막걸리, 한국 의 · 식 · 주 생활사전, 국립민속박물관, 2019, pp.307-309.

101) 조은자, 한국전통식품연구, 성신여자대학교출판부, 2008.02.05.

102) 강원도민일보, 강원도의 막걸리, 2015년 9월 9일자.

103) 박록담, 옥수수술, 한국 의 · 식 · 주 생활사전, 국립민속박물관, 2019 pp.741-742.

104) 최정규 · 박성원 · 정민용 · 박정현, 안흥 찐빵마을, 죽기 전에 꼭 가봐야 할 국내여행 1001, 마로니에북스, 2010.1.15.

105) OEM은 생산자가 주문자로부터 설계도를 받아 제품을 위탁 생산하는 것이고, ODM은 생산자가 주문자로부터 제품의 생산위탁을 받아 제품 자체 개발을 하여 생산하는 것이다. 즉 하청업체가 제품의 개발과 생산을 모두 담당하는 방식이다.

106) 메디컬리포트, 2018년 12월 29일자.

107) 나무위키, 지리적표시제.

Ⅳ

강원도 종가의 접대음식과 연회상차림

김세경

강원인의 지혜와 맛

강원도 음식문화

1. 종가와 종가의 내림음식

1) 종가(宗家)의 의미

종가는 특정 가문의 중시조(中始祖)부터 대대로 적장자(嫡長子)를 중심으로 한 부계 혈통의 정통성이 계승되어 온 집을 의미한다.[1] 한국에서는 중국에 없는 파종(派種)의 개념에 기초한 파종가(派宗家)가 실제로 일반적인 종가이다. 파종가는 조선시대에 국가적·사회적으로 큰 공적을 쌓았거나 덕망이 높아서 불천위(不遷位)로 추대된 현조(顯祖)로부터 성립한 종가이다. 우리나라에서 종가는 500여 년 이상 한국의 유교문화와 전통문화를 계승한 역사, 문화의 총체적 산물이다.

종가에서는 봉제사접빈객(奉祭祀接賓客)을 중요하게 생각한다. 조상제사뿐 아니라 수시로 많은 손님이 끊이지 않게 드나들기에 그들을 대접하기 위해 하루에도 여러 번 상을 차려야 했다. 수많은 자손들과 손님들을 접대하는 것 또한 종가의 실천과 의무인 것이다. 창고가 넉넉하지 않아도 유가(儒家)의 유사이든 타향의 과객이든 박대하지 않고 대접하기 위해 음식은 늘 넉넉히 준비되어 있어야 한다. 집의 평판이 바로 객을 통해 이루어졌기 때문이다.

종가음식을 산해진미 가득한 상차림으로 생각하는 사람들이 많으나, 실제 종가음식은 종부에서 종부로 이어지는 제철 재료로 만들어진 소박한 음식들이 대부분이다. 양반계층이 먹던 반가음식을 중심으로 향토음식과 함께 궁중의 하사품들이 종가로 내려져 궁중음식까지 잘 어우러져 전해 내려오고 있다.

종가의 음식문화는 음식 안에 깃든 이 땅 종부들의 나눔, 배려, 섬김, 채움의 정신이 담겨 있다. 현대의 우리에게는 낯선 음식으로 시대의 변화와 함께 사라지고 있는 실정이나 한국의 전통 음식문화를 알 수 있는 중요한 보고(寶庫)로써 앞으로 지키고 전승해야 할 가치 있는 소중한 문화유산이다.

2) 종가의 내림음식

종가 내림음식의 선정 기준을 제시하기 위해 특징을 규명할 필요가 있다. 종가의 특징은 ① 직계종손, ② 제사(1순위 불천위제사, 2순위 : 4대 봉사, 시제, 묘제, 차례 등), ③ 종택, ④ 10대(300년) 이상, ⑤ 중시조 인물, ⑥ 종손, 종부의 생존과 종택 거주 여부(1순위 : 종부가 생존해 있으며, 종택에 거주하는 경우, 2순위 : 내림음식의 조리법을 알고 재현할 수 있는 종부가 생존해 있으며, 종택에 거주하지 않고 왕래하는 경우, 3순위 : 맏며느리 종부가 아닌 경우 종가의 전통을 일정기간 학습했다면 종부로 인정, 4순위 : 오랜 외국 생활 또는 외국인 종부의 경우, 종부의 부재 시, 차기 종부가 거주해야 함), ⑦ 내림음식 보유 : 내림음식 선정 기준에 부합하는 음식을 보유한 종가를 기준으로 설정하였다. 그리고 기준 ①~⑦ 모두 해당하는 경우로 보았다. 명가의 기준은 ⑥, ⑦ 모두 해당하면서 ①~⑤에 부분적으로 해당하는 경우로 정의하였다.

이러한 종가 기준에 입각하여 내림음식의 선정 기준은 ① 종부를 통해 2세대 이상 전승된 음식, ② 한국의 식재료를 중심으로 한 음식 - 외래 식재료(100년 미만), 조리법을 활용한 퓨전음식 등은 제외, ③ 가문의 이야기가 담긴 음식, ④ 지역 특산품을 이용해 조리한 음식, ⑤ 해당 가문에서 특별한 명칭(사투리)으로 부르는 일반음식, ⑥ 고(古) 조리서에 기록된 음식과 비교 가능한 음식(조리법)에 해당하는 음식 등으로 규정할 수 있다.[2)]

「내림에서 나눔으로, 종가와 종가음식(농촌진흥청, 2010)」과 「섬김의 미학(농촌진흥청, 2011)」에 수록된 26개 가문을 중심으로 연구한 종가음식의 특징을 보면[3)], '배천 조씨 종가'의 경우에는 "황해도 배천의 종가 내림음식과 300여 년 전 터를 잡고 살기 시작한 김포의 맛과 향이 빚어낸 것이다."고 하여 종가의 내림음식에 김포의 향토음식이 유입된 것으로 볼 수 있다.

다음으로 초계 정씨 종가의 경우는 현 종부의 친정인 '경주 최부자 집안'의 음식이 '초계 정씨 종가'로 유입된 것으로 소개되었다. 세 번째로 '보성 신씨 종가'의 경우에도 종가의 원 고향인 전라도의 맛과 시할머님의 고향인 서울의 맛이 합해져 깔끔하고 맛깔스럽고, 거기에 종부의 친정 손맛이 더해져 이 집의 음식이 되었다고 한다. 결과적으로, 세 종가의 예에서 보듯이 종가음식의 특징을 형성하는 데는 종가가 자리 잡은 지역의 음식문화와 종가의 며느리인 종부들의 친정음식과 밀접한 관계가 있는 것으로 생각된다.

강원도 지역에서도 위와 같은 특징을 그대로 볼 수 있는 종가가 있다. 강릉시 연일 정씨 정○경 종가의 '곶감떡'과 창녕 조씨 명숙공 종가 '웃기떡'은 이름은 다르지만 천연색 두세 가지를 이용해 태극 모양을 만든 후 지지는데, 모양새가 매우 흡사하다. 또한 선교장에서 시집오신 시어머니(전주 이씨 종가)의 뛰어난 음식솜씨는 강릉 김씨 김○기 종가의 내림음식에도 분명 영향을 미쳤을 것으로 사료되는 부분이다.

2. 종가에 전해진 고조리서(古調理書) 해제

종가에 전해진 고조리서를 통해 가문의 음식이 계승·보존되어왔다는 것은 종가음식이 가진 큰 특징이다. 현재까지 종가의 조리서로는[4)]『수운잡방』, 『음식디미방』, 『온주법』, 『시의전서』, 『우음제방』, 『동춘당음식법』, 『최씨음식법』, 『봉접요람』 등이 발굴되어 전해 내려오고 있다. 이 중 『수운잡방』만이 한문으로 집필되었으며, 나머지는 한글로 집필되었다.[5)]

1) 수운잡방(需雲雜方)[6)]

경북 안동 광산 김씨 예안파 문중에서 내려오는 450여 년 된 현존 최고의 요리서로 『수운잡방』은 1540년경에 유학자인 탁청정 김유(1481~1552)가 쓴 책이다. 한문 필사본으로 『산가요록(山家要錄)』에 이은 우리나라 두 번째로 오래된 조리서이다. 『수운잡방』을 통해 당시 안동지방에서 유행하던 음식의 조리법과 식생활을 엿볼 수 있다.

'수운'은 격조를 지닌 음식문화를 뜻한다. 「역경」에 '구름 위 하늘나라에서는 먹고 마시게 하며 잔치와 풍류로 군자를 대접한다(雲上于天需君子以飮食宴樂)'라고 한 것에서 따온 용어이다. 또한 '잡방(雜方)'이란 갖가지 방법을 뜻한다. 그러므로 '수운잡방'이란 풍류를 아는 사람들에 걸맞은 요리 만드는 방법을 가리키는 것이다.

2) 최씨 음식법(1660)

『최씨 음식법』(1660)은 2015년 8월에 발견된 순한글 요리책으로, 신창 맹씨 호군공파 종가의 자손인 맹세형(1588~1656)의 부인 해주 최씨(1591~1660)가 집필하였다. 해주 최씨가 사망한 1660년을 기준으로 잡아도 기존에 가장 오래된 한글 조리서로 여겨지던 『음식디미방』(1670)보다 10여 년 앞서 만들어진 것이다.

3) 음식디미방(飮食知味方)[7]

1670년(현종 11년)경 석계 이시명 선생의 부인 장계향(貞夫人 安東 張氏, 1598~1680)이 쓴 조리서이다. 『음식디미방(飮食知味方)』은 동아시아에서 최초로 여성이 쓴 조리서이며, 2015년 최씨 음식법을 발견하기 전까지 한글로 쓴 최초 조리서로 알려져 있던 조리서이다. 이 책은 궁체로 쓰인 필사본으로, 표지에는 '규곤시의방(閨壼是議方)'이라 이름 붙여졌으며, 내용 첫머리에 한글로 '음식디미방'이라고 쓰여 있다.

『음식디미방』은 한자어로 그 중 '디'는 알 지(知)의 옛말이며, 제목을 풀이하면 '음식의 맛을 아는 방법'이라는 뜻을 지닌다. 면과 떡 18항목, 고기와 생선 74항목, 주국방문 54항목 등 총 146가지의 방대한 조리법이 소개되어 있어, 17세기 한국 음식사 연구의 기본 자료로서 가치가 뛰어나다.

4) 온주법(蘊酒法)[8]

『수운잡방』, 『음식디미방』, 『온주법』과 함께 안동 지역의 3대 조리서 중 하나로 1700년대 후기에 기록된 것으로 추정되는 작자 미상의 한글 조리서이다. 안동 의성 김씨 청계공 종택에서 소장하고 있으며, 현 종손의 12대조 할머니인 예천 권씨 부인일 가능성이 제기되고 있다. 술 만드는 법 57항목, 누룩 만드는 법 3항목, 병과류 14개, 반찬류와 식품 저장법 32개 항목, 환, 탕 등 총 130여 종의 음식이 소개되어 있다.

5) 시의전서(是議全書)[9]

1919년에 심환진(沈晥鎭)이 상주군수로 부임하여 그곳의 반가에 소장되어 있던 조리 책 하나를 빌려서 괘지에 필사해 둔 것이 그의 며느리 홍정(洪貞)에게 전해진 것이다. 심환진의 필사 연대는 1919년경이지만, 원본은 1800년대 말엽의 것으로 추정된다.

상 · 하 2편 1책으로, 상편에는 장 · 김치 · 밥 · 미음 · 원미 · 죽 · 응이 · 찜 · 선 · 탕 · 신선로 · 회 · 면 · 만두 · 전골 · 전 · 구이 · 포 · 장육 · 자반 · 나물 · 조치 · 화채 · 약식 등이 수록되어 있고, 하편에는 전과 · 편 · 조과 · 생실과 · 약주 · 제물 · 회 · 채소 목록 · 각색 염색 · 서답법 · 반상도식까지 수록되어 있다. 특히, 반상도식은 매우 귀한 것으로 구첩반상 · 칠첩반상 · 오첩반상 · 겯상 · 술상 · 신선로상 · 입맷상 등의 원형을 찾을 수 있는 좋은 자료이다. 술의 종류, 식품의 종류, 건어물의 종류, 채소의 종류가 매우 많이 수록되어 있어서 식품 연구의 귀중한 자료가 된다.

6) 동춘당 음식법[10]

은진 송씨 동춘당 송준길(同春堂 宋浚吉, 1606~1672) 가문에서 2012 종가음식 발굴조사 과정 중 발굴된 조리서로 주식류 3종, 부식류 7종, 발효저장 음식류 13

종, 음청류 3종 등 총 32종이 기재되어 있으며, 몇몇 조리법에서는 19~20세기 자주 이용되던 '조림' 등장과 간장 장아찌 제조 시 설탕이 사용되는 근대 음식문화 유입의 흔적을 살펴볼 수 있다.

7) 주식시의(酒食是儀)[11)]

대전 회덕지역 은진 송씨 동춘당 송준길의 둘째 손자인 수유재 송○하 가문에 내려오는 조리서다. 한글 필사본으로 '마시는 것과 먹는 것의 바른 의례'라는 뜻으로 공자의 시경(詩經)편에 나와 있는 문구에서 가져온 제호이다. 「주식시의」에는 주식류, 반찬류, 떡과 한과, 음청류, 주류 등 96가지 조리법과 기타 비방 3가지를 합해 총 99가지 항목이 수록되어 있다.

8) 우음제방(禹飮諸方)[12)]

『주식시의(酒食是儀)』와 마찬가지로 동춘당의 자손인 송○하 가문에서 대대로 내려오던 가양주를 빚는 법을 적은 책으로, 1800년대 후기 저자미상의 양조서이다. 식품에 관한 사항으로 소국주, 호산춘, 청화주, 두견주, 추향주, 송순주, 삼해주, 소국삼해주, 일년주, 녹파주, 청명주, 화양주, 감향주, 점감주, 황구주, 황정주, 감향주, 삼절주, 보리소주, 이화주, 방문주, 구일주, 백일주 등 24가지의 술 담그는 방법이 게재되어 있는 주류 문화를 알 수 있는 귀중한 자료이다.

9) 『봉접요람』[13)]

『봉접요람』은 작자미상이며, 1800년대 중 · 후반, 음식 내용을 살펴 저작연대를 추정한다. 봉접요람에서 동아느르미의 조리법은 즙을 끼얹는 방식이 아닌 동아를 얇게 저며 고기소를 넣고 말아 황백으로 달걀을 묻혀 지진다고 하였다. 1854년에 나온 『윤씨 음식법』의 동아느르미 조리법과 유사하여 이 책의 저작연대를 1800년대 중 · 후반으로 추정한다.

느르미의 조리법 변화를 보면, 1700년대까지는 재료를 찌거나 구워서 익힌 다음, 밀가루나 녹말 등으로 걸쭉하게 만들어 끼얹는 조리법을 뜻했다. 1800년대부터는 이런 느르미는 없어지고 누르미, 누름적 등의 이름으로 불리며, 익힌 재료를 꼬치에 끼우거나 그것에 옷을 입혀서 지지는 오늘날의 누름적으로 바뀌었다.

한국사회에서 말하는 종가(宗家)는 실제로 파종가와 적장자가 사는 집을 가리키며, 대부분 종가는 대종가가 아니라 불천위 조상 같이 현조를 중심으로 형성된 파종가다. 다양한 범위 안에서 연구되고 있는 종가 성립을 위해 종가의 상징인 사당이 있어야 하고, 또 종손이 살고 있어야 한다는 전제 조건 하에 강원도 종가내림 음식 중 접빈객 음식을 살펴보고자 한다.

3. 전통 접빈객 음식 – 큰상(회갑상), 연회상, 생일상차림

1) 전통 손님맞이 상차림의 규범(規範)

(1) 『원행을묘정리의궤』(1795) 봉수당(奉壽堂) 회갑상 차림

1795년(정조 19)에 어머니 혜경궁과 아버지 사도세자의 회갑을 맞이하여 화성과 현릉원을 다녀와서 만든 8일간의 행차 보고서인 『원행을묘정리의궤』에는 혜경궁 홍씨의 회갑잔치가 벌어지는 날은[14] 다섯째 날로 왕실을 위한 행사라고 할 수 있다. 잔치는 오전 8시 45분경에 봉수당(奉壽堂)에서 거행되었다. 혜경궁의 자리는 행궁 내전의 북벽에 남쪽을 향해서 놓여졌다. 왕의 자리는 어머니의 동쪽에 배치되었다.

자궁(慈宮)에게 바친 70종의 음식은 흑칠족반 위에 자기에 담아 올렸다.(그림

4.1 참조) 70기 중 22기는 1척 5촌 높이로 고이고, 나머지 음식은 1척 4촌 높이로 고였다. 고일 수 없거나 국물이 있는 음식은 고임의 높이를 표시하지 않았다. 여기에 올린 음식은 다음과 같다.[15)]

각종 병(餠) 1그릇(높이 1척 5촌), 백미병(白米餠), 점미병(粘米餠), 삭병(槊餠), 밀설기, 석이병(石耳餠), 각종 절병(各色切餠), 각종 조악(또는 주악, 各色助岳), 각종 사증병(各色四蒸餠), 각종 단자병(各色團子餠) 약밥(藥飯) 1그릇, 국수(麵) 1그릇, 대약과(大藥果) 1그릇, 만두과(饅頭果) 1그릇, 다식과(茶食果) 1그릇, 흑임자다식(黑荏子茶食) 1그릇, 송화다식(松花茶食) 1그릇, 율다식(栗茶食) 1그릇, 산약다식(山藥茶食) 1그릇, 홍갈분다식(紅葛粉茶食) 1그릇, 홍매화강정(紅梅花强精) 1그릇, 백매화강정(白梅花强精) 1그릇, 황매화강정(黃梅花强精) 1그릇, 홍연사과(紅軟絲果) 1그릇, 백연사과 1그릇, 황연사과 1그릇, 홍감사과(紅甘絲果) 1그릇, 백감사과 1그릇, 홍료화(紅蓼花) 1그릇, 백료화 1그릇, 황료화 1그릇(대약과부터 황료화까지 1척 5촌 높이가 같음)이다.

또한 각종 팔보당(八寶糖) 1그릇 높이 1척 4촌, 인삼당(人蔘糖) 1그릇(높이 1척 3촌), 오화당(五花糖) 1그릇(높이 1척 2촌), 조란(棗卵) 1그릇(높이 1척), 율란(栗卵) 1그릇(높이 1척), 강란(薑卵) 1그릇(높이 1척), 용안여기(龍眼荔配) 1그릇(높이 1척 4촌), 밀조건포도(蜜棗乾葡萄) 1그릇(높이 1척 1촌), 민강(株薑) 1그릇(높이 1척), 귤병(橘餠) 1그릇(높이 1척), 유자(柚子) 1그릇, 석류(石榴) 1그릇, 배(生梨) 1그릇, 준시 1그릇, 밤(生栗) 1그릇, 황률(黃栗) 1그릇, 대추(大棗) 1그릇, 대추찜(蒸大棗) 1그릇, 호두(胡桃) 1그릇(높이 1척), 산약(山藥) 1그릇(높이 7촌), 송백자(松柏子) 1그릇(높이 1척), 각종 정과(正果) 1그릇(높이 7촌), 수정과(水正果) 1그릇, 배찜(生梨熟) 1그릇이다.

그리고 금중탕(錦中湯) 1그릇, 완자탕(莞子湯) 1그릇, 저포탕(猪胞湯) 1그릇, 계탕(鷄湯) 1그릇, 홍합탕(紅蛤湯) 1그릇, 편육(片肉) 1그릇(높이 1척), 절육(截肉) 1그릇(높이 1척 5촌), 생선저냐(生煎油花) 1그릇(높이 1척), 꿩저냐(生雉煎油花) 1그릇, 생치수(生雉首) 1그릇, 화양자(花陽炙) 1그릇(높이 7촌), 꿩찜(生雉熟) 1그릇, 숭어찜(秀魚蒸) 1그릇, 해삼찜(海蔘蒸) 1그릇, 어린 돼지찜(軟猪蒸) 1그릇이다.

각종 만두(饅頭) 1그릇(높이 7촌), 어만두(魚饅頭) 1그릇, 어채(魚菜) 1그릇(높이 4촌), 생선회(生鮮膾) 1그릇, 숙합회(熟蛤膾) 1그릇, 숙란(熟卵) 1그릇, 꿀(淸) 1그릇, 초장(醋醬) 1그릇, 겨자(芥子) 등…(70종)

왕이 받은 음식의 종류는 다음과 같다.[16]

각종 떡 1그릇(높이 8촌), 약밥 1그릇, 국수 1그릇, 대약과 1그릇(높이 8촌), 각종 다식, 각종 연사과 1그릇(높이 4촌), 각종 강정 1그릇(높이 8촌), 민강 1그릇(높이 7촌), 귤병 1그릇(높이 7촌), 유자, 석류 1그릇, 배 1그릇, 준시 1그릇(높이 6촌), 밤 1그릇, 각종 정과 1그릇(높이 5촌), 수정과 1그릇, 금중탕 1그릇, 완자탕 1그릇, 편육 1그릇(높이 6촌), 절육 1그릇(높이 8촌), 각종 저냐 1그릇(높이 6촌), 생선회 1그릇, 꿀 1그릇, 초장 1그릇, 겨자 1그릇이다.

20기를 자기에 담아 흑칠족반 위에 차렸다. 정조와 두 군주에게는 같은 음식을 올렸는데, 혜경궁의 상보다 음식의 가짓수도 적고, 고임의 높이도 낮게 차렸다.[17]

[그림 4.1] 수라일기 회갑상차림(봉수당진찬연)[18]

(2) 『이조궁정요리통고(李朝宮廷料理通攷)』의 큰상, 연회상차림

① 큰상차림

『이조궁정요리통고』는 무형문화재 제38호 「조선왕조 궁중음식」의 전신을 기록한 책으로 한희순, 황혜성, 이혜경이 공저하여 단기 4290(1957)년에 출판되었다.

이 책에서는 큰상[19]을 다음과 같이 서술하고 있다.

큰상은 탄신, 오순절(五巡節), 회갑(回甲), 진갑(進甲), 만혼(晩婚) 등의 경축일에는 큰 상을 차리는데, 음식을 고여 담는 기명(器皿, 그릇)의 수와 고이는 높이와 치수는 기수(奇數, 홀수)로 한다. 고이는 높이의 치수는 대개 5촌(寸), 7촌, 9촌, 1척(尺) 1촌, 1척 3촌, 1척 5촌으로 한다.

큰 상에 고이는 음식으로는 계절에 따라 다소의 변동은 있으나, 대체로 그 기본이 되는 것은

- 잡과로는 약과, 만두과, 다식과, 모과, 한과
- 다식으로는 송화다식, 흑임자다식, 녹말다식, 밤다식
- 유과로는 빈사과, 세반연사, 매화연사
- 강정으로는 깨강정, 세반강정, 매화강정, 엿강정, 계백강정
- 당속으로는 옥춘, 팔보당, 줄병, 온당, 양국화, 발선과, 삼생과, 환자당
- 생실과로는 사과, 귤, 준시, 생율, 이(배)
- 건과로는 대추, 호도, 은행, 실백, 용안, 협지, 건시, 황율
- 어물로는 문어, 어포, 건전복
- 정과로는 연근, 문동, 동아, 생강, 유자
- 낮배기는 실백
- 편육으로는 양지머리 편육, 돈육전육
- 초(炒)는 전복초
- 적(炙)으로는 닭적, 화양적
- 편은 각색편을 놓는다.

큰상 반배도의 망상과 장국상은 [그림 4.2]와 같다.

원당, 줄병 연사 은행 약과 만두과 다식 어물
대추 옥춘, 칠보 강정 매화, 연사 빙사과 건시 생률
사과 실백 편 꿀편 호도 배
전유어 정과 구이 화양적 초 제육 편육
김치 초장 겨자 청밀(꿀)
생선찜 육찜 신선로 식혜 수정과 약식

당속 편 유과 잡과
정과 수란 구이 화채 약식
김치 초장 청밀(꿀)
전유어 회 제육
면 수저 신선로

[그림 4.2] 『이조궁정요리통고』의 큰상차림 – 망상(上)과 장국상(下)

② 연회상차림

국경일이나 외국사신의 환영 축하 때에 연회상(宴會床)을 차리는데, 1920년대까지도 수십 명 혹은 수백 명이나 되는 내빈들의 연회상을 일일이 외상으로 차려왔던 것에 불편함을 느끼게 되어, 외상을 폐지하고 큰 식탁을 사용하게 되었다고 한다. 이때부터는 내빈을 대접할 때는 교자상(轎子床)을 사용하게 되었다고 한다. 이 교자상을 연속하여 크게 차려서 연회상으로 한다.[20)]

조선 후기에 공식적임 행사에서는 해주반, 나주반, 통영반 같은 직사각형 소반에 1인씩 상을 차리다가, 개화기에 들어와서 '교자상'이라는 식탁이 생겨났다. '교자'라는 말은 조선 후기에 잔치에 참석한 사람뿐만 아니라 참석하지 못한 사람들에게도 음식을 나누어줄 때 사용했던 이동식 식탁을 가리키는 용어였다.

개화기 이후 '교자상'이라는 용어가 등장한다. 적어도 1890년대가 되면 기존의 소반보다 훨씬 넓은 교자상이 일부 계층에서 식탁으로 쓰였음을 알 수가 있다. 그래도 사람들은 교자상이라는 말이 익숙하지 않아 '큰상'이라고 부르곤 했다.[21)]

교자상은[22] 주식이 밥이 아니라 국수(냉면, 온면), 떡국, 만두 중에서 택하여 차리는 상차림이다. 요즈음은 손님상을 차릴 때 친교를 목적으로 하므로 보통 교자상에 여럿이 함께 먹을 수 있도록 차린다. 교자상을 차릴 때에는 고급 재료를 사용해서 여러 가지 음식을 많이 만들려고 하는 경향이 있다. 그러나 종류를 많이 하는 것보다 몇 가지 중심이 되는 음식을 준비하되 재료의 색채, 조리법, 영양 등을 고려하여 곁들이는 것이 좋은 방법이다.

(3) 『음식법』(1854)의 혼례 손님맞이 상차림

음식법은[23] 조선 후기 어느 반가의 혼례를 맞이한 손녀를 둔 할머니가 쓴 필사본 책으로 『규합총서』, 『시의전서』와 비슷한 시기에 쓰여졌다.

손님맞이 잔치음식으로 다음과 같이 기록되었다.

① 탕 여러 가지 : 열구자탕, 잡탕 여러 가지, 장국으로 만든 잡탕, 여름철 깻국으로 만든 잡탕, 수란으로 만든 깻국 잡탕

② 찜 여러 가지 : 송이찜, 생포찜(생전복찜), 대하찜, 제편

③ 느르미 여러 가지 : 고기 느르미, 낙지 느르미, 동화 느르미, 생치 느르미, 제육 느르미, 생선 느르미, 달걀 느르미

④ 지짐 : 생선전과 같은 음식인데, 생선에 가로 · 세로 칼집을 넣고 그 사이에 잘게 다진 간, 두골, 대하, 꿩고기, 제육 등을 끼운 다음 밀가루, 달걀을 씌워 지진 음식이다.

⑤ 소반찬 여러 가지 : 채소와 버섯, 해조류로만 만든 음식의 총칭으로 섭좌반 10가지, 소잡탕, 표고찜, 다시마찜, 소재, 묵찜, 무선, 배추선, 침채 등이다.

⑥ 면 여러 가지 : 흰떡국수, 약면, 흰떡국수는 가늘게 만든 쌀국수이다. 멥쌀가루로 가래떡 만들 듯이 하여 실처럼 가늘게 썰어 면을 만든다. 물에 잠깐 데치면 국수사리처럼 된다. 약면은 녹말가루로 만드는 화면과 같은데, 반죽을 할 때 달걀, 생콩가루, 토장(된장), 꿀, 기름을 섞어 만든다.

⑦ 술 몇 가지 : 인동주, 도인주, 국화주, 송엽주

『음식법』에는 손님 잔칫상 차림으로 열구자탕 상차림을 기록했는데, 가을 · 겨울에 회식할 때는 열구자탕을 중심으로 몇 가지 안주음식을 곁들인 상차림이 좋다고 하였다. 음식을 세 번에 나누어 순차적으로 내놓도록 하라[24])고 이르며, '작은 음식'이라고 말한 것은 안주음식이다.

① 술과 마른안주, 따로 만든 찜
② 열구자탕과 작은 음식(느르미, 족편, 지짐, 어만두 등과 따로 담은 김치)
③ 장국 국물과 뜨거운 장국에 토렴한 국수(국수는 흰떡가래를 실처럼 가늘게 밀어 삶아 건진 쌀국수를 넣음)
④ 색강정, 생과일, 배숙

(4) 『서울음식』 중 큰상, 주안상차림

① 맹현의 며느리를 위한 큰상

새로 맞이한 며느리에게 폐백을 받은 시부모가 새 며느리를 맞이하는 환영과 감사의 표시로, 큰상을 괴어 신부 앞에 차려주는 것을 구고예지(舅姑禮之)라 한다. 구고예지의 큰상 차림은[25]) 밤, 대추, 잣, 호두, 은행, 사과, 배, 곶감, 다식, 약과, 강정, 산자, 마른 전복이나 문어로 오린 화복(花腹), 떡, 편육, 전 등 여러 가지 음식을 높이 괴어 올려서 차린다.

큰상은 혼례, 회갑이나 희년 또는 회혼을 맞이하는 어른께 축하의 뜻으로 차려 드리는 경사스럽고 화려한 상차림이다. 큰상은 음식을 높이 괴어서 담는데, 이를 고배(高排)한다고 한다. 또한 의례가 끝날 때까지 헐지 않고 바라만 본다고 하여 망상(望床)이라고도 한다. 즉 바라다보고 그 뜻을 받고 그 자리에서 먹지 않고 나중에 여러 사람에게 다복의 뜻으로 '나누어 먹는다'는 뜻이라 한다.

신랑과 신부에게는 따로 장국상을 차려서 앞에 놓아주는데, 이를 입매상이라고 한다. 고배상 음식과 같은 것을 따로 담고 위의 [그림 4.2]와 같이 국수장국(온면)을 말아 놓는다. 궁중에서는 미수지상(味數之床)이라 한다. 입매상은 신선로, 찜,

전, 편육, 회, 냉채, 잡채, 한과, 떡(편), 화채 등을 차린다.

② 맹현의 주안상

주안상은 술과 안주를 올린 상이다. 맹현의 주안상에는 어채, 어만두, 오이선, 구절판과 마른 구절판이라 하여 육포, 어포, 건어 등을 함께 올렸다. 한과로는 약과, 다식, 강정을, 침채류로는 나박김치 혹은 장김치를, 찬물로는 전류, 누름적과 찌개 혹은 전골 등이 오른다. 장류로는 간장, 초간장이 올랐고 꿀도 있었다. 『시의전서』의 주안상에는 정과, 김치, 초장, 마른안주, 생실과, 주전자, 잔, 안주를 놓았다.

(5) 『조선요리제법』(방신영(1890~1977), 1917)의 회갑상, 교자상, 보통 생일상차림

최초의 근대적 인쇄물로 나온 책[26]으로, 환갑상을 계절별로 제시하였다.

① 회갑상 차림

- 봄철 환갑 차림에는 국수장국, 신선로, 잡채, 약식, 식혜, 수정과, 정과, 갖은 편, 생과일, 다식, 과줄, 강정, 전유어, 편육, 가리찜(갈비찜), 건어(乾魚), 장김치, 수란, 육회, 어회, 꿀, 초장, 개자 등으로 차린다.
- 여름 환갑 차림에는 냉면, 갖은 편, 잡채, 육회, 어회, 전유어, 편육, 수란, 건어(乾魚), 화채, 생실과, 다식, 과줄, 강정, 증편, 꿀, 초장, 개자 등으로 차린다.
- 가을 환갑 차림에는 국수장국, 신선로, 잡채, 약식, 식혜, 수정과 정과, 갖은 편, 생실과(연시), 김치, 다식, 과줄, 강정, 전유어, 편육, 갈비찜(가리찜), 전어, 동침이, 수란, 육회, 어회, 꿀, 초장, 개자, 초고추장 등으로 차린다.
- 겨울 환갑 차림에는 곰국, 흰밥, 김치, 깍두기, 전유어, 너비아니, 나물들, 수란, 갈비찜(가리찜), 알쌈, 김, 마른 것으로 차린다.

② 교자상 차림

상 차리는 법은 시기와 장소와 종류를 따라 같지 아니하거니와, 대개 아래와 같으니 교자상을 차리고자 하면[27] 먼저 식단을 꾸며 그 종류를 택한다.

신선로, 시루편, 경단, 찜, 전유어, 누름이, 편육, 잡탕, 과실, 약식, 다식, 과줄, 정과, 과자, 귤, 수정과, 잡채, 식혜, 꿀, 초장, 김치, 떡볶이, 어채, 국수, 수란으로 교자상을 차린다.

③ 보통 생일상(밥잔치, 국수잔치)

봄 생일상에는 국, 밥, 김치, 깍두기, 장아찌, 떡볶이, 가리찜(갈비찜), 산적, 마른 것, 튀각, 전유어, 각색나물 등으로 차린다.

여름 생일상에는 생선국 혹은 육개장, 흰밥, 풋김치, 깍두기, 전유어, 각색나물, 수란, 너비아니, 생선찜, 알찜, 화채, 초장 등으로 차린다.

가을 생일상(국수 잔치)에는 국수장국, 편육, 전유어, 김치, 잡채, 약식, 수정과, 식혜, 갖은 편, 실과, 유과 등으로 차린다.

겨울 생일상에는 곰국, 흰밥, 김치, 깍두기, 전유어, 너비아니, 나물들, 수란, 알찜, 김, 마른 것으로 차린다.[28]

2) 현재의 회갑상(큰상) 차림, 생신상, 회식상 차림

현재의 큰 상차림이란 '축하를 드리는 뜻으로 차리는 특별한 상차림'으로 이해되고 있다.[29] 이는 회갑연이 주인공의 장수를 기원하고 축하하는 잔치라는 것을 의미하며, 회갑상으로 그렇기 때문에 큰 상을 올리는 것이다.

1975년의 『한국민속종합조사보고서』에 의하면, 충청남도 부여 지역에서는 각종 생과일, 유과, 강정, 다식, 실백(잣), 호도, 생률, 대추, 곶감, 당속(사탕류), 정과, 편(餠, 떡), 약식, 포 등을 색에 맞추어 고여 올린다. 잣은 수(壽), 복(福) 등의 글자가 반듯하게 나타나도록 색깔을 들여 고인다. 또 포를 고일 때는 여러 가지 포를 포개어 담은 후에 마른 문어다리로 꽃 모양으로 오려 화려하게 장식한다. 이들을 차려 큰 상이라고 하였으며, 이 큰 상을 주인공 앞에 나란히 놓고 술 안주상에 해당하는 입매상인 찜, 신선로, 전, 편육으로 구성된 장국상을 따로 차린다.

생신상은 어른 생신일 때 봉양의 뜻에서 전래의 격식대로 차린 상이다.[30] 아침 생신상에는 흰밥, 맑은장국, 김치, 깍두기, 장(간장, 초간장, 초고추장, 겨자즙), 자반(북어무침, 약산적, 장포육, 장똑도기, 약고추장), 너비아니구이, 김구이, 삼색나물, 어회(민어회, 조개관자회), 장과, 팽란, 수란, 오이통장과, 젓갈(창란젓), 곁밥에는 준치찜, 조기고추장조치, 무젓국조치를 놓는다.

점심의 생신상에는 국수, 김치, 잡산적, 탕평채, 저냐, 회(육회), 겨자채, 편육, 과일(참외, 배, 생률), 편(두텁떡), 강정, 빈사과, 수정과를 놓는다.

저녁의 생신상에는 흰밥, 완자탕, 김치, 깍두기, 장(간장, 초간장, 초고추장, 겨자즙), 자반(북어무침, 장똑도기, 장포육, 약고추장), 저냐, 편육(쇠머리, 삼겹살편육), 탕평채, 삼색나물, 회(처녑, 육회), 조기조림, 젓갈(어리굴젓), 오이통장과, 곁반에는 쇠고기 전골을 놓는다.

회식용 상차림은 손님이 접대하거나 가족이 행사에 모일 때 차리는 상차림이다. 계절에 따른 회식용 상차림은 다음과 같다.[31)]

주식이 밥인 경우 봄철의 회식용 상차림에는 차조밥, 애탕국, 나박김치, 생굴깍두기, 대합찜, 어포와 은행볶음, 간전, 닭냉채, 미나리강회, 홍합초, 물쑥나물, 후식으로는 타래과, 진달래화채, 생과일을 준비한다.

여름철 주식이 밥인 경우에는 찰밥, 미역냉국, 돼지갈비찜, 어만두, 열무김치, 마른 문어와 김부각, 풋고추전, 날오이선, 오이통장아찌, 암치 보푸라기, 후식으로는 얼음수박, 빈사과 등을 준비한다.

가을철에는 대콩밥, 송이탕, 김치, 송이찜, 대추포와 은행볶음, 화양적, 장산적, 깻잎쌈, 대합숙회, 잣즙냉채, 후식으로는 전과, 포도즙, 생과일 등을 준비한다.

겨울철에는 흰밥, 북어탕, 김치, 갈비찜, 육포와 호두, 생선전, 겨자냉채, 간, 천엽회, 움파산적, 김구이, 후식으로는 곶감쌈과 생강전과, 식혜, 생과일 등을 준비한다.

주식이 면류인 경우, 봄철에는 국수장국, 햇김치, 생선도미찜, 육포와 솔잎 실백, 생굴전과 편육, 겨자채, 후식으로는 석이, 은행단자, 배화채, 생과일을 준비한다.

여름철에는 냉면, 오이소박이, 어포와 김부각, 닭조림, 어채, 애호박과 풋고추전, 겨자냉채, 후식으로는 증편, 귤화채, 생과일을 준비한다.

가을철에는 국수장국, 배추김치, 동치미, 닭찜, 육포쌈, 마른 문어, 구절판, 송이

잡채, 갈납전, 후식으로는 율란, 대추초, 배화채, 생과일을 준비한다.

겨울철에는 떡국, 만두, 김치, 동치미, 대추포와 은행볶음, 신선로, 떡볶이, 잣즙냉채, 생선전, 후식으로는 약과와 경단, 수정과, 생과일을 준비한다.

현대의 11품 교자상 차림의 음식은[32] 면(온면, 냉면), 떡국, 만두 중 택일, 탕, 찜, 신선로, 회, 편육, 전유어, 적, 구이, 겨자채, 잡채, 구절판, 김치류(배추김치, 오이소박이, 나박김치, 장김치), 각종 떡류, 유과류, 유밀과류, 숙실과, 생과일, 화채류(수정과, 식혜), 꿀, 간장, 초장, 윤즙 등이다.

4. 강원도 종가의 접대음식

1) 강원도 강릉시 강릉 창녕 조씨 명숙공 가문[33]

강원도 강릉시 난곡동 264번지로 알뜰한 쥐가 곡식을 모아들이는 형세로 일컬어지는 서지(鼠地)골이다. 고(故) 종부 김쌍기로부터 종가댁 음식을 전수받은 며느리 최○간 대표가 농한기와 모내기 후 먹는 '못밥'과 '질상', 그리고 '사위 첫 생일상 상차림'을 전통 방식으로 개발해 '서지초가뜰' 농가의 맛집을 운영하고 있다.

(1) 사위 첫 생일상

장모의 솜씨로 차린 백년손님을 위한 사위 첫 생일상의 중심에 놓인 웃기떡에는 숫자와 색의 배치를 통해 음양오행, 우주의 원리와 조화가 담겨 있다. 사람의 조화, 세상의 조화, 우주의 조화를 통해 사위가 나라의 커다란 동량(棟梁)으로 자리매김하기를 바란 상차림이다.

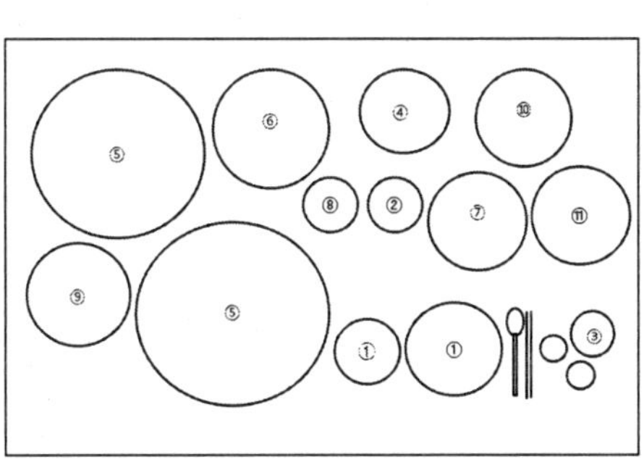

[그림 4.3] 사위 첫 생일상[34)]

① 송이밥과 송이국

추석 무렵 강원도 지역에서는 진짓상에 송이밥이 많이 올랐다. 송이와 어울려 박이 연할 때 함께 국을 끓여 먹었다. 박고지와 양지머리 국물에 애탕 끓이듯이 걸쭉하게 끓여냈다.

② 포식해

부드러운 음식으로 어른상에 올렸다. 삭힌 음식이라 소화가 쉽다. 예전에는 소식해라고해서 식해를 하얗게 했다. 종가에는 이어지는 제사로 여러 가지 포들이 쌓인다. 제사 뒤 남은 포에 무를 아주 잘게 썰고 고춧가루, 엿기름을 넣어 김치를 만들었다. 우리 할머니들의 지혜로운 생각이 담긴 음식이다. 그렇게 해서 어른들의 진짓상에 올린다. 오로지 엿기름으로만 삭힌 음식이다.

③ 송죽 두견주

종택 주변 작은 숲을 300년 동안 대나무와 소나무가 숲을 이루며 포근하게 감싸고 있다. 그 숲 비탈에 봄이면 피어나는 진달래까지, 송죽두견주는 우리 할머니들이 집 곁에서 나는 것들로 지어냈다. '로컬푸드' 답게 종택에서 벗어나지 않고 지어낸 술이다. 맑게 청주로 뜬 것은 제주(祭酒)로 쓰고, 탁한 것은 농주로 쓴다. 술 항아리에 술이 숙성되기 전에 솔잎·댓잎을 넣었고 봄이면 진달래꽃, 가을에는 국화를 함께 넣어 숙성시켰다.

④ 채나물

콩나물국에 메밀묵, 고사리, 시금치를 넣어 만든다. 어린 김장김치를 넣기도 하고 고사리 대신 말린 가지오가리를 넣기도 하여 철에 따라 조금씩 다르다. 떡을 먹을 때 목이 메니, 목을 축이느라 함께 먹는다. 콩나물국은 소금으로 간을 맞추는데, 원래는 무채를 넣어 시원하게 맛을 내기도 했다. 함지 아래 무채, 고사리, 시금치 같은 나물을 놓고 소적판을 위에 얹어 사돈댁으로 옮겨간 뒤 함께 무쳐서 상에 올렸다.

⑤ 웃기떡

치자와 맨드라미물을 들인 색색 편의 위에 얹었다고 해서 웃기떡이다. 위에 덮는(蓋)다는 뜻의 '웃개'가 변한 것으로 어림잡아 본다. 색을 나누고 잘 모아서 동그랗게 환(丸)을 만든 뒤 납작하게 눌러 여러 모양을 낸다. 지금은 태극 모양의 두세가지 색만으로도 그럴 듯한데, 예전 할머니들은 12가지까지 색을 내기도 했다.

⑥ 두부찜

예부터 잔치준비에 두부와 묵 만들기가 빠질 수 없는 큰일이었다. 서지 조진사댁에서는 직접 농사지은 콩과 동해 바닷물 간수로 담백한 두부를 만들었다.

⑦ 송이느리미

송이와 절인 배추, 대파, 소고기 등을 꼬치에 끼워 기름에 지진 뒤, 간장 양념으로 졸인 음식이다. 느리게 만들고 먹는다 하여 느리미다. 붉은 고추가 들어가는데, 제사에는 올리지 않는다. 축하할 때는 색을 맞추느라 화려하게 색을 부린 것이다. 예전 선비들 상차림에는 고춧가루가 들어가지 않았다고 한다. 고춧가루가 든 음식은 농사일 바라지음식이다.

⑧ 문어무침

⑨ 대추약식

⑩ 쇠고기너비아니

⑪ 명태찜

동해안 지역의 상차림에 빠질 수 없다는 문어를, 숙회로 살짝 익혀 조리한 문어무침과, 밤, 대추와 곶감이 들어가 잔칫상에 빠질 수 없는 대추약식, 쇠고기너비아니, 명태찜 등이 있다.

그 밖에도 두감주가 있다. 식혜이지만 물이 들어가지 않은 밥 같은 식혜다. 큰 함지에 물을 담고 날이 더울라치면 좀 시원한 기운을 가지라고 연잎에 두감주를 담고 왕골로 복주머니처럼 싼 뒤 물 위에 동동 띄워서 간다. 그걸 풀어 숟가락으로 떠먹는 되직한 식혜이다.

(2) 질상 차림[35)]

칠월 한여름 농부들의 지친 몸을 다스리기 위해 질 먹는 날이 되면 일꾼들을 위해 차릴 수 있는 것 없는 것 모두 챙겨 정성들여 상을 차렸다.

판례떡상은 판례떡과 송죽두견주를 곁들이고, 질상에는 씨종지떡, 영계길경탕, 영계삼계채, 두부지짐, 무선, 옥수수범벅, 호박도래적, 포식해, 묵김치에 가양주를 곁들여 차린다. 든든하게 챙겨먹으면 한여름 더할 나위 없는 보양식이 된다.

[그림 4.4] 질상 차림36)

① 판례떡

밤, 팥, 강낭콩을 계절에 맞게 소로 넣어 빚는다. 해당화, 쑥, 치자로 삼색을 냈다. 보통의 송편보다 크기가 훨씬 큰 이유는 한 끼 식사에 맞춤하게 하기 위해서이다. 한 사람에 판례떡 세 개를 한 꼬치에 꿰어 나누어준다. 대신 선군이나 자리에 함께 한 종가의 종손 어르신께는 꿰지 않고 그릇에 얌전하게 담고 술을 곁들여 드렸다. 세 가지의 색은 '즐겁다', '축하한다'는 뜻이다.

② 씨종지떡

모내기까지 마치고, 곳간 채 큰 독에 남겨두었던 볍씨를 꺼내어 쌀을 찧고 빻아 만든 떡으로 햇쑥이며 호박오가리, 싸래기 밤, 대추, 곶감 말릴 때 부스러기로 남은 쪼가리 감을 넣고 떡을 찐다. 떡가루 함지에 꽃이 피듯 색이 곱게 핀다.

③ 영계길경탕

길경은 도라지다. 봄에 깐 병아리가 초여름이면 영계가 된다. 알맞게 자란 영계를 잡고, 도라지, 인삼, 대추와 함께 넣어 끓인다. 이어 감자와 호박을 넣고, 그 국물에 수제비를 띄운다. 국수를 말아 육수로 쓰기도 한다.

④ 영계삼계채

영계길경탕에서 국물을 내고 건진 닭의 살을 손으로 찢어놓는다. 오이와 인삼을 채로 만들어 넣고 참기름, 홍고추, 풋고추, 깨를 넣고 무친다. 통인삼 두 개로 장식을 마무리한다.

⑤ 무선

고추장에 박아두었던 무장아찌를 채 썰어 참기름과 통깨 등 갖은 양념으로 무친다. 고춧잎도 데쳐 참기름, 통깨 등 갖은 양념으로 무친다. 무를 쪄서 칼집을 내어 소금, 참기름, 통깨로 밑간을 한다. 칼집 낸 무 안에 채 썬 무장아찌와 고춧잎을 번갈아 넣는다. 먹을 때는 함께 채를 썰어 섞어서 무쳐 먹는다.

⑥ 옥수수범벅

옥수수알을 디딜방아에 살짝 찧어 옥수수껍질을 벗기고 키에 넣고 까불러 놓는다(능군다). 능군옥수수에 강낭콩과 팥을 넣고 삶는다. 삶으면서 간은 소금으로 하고, 완성되기 전에 꿀도 넣는다.

⑦ 포식해

제사상에 올렸던 대구포, 명태포 등을 모아 엿기름과 양념에 재운다. 찰밥을 고슬하게 지어 고춧가루를 섞어 발효시켜 상에 올렸다. 고춧가루가 들어가지 않은 식해는 소식해라 한다.

[표 4.1] 영계길경탕, 송죽두견주

영계길경탕	주재료	부재료	조리법
	영계 도라지	인삼 대추 감자 호박 수제비	길경은 도라지다. 알맞게 자란 영계에 맛이 오른 도라지, 인삼, 대추를 함께 넣어 끓인다. 이어 감자와 호박을 넣고 수제비를 띄운다. 국수를 말아 육수로 쓰기도 한다.
송죽두견주 	찹쌀 멥쌀 차좁쌀	솔잎 댓잎 진달래꽃 국화	맑게 청주로 뜬 것은 제주로 쓰고, 탁한 것은 농주로 쓴다. 술 항아리에 술이 숙성되기 전에 솔잎, 댓잎을 넣었고, 봄이면 진달래꽃, 가을에는 국화를 함께 넣어 숙성시켰다.

2) 강원도 강릉시 강릉 김씨 김열 종가[37]

강릉시 성산면 금산리(갈매간길)에는 소나무 숲으로 둘러싸인 지방유형문화재 55호로 지정된 400년 고택 '상임경당'을 찾을 수 있다. 임경당(臨鏡當)은 조선 중종 때 강릉 선비인 김광헌(金光軒)과 열(說) 부자의 덕을 기리기 위해 세운 건물로, 당시 홍문관 교리이던 율곡 이이 선생이 호송설(護松說)을 하사하고 칭송했다고 전해진다. 건물 안에는 '護松說'의 판액이 걸려 있다.

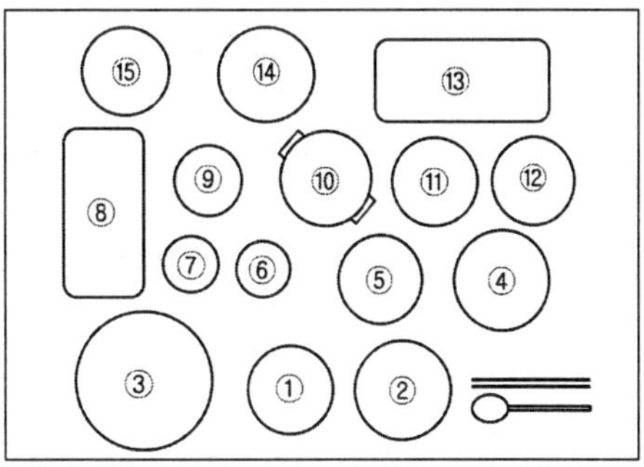

임경당은 김열의 호이며 종손의 14대조 할아버지로, 강릉 12현 중 한 분으로 학식이 있고 덕망이 높아 강릉 처사라 불렸다. 현재 임경당은 500년 이상된 종가의 '씨간장'을 기본으로 직접 농사지은 식재료를 이용하여 한정식 전문식당인 '과객(過客)'으로 종가음식의 맥을 잇고 있다.

바락바락 여러 번 문질러 씻어서 부드럽게 끓인 미역국에 꿩고기 살코기만 곱게 다지고 데친 숙주, 두부, 배추, 양파를 소로 넣고 메밀가루를 섞어 만두피를 만들어 만두를 빚어 끓인 꿩만둣국, 얇게 저며 만든 문어무침, 속편한 팥찰밥과 빡짝장까지 100세 노모께 올리는 정성스런 건강 밥상이다.[38]

[그림 4.5] 강릉 김씨 김열 종가 노모께 올린 밥상[39]

① 팥찰밥

팥은 돌과 잡티를 골라내고, 물을 붓고 끓여 첫물은 따라내고 다시 두 번째 물을 붓고 끓여 삶아둔다. 팥을 삶은 물로 밥물을 잡아 찰밥을 짓는다.

② 미역국

바락바락 여러 번 문질러 씻어서 부드럽게 끓여낸 미역국은 마치 매생이국처럼 걸쭉하다.

③ 꿩만둣국

삶은 꿩고기는 살만 발라서 곱게 다지고 데친 숙주, 두부, 배추, 양파를 함께 넣어 만두소를 만든다. 밀가루에 메밀가루를 섞어 만두피를 만들어 만두를 빚는다. 꿩을 삶았던 육수를 끓이다가 만두를 넣고 간장, 소금으로 간한다. 한소끔 끓으면 들깻가루를 넣고 불을 끈다. 황백지단, 깨소금, 김을 고명으로 얹는다.

④ 도토리묵

도토리묵에 당근, 쑥갓, 오이, 고추, 미나리 등을 넣고 양념장에 버무리고 깨, 김을 고명으로 얹는다.

⑤ 포식해

대구포, 동태포는 방망이로 두드려서 보슬보슬하게 찢는다. 찹쌀로 고두밥을 지어, 포와 섞은 후 다진 마늘, 고춧가루, 조청, 소금으로 양념하여 섞는다. 일주일 정도 삭힌다.

⑥ 간장

⑦ 고추장

⑧ 생선구이

⑨ 나박김치

⑩ 빡짝장

된장, 막장, 고추장을 섞어 체에 내려 물에 풀고 잘게 썬 풋고추, 감자, 호박, 두부, 양파를 넣어 뚝배기에 끓인다. 마지막 끓일 때 청국장을 넣고 송송 썬 파를 고명으로 얹는다.

⑪ 서거리깍두기

동태아가미는 깨끗하게 손질 후 씻어 물기를 완전히 빼고 다진 마늘, 다진 생강, 엿기름을 넣고 꾹꾹 눌러 이틀 정도 재워 둔다. 무는 깍둑 썰어서 소금에 살짝 절인다. 고춧가루, 다진 파, 다진 마늘 등 김치 양념을 넣어 버무려 익혀 먹는다. 시원한 맛이 일품이며 서거리의 씹는 맛이 좋다.

⑫ 문어무침

문어는 숙회로 삶아 먹기 좋게 자르고 간장, 다진 파, 다진 마늘, 고춧가루, 들기름을 넣어 무쳐 낸다.

⑬ 나물

방풍, 개두릅, 곤드레 등 계절나물을 이용한 반찬류이다.

⑭ 지누아리장아찌

지누아리를 날것 그대로 간장에 양념하거나 말려서 간장에 담가두었다가 건져 양념을 하여 낸다.

⑮ 곶감약식

설탕이 귀하던 시절 곶감으로 단맛을 내서 약밥을 만들었다. 씨를 발라내고 물에 불린 곶감을 잘 치대어 장작불에 밤새 은근하게 조린 다음 찐 찹쌀밥, 밤, 대추, 잣 등을 넣고 곶감이 빨갛게 고루 배이도록 치댄 다음 찐다.

⑯ 구람(굴암)

도토리를 여러 번 삶아 떫은 물을 우려낸 후 소금, 설탕을 넣고 폭신하게 찐다. 물기 없이 잘게 빻아서 꿀을 넣고 동글동글하게 빚어먹거나 숟가락으로 떠먹는다.

[표 4.2] 빡짝장, 포식해

빡짝장	주재료	부재료	조리법
	막장	무 풋고추 버섯 감자 호박	물에 막장을 풀고 제철에 나는 채소 등을 넣어 끓이는데, 이 때 물을 많이 넣지 않고 자박자박 끓이는 것이 포인트로, 쌈장 대용 또는 밥에 비빔장으로 사용한다.
포식해 	대구포 동태포	찹쌀 엿기름 고춧가루 조청	포는 방망이로 두들겨 보슬보슬 찢는다. 엿기름과 고춧가루, 다진 마늘, 조청 등 갖은 양념을 하여 일주일 정도 삭힌 후 먹는다.

100세 노모께 올린 종부의 정성스런 밥상은 시어머니께서 좋아하시는 고추장부터 속이 불편하실까 준비한 팥찰밥과 미역국, 꿩만두국, 도토리묵과 같은 부드러운 음식과 함께 빡짝장, 서거리깍두기, 문어무침, 포식해, 지누아리장아찌 등 지역의 특징을 그대로 품은 음식들을 눈여겨봐야 할 것이다.

강릉김씨 김열 종가 종부는 2013년 며느리와 딸이 차린 한정식집 '과객(過客)'을 돕느라 바쁘다. 대부분의 찬은 직접 농사를 지은 농작물을 이용하며, 강릉 쌀로 지은 식사는 맛깔스럽고 고급스럽다.

3) 강원도 강릉시 선교장(船橋莊) 전주 이씨 종가

선교장은 강릉의 전주 이씨 종가로, 선비들의 멋과 풍류 가득한 아름다운 고택이다. 조선시대 귀족들의 생활문화를 고스란히 간직하고 있는 선교장의 수많은 건물 중에서 활래정은 조선시대 귀족들 차 풍습의 단면과 차실의 원형을 엿볼 수 있는 귀중한 자료이다. 선교장 안 활래정 연못의 연을 이용한 내림음식이 있다.

연꽃차, 연잎감주, 연잎주, 연실떡, 연근정과 등이 주요 품목이다. 또한 현재까지 집안 대대로 내려오는 가승음식을 리몽(李夢 : 국가민속문화재 제5호 강릉선교장 300년 가승음식점)에서 판매한다.

[표 4.3] 가승음식점 '리몽'의 메뉴

정식 메뉴	단품 메뉴	상차림 메뉴
초당두부정식	두부선	리몽 진짓상
조치순두부정식	사태찜	리몽 풍류상
황태순두부정식	자연산송이불고기	리몽 잔칫상
황태보푸라기비빔밥정식	황태보푸라기	리몽 큰상
자연산송이덮밥정식		

[그림 4.6] 리몽 잔칫상 메뉴와 가승음식

① 전치수

선교장의 잔칫상에는 반드시 꿩적인 '전치수(全稚首)'를 올리는데, 꿩 대신 닭다리살을 먹기 좋게 손질하여 간장 양념을 발라 지져 익힌다.

② 황태보푸라기

잘 말린 황태를 숟가락이나 강판을 이용하여 보슬보슬 곱게 갈아 소금, 간장, 고춧가루 등으로 색을 내고 양념하여 만든다. 1948년 손정규 저의 『우리음식』에 처음으로 '북어보풀'이 기록되어 있으며, 『시의전서(是議全書)』에 '북어무침'이 기록되어 있다.

③ 두부선

두부를 곱게 으깨어 다진 쇠고기와 버섯, 달걀을 함께 넣어 반죽하고 천에 싸서 쪄낸 음식으로, 천일염으로만 간을 하여 짭짤하면서 담백한 맛이 일품이다.

④ 섭산삼

두드려 편 더덕에 찹쌀가루를 묻혀 기름에 튀겨낸 음식이다. 섭산삼의 섭은 두드린다는 뜻이고, 산삼은 더덕이 산삼처럼 좋다는 의미로 섭산삼이라는 이름 붙여졌다.

⑤ 송이산적, 각종 전

송이와 소고기를 번갈아 꼬치에 꿰어 굽는다. 양념은 가능한 자제하여 송이의 맛과 향을 살린다.

⑥ 조기찜, 제육깻잎말이, 청포묵잡채

미리 소금 간을 한 조기에 황백지단, 고추채 등을 얹어 찜통에 찌는데, 짭짤하고 쫄깃한 맛이 밥과 잘 어울린다.

⑦ 조치

『시의전서』에 처음으로 등장하는 음식명으로 이 책에는 '천엽죳치, 골죳치, 생선조치'가 소개되어 있다. 맑은조치는 간장이나 젓국을 이용하여 끓이고, 토장조치는 고추장이나 된장에 쌀뜨물을 이용하여 끓인다. 이 댁의 조치는 토장조치로 보인다.

닭다리구이처럼 보이는 것은 전통음식 전치수이다. 맹현에서는[40] 닭구이를 닭을 토막 내어 살과 다리를 저며 불고기양념을 해서 석쇠에 구워 낸다. 서울의 전통음식이기도 하며, 선교장 내림음식 전치수는 닭다리 뼈만을 제거한 것으로 보면 맹현의 닭구이와 같은 모습이다. 『음식지미방』(1670)에서는 물을 여러 번 발라 굽다가 기름, 간장을 발라 굽는 닭구이가 나온다. 닭을 연하게 하기 위해 하루 전쯤에 잡은 닭의 뱃속에 물을 담아 거꾸로 매달아두었다가 썼다고 한다. 『시의전서』(1800년대 말)에는 생치구이를 마늘 다진 것, 깨소금, 기름, 후춧가루, 꿀을 섞어 소금으로 간을 맞춰 주물러서 물을 축인 백지에 싸 굽는다고 하였다. 별법으로는 양념에 주무르기 전 맨살 껍질에 물을 적셔가며 구워, 반숙되거든 껍질을 바르고 유장을 발라 굽는다고 하였다. 맹현의 음식은 궁중음식을 다수 포함하였다. 이러한 사실은 궁중음식 관련 조리서인 『이조궁정요리통고』, 『조선왕조궁중음식』, 『한국의 맛』을 통해서 알 수가 있다.

북어보푸라기는 전국 종가의 대표적인 마른반찬이다. 특히 선교장 이관장의 할아버지께서 보푸라기를 좋아하셔서 즐겨 잡수시던 추억 때문에 '북어보푸라기 비빔밥'이라는 메뉴가 탄생했다.

리몽이 위치한 경포호 부근 배다리 주변에는 초당 순두부 마을과 운정동 순두부 마을이 있어, 이곳에서도 순두부정식 등을 메뉴로 한 듯하다. 선교장의 내림음식에 주변 순두부마을의 영향을 받은 '두부선' 등이 볼품도 있고 맛이 있다.

4) 강원도 강릉시 연일 정씨 정응경 종가[41]

강원도 강릉시 학산마을 연일 정씨 정응경(鄭鷹慶) 선생 종가에서는 음력 3월 중 좋은 날을 잡아 가정의 길흉화복을 관장하는 성주신(成主神)과, 불의 신이며 음식 맛을 관장한다는 부엌의 조왕신(竈王神), 그리고 재산을 지킨다는 지신(地神)에게 정화수 한 그릇과 시루떡을 차려두고 가정의 화평을 비는 고사를 지내고 있다. 우리 민속신앙이 고스란히 지켜지고 있는 곳이다.

정몽주(1337~92)의 후손 강릉대도호부사를 지냈던 종손의 15대 선조부터 이 지역에 살게 되었다. 손님 접대음식으로는 곶감떡과 책면을 만들어 대접한다.

곶감떡은 찹쌀 : 멥쌀 = 7 : 3으로 섞어 불려 소금을 넣고 가루로 만들고 쑥즙을 넣어 푸른색 반죽, 말린 맨드라미 꽃잎을 우려 넣어 다홍색 반죽, 말린 지단화 가루를 넣어 노란 반죽 등 삼색 반죽을 하여 밤톨만큼 떼어 화전을 굽듯 은근한 불에 굽고, 그 위에 삶은 밤에 꿀을 섞어 만든 고명을 올린다. 태극 모양으로 만들어 굽고, 그릇에 담을 때 웃고명으로 석이버섯채, 대추채, 밤채, 곶감채를 올리고 잣가루를 뿌린다. 곶감떡은 만들기가 까다로운 만큼, 모양도 아름다워 폐백음식과 회갑상에 올린다.

연일 정씨 정응경 종가 곶감떡(=꽃떡)은 서지마을 창녕 조씨 명숙공 가문의 웃기편과, 이름은 다르지만 송편을 덮고 있는 모양새나 두세 가지의 천연색을 이용하여 태극 모양을 만들어 지지는 떡이 매우 흡사하다는 것을 알 수 있다.

책면은 '착면'이라고도 불리며 '창면(昌麪)'(끓는물에 그릇째 넣어 익힌 얇은 녹말 조각을 갸쭉갸쭉하게 채를 쳐서 꿀을 탄 오미자 국물에 넣어 먹는 음식)'의 함경북도 방언[42]으로 화채류에 속한다.

칡녹말을 물에 풀어 놋쟁반에 한 술 떠서 얇게 펴고 끓는물에 중탕하여 익힌다. 어느 정도 익으면 더운물에 푹 담가 말갛게 익히고, 찬물로 옮겨 얇은 막과 같은 조각을 조심스럽게 떼어내어 채로 곱게 썰면 매끄러운 칡국수가 된다. 꿀을 탄 오미자국에 띄우고 잣도 동동 띄운다. 건오미자는 찬물에 전날 우려내야 한다.

[표 4.4] 곶감떡

곶감떡(= 꽃떡)	주재료	부재료	조리법
	찹쌀 멥쌀	지단화가루 맨드라미 쑥가루 밤 곶감 대추 석이, 잣	찹쌀과 멥쌀가루로 반죽하여 4등분으로 나누고 천연색으로 물들인다. 밤은 삶아 으깨고 곶감, 대추, 석이는 채 썬다. 두 가지 반죽을 밤톨만큼 떼어 태극 모양으로 만들고 밤 고명을 올려 다시 한 번 앞 · 뒤를 지진다. 꿀에 담갔다가 석이, 대추, 곶감채를 올려 모양을 낸다.

출처 : 농촌진흥청(2101), 내림에서 나눔으로 종가와 종가음식 – 창녕 조씨 명숙공 가문 웃기떡

5) 강원도 강릉시 강릉 김씨 김윤기(가옥) 종가[43]

강릉 김윤기 가옥(문화재 58호)은 77칸으로 선교장 다음으로 큰 대가로 330년 된 가옥이며, 정조 때 홍국영의 유배지로 유명하다. 뒤주, 석빙고(김치광) 등이 있다.

잔치음식으로는 보푸라기와 대구포, 게섬 그리고 삼색인절미 등을 꼽을 수 있다. 게섬은 찐 대게살을 발라내고 양념하여 대게딱지에 채워 넣은 후 황백지단과 홍고추채를 얹어 다시 찐 것이다. 전통음식 조리 책에서 볼 수 있는 꽃게찜은 게살을 발라내어 쇠고기, 두부, 표고 등과 섞고 양념하여 다시 게의 등딱지에 채워 넣어 찌는 조리법이다.

강릉 김씨 김윤기 종가 내림음식인 '게섬'은 가문의 특별한 명칭도 독특하지만, 조리법을 계량화하여 보존할 만한 자료라 판단된다. 삼색인절미 고물로는 대추채, 흑임자가루, 콩고물을 이용해 만들었다.

6) 강원도 강릉시 안동 권씨 권화 종가[44]

안동 권씨 추밀공파가 강릉에 터를 잡은 건 낙향시조 권송(權悚)의 처가인 삼척 심씨가 강릉에 세거했기 때문이라 했다. 일설에는 권화의 형 권구(權擢)가 강릉부사를 역임했던 것도 연유였다고 한다. 권송의 후손들은 입향 후 지역의 토성가문들과 통혼관계를 형성하면서 집안은 크게 번창하였다. 권화의 아들이 권처균으로 이종사촌 율곡보다는 다섯 살 아래였다. 벼슬은 고수하다가 호조참판을 증직했고, 오죽헌의 소유권과 외갓집 산소를 관리해 줄 소임을 책임지게 된다. 안동 권씨가 오죽헌을 400여 년간 지키게 된 계기가 된 인물이다.

18대 종손 권민구 씨는 권처균의 아버지 권화 선조가 신씨 가문으로 장가를 들어 인연을 맺었기 때문에 권화 종가라고 한다. 강릉 일대에는 아직도 안동 권씨 추밀공파 후손들이 많아 종회사무실에서 가문의 정체성을 이끌고 있다. 딸 셋, 아들 둘을 둔 노종부는 신사임당의 추모제에 종헌관으로 지내기도 했으며, 예와 전통을 이어가는 모임회 강릉 예림회(禮林會) 회장직을 맡았을 만큼 인품과 덕망을 지녔다.

안동 권씨 권화종가의 내림음식으로는 책면, 감자옹심이, 감자응이, 오미자옹심이, 다슬기죽 등이 소개된 바 있다. 사랑채 손님상에는 오미자 책면이 올랐고, 멸치국물을 내어 끓이는 감자옹심이는 여름날 점심으로 먹었고, 시어머니는 연잎을 따서 1년에 한 번씩 연엽주를 빚었다고 한다.

감자옹심이는 감자를 강판에 갈아 건지를 꼭 짠 다음, 가라앉은 녹말을 섞어 옹심이를 빚고 물에 멸치, 파, 다시마, 버섯 등을 넣고 끓여 맛국물을 만들어 애호박과 감자를 나푼나푼 썰어서 넣고 끓인다. 감자가 익으면 감자옹심이를 넣고 한소끔 끓인 후 그릇에 담는다.

지금은 어디에서도 볼 수 없는 오미자 옹심이는 하루 전날 우려 둔 오미자물에 꿀을 타 단맛을 내고 삶아둔 감자옹심이를 넣어 만든 것으로, 새콤달콤한 오미자 맛 그대로도 좋지만 쫄깃하게 씹히는 감자옹심이가 일품이다.

감자가루(전분)에 물을 붓고 끓인 후 꿀을 타서 만든 감자응이는 시할머니가 편찮을 때 만들어 드렸던 효심어린 음식이라고 한다.

[표 4.5] 다슬기죽, 감자옹심이

다슬기죽	주재료	부재료	조리법
	다슬기 찹쌀		냄비에 다슬기를 넣고 삶아 이쑤시개 등으로 속살을 빼낸다. 다슬기 삶은 물에 불린 찹쌀과 다슬기살을 넣어 쌀알이 무르도록 끓여준다.
감자옹심이 	감자	호박 멸치	감자를 강판에 갈아 건지를 꼭 짠다. 가라앉은 녹말과 섞어 옹심이를 빚고 멸치, 다시마, 파, 버섯 등을 넣고 끓여 맛국물을 만들어 애호박과 감자를 납작하게 썰어 넣고 끓인다. 감자가 익으면 옹심이를 넣고 끓여 한소끔 끓인 후 그릇에 담는다.

다슬기죽은 인근 계곡 맑은 물에서 채취한 다슬기를 삶아 그 물에 불린 찹쌀과 다슬기살을 발라 넣고 함께 끓인 죽으로, 여름의 열기를 식혀주는 건강죽으로 좋다.

7) 강원도 고성군 양근 함씨 함영근 종가[45)]

종가의 내림음식으로, 돌아가신 종손의 어머니가 나무로 만든 국수틀에서 메밀국수를 뽑아 동치미국물에 말아주던 메밀국수가 맛이 좋았으나, 현재 종가에서 만들어 먹지는 못하고 종가 이웃에서 종손의 육촌이 메밀국수 음식점을 운영하고 있는데, 그곳에서 마을에서 추수한 메밀로 반죽한 메밀국수와 메밀전, 그리고 열무김치를 맛볼 수 있다. 메밀가루를 반죽할 때는 밀가루, 달걀 등을 섞지 않고 동치미국물을 부어 먹는데, 메밀의 은은한 맛까지 느낄 수가 있다.

8) 강원도 고성군 경주 김씨 도정공파 가문[46)]

함경도와 강원도 동해안의 향토음식인 식해로, 대대로 이 가문의 행사에 반드시 준비하는 내림음식이다. 도루묵은 손질 후 소금에 절여 꾸덕하게 말린다. 무는 썰어 소금에 절여 꼭 짠다. 식은 차조밥에 엿기름가루와 고춧가루, 설탕, 소금, 다진 파, 다진 마늘 등 양념을 넣어 섞는다. 무와 도루묵을 배즙과 양파채에 섞어 통에 담아 익혀 먹는다.

[표 4.6] 도루묵식해

도루묵식해	주재료	부재료	조리법
	도루묵	차조 무 고춧가루 엿기름 양념일체	도루묵은 손질 후 소금에 절여 꾸덕하게 말려 먹기 좋은 크기로 자른다. 무는 썰어 소금에 절이고 식은 조밥에 엿기름가루와 나머지 양념을 넣어 고루 섞은 후 절인 무와 잘라둔 도루묵을 섞어 버무려 익힌다.

우리나라에서는 1600년대의 『주방문(酒方文)』과 『요록』의 식해 기록이 시작되었다. 『주방문』에서는 식해(食醢)를 식혜라 하였고, 『수문사설』에서는 감주(甘酒)를 두고 식혜(食醯)라고 하는 등 식해와 식혜의 교기 사이에 혼돈이 있었다. 정약용은 『아언각비(雅言覺非)』(1891)에서 "해(醢)의 즙이 많은 것을 혜(醯)라 하고 우리나라 방언으로 젓국이다."고 기록하였다. 해(젓해)에 밥을 섞었으니 식해(食醢)라고 하면 좋고, 생선, 소금, 곡물, 엿기름으로 만든 식해에서 생선과 소금을 빼고 물을 많이 써서 만든 것은 감주이다. 어장이 발달된 동해안에서는 곡물과 어물을 이용한 다양한 식해가 발달되었으며, 지금까지 그 맥이 이어오고 있다.[47]

9) 강원도 정선군 덕수 이씨 수고당 이자 가문

창면(昌麪)은 녹두녹말을 이용하여 얇게 만든 면(麪)을 삶아 곱게 채 썬 다음, 꿀로 단맛을 낸 오미자즙에 띄워 마시는 청량음료로, 1670년의 고조리서 『음식디미방(飮食知味方)』에 "녹두녹말 1홉을 물에 타되 너무 걸지 않게 타서 양푼 행기에 한 숟가락씩 담아 더운 솥뚜껑의 물에 띄워 잠깐 사이에 익거든 찬물에 담갔다가 썰 때 편편히 썰어 오미자차에 얼음을 넣어 사용한다. 오미자가 없으면 참깨를 볶아서 찧어 걸러 그 국에 말면 토장국이라 한다."고 기록되어 있다.[48] 창면의 주재료로 녹두녹말이 사용되나, 강원도 지방에서는 녹두녹말 대신 감자녹말 또는 칡녹말을 사용해 만드는 평소에는 맛보기 힘든 이색적인 음료이다.

[표 4.7] 곶감떡, 책면

책면(= 청면)	주재료	부재료	조리법
	오미자 녹말가루	꿀 잣	오미자는 씻어 하루 전에 찬물에 우리고 꿀을 넣어 단맛을 낸다. 녹두녹말 되지 않게 반죽해 스테인리스 국그릇 밑에 얇게 편다음 끓는물에 돌려가며 익힌다. 5mm 두께로 길게 썰어 오미자국에 넣고 통잣을 띄운다.

덕수 이씨 수고당 이자 가문에서는 종손이 귀가 길에 들어오면 여름철 노종부는 멀찌감치 내다보고 창면을 준비한다. 창면은 본래 녹두녹말로 만드는 음식이나, 녹두가 귀한 강원도에서 칡녹말을 사용하여 면을 만들고 오미자국물에 띄운 창면(昌麪)을 만들었다. 칡녹말은 물에 풀었다가 면보에 거른 후 녹말물을 편편한 냄비에 붓고 끓는물에 중탕으로 면을 만들어 찬물에 식힌다. 채 썬 면과 오미자국물을 그릇에 담고 잣을 띄워 낸다.[49]

10) 강원도 영월군 김해 김씨 안경공파 가문[50]

겨울철 배추를 수확하고 난 뒤 들판에 남아 있는 질기고 푸른 배춧잎을 모아 김장을 하여 이듬 해 김장 김치가 동이 나는 여름철에 꺼내어 별미로 먹고, 또한 이웃에게 나누어주었다고 한다. 식량이 귀한 시절 식품 재료 하나라도 헛되게 버리지 않는 종부의 삶이 전해진다. 오늘날 짠지는 이 가문의 여름철 별미로 전해진

[표 4.8] 장물짠지, 조장

장물짠지	주재료	부재료	조리법
	배추	소금 한식간장 고추씨	소금에 절인 배춧잎을 단지에 고추씨와 한식 간장을 뿌려 켜켜이 채워 담든다. 하지가 지난 후에 먹기 시작하는 장아찌류에 속한다.
조장 	메줏가루	김칫국물	메줏가루에 김칫국물을 섞어 항아리에 담아 넣고, 하루 정도 숙성시킨 후 먹는다. 바로 먹을 수 있어서 즉성장이라고도 부른다.

다. 말린 배추는 소금에 절여 고추씨, 한식 간장을 뿌려 켜켜이 채워 담는다. 하지가 지난 후에 먹는다.

6·25전쟁 때에는 피난에서 돌아오니 장, 김치 등 모든 식량이 없어졌다. 그래서 당시 김장독에 남아 있는 김칫국물과 메줏가루로 급하게 즉석장을 만들어 된장 대신 먹었다. 메줏가루와 김칫국물을 섞어 항아리에 넣고 하루 정도 발효시킨 후 바로 먹는다.

5. 강원도 잔치의 특별음식

1) 영동지방

태백산맥을 중심으로 해안에 인접한 고성, 속초, 양양, 강릉, 동해, 삼척 등 영동에서는 내륙에 비해 쉽게 구할 수 있는 수산물을 이용한 접대음식이 다양하게 발달하였다. 문어무침, 건가오리무침, 명태순대, 오징어순대, 모듬생선조림, 코다리조림, 황태구이, 우럭미역국, 가시리묵, 지누아리장아찌. 포식해 등 계절에 따른 일반적이며 토속적인 식재료를 사용한 음식들이다.

현재는 기후의 변화로 식재료 구하기가 어렵거나 만들기가 복잡하여 사라져가는 음식들이 늘어나고 있는 실정이다.

① 문어무침

강원도 해안가에서의 문어는 경조사 및 접대음식으로 빠질 수가 없다. 제수용으로 귀한 몸값을 자랑하는 문어는, 양식이 없는 자연산으로 명절에 서두르지 않는다면 구하지 못하는 일도 다반사다. 일반적으로 문어숙회로 많이 조리되지만, 강원도에서는 제사의 제물로 사용한 후 또는 접대음식으로 적당하게 삶은 문어를 먹기 좋은 크기로 잘라 간장과 고춧가루, 다진 파, 다진 마늘, 그리고 들기름과 꿀을 넣어 살살 버무린다. 강릉 창녕 조씨 문숙공 가문에서는 사위의 첫 생일상 상차림과, 강릉 김씨 김열 종가에서는 노모께 올리는 건강 밥상에도 소개된 바 있듯 문어무침은 잔칫상에 빠질 수가 없다.

② 건가오리무침

꾸들꾸들하게 말린 가오리는 미지근한 물에 불려 찜통에서 찐다. 생긴 대로 살을 쭉쭉 찢어 양푼에 담은 뒤 간장, 매실청, 다진 파, 다진 마늘, 통깨, 들기름을 넣어 무쳐준다. 언제부터 또 어디부터 먹기 시작했는지는 불분명하지만 동해안을 따라 남쪽 해안지방까지 기록이 보이는 접대음식이다.

③ 고성 가시리묵[51)]

가시리는 10월부터 이듬해 1월 사이 강원도 바닷가 갯바위에 거뭇거뭇 붙어 자라는 해조류다. 육지 사람들이 잔치에 도토리, 밤, 메밀, 옥수수 등 전분을 이용해 묵을 만들었다면, 바닷가 사람들은 바다풀을 이용해 묵을 쑤었다. 가시리를 긁어모아 말렸다가 묵을 만들어 먹는다. 가시리는 겨울음식으로 여름에는 잘 굳지 않아 먹기가 힘들고, 겨울처럼 기온이 영하권으로 내려가야 쫀득한 제 맛을 낸다.

④ 속초 명태순대[52)]

명태순대는 함경도 음식으로, 귀한 손님이 오거나 잔칫날 먹을 수 있는 특별한 음식이다. 한국전쟁 이후 함경도 피난민들은 고향이 가까운 속초 청호동에서 언제든 고향으로 갈 수 있는 날을 기다리며 터전을 잡고 살았다. 명태항이라 불리던 청호동은 현재 아바이순대 마을로 유명하지만, 실향민들로 인해 명태순대의 맥이 이어져오고 있는 곳이기도 하다. 명태가 귀해지고 조리법이 수고스러워 집에서 쉽게 만들어먹지 않지만 속초 청호동에 가면 그 맛을 볼 수가 있다.

명태순대는 명태 속내장을 깔끔하게 빼낸 후 홍게살에 생태 내장과 알, 두부, 김치, 채소 등으로 만든 소를 명태 뱃속에 채워 말린다. 귀한 손님이 오거나 잔칫날이 되면 준비해 둔 명태순대를 찌거나 연탄불에 구워서 낸다. 없던 시절 부유함을 상징했던 명태순대는 실향민에게는 고향이라 한다.

⑤ 우럭 미역국[53)]

조피볼락, 개볼락, 우럭볼락 등을 통칭해서 우럭이라 부른다. 동해와 접하여 다양한 어종이 풍부한 강원도 지방에서는, 생선을 넣고 끓이는 우럭미역국을 제일로 치기에 생일상차림 뿐만 아니라 잔칫상에도 첫 번째로 친다.

미역은 불려 먹기 좋게 자르고, 우럭은 비늘과 내장을 제거하고 생강을 넣어 푹 삶아 뼈를 골라낸다. 들기름 또는 참기름에 미역을 충분히 볶다가 뽀얗게 우러난 국물과 우럭살을 넣어 한소끔 끓인다. 회를 뜨고 남은 우럭을 사용하여 끓이기도 한다. 만들기가 번거로움에도 진하고 구수한 국물 맛에 꾸준하게 볼 수 있는 잔치음식 중 하나다.

2) 영서지방

춘천, 화천, 양구, 인제, 홍천, 철원, 원주, 횡성, 영월, 평창, 정선, 태백 등의 내륙지방 잔치음식으로는 계절별 산채나물(묵나물), 부각, 수리취떡, 감자떡, 감자국수, 막국수, 메밀총떡(메밀전병), 메밀묵, 부꾸미, 도토리묵, 옥수수범벅, 옥수수엿, 더덕구이, 섭산삼, 황태구이, 송이산적, 송이버섯전골, 능이잡채 등 산채류와 버섯류 및 감자, 옥수수, 메밀 등 구황작물을 이용한 국수, 떡, 강정, 엿, 묵, 전류 등의 음식들이 발달하였다.

① 능이버섯전골[54)]

돼지고기는 나푼나푼 썰고, 능이버섯은 손으로 찢고, 냉이도 손질한다. 양파와 당근, 대파도 돼지고기와 같은 길이로 잘라 전골냄비에 재료들을 보기 좋게 담고 물을 부어 끓이면서 양념간장으로 간을 맞춘다.

② 홍천 치각[55)]

홍천 내면 광원 3리 절애마을에서는 마을 전통음식 치각을 만들어 마을잔치를 한다. 치각은 먹거리가 부족하고 가난하여 육류가 귀했던 시절 명절이나 잔칫날에 만들어 먹을 수 있었던 특별한 음식이다. 주재료에 따라 토끼치각, 닭치각이라 이름하고, 산토끼나 닭을 뼈째 곱게 다지고 두부와 파, 당근 등 채소와 옥수수가루를 넣어 반죽을 만들고 둥글납작하게 또는 길게 모양을 내어 빚어 큰 솥에 짚을 깔고 면보를 올린 뒤 쪄낸 음식으로 담백하고 부드러운 최고의 영양 음식이다. 치각은 두부선과 재료와 조리법이 비슷하며, 강원도 홍천뿐 아니라 메밀의 주산지 평창군 백옥포리[56)]에서도 메밀가루를 섞어 만든 메밀 닭치각이 소개된 바 있다.

③ 능이잡채

평창군 대관령면 박○자 댁에서는 명절 또는 잔칫날이면 미리 채취해 말려둔 능이를 이용하여 능이잡채를 만들었다. 지금은 가공기술의 발달로 언제든 쉽게 구할 수 있는 재료들이지만, 능이잡채는 명절이나 되어야 만들어 먹을 수 있는 음식이었다. 조리법은 지금의 잡채와 흡사하며, 제철의 채소들과 함께 마른 능이버섯을 물에 불려 적당한 크기로 찢어 함께 섞는다. 최근에는 잡채와 같이 당면이 많이 들어가지만, 언제부터 당면을 사용했는지는 알 수가 없다.

술상, 잔칫상, 생일상에 두루 올리는 잡채(雜菜)는 당면을 넣은 잡채와 넣지 않는 잡채가 있다. 한글조리서인 『음식디미방』(1670년경)과 『규곤요람(閨壼要覽)』(1896)에는 당면 없는 잡채가 기록되어 있다. 『조선무쌍신식요리제법』(1924년)에는 잡채에 "당면을 데쳐 넣는 것은 좋지 않다."라고 하였으나, 『조선요리제법(朝鮮料理製法)』에서는 당면이 주재료로 사용되었다. 1919년 황해도 사리원에 처음 당면, 국수 제조공장이 설립되었고, 그 이후 당면을 넣는 잡채가 연관성이 있는 것으로 보인다.

잡채에 사용되었던 재료는 도라지, 숙주, 꿩고기, 박고지, 냉이, 드릅, 고사리, 무, 참버섯 등 잡채라는 이름에 걸맞게 20여 가지 재료와 7가지 양념의 사용과 함께 밀가루즙을 끼얹는 것 등 특이한 조리법이 『음식디미방』에 기록되어 있다.[57)]

오늘날 잡채의 형태는 당면을 주재료로 돼지고기 또는 쇠고기 중 하나만 사용하며, 3~4가지 채소들을 섞어주는 조리법이나 재료에 죽순, 연근, 천엽, 고사리, 문어, 홍어, 능이, 송이 등을 이용하여 지역적·계절적으로 조금씩 차이를 보인다.

④ 감자국수

강릉시 쌍계산천마을 배선훈 댁에서는 동네어르신들에게 감자를 삭혀 만든 감자전분을 이용하여 감자떡과 감자국수를 만들어 먹었다.

시판되는 감자전분과 삭혀 만든 감자전분은 맛과 질감이 음식을 만들었을 때 확연한 차이가 나기에 삭히고 건조하는 번거로운 과정을 고수해야 한다. 삭혀 만든 감자전분에 뜨거운 물을 넣어가며 익반죽하며, 홍두깨 반죽밀대를 이용하여 지름 40~50cm 넓이로 얇게 밀어 칼국수 자르듯 가늘고 길게 자른다. 솥에 물을 끓이고 소금을 넣은 후 감자국수를 삶아 건져 그릇에 담고 한식간장, 달래, 대파 등을 넣은 양념간장을 곁들여 먹는다.

『조선무쌍신식요리제법(朝鮮無雙新式料理製法)』에는 국수에 대해 "누구를 대접하든지 국수 대접은 밥을 대접하는 것보다 나은 것으로 알고, 국수 대접에는 편육 한 접시라도 놓다니 그런고로 대접 중에 나으리라."고 하였다. 이렇게 한국사회는 잔칫상에 국수가 상징음식인 것이다. 통과의례에서도 국수의 긴 모양을 '수명이 길어진다.'는 상징성을 부여하여 의례상에 올리며 손님을 대접하였다. 요즘에는 일상식으로 자주 먹기도 하지만, 강원도에서는 결혼식 음식으로 꼭 국수를 주식으로 올리며 크고 작은 마을잔치에 감자국수, 메밀국수, 장칼국수 등을 만들어 먹는다.[58]

⑤ 대관령 황태구이[59]

황태는 일교차가 심한 강원도에서 주로 생산된다. 겨울철 명태를 덕장에 걸어 차가운 바람을 맞아가며 얼고 녹기를 스무 번 이상 반복해 말려야 황태가 완성된다. 특히 얼고 녹기를 수차례 반복한 명태는 단백질이 두 배 이상 늘어 고단백 식품이 된다. 황태는 살이 노랗고 부드러우며 쫄깃한 육질과 깊은 맛을 가지고 있다.

대관령, 인제 용대리 지역에서는 황태덕장이 발달되어 왔으며, 황태는 저장성이 좋은 식재료로 황태보풀이, 무침, 구이, 찜, 국, 찌개, 김치 등 다양하게 사용되는데, 그 중 황태구이는 정성이 들어가는 음식으로 접대음식에 빠지지 않는다.

황태는 흐르는 물에 포슬포슬 마른 살을 살짝 적신 후 물기를 최대한 빼준다. 적당한 크기로 황태를 잘라주고 고춧가루, 설탕, 진간장, 맛술, 고추장, 다진마늘, 참기름, 생강가루, 후추, 올리고당, 통깨 등 갖은 양념을 이용하여 양념장을 만들어 손질한 황태에 양념장을 발라가며 팬 또는 석쇠에 알맞게 구워준다.

3) 종가 · 명가 내림음식의 방향

종가는 지역사회와 특별한 연계 속에서 존재해오고 있다. 지역의 지주로서 지역에서 생산되는 식재료들을 근거로 하여 종가음식을 만들어 왔으며 전통성과 지역의 향토성을 깊이 있게 담고 있는 우수한 식문화의 자원을 지켜오고 있다.

종가 중심의 공동체 문화에서 발달한 내림음식은 노동집약형이며, 계량화가 어렵고 현재 맥을 잇고 있는 종부들의 고령화로 이제는 내림음식 발굴과 조리법 체계화 작업이 시급한 실정이다. 따라서 조리법의 발굴과 고찰로 전통 한식의 다양한 문화요소를 계승하고 향토음식 홍보 및 이미지 제고에 기여해야 한다.

종가 · 명가의 내림음식 뿐만 아니라 가양주, 종택, 역사와 인물의 스토리텔링을 관광업과 소셜 네트워크 등 다양한 매체를 활용한다면 복합 문화로서의 상품화 가능성이 있다고 보인다.

[표 4.9] 강원도 종가의 일반적 사항

거주지역	가문명	조사문헌	상차림 · 내림음식	조사년도	비고
강원도 강릉시	창녕 조씨 명숙공 종가	내림에서 나눔으로, 섬김의 미학	사위 첫생일상 질상과 판례떡상	2010 2011	서지초가뜰 (농가맛집)
강원도 강릉시	강릉 김씨 김열 종가	하늘 땅 사람에 올리는 상차림, 종가음식	노모께 올리는 건강한 상차림 다과상	2014	상임경당 내 과객 (한정식)

거주지역	가문명	조사문헌	상차림 · 내림음식	조사년도	비고
강원도 강릉시	전주 이씨 종가 船(선)橋(교)莊(장)	현장취재	잔칫상 풍류상	2018	선교장 내 李(이)夢(몽) (가승음식점)
강원도 강릉시	연일 정씨 정응경 종가	명문종가를 찾아서	책면, 곶감떡	2002	강릉시 학산
강원도 강릉시	강릉 김씨 김윤기(가옥) 종가	전통음식문화 자산으로서 종가음식에 관한 연구	북어보푸라기, 대구포, 게섬, 삼색인절미	2013	김윤기 가옥 (문화재 57호)
강원도 강릉시	안동 권씨 권화 종가	종가의 삶에는 지혜가 있다.	연잎주, 오미자책면, 감자옹심이, 다슬기죽	2012	오죽헌
강원도 고성군	양근 함씨 함영근 종가	종가의 삶에는 지혜가 있다.	동치미메밀국수, 메밀전	2012	고성 왕곡마을
강원도 고성군	경주 김씨 도정공파 가문	농사로	도루묵식해		
강원도 정선군	덕수 이씨 수고당 이자 가문	농사로	칡창면		
강원도 영월군	김해 김씨 안경공파 가문	농사로	장아찌류		

미주풀이

1) 국립민속박물관, 한국일생의례사전, 2014, pp.579-581.
2) 정혜경, 내림음식, 한국 의·식·주 생활사전, 국립민속박물관, p.189.
3) 권용석·김영·이진영·최정숙·김행란·김양숙, 종가의 손님맞이 음식에 대한 탐색적 연구, 「한국식생활문화학회지」 28(1), 2013, p.14.
4) 농촌진흥청(2010), 내림에서 나눔으로 종가와 종가음식.
5) 경북 종가음식 조리서를 세계기록유산으로…, 작성자 메아리가 있는 뉴스.
6) 수운잡방, 문화콘텐츠닷컴(문화원형백과 한국 술문화), 2005, 한국콘텐츠진흥원.
(산가요록(山家要錄) : 1450년 어의(御醫) 전순의(全循義)가 농업과 생활에 관한 당시의 기술들을 기록한 책으로 우리나라 고조리서 중 가장 오래되었다. 68가지의 술 빚는 방법과 장 담그기, 식초 만들기, 식품저장법 등이 담겼다.)
7) 농촌진흥청, 하늘 땅 사람에 올리는 상차림, 종가음식, 2014, p.32.
8) 농촌진흥청, 하늘 땅 사람에 올리는 상차림, 종가음식, 2014, p.31.
9) 시의전서(是議全書) (한국민족문화대백과, 한국학중앙연구원).
10) 농촌진흥청, 하늘 땅 사람에 올리는 상차림, 종가음식, 2014, p.28.
11) 농촌진흥청, 하늘 땅 사람에 올리는 상차림, 종가음식, 2014, p.29.
12) 농촌진흥청, 하늘 땅 사람에 올리는 상차림, 종가음식, 2014, p.30.
13) 한복려·정혜경·정라나·이소영, 한글 종가 조리서로 추측되는 봉접요람의 의미와 내용, 「한국식생활문화학회지」, 2017, 32권, 6호지, p.498.
14) 한영우, 정조의 화성행차 그 8일, 효형출판, 1998, pp.203-220.
15) 한영우, 정조의 화성행차 그 8일, 효형출판, 1998, pp.216-220.
(1촌은 1치와 같으며 척의 1/10인 3.03cm이다. 1척은 1자이며 30.303cm를 말한다.)
16) 한영우, 정조의 화성행차 그 8일, 효형출판, 1998, p.219.
17) 궁중음식연구회, 한복려·정길자 공저, 수라일기 1편, p.242.
18) 궁중음식연구회, 한복려·정길자 공저, 수라일기 1편, p.210.
19) 한희순·황혜성·이혜경 공저, 이조궁정요리통고, 학총사, 1957, pp.4-5.
20) 한희순·황혜성·이혜경 공저, 이조궁정요리통고, 학총사, 1957, p.6.
21) 주영하, 한국인은 왜 이렇게 먹을까?, Humanist, 2018, p.103.
22) 이효지, 교자상, 한국 의·식·주 생활사전-식생활, 국립민속박물관, 2018, p.116.
23) 저자미상, 윤서석·조후종·윤덕인·임희수 저, 음식법, 아쉐뜨 아인스미디어, 2008, pp.98-149.
24) 저자미상, 윤서석·조후종·윤덕인·임희수 저, 음식법, 아쉐뜨 아인스미디어, 2008, pp.33-35.
25) 이귀주, 서울의 전통음식, 고려대학교출판부, 2012, p.57.
26) 방신영, 조선요리제법, 열화당, 2011년 재발행, pp.482-486.
27) 방신영, 조선요리제법, 열화당, 2011년 재발행, p.488.
28) 방신영, 조선요리제법, 2011년 재발행, pp.482-486.

29) 국립민속박물관, 한국일생의례사전, 2014, pp.768-769.

30) 강인희, 한국의 맛, 2002, pp.370-374.

31) 윤서석, 한국음식, 수학사, 2002, pp.445-446.

32) 이효지, 교자상, 한국 의 · 식 · 주 생활사전 - 식생활, 국립민속박물관, 2018, p.116.

33) 농촌진흥청, 내림에서 나눔으로 종가와 종가음식, 2013, p.12.

34) 농촌진흥청, 내림에서 나눔으로 종가와 종가음식, p.12.

35) 농촌진흥청, 하늘 땅 사람에 올리는 상차림 종가음식, 2014, p.294.
(판례떡 : 밤, 팥, 강낭콩을 계절에 맞게 소로 넣어 빚는다. 쑥, 치자, 해당화로 삼색을 내었다. 보통의 송편보다 훨씬 크다. 큼직하게 만든 것은 한 끼 식사에 맞춤하게 하기 위해서다. 한사람에 판례떡 세 개를 한 꼬치에 꿰어서 나눠준다. 대신 선군이나 자리에 함께한 종가의 종손 어른께는 꿰지 않고 그릇에 얌전하게 담고 술을 곁들여 드렸다. 세 가지 색은 '즐겁다, 축하한다'는 뜻이다.)

36) 농촌진흥청, 섬김의 미학, 2011, p.81.

37) 농촌진흥청, 섬김의 미학, 2014, p.112.

38) 농촌진흥정, 하늘 땅 사람에 올리는 상차림, 2014, p.110.

39) 농촌진흥청, 하늘 땅 사람에 올리는 상차림, 2014, p.115.

40) 이귀주, 하늘 땅 사람에 올리는 상차림, p.102.
(조선왕조 홍선대원군 이하응의 형 홍완군(1815~1848)의 후손으로 맹현은 조선시대 한성부의 북촌 가회동에 위치한 지명)

41) 이연자, 명문종가를 찾아서, 2002.

42) 네이버, 표준국어대사전.

43) 윤덕인, 전통음식문화자산으로서 종가음식에 관한 연구, 2014, 「관광연구」 11집.

44) 이연자, 종가의 삶에는 지혜가 있다, 2012.

45) 이연자, 종가의 삶에는 지혜가 있다, 2012.

46) 농사로 사이트, http://www.nongsaro.go.kr 종가음식.

47) 윤덕인, 교류역사 속의 동아시아 음식문화, 2018.

48) 경북대학교출판부, 음식디미방, 2003.

49) 농사로 사이트, http://www.nongsaro.go.kr 종가음식.

50) 농사로 사이트, http://www.nongsaro.go.kr 종가음식.

51) 농촌진흥청, 한국의 전통향토음식 강원도편, 2008, p.214.(정보제공 : 이복덕, 고성군 현내면 마차진리)

52) EBS다큐프라임 5부작, '백성의 물고기'중 5부 - '명태, 그 뜨거운 안녕'

53) 농촌진흥청, 한국의 전통향토음식 강원도편, 2008, p.126.

54) 농촌진흥청, 한국의 전통향토음식 강원도편, 2008, p.140.(정보제공 : 신승애, 원주시 귀래면 운남 1리)

55) 한국인의 밥상, 202회, 아흔하홉 구비의 지혜 - 대관령 겨울밥상.

56) 한국인의 밥상, 256회, 기꺼이 겨울을 견디다 - 강원도 메밀밥상.

57) 이춘자, 잡채, 한국 의 · 식 · 주 생활사전. 국립민속박물관 pp.789-790.

58) 이효지, 국수, 위의 책, 국립민속박물관, pp.124-127.

59) 김호영, 아시아뉴스통신, 2018년 12월 28일자.

강원인의 지혜와 맛

강원도
음식문화

V

강원도 제례음식문화

윤덕인

강원인의 지혜와 맛

강원도 음식문화

1. 전통 제례문화의 규범

1) 제례의 개념

제례(祭禮)는 조상숭배의 하나로 제사 지낼 때의 예절이다. 제사(祭祀) 중 가정에서 이루어지는 제사는[1] 신령에 대한 외경심과 조상숭배 사상이 합치되어 조상을 추모하고 자손의 번영, 친족 간의 화목을 도모하는데 의의가 있다. 제사의 상차림은 각 지방과 가문에 따라 진설법이 다르나, 근본적인 양식은 우리나라 상고시대부터 이어져오는 토속적인 제물을 저면에 두고 『주자가례(朱子家禮)』의 내용을 수용하고, 『사례편람(四禮便覽)』에 의해 규범화 된 것이다.

그러나 이러한 유교적인 규범의 생활화도 그 실상에 있어서는 상류사회의 표층에만 그러하였을 뿐이고, 민간생활의 기저에는 고유의 전래습속이 성행하여 왔을 뿐만 아니라 왕실에서도 전래해오던 세속에 따랐음을 기록에서 볼 수 있다. 이것은 유교적 생활 규범이 전래의 습속보다 문화적 우월성을 가지고 있다고 인식되었음에도 불구하고 민간생활의 여러 분야에서 공감대를 형성하지 못했음을 의미함과 동시에 생활의 심층에 정착하지 못하였다는 것을 의미하는 것이라 할 수 있다.

제례는[2] 돌아가신 조상을 추모하고 그 근본에 보답하고자 하는 정성의 표시이다. 돌아가신 조상이 마치 계신 듯이 모신다고 하여, 사당은 대체로 집의 동쪽에 위치하며, 사당 안에는 서쪽부터 고조부모, 증조부모, 조부모, 부모 순으로 4대 조상의 신주를 모셨다. 그리고 고서비동(考西妣東)이라 하여 아버지 신위는 서쪽, 어머니 신위는 동쪽에 모셨다. 그리고 매달 초하루, 보름에 차례를 지내고, 설, 추석 명절에는 차례를 지내고, 절기마다 천신하며, 봄, 여름, 가을, 겨울에는 시제를 지낸다. 또한 기일에는 기제를 모신다.

조선시대 제례의 규범서가 된 『가례(家禮)』에서 규정된 사시제(四時祭), 시조제(始祖祭), 선조제(先朝祭), 부모 제사인 이제(禰祭), 기일제(忌日祭), 묘제(墓祭) 등이 실제로 모두 실행되었던 것은 아니고, 우리의 관습적인 제사에서는 기제(忌祭)와 속절제(俗節祭, 차례)가 중시되었다. 차례는 사당에서 매월 초하루와 보름, 명절 및 조상의 생일 등에 지내는 간략한 의식을 말하는데, '차사' 또는 '다례'라고도 한다.

특히 오늘날에는 핵가족화로 기제와 설, 추석의 차례가 조상제례로 인식되었다. 특히 설과 추석이 법정 휴일로 정해져 가족과 친척들이 모이는 명절이라는 점 때문에 차례는 기제사보다 훨씬 더 화려한 제물을 차리는 경향을 보인다. 제사 시간도 출·퇴근 시간을 고려하여 기일 저녁시간으로 옮기는 추세이다. 제례준비는 하루 전날 재계하고 재청에 신위를 마련하는 것으로 시작된다. 안채에서는 주부를 중심으로 집안 친척이 모여 제사음식을 준비한다.

우리의 관습적인 제사에서 기제사(기일 제사)와 속절제가 중시되고 있음을 보여주는 사례로는 경기도 용인 해주 오씨 추탄공 종가의 기제사와 설, 추석차례 음식에는[3] 차별이 있다. 돌아가신 날 새벽 자시(子時)에 모시는 기일 제사에는 과일이 일곱 가지 오르고, 명절 차례에는 다섯 가지만 올린다. 밥 대신 떡국을 올리고, 술은 한 잔을 드리지만 안주는 세 가지를 올린다. 축문도 읽지 않는다. 설, 추석 차례는 무축단헌(無祝單獻)이기 때문이다.

2) 예법서와 규범

(1) 16세기 이전의 규범서와 예법

조선시대는 제사의 정성시대라고 할 수 있다. 조선시대 예법(禮法)의 표준은 왕실의 경우 『국조오례의(國朝五禮儀)』였고, 민간의 경우에는 『주자가례(朱子家禮)』가 절대적인 권위를 가지고 있었다. 조선 초기에는 불교의례의 전통이 아직도 강하게 남아있어 『가례(家禮)』식의 유교의례가 사회 전반에 쉽게 보급되지 않았다. 그러나 성리학이 심화되기 시작한 16세기 중엽부터 비로소 양반 사대부 사회에서 『가례』가 정착하게 되었다. 그렇다고는 해도 조선시대의 가정의례가 모두 『가례』대로 시행된 것은[4] 아니었고, 우리 실정에 맞게 시행하려고 노력하였다. 이러한 노력의 모습은 17세기에도 지속되어 예학 사상의 거목으로 일컬어지는 송시열(尤

庵 宋時烈, 1607~1689)도[5] 제사 문제에서 논란이 많이 되었던 제수(祭需 : 유밀과, 어육의 생숙 여부), 단제(單祭)와 병제(竝製), 생신제들의 물음에 답변하기를, 『주자가례』의 내용을 인지하고 중시하면서도 항상 '우리 집안'을 주체로 하여 선대의 전통을 따르는 제사의 풍속을 내세웠다.

송시열은 제수 중 어육의 생숙(生熟) 여부에 대해서 이이의 『격몽요결』에 생어육을 제수로 사용한다는 구절이 있음을 인정하는 한편, 『주자가례』에는 생어, 생육이라는 말이 없으니 『주자가례』를 따르는 것이 옳겠다고 하였다. 실제로 당시에 박세채의 집안을 비롯해 생어육을 쓰는 경우가 있었는데, 반면 송시열의 집안에서는 제사 때 어육을 익혀서 사용하고 있었다. 송시열은 익힌 어육을 사용하는 근거를 『예기』 「예기」편에서 제시하는데, 가장 높은 신에게 드리는 큰 규모의 제사일수록 피나 생것을 쓰고, 사람의 영혼을 대상으로 하는 일반의 제사에서는 사람이 먹기에 좋은 익힌 고기로 생시에 봉양한다는 것이다. 이렇게 보면, 익힌 어육을 제수로 쓰는 것은 선대부터의 전통이면서 또 먹기에 편한 고기로 생시에 봉양하던 정성을 사후의 봉양에서도 지속하는 봉제사의 정신을 잘 구현한 것이다. 이는 인정에 맞으면서 예문으로서의 근거를 모두 충족한다고 볼 수 있다.

생숙(生熟) 어육류를 진설하는 여부는 후반에서 언급할 불천위제사의 제수 중 혈식군자(血食君子)라고 하여 생 어육류를 높이 고여 담는 '도적'의 경우, 김미영은[6] 도적은 고례에는 등장하지 않는 제물로서 영남학파를 중심으로 나타나는 습속이라 할 수 있으며, 도적은 제물 이상의 또 다른 기능, 즉 고임 높이의 과시라고 보았다. 안동지역 불천위제례에서도 가문의 인지도, 문중의 경제적 · 사회적 규모에 따라 도적의 고임 높이가 달라지고, 또 비위보다는 고위의 것이 상대적으로 높아서, 도적은 조상제례를 가문의 위세 과시로 간주한 후대의 산물이라고 보았다.

강원도 관찰사로 부임하여(1580) 관동팔경을 노래한 '관동별곡(關東別曲)'으로 잘 알려진 한국 가사문학의 큰 별 영일 정씨 정철(鄭澈, 1536~1593) 종가는[7] 충북 진천군 문백명 어은마을에 있는데, 이 종가에서는 우리나라 종가의 전통적인 제례문화를 잘 보여준다.

현재 종가에서는 송강 정철 선생 내 · 외의 불천지위 제사 두 번, 종손으로부터

4대 봉제 여덟 번, 설과 추석 차례 두 번까지 일 년에 모두 열두 번의 제사를 지낸다. 이외에도 4월 5일에는 묘소에서 차사를 모시고, 4월 9일에는 진천 유림에서 주관하는 정철의 향사를 송강정사에서 따로 모신다.

종손 정○성 씨와 종부 김○옥 씨는 몇 년 전까지만 해도 다달이 들어 있는 절사를 모두 지냈다고 한다. 정월 초하룻날의 '떡국차사', 정월 대보름엔 오곡밥과 나물반찬을 차려 사당에 올렸다. 3월 삼짇날에는 진달래 화전을 만들어 사당에 천신했고, 4월 5일 청명 한식날은 묘제를 지냈으며, 5월 5일 단옷날엔 쑥절편을 만들어 사당에 고했다. 6월 15일 유두절에는 맨드라미화전, 밀쌈 등으로 사당 차례를 모셨고, 7월 7일 칠석날은 햇밀로 국수를 만들고 호박전을 지져서 조상 앞에 바쳤다. 8월 추석에는 햅쌀로 송편을 만들고 국화주를 빚어 조상을 섬겼다. 9월 9일 중양절에는 국화주와 국화전을 만들어 사당에 고했으며, 동짓날엔 팥죽차사를 지냈다. 이렇듯 1년에 열두 번 지내는 절사는 대대로 몇 년 전까지 이어지다가 종손이 병을 얻어 문중회의에서 지내지 않기로 결의한 이후 지금은 제사가 많이 줄었다고 한다.

조선조 조상제사의 지침서인 『주자가례』에는 진설도가 첨부되어 있지 않았다. 그러나 『주자가례』의 내용에 따라 진설도를 그려보면[8] 다음과 같다(그림 5.1 참조). 여기에서 보듯이, 『주자가례』에 의하면 제찬을 모두 4열로 진설하도록 되어 있다. 즉 신위를 기준으로 하여 제일 앞쪽인 제 1열에는 반(飯), 갱(羹), 잔반(殘飯), 시저(匙箸), 초접(醋楪)을 놓고, 제 2열에는 면식(麵食)과 미식(米食), 육(肉)과 어(魚) 그리고 적(炙)을 놓으며, 제 3열에는 소채(蔬菜)와 포(脯), 해(醢) 각 3품을 놓고, 마지막 제 4열에는 과(果) 6품을 놓는다.

이율곡의 『격몽요결(擊蒙要訣)』 중 제의초(祭儀抄)에는[9] 『주자가례』에 없는 탕(湯)을 두어 모두 5열로 하고 있고, 또 청장이 첨가되어 있으며 시접의 위치가 『주자가례』와 다르다. 그리고 『주자가례』에서 소채 및 포, 해 각 3품이라고 되어 있던 것을 숙채와 침채로 구분하고 포와 해의 위치를 정해 놓았다(그림 5.2 참조).

飯 殘盤 匙箸 醋楪 羹

麵食 肉 炙 魚 米食

蔬菜 및 脯醢 각 3品

果 果 果 果 果 果

[그림 5.1] 주자가례의 진설도

匙箸 飯 殘盤 羹 醋楪

麵 肉 炙 魚 餠
湯 湯 湯 湯 湯

脯 熟菜 淸醬 醢 沈菜
果 果 果 果 果 果

[그림 5.2] 격몽요결 중 제의초의 진설도

(2) 『상례비요』, 『사례편람』과 성균관유도회의 예법

飯 殘盤 匙箸 醋楪 羹

麵 肉 炙 魚 餠

脯 熟菜 淸醬 醢 沈菜
果 果 果 果 果 果

[그림 5.3] 상례비요(1648)의 진설도

飯 殘盤 匙楪 醋楪 羹

麵 肉 炙 魚 餠

脯 蔬 醬 沈菜 醢 食醯
果 果 果 果

[그림 5.4] 사례편람(1844)의 진설도

『사례편람』의 진설도(그림 5.4)는[10] 『상례비요』(그림 5.3)[11]와 비교하여 3열에 식해가 하나 더 있는 것이 다를 뿐 나머지는 모두 같다. 『주자가례』와 마찬가지로 4열로 되어있는데, 「제의초」에 따라 청장을 첨가하였다. 그리고 4열의 과(果)는 『주자가례』와 마찬가지로 6품을 기본으로 하지만 갖출 수 없을 때는 4품, 2품 등으로 줄일 수 있다고 하여 제찬의 준비에 있어서는 형편에 따라 증감이 있을 수 있음을 보여주고 있다. 이들 과일의 품수를 줄이는 경우 4품, 2품과 같이 짝수를 쓰도록 하는 것은 진설의 방법에 음양설을 적용한 것이다. 즉 과일은 음식을 음양으로 구분할 때 음에 해당되기 때문에 음의 수인 짝수를 쓴다고 한다. 또한 『사례편람』의 진설도에는 해(醢) 옆에 식혜(食醯)가 있는데, 이는 '청장으로 해 한 가지를 대신하여 써도 좋다'고 한 본문의 내용으로 미루어 보아 해와 식해를 모두 쓰는 것은 아닌 듯하다.[12]

기제사 때 예법 중 제일 먼저 생각해야 할 것은 해당 조상의 신주만을 모시는가 아니면 배우자를 모시는가의 설위 방식을 먼저 정하는 것이다. 전자를 '고비단설'이라 하고, 후자를 '고비합설'이라고 한다.

『가례』, 『국조오례의』, 『사례편람』, 『가례집람』 등에서는 단설로 제시되어 있다. 퇴계 이황(退溪 李滉, 1501~1570)도 "기일에 내 · 외분을 함께 모시는 경우가 있지만, 옛날에는 그런 예가 없었다. 다만, 상례와 제례는 조상이 하던 바를 따르는데 우리 집에서는 이전부터 함께 모시고 있으니, 지금 와서 감히 가벼이 논할 수 없다."라고 하며, "기제사 때 항상 고위와 비위를 함께 지내지만, 이것은 예(禮)가 아니다… 내가 종자(宗子)가 아니기 때문에 마음대로 바꾸지 않았다. 다만, 내가 죽은 후에는 이러한 습속을 따르지 못하도록 할 것이다."라며 단설을 기본 원칙으로 하였다. 그러나 현재 관행에서는 합설이 대부분을 차지하고 있다. 즉 설위 방식은 가가례(家家禮)로 제사지낼 분 한 분의 자리를 차리고, 그릇을 벌여놓고 음식을 갖춘다.[13)]

날이 밝기 전에 일찍 일어나 나물과 과실과 술과 안주를 차려 놓는다. 날이 샐 무렵 주인 이하는 모두 옷을 갈아입고 사당에 나아가서 차례대로 두 번 절한다. 절을 마치고 나면 주인이 올라가서 향을 피우고 꿇어 앉아 신주에게 "오늘은 아무 어른 아무 벼슬 부군께서 돌아가신 날이옵기에 감히 신주를 정청(政廳)으로 내모실 것을 청하오며 공손히 추모하는 정성을 펴나이다."라고 읽기를 마치면 엎드렸다가 일어나서 독을 열고 신주를 받들어 가려 가지고 집사자에게 준다.

주인이 앞에서 인도하고 주부가 뒤를 따른다. 여러 자제들과 며느리, 딸들도 차례로 뒤를 따라 정침에 이른다. 여기에서 신주를 받들어 자리에 모신다. 이 절차가 끝나면 참신(參神), 강신(降神), 진찬(進饌), 초헌(初獻)의 차례로 진행한다. 다음으로 아헌(亞獻), 종헌(終獻), 유식(侑食), 합문(闔門), 계문(啓門), 진다(進茶), 사신(使神), 주부와 주인이 신주를 사당에 도로 모시고, 제물을 거둔 후 음복(飮福)한다. 계문은 제사 지낼 때 유식한 다음 합문하고 신이 돌아갈 문을 다시 열어주는 형식을 제시하고 있다.

우리의 제사 관념에 큰 변화가 나타나게 된 것은[14)] 한말에 기독교가 도입되면서 부터였다. 기독교는 무엇보다도 우리의 전통적인 제사에 대한 관점에서 유교와 상치되어 마찰을 빚었다. 서구문물과 생활양식이 보급되면서 제사를 미신으로 배척하는 풍조가 일어나 일제강점기까지 계속되었다. 특히 일제침략으로 조선왕조가 무너지고 왕조를 지탱하였던 양반계층이 몰락하자 양반 중심의 예법이 동시에 붕괴되었고, 유교식 제사 또한 그 사회적 존재 가치와 의미를 상실하게 되었다. 그리고 일제가 공출을 강요하여 사당의 유기 제기를 대부분 회수해 간 뒤로는 사당을 중심으로 한 전통제례가 큰 손상을 입었다.

특히 1973년에 반포된 '가정의례준칙'은 전통예법의 모습을 크게 변질시켰다. 제물의 가짓수를 줄이도록 하는 것과 함께, 가장 큰 변화는 전통적 제사 지내는 시간인 자시(子時)를 어긋나 일찍 제사를 지내도록 권장한 것이었다.

오늘날 성균관 유도회 총본부 전례연구위원회가 『사례편람』에 기준을 두고 보급하는 차례상차림은 [그림 5.5]와 같다.[15]

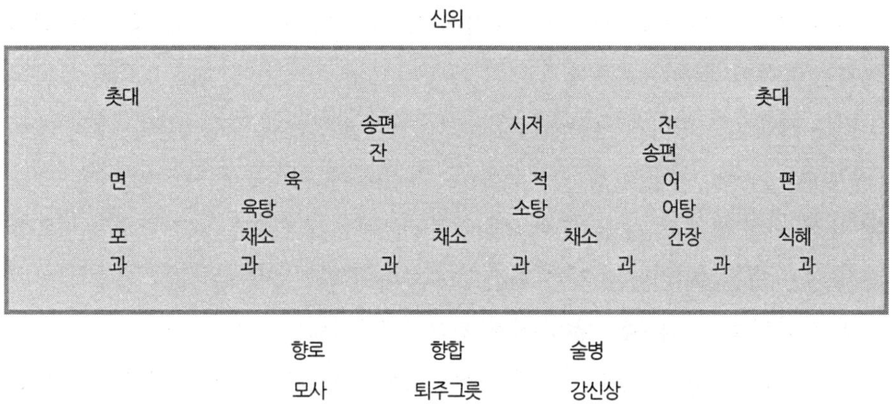

[그림 5.5] 성균관 유도회 보급 차례상차림

성균관 유도회 보급 차례상차림에서는[16] [17] 신위를 향해 오른쪽을 동쪽, 왼쪽을 서쪽으로 간주하고 진설한다. 1열에는 기제사 때는 메와 갱을 놓는다. 메를 왼쪽에 갱을 오른쪽에 놓는다. 밥은 쌀밥, 국은 쇠고기에 무를 넣어 끓인 쇠고기무국이다. 고서비동(考西妣東)의 진설법에 따라 신위, 메, 갱, 술잔을 놓을 때 아버지의 것은 서쪽에 어머니의 것은 동쪽에 놓는다.

"죽고 나면 밥 한 그릇 떠줄 사람도 없다."라는 표현은[18] 밥의 중요성을 말하는 것이라 할 수 있다. 전통 밥상에서는 밥과 국이 짝을 이루는 것이 기본 원칙이었기에 조상제사에서도 밥과 국은 주된 음식이다. 제사에 차려지는 밥을 '메'라고 하는 것은 일상과의 차별화를 꾀하기 위함이다. 메는 인도에서 유래된 말이라고 한다. 때문에 불교가 우리나라에 전래되면서 불전에 올리는 밥을 메라고 했으며, 이후 유교식 제사에서도 사용되었다고 한다.

갱(羹)은 제사에 올리는 국을 말하는데 '갱국'이라고도 한다. 대부분 지역에서 탕국을 끓인 후 국물을 떠서 갱으로 사용하고 건더기만을 담아서 탕으로 올린다. 반면 안동을 중심으로 한 경북지역 일부에서는 무갱에 콩나물을 넣고 나물국을 끓인다. 강원도 지역에서도 일부 이와 같은 나물국을 끓인다.

추석 차례상에는 송편을 두 그릇 놓는다. 2열에는 불에 굽거나 찐 음식인 적(炙)과 기름에 튀기거나 부친 전(煎)을 놓는다. 어적, 어전, 육적, 육전 등이다. 적전중앙(炙煎中央)에 따라서 적과 전은 중앙에 놓는다. 또 어동육서(魚東肉西)에 따라 어류는 동쪽에 육류는 서쪽에 놓으며, 두동미서(頭東尾西)에 따라 머리는 동쪽에 꼬리는 서쪽으로 향하게 놓는다. 적도 보통 3적을 쓰는데 보통 육적, 어적, 계적(닭적)을 놓는다. 어적의 경우 생선을 두 마리나 세 마리를 통째로 익힌다. 초헌 때 육적, 아헌에 계적, 종헌 때 어적을 올린다. 떡은 오른쪽에 놓고 국수는 왼쪽에 진설한다. 떡은 색깔 있는 것은 피하고 시루떡에 팥고물을 쓸 때는 껍질을 벗겨 흰색이 되게 하며 국수는 삶아 건져 건더기만 놓는다.

"떡 본 김에 제사 지낸다."라는 표현이 있듯이 떡은[19] 주된 제물로 여겨진다. 떡은 본편으로 불리는 시루떡, 또는 잔절편을 높이 쌓고 위에는 웃기를 얹는데, 음식이 상하기 쉬운 여름에는 증편을 사용하기도 한다.

정약용은 "오늘날 제례 때 완조(梡俎) 위에다 떡을 4.5척 높이 궤는 것은 괴이하기 짝이 없다. 내 생각에는 떡 그릇과 밥 그릇은 같은 크기로 만든 후 내용물이 그릇 위로 2촌 정도 올라오도록 담는 것이 좋을 듯하다."라고 당시 떡을 높이 쌓아 올리는 당시의 습속을 비난하였다. 떡을 높게 괴는 관행은 유교이념에 바탕한 가문 의식이 강화됨에 따라 조상제사를 통해 가문의 위세를 드러내려는 목적에서 생겨난 것이라 여겨진다.

3열에는 탕(湯)을 진설하는데 단탕, 3탕, 5탕, 7탕으로 홀수로 놓는다. 탕은 고기(肉湯), 생선(魚湯), 두부, 채소(蔬湯) 등으로 만든다. 소탕 대신 계탕(鷄湯)을 놓기도 한다. 어탕은 동쪽, 육탕은 서쪽, 소탕은 중앙에 진설한다. 고춧가루를 쓰지 않으며, 건더기만 담고 국물은 거의 담지 않는다. "탕 맛이 제사음식을 좌우한다." 할 정도로 탕은 주요제물로 인식되고 있다.

그러나 『주자가례』 등 대부분의 예서에는 탕이 등장하지 않고, 『국조오례의』와 『제의초』에만 탕이 나타나고 있다. 그런데 『국조오례의』에서는 탕을 올리는 경우에는 어육과 적을 차리지 않고 반대로 탕을 올리지 않으면 어육과 적을 사용하고 있어 어육과 탕은 유사한 제물이라고 여겨진 것은 아닐까 여겨지나 고증이 더 필요하다고 하였다.[20)]

4열에는 나물을 놓는다. 이는 좌포우혜(左脯右醯)에 따라 포(육류나 북어, 마른 오징어, 문어 중 한 접시)는 왼쪽에 식혜는 밥알만 건져 담아 오른쪽에 놓는다. 해(醢)는[21)] 생선젓으로 대개는 소금에 절인 조기를 쓰고, 혜(醯)는 밥알을 삭혀 만든 식혜로 건더기만을 둥근 접시에 담아 올리는 것이다. 나물은 침채, 청장, 숙채(익힌 나물로 고사리, 도라지, 무, 시금치, 배추나물 중 삼색나물을 준비한다), 또 생동숙서(生東熟西)에 따라 김치는 동쪽에, 익힌 나물은 서쪽에 놓는 법도 있다. 4열은 짝수로 진설한다.

5열에는 과일과 조과를 놓는다. 과일의 종류로는 밤, 대추, 곶감 등의 건과와 계절에 따라 배, 사과, 감귤, 은행 등을 놓는다. 과일의 진설법에는 홍동백서(紅東白西)라 하여 동쪽에는 붉은 색 과일을 놓고 서쪽에는 흰 과일을 진설한다. 조과로는 유과, 약과 등을 홍동백서의 순으로 진설한다. 홍동백서 법칙 외에 조율시이(棗栗柿梨)에 의해 대추, 밤, 감, 배의 순으로 놓는다. 5열은 홀수로 진설한다.

권장하는 진설법은 이상과 같으나, 음식의 양은 자손의 형편에 따라 차이가 있다. 무엇보다 중요한 것은 정성이라고 본다.

(3) 불교, 천주교의 제례문화와 기독교의 추도식

유교의 제례문화 외에도 불교, 천주교에서도 제례 형식을 갖춘다. 반면, 기독교는 추도식을 거행한다. 이들을 간략히 살펴보면 다음과 같다.

불교의 모든 의식은[22] 스님 중심으로 진행되고 한문과 인도어로 되어 있어 그 내용을 이해 못하는 경우가 많다. 보통 상가에서 시행하는 시다림(尸茶林)이나 사십구재(四十九齋), 천도재(遷度齋) 등을 총칭해서 '왕생의례'라고 한다. 단순히 조상을 추모하는 유교의 제사의례와는 본질적으로 다르다. 재(齋)는 원래 수행하는 스님들이 정해진 시간에 공양하는 것이고, 모든 불자가 게(偈)를 지켜서 행업을 막게 하여 마음의 안정을 찾고 지혜를 얻어 몸과 입과 뜻으로 지어온 삼업(三業)을 깨끗하게 닦는 수행을 말한다. 왕생의례 때 푸짐하게 음식으로 상차림을 하는 것은 우리의 정성을 표하는 것일 뿐이다. 망자인 영가에게 필요한 것은 음식이 아니라 진리의 말씀인 법공양이라는 것을 명심하고, 경전 독송할 때도 산 사람과 죽은 영혼이 이해할 수 있도록 해야 한다.

불교식 차례상은 위패를 기준으로 1열에는 밥과 국, 차를 놓고 좌·우에 떡과 과자류를 놓는다. 2열에는 나물류, 3열에는 각종 전류, 4열에는 과일을 놓는다. 이때 과일의 배열은 유교식과 달리 큰 과일을 좌·우로 배치되고 밤, 대추와 같은 작은 과일은 중앙에 놓고 나머지 공간을 꽃으로 장식한다. 무엇보다도 조상님이 맛있는 것부터 드시기 좋도록 진설한다.

차는 녹차를 우려 올리고, 나물은 고사리, 시금치, 도라지 등의 삼색 나물을 파, 마늘을 쓰지 않고 무친다. 전은 넓적하게 부친 두부전이나 배추, 미나리전 등 세 가지를 올린다. 과일은 사과와 배, 감(곶감)을 쓴다. 떡은 하얀 거피팥고물 떡, 산자, 약과를 올린다. 밥은 흰쌀밥을 소복하게 담는다. 국은 고기를 넣지 않고 다시마나 무를 넣어 맑게 끓인다.

우리나라에 천주교가 전래되자, 제사문제는[23] 논란의 대상이 되었다. 천주교는 그동안 한국사회를 지배했던 유교적 세계관과 서로 대립하였는데, 그 정점에 조상의 제사문제가 자리하였다.

1791년 전라도 진산의 선비 윤지충은 모친이 별세했을 때 신주를 불사르고 제사를 지내지 않았다. 조정에서는 이 사건이 유교이념을 국시(國是)로 하는 조선사회에 대한 도전으로 보고 박해를 가하였다. 여러 과정을 거치면서 1939년부터 천주교에서는 동양의 문화를 부분적으로 인정하여 죽은 이의 시신이나 상, 혹은 단순한 이름이 기록된 패 앞에서 행하는 제례의식을 허용하였다.

오늘날 가톨릭 제사는[24] 본당에서 위령미사만 봉헌하고 명절을 지내기도 하고, 위령미사도 드리고 집에서 제사를 지내기도 한다. 주로 설, 한가위 등 명절 중심 제사, 제시된 간단한 형태의 말씀 전례와 제사의 중심인 축문과 배례, 그리고 그리스도교 신자의 신앙고백과 여러 기도로 구성된다. 벽에는 십자가를 걸고 그 아래에 선조의 영정(사진)을 모신다. 전통적인 분위기를 원한다면 병풍을 치고 촛불과 향을 마련하기도 한다. 가톨릭 기일제사 상차림을 보면, 고인이 생전에 즐기던 음식 위주로 정갈하게 차린다.

이에 비해 기독교에서는[25] 조상제사 문제를 낡은 세계의 모든 체계를 유지하는 본질적인 도구로 인식하며, 제사를 지내지 않는 것은[26] 죽은 사람을 신격화하여 숭배하지 않는다는 뜻이다. 이것은 기독교 신앙에서 신은 오로지 한 분뿐이며, 하나님 이외의 신은 일체 섬기지 말라는 성경말씀을 따르기 때문에, 유교식 조상제사를 계속 허용하지 않고 있다. 한국기독교 내에서 '조선예수교장로회'는 1904년에 부모의 생존 시에는 효를 다하되 사망했을 때는 엄숙한 장례식만 하고, 조상숭배인 제사는 추도식으로 대치하라는 결정을 내렸고, 오늘날까지 이 결정이 이어지고 있다.

2. 1985년 이전 조사된 강원도 제례문화

강원도 민속 부문 제례보고에서 최승순은[27] 수차에 걸친 민속조사 중 신주(神主)를 봉안하고 있는 종가(宗家)를 발견하지 못하였는데, 금년도 조사에서도 신주를 봉안하고 있는 종가는 발견되지 아니하였다고 하였으며, 신주가 없는 이유로는 신주 없이 지방으로 본사한지 오래되어 언제 어떤 연고로 신주가 없어졌는지 조차 알지 못하는 가문이 있고, 또 하나는 6·25전쟁 전까지는 신주를 봉안하였으나 6·25전쟁으로 신주를 분실하고 다시 조성치 아니한 가문의 경우 등 둘로 나눌 수 있다고 하였다. 오늘의 강원도 내에서 이루어지고 있는 모든 기제는 지방제(紙榜祭)라고 하였다.

앞에서도 언급한 바와 같이, 최근 달라진 제의풍속 중 일반화되어진 것은 밤중 제사가 없어지고 초저녁 제사로 된 것, 가문의 형편에 따라 춘추 혹은 적당한 날짜에 합사하는 것이라고 하였다. 초저녁에 제사를 지내게 된 것은 「가정의례준칙」(1969)부터이며[28], 합사의 경우는 강원도를 포함한 다른 지역에서도 문중이 합의하면 가능한 일이었다. 이는 앞에서도 언급한 바 있다.

최승순의 조사에서 강원도 모든 조사지역 내의 기제(忌祭)는 양위합설(兩位合設)로 되어 있었고, 동해시 삼흥동에서는 대부분의 가정에서 합제(合祭)를 하지 아니하고 제날에 제사하고 있었다고 하였다.

이 조사에서 제사는 장자(長子)가 지내게 되어 있고 목계리, 송계리, 삼흥동에서는 다 장자 봉사로 되어 있으나 태백시 연화동에서는 고위(考位, 아버지)는 장자가 지내고, 비위(妣位, 어머니)는 차자(次子)가 지내고 있어 특이한 점이라고 하였다. 이러한 제사 습속은 1차 민속조사 때 고성군 진부리(陳富里)와 고성군 오봉리(五峰里)에서 발견되었으나, 여기 강원도 남단에서도 발견이 되었다. 이 사실을 제보해 준 태백시 연화동 장○환에 의하면 자기집이 종가로 비위제(어머니의 제사)를 차남이 지내는 것은 선대(先代)부터 해왔다고 하였다. 장씨의 연령이 77세인데도 비위제를 본가에서 지낸 기억이 없다고 하니, 이 제사풍속이 연화동(통리) 지방에서는 퍽 오래된 것으로 짐작된다.

철원군 내에 있는 종가 조사에서도 신주를 봉안하고 있는 가문은[29] 한집도 없다고 하며, 기제사 때는 지방(紙榜)을 쓰나 최근에는 사진으로 대체하는 가문이 많다고 하였다. 그러나 강원도 내에서 근년 고조 이후의 제향(祭享)을 연 1회나 2회 합설 합제(合祭)하는 가문이 있는데, 철원의 고로들에 의하면 합제하는 가문은 없다고 한다. 일제 때까지도 와수리에는 신주를 봉안하고 있는 가문이 많았으나 해방 후 인공치하에 있을 때에 신주가 매안(埋安)되고 6·25 전쟁 때 완전히 없어졌다고 한다. 앞에서도 언급한 바와 같이 철원 화지리, 와수리에서도 비위제를 차자집에서 봉사하는 가문이 있다. 지금은 전부 지방제를 지내는 탓으로 어디서나 지방을 써 붙이고 봉사할 수 있으므로, 근년 비위제를 차자가 지내는 가문이 있다고 한다.

철원에서 절일(節日) 차례는[30] 예전에는 섣달그믐, 설, 한식, 단오, 추석, 동지 등에 이루어졌으나, 현재 행해지고 있는 절일차례는 설과 추석뿐이다. 설 차례는 조상에 대한 세배의 뜻이 있고, 추석 차례는 햇곡을 사람이 먹기 전에 먼저 조상에게 바친다는 천신(薦新)의 뜻이 있다. 설 차례는 주과포(酒果脯)의 기본 제수에 절식으로 만둣국이나 떡국을 쓰고 철원지방의 어떤 가문에서는 백반도 함께 쓰고 있다. 추석차례 때는 햇곡 메와 송편, 햇과일을 천신의 뜻으로 쓴다. 생일 차례는 신주를 봉안하고 있을 때는 모든 신주의 생일에 차례를 봉행했으나, 근년에는 부모의 생일 차례를 행할 뿐 그보다 윗대의 생일 차례는 하지 않고 있다고 한다.

반면, 정선 여량 2리 지역에서는[31] 증조(3대)까지 가내에서 제사를 지내고 고조부터는 시제로 지낸다. 시제는 종손이 지내는 것이 원칙이나 부득이한 경우 수고비를 들여 다른 사람이 대행하는 수도 있다고 한다. 화암 1리에는 사당은 없고, 화암 3리에는 사당이 있다. 옛날에는 지방(紙榜)을 쓰면 사통오달(四通五達)로 접어 지방살 뒤에 붙여서 첨부했다.

평창지역에서도 3대조까지는 가내에서 제사를 지내며[32], 고조부터는 시제로 지낸다. 제상은 맨 앞줄에 과일을 놓되 색이 있는 것은 동쪽에 붉은 것을 놓고, 서쪽에 흰색을 즉 홍동백서(紅東白西)의 순으로 하거나, 조율시이(棗栗柹梨)의 법도에 따라 서편으로부터 대추, 밤, 감, 배 등의 순으로 진설하되 홀수로 놓는다. 둘째 줄은 짝수로 놓되 좌포우혜(左脯右醯)라 하여 왼쪽에 포, 오른쪽에 식혜를 놓는다. 셋째 줄은 탕(湯) 줄로 다섯 가지의 맛을 갖춘 오미탕(五味湯)을 놓는다. 넷째 줄에는 짝수의 적(炙)과 전(煎)줄로 어동육서(魚東肉西), 동두서미(東頭西尾)의 법도에 따라 놓는다.

기제의 절차는 『사례편람』 '제례편'에 의거하고 있으며 차이점이 없고, 고위나 비위 단설로 봉제하는 가문은 한 곳도 없었다. 삼척군 원덕면 호산에서는 제사는 초경에 지내나 그날 저녁에 진설을 하고 메나 갱을 쓰지 않고 국수를 놓고 제주가 대문에서 읍을 하여 영신한 다음 제주만 신위 앞에 네 배하고 그 자리에서 국수를 내려 이웃 사람과 참여한 사람들을 모아 놓고 국수를 나누어 먹고 이웃 사람이 간 뒤 초경에 제향을 올리는 제사풍속이 있다고 말하며, 이는 원덕면이 울진에 가까워 월진 풍속을 받은 것이라고 제보자는 말하였다. 앞의 『주자가례』, 『제의초』, 『상례비요』, 『사례편람』의 진설도 규범 중 면식이 제물로서는 빠지지 않고 등장한 바 국수를 올리는 것은 그 역사성이 오래되었다고 본다. 삼화사, 진관사의 '수륙재(水陸齋)'에도 국수는 중요한 제물로 올려진다. 북어와 함께 국수 또한 불교의 영향이라 여겨진다.

제례의 절차 중 가문에 따라 다른 것에 유식(侑食)이 있다. 일반적으로 유식은 주인이 식사를 권유하는 의미로 잔에 술을 더 채우는 참작을 하고, 문을 닫거나 병풍을 둘러치고 유식을 하는데, 합문유식(闔門侑食)이 아니고 문을 열어놓은 채 개문유식(開門侑食)하는 가문이 있다. 같은 지역 내에서도 가문에 따라 합문과 개문의 차이가 있어 가가례(家家禮)를 보여주는 것이다. 유식의 시간도 어느 가문에서는 5분 정도로 짧은 것이 있는가 하면, 어떤 가문에서는 살아있을 때의 식사시간 즉 30분 정도로 하고 있는 가문도 있다. 유식시간이 짧은 가문에서는 제사 참석자가 문밖에 그대로 서 있다가 개문하나, 유식의 시간이 긴 가문에서는 참석자 전원이 퇴거했다가 다시 개문 때 모인다.

3. 강원도 제례문화의 관행과 제물

다음으로는 본격적으로 강원도의 조상제사를 위한 기제사 상차림, 추석 차례상 차림과 가신신앙 상차림, 강릉 단오제 제례와 제례 상차림, 강원도 민속제의인 마을신앙(삼척 산메기, 동해안의 서낭굿, 태백산 천제), 삼화사 수륙재와 같은 불교 제사 등을 살펴보고 앞에서 제시한 규범과 비교해 강원도 제례문화의 특징을 알아보고자 한다.

1) 기제사 상차림

강원도 명주군 학산리 정씨댁 기제사 상차림은[33] 다음 [그림 5.6]과 같다.

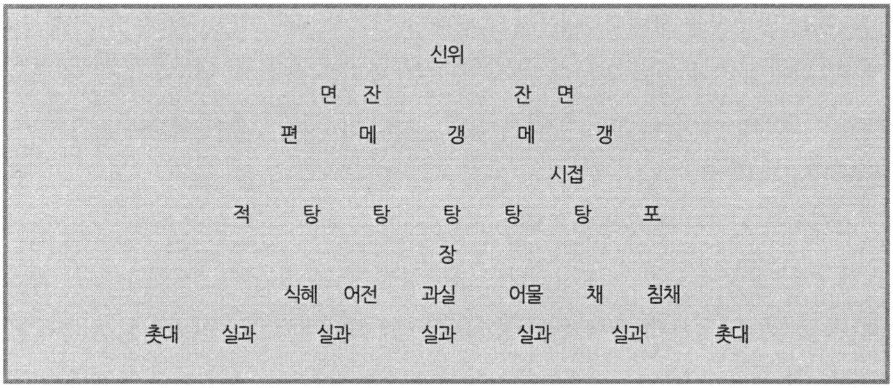

[그림 5.6] 강원도 명주군 학산리 정씨댁 기제사 상차림

합설(合設)이고, 기제사의 제물로는 탕, 어물, 전, 누름적, 쇠고기산적, 나물, 포, 실과, 편을 준비한다. 어물 중 끝 자가 치로 끝나는 갈치, 꽁치, 홍치, 눈치(정어리) 등은 쓰지 않는다. 명태, 가자미, 우럭(우레기), 황열기, 방어, 연어, 대구, 송어 등을 손질하여 소금을 약간 뿌려 하루 쯤 말리고 머리와 꼬리를 약간 날려 실고추, 석이채를 얹고 찐다. 문어는 살짝 삶아 통째로 어물 위에 올린다. 또는 문어의 굵은 다리에 칼집을 넣어 얇게 펴서 위에 장식을 하기도 한다. 콩나물은 쓰지 않는다. 편은 시루떡을 주로 하고 절편을 하기도 한다.

이연자는 『주자가례』를 쓴 주희의 후손으로 예법을 지키는 울진의 충효당 경안공 신안 주씨 종가에서의 추석 전 가을 향사를 조사[34] [35]하였는데, 더운 날씨 탓에 떡은 절편과 찰편, 귀주편을 준비하고, 식혜 대신 수정과를 올렸다. 그리고 이곳의 특산품인 영덕 대게가 모양 그대로 올려지고, 더욱 눈길을 끄는 것은 길이 50cm나 되는 문어 한 마리를 살짝 데쳐 올려 다른 지역 제상 음식과는 달라보였다고 하였다. 동해안 지역 제물의 공통점인 문어를 올린 것을 특징적으로 보여준다. 제사 후 음복 시 문어는 한입에 먹을 수 있는 크기로 썰어서 초장과 함께 올려졌다. 다음 [그림 5.7]은 강원도 강릉시 전주 이씨 완풍대군 교리공파 이○○댁의 기제상 상차림이다.

제사상에는 유지를 깔고, 기제사에 국은 미역국을 올리고, 추석에는 탕국, 설날 차례에는 만둣국을 오린다. 어물찜은 명태 3마리, 가자미 1마리, 열기 1마리를 쌓고 그 위에 삶은 문어를 얹는다. 떡의 웃기는 증편을 올린다. 달걀을 삶아 껍질을 벗기고 모양을 내어 올린다. 과일은 참외, 포도, 밤, 곶감, 대추, 사과의 순으로 홍동백서(紅東白西) 진설을 따랐다. 도토리묵(또는 메밀묵)을 올린다.

강릉에선 제사상과 차례상에 메밀묵을 올린다. 제사를 지낸 다음 음복할 때 제상에 올린 무국에 도라지, 고사리나물을 국물째 붓고, 거기에 메밀묵을 잘게 썰어서 훌훌 말아먹었는데, 이것을 강릉 송정에서 해변막국수집을 운영하는 김○남(72) · 김○자(69) 자매는 '메밀묵체', '묵채국수'를 팔기 시작하였다고 유래를 설명한다. 이른바 '강릉의 헛제사밥'이 된 것이다. '메밀묵채'는 원래 메밀막국수집의 '서브메뉴'로 시작됐는데, 1990년대 이후 강릉에 막국수집이 우후죽순으로 생겨나면서 함께 대중화되었다고 한다.[36]

강원도 제물 중 도토리묵, 메밀묵을 올리는 이유를 충북 진천군 문백면 봉죽리 어은마을에 있는 송강 정철(1536~1593) 종가의 추석 차례상차림[37]에서도 짐작할 수 있다. 차례상의 1열에는 수저, 잔, 조청 한 종지와 송편 한 접시, 2열에는 서에서 동으로 돼지수육, 쇠고기와 두부를 넣어 지진 육전, 파와 채소, 다시마를 네모 모양으로 얇게 지진 소전, 명태포를 밀가루 씌워 지진 어전 순이었다. 3열에는 명태포와 도토리묵, 나박김치, 청장과 식혜, 4열에는 조율이시(棗栗梨柹)를 따랐으며 조과를 올렸다. 이 종가의 제물 중 도토리묵을 올린 건 종가 터에 도토리나무가 있기 때문이라고 하였다. 이는 집에서 나는 음식으로 제물을 장만하지, 남에게 빌려서 올리지는 말라고 하였다는 집안의 지침이었다고 한다.

또한 강원도와 식생활이 유사한 점이 많은 경북 영덕의 한 종가인 난고정 종가(영덕군 영해면 원구리 소재)에서는[38] 먼저 자손들이 각기 집에서 차례를 지내고 난 후 다 함께 모여서 차례를 지내기 때문에 늦게 지낸다. 점심식사 때가 음복이라서 떡국으로만 상을 차리기가 힘들어 묵채를 넣어 끓인 음식 '묵쑥기'를 준비한다. 제관들이 음복할 때는 묵을 채 썰어 준비해 두었다가 떡국을 먼저 끓이고 난 뒤, 묵채를 넣어 한 번 휘둘러 떠내서 그릇에 담고 김, 쇠고기, 계란지단을 꾸미로 올려내며, 명절 제관을 위한 반상에 묵쑥기(묵떡국), 가자미식해, 도토리묵, 녹두청포묵, 메밀묵을 준비한다. 제물용 묵의 쓰임새를 볼 수 있다.

신위

잔반 갱 메 갱 메 갱 메 편

촛대 어물찜 알탕 완자전 탕 삼색나물 달걀 탕 장 호박전 청 소금 촛대

나박김치 메밀묵 두부전 메밀적 산적꼬지 생선전 가자미구이

과즐 참외 포도 밤 곶감 대추 사과

[그림 5.7] 강릉시 전주 이씨 완풍대군 교리공파 이○○댁 기제사 상차림

[그림 5.7]처럼 메, 갱 세 그릇을 올리는 것은 2008년 새해 첫날 추탄 오윤겸 선생의 불천지위(不遷之位) 설날 차례상에서도 볼 수 있다. 앞 줄 1열에는 떡국 세 그릇과 술잔 세 개가 놓였다. 신주로부터 오른쪽 시접 그릇에는 수저가 세벌 담겼다. 초취부인 경주 이씨와 재취 부인 덕수 이씨도 함께 식사를 해야 하기 때문이다. 2열에는 세 가지 탕을 놓고, 3열에는 세 가지 전과 그 옆으로 육적, 계적, 어적을 차례대로 한 그릇에 담아 올렸다. 4열에는 거두절미한 명태포와 육포를 한 그릇에 담고 나박김치와 식혜도 올렸다. 5열에는 제주로부터 왼편으로 밤, 배, 약과, 사과, 대추 등 다섯 가지 과일을 올려 조율이시가 아니라 홍동백서의 규범으로 제상을 차렸다. 수저그릇이 신주로부터 오른편에 놓인 것이 여느집과 달랐고, 태양떡국이라 하여 떡국떡 모양을 해처럼 둥글게 썰어 떡국 한 그릇을 먹으면 나이 한 살을 더 먹는다는 의미를 담았다.

안동 권씨 권화 종가는[39] 18대 400여 년간 강릉 오죽헌을 지키고 있다. 강릉시 죽헌동에 있는 오죽헌(烏竹軒)은 신사임당(1504~1551)과 율곡 이이(栗谷 李珥, 1536~1584)가 태어난 곳이다. 딸만 다섯을 둔 신사임당의 친정어머니인 용인 이씨는 사위 이원수의 아들 율곡에게는 제사를 맡겼고, 넷째사위 권화의 아들 권처균에게는 묘소관리를 부탁하면서 현재의 오죽헌을 물려주었다.

그로부터 18대 400여 년간 오죽헌을 지켰던 권씨 종가는 정부의 문화재 정비사업으로 1975년 고택을 내놓고 가까운 곳에 살고 있다. 18대 종손 권○구(2010년 취재 당시 49세)와 예림회 회장직을 맡은 바 있는 17대 종부 최○임(2010년 취재 당시 74세)은 내림음식으로 감자옹심이, 다슬기죽, 감자응이 등을 준비하였다. 남편 제사는 돌아가신 기일에 모시지만, 윗대 4대 봉제사는 시어머니 살아계실 때 합동으로 하루(10월 3일)에 모시도록 정리해 주었다고 하며 설, 추석과 함께 1년에 제사를 4번으로 줄였다고 한다. 제사음식은 바다음식인 생선이 많이 올라간다고 하였다.

강원도 고성군 죽왕면 오봉리 왕곡마을(1988년 전통 건조물보존지구 제 1호 지정)의 마을 50여 가구 중 절반은 양근 함씨(楊根 咸氏)들이다. 고려 공양왕 때 홍문관 박사를 지낸 죽계 함부열(咸溥說 1371~1442) 선생은 이성계가 조선을 세우자 강원도 고성군 간성읍 금수리로 들어와 은둔생활을 한다. 이후 그의 둘째 손자

영근(永近)이 왕곡마을로 분가하면서 19대째 함씨들의 집성촌이 되었다.

겨울이 긴 강원도의 특성을 살린 '양통집'(겹집, 마루(작은 사랑이라고도 함)를 중심으로 부엌과 방, 외양간까지 이어진 집중식 구조)으로 겨울이 긴 추운 지방 사람들의 지혜로 탄생한 집, 마루와 방이 겹쳐 있어 붙여진 이름이라고 한다. 종가에서 종손 함○균(취재 당시 77세)이 살고 있었다.[40]

양근 함씨와 강릉 최씨들로 구성된 집성촌에 양근 함씨 종가는 이곳에서 '큰 앞집'이라고 불린다. 또 하나의 종가를 상징하는 사당도 없다. 19세기 중엽에 지어졌다는 종가는 앞면 4칸, 옆면 2칸으로 모두 6칸이며 북방식 전통 가옥의 모습이다.

종손은 종가의 상징은 제사이며, 제사는 효의 연장이다. 왕곡마을의 풍속은[41] 아버지 제사는 맏아들이, 어머니 제사는 작은 아들이 지내는데, 만일 작은 아들이 어머니 제사를 모시다가 세상을 떠나면 큰집에서 어머니 제사를 모셔가 4대까지 지낸다고 한다. 둘째도 같은 자식으로서 돌아가셨지만 부모님을 모시겠다는 뜻이다.

고성군 왕곡마을 양근 함씨의 이와 같은 제사의 관행은[42] 고려사회에서 찾을 수 있다. 즉 고려는 조선과는 다른 모습을 지니고 있었다. 즉 성리학적 이데올로기로 무장하고 있던 조선의 지식인들과는 달리 고려의 지식인들은 불교, 유교, 도교 사상을 폭 넓게 받아들였으며, 다양한 종교의례에 의존해서 삶의 어려움을 해결하려고 했다. 이에 조상의 제사를 형제자매들이 돌아가며 지내거나 절에 토지를 시주하여 그 소출로 지내기도 했다. 그 결과 여성들도 남자 형제들과 재산을 균분 상속했고, 절에서 이루어지는 신앙생활을 이유로 자유롭게 집 밖을 출입할 수가 있었다. 또한 설, 추석 차례도 기제사와 같이 이른 새벽에 모신다. 차례상에 올리는 제물은 밥과 국, 탕과 나물, 전과 적, 과일을 올리는 기제사에 준한다. 다만, 술은 한 잔만 올리고 축문 없이 감소하게 치른다고 한다.

2) 차례상차림

차례의 경우 제찬의 진설은 간소하게 할 수 있다. 본래 참례나 천헌례(薦獻禮)는 수시로 올리는 예로서 모든 음식을 다 갖추지 않고 간단하게 포와 해 및 과일을 주로 올리며, 여기에 그 시절에 숭상하는 음식이 있을 경우 그 음식을 더 놓을 뿐이다. 지금의 차례는 전통사회의 참례(參禮)나 천헌례[43]에서 유래한 것으로, 그 절차와 진설을 참례나 천헌례에 준해서 시행하는 집안도 있으나 대부분의 집안이 모든 제찬을 다 준비하고 거기에 시절음식을 더 놓는 것으로 시행하고 있다. 즉 설날의 차례에는 설날의 시절음식인 떡국을 올리는데, 떡국은 밥을 대신할 수 있으므로 밥과 국을 생략한다. 또한 추석에는 햅쌀로 밥을 짓고 시절음식인 토란국을 갱(羹)으로 올리며 송편을 미식으로 올리는 경우가 있는가 하면, 밥 대신 시절음식인 송편을 올리고 간간히 포와 해, 과일 정도를 갖춘다.

차례상의 제수를 진설하는 순서는 남단의 과일을 서쪽에서부터 놓는다. 그리고 포, 숙채, 청장, 해, 침채 등은 그 북쪽에 놓으며 잔반과 시접을 북단에 놓는다. 어와 육, 떡과 면, 반과 갱은 강신(降神)과 참신(參神)을 한 후에 올리고 적은 초헌, 아헌, 종헌 때에 각각 올린다.

방위는[44] 실제의 방위를 말하는 것이 아니고, 실제의 방위와 상관없이 제사지내기 좋은 곳에 상을 놓고 신위가 있는 쪽을 북쪽으로 정하여 제사에 참가자가 있는 쪽은 남쪽, 그 오른쪽은 동쪽, 왼쪽은 서쪽으로 정한 것이다. 그러므로 남단이라고 하면 제사 참가자가 있는 쪽, 북단이라고 하면 신위가 있는 쪽을 말하는 것이다. 그리고 제수의 진설은 고비(考妣)로 각설하는 것이 원칙이지만 간편함을 따라 합설(合設)로 하기도 한다. 합설로 할 경우 잔반과 시접, 반, 갱은 각각 올리

신위

메 갱 메 갱

송편 어물찜(명태, 가자미, 삶은 문어)

오징어포 시저

간장 침채

육적 가자미전 생선전 삼색나물 두부전 명태전 알탕 깻잎전 밀가루전

대추 밤 단감 배 사과 다래 포도 비스켓 과줄

[그림 5.8] 강원도 강릉시 교 1동 김씨댁 추석 차례상차림 진설

고 나머지 음식은 한 벌만 올린다.[45]

강원도 강릉시 교 1동 김씨댁 추석 차례상차림 진설은 [그림 5.8]과 같다.

차례상 진설은 합설이고, 1열에는 송편, 메, 갱을 각 2기, 그리고 어물찜을 놓았다. 송편소로는 고구마, 밤, 콩 등을 넣는다. 송편 위에는 맨드라미꽃 장식을 한 기정(증편)을 크게 얹는다. 갱은 쇠고기와 무를 가늘게 채 썰어서 끓인다. 메와 갱은 반서갱동(飯西羹東) 진설법대로 놓았다. 강원도 제물의 특징인 어물찜은 명태, 가자미를 손질하여 소금으로 절여 하룻밤을 말린 후 찐 것을 제기에 담고, 그 위에 문어 삶은 것을 잘 펴서 얹는다.

2열에는 마른오징어포, 시저를 놓았다. 3열에는 간장, 침채를 놓았다. 4열에는 육적, 어적, 생선전, 삼색나물, 두부전, 명태전, 알탕, 깻잎전, 밀가루전을 놓는다. 육적은 쇠고기, 어적은 가자미전, 명태전을 올린다. 삼색나물로는 시금치나물, 숙주나물, 고비나물을 놓는다. 알탕은 달걀 3개를 반숙하여 껍질을 벗기고 모양을 내어 자른다. 알탕은 탕으로 여기거나 계적의 대용으로 사용한다.

5열에는 대추, 밤, 단감, 배, 사과, 다래, 포도, 비스킷, 과줄을 놓았다. 조율시이(棗栗柿梨)의 순서이다.

[그림 5.9]의 강릉시 박씨 댁의 경우는 기제사 등의 제사에는 높은 제사상인 상탁에서 지내나 설날, 추석 등 차례 때에는 상탁에서 지내지 않고 바닥에 자리를 깔고 그 위에 유지를 깔고 지낸다고 한다.

갱 메 갱 메 갱 메 갱 메 갱 메 송편
술 술 술 술 술
시저 식혜(감주)
밤 산적 나물 탕 탕 어물(대구, 가자미, 열기, 문어)
오징어포 두부전 달걀 동태전 녹두빈대떡 바나나
과줄 대추 밤 배 감 사과 포도 약과

[그림 5.9] 강릉시 박씨댁 추석 차례상차림

추석 차례인데도 불구하고 갱, 메, 술잔을 5기씩 놓고 있는 점이 특징적이다. 나물로는 무채, 도라지, 표고, 고사리, 고비, 시금치를 준비하는데 제기에 무채를 깔고 준비된 나물들을 그 위에 담는다. 식혜를 준비한다. 어물찜으로는 대구, 가자미, 열기를 찌고 그 위에 살짝 데친 문어를 얹는다. 포는 오징어포로 준비한다.

녹두빈대떡에는 도라지, 고비, 쇠고기, 당근, 김치를 잘게 다진 후 녹두와 햅쌀 간 것에 잘 섞어 기름에 지진다. 전은 대구전, 명태전, 고구마전을 올리고, 과일은 홀수로 준비하는데 조율이시(棗栗梨柿)의 순으로 놓는다.

[그림 5.10]의 강릉시 노암동 최씨댁 추석 차례상차림은 4대 8분에 대한 상을 4개 차려서 다시 한 상에 한꺼번에 차린 점이 특징이다.

촛대 지방 지방 지방 지방 촛대
대구포 대구포 대구포 대구포
술 술 술 술 술 술 술 술
국 밥 국 밥 국 밥 국 밥 국 밥 국 밥 국 밥 국 밥
송편 기정 송편 기정 송편 기정 송편 기정
어물과 산적 모듬전 어물과 산적 모듬전 어물과 산적 모듬전 어물과 산적 모듬전
삼색 나물 삼색 나물 삼색 나물 삼색 나물
밤대추 산자약과 과일 밤·대추 산자약과 과일 밤·대추 산자약과 과일 밤·대추 산자약과과일

[그림 5.10] 강릉시 노암동 현대아파트 102동 최씨댁 추석 차례상차림

1열에는 대구포, 밥과 쇠고기미역국, 2열의 송편소는 밤, 깨, 콩이며, 기정을 웃기로 얹었다. 3열의 어물찜은 명태, 도미, 열기 찐 것과 쇠고기 산적을 함께 담아 4세트를 놓았다. 전은 완자전, 꼬치누름적, 애호박전, 동태전, 버섯전, 두부전, 새우튀김을 한 접시에 모듬으로 담았다. 간장종지도 같이 놓았다. 4열은 고비, 숙주, 시금치의 삼색나물을 올렸다. 5열에는 밤 · 대추를 한 접시에 담고 수박, 배, 사과, 참외, 포도, 귤을 모듬으로 또 한 접시에 담았다. 감은 올리지 않았다.

[그림 5.11]의 강릉시 이씨댁 추석 차례상차림으로 박나물과 탕에서도 박고지가 있다.

메 국 메 국 메 국

술잔 술잔 술잔

북어포 박나물 간장 녹두전 두부전 배추전

동태전유어

문어 찐 것

생선찜(명태, 열기) 은어튀김 나물 탕(박고지, 쇠고기) 누름적 완자전

과줄

약과 배 포도 밤 다래 사과

[그림 5.11] 강릉시 이씨댁 추석 차례상차림

[그림 5.11]의 1열에는 메와 갱이 반서갱동(飯西羹東) 진설로 각 3그릇이다. 2열에는 술잔이 3, 송편이 진설된다. 3열에는 북어포, 박나물, 간장, 녹두전, 두부전, 배추전이 있다. 박나물은 덜 여문 박을 썰어서 양념한 후 볶는다. 4열에는 명태, 열기를 쪄서 담고 문어를 올려놓은 생선찜, 전유어, 은어튀김, 나물, 탕, 누름적, 완자전(동그랑땡)이 진설된다. 나물은 숙주나물, 고비나물, 시금치나물을 올린다. 탕은 고지와 쇠고기로 끓인다. 5열에는 과즐, 약과, 배, 포도, 밤, 다래, 대추, 사과를 진설한다.

얼마 전까지만 해도 거의 모든 시골에는 추수가 얼추 끝나가고 첫 서리가 내릴 즈음이면 초가지붕이나 담장 위에 크고 작은 박이 열려 있었다. 덜 쉰 애박이면[46] 박나물을 해 먹기도 하고 국을 끓여 먹기도 했고, 추석 차례상에도 박나물국을 올렸다. 잘 쇠었으면 반으로 타서 삶아 껍질을 말려 바가지로 썼다. 박을 타서 바가지를 만들려면 속살을 긁어내야 한다. 그 속살을 버리지 않고 된장, 고추장을 비롯하여 갖은 양념을 넣어 무쳐 먹었는데 이를 '박속'이라고 한다. 박속을 할 수 있는 박은 박나물을 해먹는 애박과 달리 완전히 익어야 하고 크기가 클수록 좋다.

[그림 5.12] 강릉시 위촌리 함○○ 종가의 차례상차림(2018)

[그림 5.12] 강릉시 위촌리 함씨 종택의 차례상차림에는 메가 10그릇 보이지만 4대조 조상을 위한 차례상이다. 갱은 미역국을 올리고, 잔반과 삶은 달걀, 탕, 쇠고기볶음, 삼색나물, 대구포, 어물로는 명태찜과 가자미찜, 그리고 삶은 문어를 놓았다. 전, 튀김을 한 접시에 담고, 송편, 떡을 고이고 증편을 웃기로 놓았다. 과일은 상탁 밑에 놓았는데 바나나, 배, 사과, 귤, 메론 등으로 준비하였다. 전형적인 강릉 지역 종가의 진설 모습이다.

아래 [그림 5.13] 역시 강릉시 임당동 이○○ 종부댁의 차례상차림인데, 대구포, 갈비찜, 육적, 달걀 삶아 모양내어 올린 것, 산적, 생선전, 모듬전, 가자미, 명태포찜, 송편, 케이크, 대추, 밤, 배, 사과, 수박, 포도, 갈비구이, 시래기나물, 약과, 과줄 등을 올렸다.

[그림 5.13] 강릉시 임당동 이○○ 종부댁 추석 차례상차림(2018)

[그림 5.13]의 차례상을 보면, 메갱이 보이지 않고 송편을 올려 추석 상차림임을 알 수 있으며, 문어는 보이지 않지만 대구포와 어물을 정성스럽게 준비하였다. 삼색나물 대신 시래기나물을 준비하였고, 케이크와 LA갈비구이는 고인이 좋아하거나 음복용 제물임을 짐작할 수 있다.

[그림 5.14], [그림 5.15]는 영서지방의 홍천과 원주의 오씨댁과 유씨댁의 추석 차례상차림이다. 영동지역과 비교해보면 어물찜, 달걀찜, 박나물 등 지역성을 나타내는 특징적인 제물의 이용이 보이지 않고 서울, 경기, 중부 지방의 제물로 알려져 있는 조기찜, 나박김치(물김치) 등의 제물의 이용을 보이고 있어 영동지역과 영서지역의 차이점을 볼 수 있는 상차림이다.

신위
시저 송편 바나나, 과자
조기찜
육적 어적 삼색나물 녹두전 북어포
산자 모나카 밤 나박김치 두부전(다시마 얹음) 방울토마토
대추 사탕 배 젤리사탕 곶감 약과 감 사과

[그림 5.14] 강원도 홍천 오씨댁 추석상 차림

신위

시저 국 밥 국 밥

산적 동태전, 꼬치 녹두전 두부전 조기찜

완자전 육전(불고기) 육탕 송편

오징어 삼색나물 물김치 식혜

밤 배 곶감 산자 사과 대추

[그림 5.15] 강원도 원주시 유씨댁 추석 차례상차림

지금까지 언급한 기제사, 차례상차림의 진설법을 강릉지역 및 강원도 지역을 중심으로 다시 살펴보면, 기제사 때 전통 진설 규범에서는 1열에 쌀밥과 쇠고기와 무를 넣고 끓인 국을 놓고, 추석 차례상에는 합설인 경우 송편만을 두 그릇 놓는다. 그러나 강릉지역에서는 송편과 함께 대부분 쌀밥과 쇠고기, 무 또는 두부를 넣고 끓인 국, 미역국, 박고지국 등의 나물국, 채국 등을 올린다. 제사상차림에서도 조상을 산사람과 같이 생각하는 때문이라고 본다. [그림 5.14]와 같은 홍천의 경우와 강릉 삼산의 경우에는 송편만을 올렸다. 박고지국, 박고지나물은 추석 무렵 강릉 등에서 시절음식으로 먹는 국과 나물인데 차례에 박고지국과 박나물을 올리는 것은 시절식을 조상에게 올리는 천신습속이 남아있는 것이라 생각된다.

반서갱동(飯西羹東) 또한 잘 지켜지지 않았다. 다른 지역 종가의 경우에는 추석 차례상의 경우 메와 갱을 일반적으로 올리지 않고 있다. 경북 봉화 닭실마을의 안동 권씨 권벌 종가의 경우는 메와 갱을 올리고 있었다.[47]

2열에는 전통 규범에서는 면과 편을 놓는데, 강릉 지역에서는 면은 올리지 않고 송편만을 놓았다. 송편 위에는 웃기로 기정이라 부르는 증편을 놓았다. 증편은 일반적으로 여름 떡이라고 여겨지나 현재는 대부분의 지역에서 사철 먹을 수 있는 떡이다. 송편은 상을 받는 분의 신위수대로 3 또는 4그릇까지 진설하기도 하였다.

반면, 안동 학봉 김성일 종가에서는 추석차례 편을 진설할 때 시루떡을 5단 괴고, 그 위에 송편을 삼색으로 3단 올렸다. 2003년 7월 28일 퇴계 이황(李滉, 1501~1570) 선생의 후취 권씨 부인의 불천위 제사에서는 기주떡(증편)을 본편으로 하고

그 위에 당귀잎을 가루 내어 쌀에 섞어 찐 당귀떡과 소나무껍질을 섞어 만든 송기송편, 진쑥색 절편과 분홍의 진달래화전, 대추채와 밤채를 고명으로 한 잡과편과 주악 등 일곱 가지 떡을 웃기로 올렸다. 강릉에서 웃기로 사용한 증편을 이 종가에서는 본편으로 하였다. 7월 28일 여름이기 때문이라 여겨진다.

전이나 적으로는 육적, 어적, 계적 등이 전통적인 제사상에 놓이는데, 강릉지역에서는 육적, 어적, 돔배기적, 꼬치누름적, 메밀적 등을 올렸다. 돔배기는 상어고기로 간을 하여 꼬치에 꿰어 적으로 한다. 상어돔배기라고도 한다. 주로 경상도 지역에서 보통 명절이나 제사상에 올리는 대표적인 생선이다. 강릉지역도 일면 경상도 지역의 영향을 더러 받고 있는데, 돔배기적의 경우가 그렇다.

제수음식 중 지방에 따라 오르는 음식들이 다른데, 반드시 올라야 할 음식[48]의 경우 대표적으로 전라도에서는 홍어가 있으며, 경북에서는 경산, 영천을 중심으로 경북 중·동·남부권의 돔배기, 안동권역의 문어숙회, 영주지역의 배추전 등을 들 수 있다. 특히 영천과 경산은 경북도 내 가장 내류에 자리 잡고 있으면서도 해산물인 돔배기의 본고장으로 자리매김하고 있다. '돔배기'는 평소에는 잘 먹지 않지만 주로 명절이나 제사상에 사용하고 있다. 돔바리라고도 한다. 영천과 경산을 비롯하여 군위, 칠곡, 경주, 안동, 청송, 울진, 영덕, 청도, 상주, 포항 등에서도 돔배기는 제수로 이용되나, 상주와 고령지역은 집안마다 쓰는 가정도 있고 안 쓰는 가정도 있다. 돔배기를 전혀 쓰지 않는 것은 김천, 예천, 봉화, 문경, 영주, 영양, 울릉 등이다. 구미지역은 대부분 쓰지 않지만, 안동에서 이주해 온 집단거주지인 도개면 일선리 마을은 제사상에 돔배기를 올린다. 강릉 제사상에 돔배기가 등장하는 것도 이주 등을 생각해 볼 수 있겠다.

어물찜(생선찜)은 강원도 영동지역의 대표적인 제물인데 어적에 해당된다. 어적위에는 통째로 삶은 문어를 얹어놓거나 문어만 따로 담기도 한다. 어물찜의 생선으로는 명태, 대구, 가자미, 방어, 연어, 송어 등이 많이 쓰인다. 생선 이름이 치자로 끝나는 생선은 제수로 사용하지 않는데 도치를 심어, 새치를 이면수라고 이름을 바꿔 부르고 상에 올리기도 한다.

강릉 지역의 대표적인 제물인 어물찜은[49] 경북 종가의 제수 중 도적과 흡사하다. 손소 종가 불천위제의 도적 담는 법을 보면 1단에는 우럭 1마리, 능성어 1마리를 놓고, 2단에는 능성어 1마리, 우럭 1마리, 3단에는 조기 1마리, 전갱이 1마리, 조기 1마리, 4단에는 돔 1마리, 전갱이 1마리, 돔 1마리, 5단에는 상어적(돔배기적) 40꼬지 이상, 6단에는 쇠고기적 40꼬지 이상, 7단에는 문어찜을 올려놓는다. 이곳에서도 문어를 따로 담기도 한다. 안동의 학봉 김성일 종택에서는 『예기』에 근거하여 도적으로 익히지 않고 날 것을 올리며, 맨 위에는 생닭 1마리를 올려놓는다. 이와 같은 도적 문화는 예전 형산강을 따라 들어 온 풍부한 해산물 확보라는 기반하에 만들어진 것으로 손소종가 외 양동마을의 여강 이씨 종택에서도 볼 수 있다. 또한 갈치, 삼치, 꽁치, 멸치, 물곰, 고등어 등을 제사상에 올리지 않는데, 이는 생선이 부족한 안동지역과 달리 경주지역은 해산물이 풍부하기 때문에 흔한 치자 붙은 생선에 대해 배타적인 입장을 취하는 것이라고 본다. 퇴계 이황 종가의 불천위제사에서도 고등어, 가오리, 상어, 방어, 쇠고기 등을 가운데 적 틀에 올리고, 위에는 닭 한 마리를 통째로 놓는다. 모두 날고기였다. 날고기는 혈식군자(血食君子)를 의미한다. 그러나 강릉지역 일반 가정에서는 날고기의 이용은 조사되지 않았다. 강릉에서도 향교 등 성인을 모신 곳에서는 향을 음미하기 위하여 날 채소, 날고기 형태를 제물로 사용한다.

닭적 대신에 달걀을 삶아 껍질을 벗기고 장식적으로 잘라 모양을 내고 알탕이라고 한다. 이는 탕 또는 계적의 대용으로 여긴다. 그러나 진설의 규범이라 여겨지는 어동육서(魚東肉西), 두동미서(頭東尾西), 좌포우해(左脯右醢), 적전중앙(炙奠中央) 등은 잘 지켜지지 않았다.

전은 주로 동태전이 일반적이나 완자전, 두부전, 고구마전도 많이 이용된다. 은어튀김은 박고지국처럼 시절음식이다. 또한 메밀의 이용도가 높은 지역이므로 메밀적은 제사와 혼례에 빠질 수 없는 음식이다.

3열에는 전통적인 제사상차림 규범에서는 탕을 진설한다. 육탕, 소탕, 어탕을 올린다. 강릉지역에서는 쇠고기와 무를 넣고 끓인 단탕을 주로 올린다. 봉탕 대신에는 달걀을 삶아 껍질을 벗기고 반을 모양 내 잘라 소복이 담아 놓는 알탕(달걀탕, 달걀찜이라고도 한다)을 올린다. 닭을 대신해 달걀을 올리는 것이다. 이 모습은 강릉지역 외에 경북 상주, 중부 지역에서 많이 볼 수 있다. 재료가 귀했을 때 정성을 다하는 자손들의 마음을 알 수 있는 제물이다. 경북 예천에서는 삶은 달걀을 반으로 잘라 어물찜 위에 얹어 장식을 하였다.

퇴계 이황 종가의 경우 적 옆에 간장을 올리고 방어탕, 조개탕, 홍합탕을 놓았다. 탕은 모두 5가지인데, 신주로부터 오른쪽으로 우모린개(牛毛린蚧, 날개 있는 닭과 털이 있는 쇠고기, 비늘이 있는 물고기, 바다 밑에 사는 조개류를 말한다) 순서대로 놓는다. 탕은 무, 다시마 등을 한데 넣고 끓여 각각 담아 낸다.

4열에는 전통적인 제사상 진설 규범에서는 육포나 북어포, 마른 오징어, 문어포 등을 놓는다. 강릉지역에서는 북어포와 마른 오징어가 많이 쓰였고, 대구포도 올려졌다. 추석 차례에는 식해를 올리지 않고 식혜를 올린다고 하였는데, 강릉지역에서는 식혜밥을 놓는 경우도 그리 많지 않았다. 이 지역에서는 추운 설날 차례나 기제사 등에는 가자미식해, 명태포식해 등을 고춧가루 없이 담아 밥식해라하고 올렸다고 한다. 진설법 중 두동미서(頭東尾西), 좌포우해(左脯右醢)도 잘 지켜지지 않았다.

나물로는 도라지, 고사리, 시금치, 고비, 숙주, 곰취, 박, 표고버섯 중에서 3가지 이상을 준비하여 진설하였다. 곰취나물 등은 이 지역에서 볼 수 있는 산나물이다. 그리고 일반적으로 제사상에 올리는 제물에는 오훈채(五葷菜)를 사용하지 않는데 파, 마늘, 실고추 등이 나물 및 파전 등에 쓰이는 것으로 조사되었다. 이는 우암 송시열 종가의 제사음식[50]에도 파, 마늘, 후추, 고춧가루 등 양념이 들어가는데, "시할머니께서 제사음식도 양념을 고루 넣어야 조상이 맛있게 음식을 감할 것이라며, 제사음식이라 하여 특별히 음식을 가리지 말라고 하셔서…" 조상을 먼 길을 다녀오시는 어른을 대하듯 편하게 음식을 하라 일러주셨기 때문이라고 하였다. 제사음식에 향신료를 넣으면 귀신이 음감하지 않는다는 것은 속설임을 말해주고 있다. 불교의 관념에서 나온 습속이라 여겨진다.

5열에는 전통적인 제사상 진설의 규범에는 과일과 조과를 홀수로 놓는다. 강릉지역에서는 대추, 밤, 감, 배외에 참외, 수박, 귤, 포도, 다래, 메론, 바나나 등을 놓기도 한다. 과즐과 강정은 중요하게 취급되고, 당속도 간혹 올려졌다.

퇴계 이황 선생의 종가의 불천위 제사에 네 번째 줄에는 신주의 오른쪽부터 밤과 곶감 대신 계절에 나는 과일인 밀감을 놓았다. 이어서 참외, 포도, 배, 대추 순으로 올렸다. 과일의 순서는 조동율서(棗東栗西)이다. 흰색은 서쪽, 붉은 색은 동쪽 진설법을 따르고 있다.

이상 진설의 규범과 강원도 지역 진설 상차림을 살펴본 바 가가례(家家禮)를 보여준다. 가가례가 된 이유는 유교사회인 조선조 제사의 지침서인 『주자가례』가 기본적으로 중국문화와 생활습속을 토대로 한 것이어서 우리관습에 그대로 적용하기가 어려웠을 것이라고 본다. 이후 우리의 실정을 반영한 『사례편람』(1844)을 지침서로 권장했어도 예법 자체의 해석에 불확실함과 미비점이 있었기 때문에 다양한 학설이 존재하였다.

일반 서민들은 각 지방에 존재하고 있던 불교, 도교를 중심으로 한 기존의 전통적인 습속에 따라 형편에 따라 변형된 채로 행해졌고 각양각색의 형태를 지니게 되었다고 본다. 그러므로 규범은 있었지만, 집집마다 다른 가가례를 인정할 수밖에 없었다.

그러나 가가례와 함께 어물찜, 도적들에서 볼 수 있는 제수 및 진설의 일정부분은 동질성이 있는데, 그 원인으로는 자연환경의 영향을 들 수 있다. 상고성이 강한 제사음식은 과거 농경사회에서는 원래 자기 집에서 생산한 것을 중심으로 제사를 지내도록 하였기 때문에 기제사보다 농경의 추수감사제 성격이 강한 추석차례상의 경우는 자연환경의 영향을 더욱 받았음을 알 수 있다.

3) 가신 신앙의 상차림

연초 액막이와 행운을 기원하거나 음력 10월에 집안 안녕을 기원하는 고사는[51] 민간신앙에 뿌리를 박고 이어졌다. 가신 신앙의 고사음식은 딱히 정해진 것은 아니지만, 제사음식과는 조금 다르다.

술은 쌀로 만든 막걸리나 청주를 사용한다. 돼지는 다산다복을 의미하므로 고사에 돼지머리를 사용하며 형편에 따라 돼지고기를 놓기도 한다. 돼지머리의 귀를 이쑤시개 등을 이용해 세우고 얼굴에 상처나 흉터가 없는 인상이 좋은 것을 고른다.

떡은 팥시루떡이 사용되나, 산신제용으로는 백설기를 사용한다. 고사를 마칠 때까지 칼을 사용하지 않으므로 떡을 썰지 않는다. 과일은 햇과일이나 새로 나온 과일을 사용하는데 씨 없는 과일은 준비하지 않는다. 음양오행에서 양을 대표하는 대추, 음을 대표하는 밤, 감(곶감), 배, 사과 등은 깨끗하게 씻어 개수도 홀수, 종류도 홀수로 한다. 포는 통북어로 하되 때로는 문어포나 생문어를 쓴다. 전은 동태전, 고기산적 등 일반적으로 제사상에 오르는 전을 사용한다. 나물은 삼색으로 시금치, 도라지, 고사리, 콩나물 등을 준비한다. 조기는 서쪽에 놓는다.

모든 생명의 근원이라는 뜻으로 정화수 한 그릇도 준비한다. 쌀은 될 수 있으면 햅쌀로 한다. 실타래는 길게 뻗어나간다는 영속적인 뜻으로 준비한다. 북어에 실타래를 감아서(묶지 말고) 시루떡 중앙에 꼬리부분이 약간 묻히게 하고 머리는 북쪽으로 눕게 한다. 향과 초도 적당량 준비한다.

양양 출신 소설가 이경자의 자전적 소설 '사랑과 상처'에서[52] "정이월, 바람님의 달이다. 바람님을 잘 모셔야 한 해 농사도 잘 되고 어촌에선 풍랑을 피하게 되며 집집에선 딸과 며느리들이 바람타지 않고 곱게 지낼 수 있다고 믿었다. 그래서 장독대 있는 뒤란에 붉은 팥 넣은 밥과 왁저지 같은 것을 해 놓고 바람님이 응감하시게 하였다. 형편이 나은 집은 삼색나물에 북어를 쪄놓기도 하였다."라고 영등날 고사의 모습과 팔월 한가위를 지내고 가을 거둠이도 거의 끝낸 9월, 그 달엔 생기 보는 사람에게 날을 받아 서낭님한테 제를 올렸다. 포와 술에 삼실과를 놓고 한지를 서낭에 맸다고 이야기하고 있다.[53]

강릉 학산마을 정씨댁 종가의 터주신 상차림[54]에서 보면, 터주신상은 안채 뒤 장독대 옆에 차려진다. 깨끗한 황토를 뿌린 다음 멍석을 깔고 네모진 상을 놓는다. 상 위에 수저 없이 저분만 터주신의 오른쪽에 놓고, 그 옆으로는 정화수 한 그릇을 올린다. 쇠고기는 날 것으로 토막을 내어 접시에 담아 올린다. 그 앞줄에는 무나물과 미나리나물을 한 그릇에 담아 올리고 북어 다섯 마리도 놓는다. 끝줄에는 밤과 대추를 껍질째 한 접시에 담는다. 양옆으로 촛대를 놓는다. 제사상 앞에는 백시루편을 시루째 놓는다. 시루 앞으로 향상을 놓고 향로와 향합을 올려놓는다.

저분 정화수

쇠고기 날 것 무나물 북어 5마리

미나리나물

촛대 밤 사과 5개 촛대

대추

백설기 시루

향상(향로, 향합)

[그림 5.16] 강릉시 학산마을 정씨댁 종가의 터주신 상차림

4) 강릉 단오제례와 제사상차림

단오는 음력 5월 5일로 모내기를 끝내고 풍년을 기원하는 제사이다. 강릉 단오제는 단옷날을 전후하여 펼쳐지는 강릉지방의 향토 제례로 중요 무형문화재 제13호로 지정(1967년)되었으며, 2005년 11월에 유네스코 '인류구전 및 무형유산 걸작'으로 선정되었다. 강릉 단오제의 전승기능은 단오제례, 단오굿, 관노가면극 3부문이다. 여기에서는 유교, 무속, 불교의 제례의식이 공존하는 단오제례를 주로 고찰하고자 한다.

강릉 단오제가 언제부터 시작되었는지는 알 수 없으나, 추강 남효온이 성종 16년(1485) 윤 4월 11일에 고성군을 지나면서 영동지역 민속에 대해 기록한 것(『추강선생문집』 권 5, 유금강산기)[55] – 영동의 민속에는 매년 3, 4, 5월 중에 날을 받아 무당을 맞이하고 수륙(水陸)의 별미를 극진히 마련하여 산신에게 제사를 드린다. 부자는 제물을 말 바리로 실어오고, 가난한 자는 지거나 이고와서 제단에 차려놓고 피리를 불고 비파를 타며 즐겁게 사흘을 연이어 취하고 배불리 먹은 연후에야 집으로 내려와서 비로소 사람들과 매매를 시작한다. 만약 제사를 지내지 않으면 한 자의 베(尺布)도 남과 매매할 수 없다 – 등이 전해지고 있어 강릉 단오제의 역사와 예전 모습을 유추해 볼 수 있다. 이는 영동 지역의 민속에 대한 기록이지만, 그 시기에 5월이 포함되어 있고 그 의식이 대관령성황제의 진행과 흡사한 점

으로 미루어 강릉단오제도 이와 유사했으리라 생각된다고 할 수 있다.[56)]

허균(1569~1618)의 문집(『성소부부고』 권14, 문부)에서도 – 계묘년(선조 36, 1603) 여름이었다. 내가 명주(溟州)에 있을 때 고을 사람들이 5월 초하룻날에 대령신(大嶺神)을 맞이한다 하기에, 그 연유를 수리(首吏)에게 물으니, 수리가 이렇게 말하였다. "대령신이란 바로 신라 대장군(新羅 大將軍) 김공 유신(金公 庾信)입니다. (…) 죽어서는 대령의 산신이 되어 지금도 신령스럽고 기이한 일이 있기에, 고을 사람들이 해마다 5월 초하루에 괫대와 향화(香花)를 갖추어 대령에서 맞이하여 부사(府司)에 모신답니다. 신이 기뻐하면 하루 종일 괫대가 쓰러지지 않아 그 해는 풍년이 들고, 신이 화를 내면 일산이 쓰러져 그 해는 반드시 풍재(風災)나 한재(旱災)가 있답니다." 이 말을 듣고 나는 이상하게 여겨 그날에 가서 보았다. 과연 일산이 쓰러지지 않자, 고을 사람들이 모두 좋아하고 환호성을 지르며 경사스럽게 여겨 서로 손뼉치며 춤을 추는 것이었다 – 라고 하여 강릉단오제의 주신은 신라의 명장인 김유신이라고 하였으며, 또는 강릉지역 출신의 승려 범일국사라는 전승이 있어 왔다.

이와 같은 기록을 통해서 강릉 단오제는 이전부터 성대한 향토제로서 전승되고 있었음을 알 수 있다. 범일국사가 사후에 대관령국사성황신이 되었다고 하는 근원설화가 처음 등장하는 것은 임진왜란 이후에 와서다. 범일국사는 임진왜란 당시

			神位			
		匙楪		幣帛		
		飯	盞	牲		
燭臺	麵	餠	肉	炙	魚	燭臺
	湯	湯	湯	湯	湯	
	脯	蔬	醬	醢	沈	
	果(棗)	果(栗)	果(柹)	果(梨)		果(散子)
		香床		尊所		

[그림 5.17] 강릉 단오제 제사상차림의 진설도(규범) – 유교식 제사상차림

왜군을 술법으로 격퇴하였다고 하며 조선 중기까지 생존했던 인물로 전해지고 있다.

강릉 단오제는[57] 대관령국사성황 신앙과 단오라는 세시풍속이 결합한 신앙과 놀이, 그리고 난장이 잘 조화를 이룬 우리나라의 대표적인 전통 축제이다. 단오제례는 기본적으로 유교의례의 규범을 따르고 있으며, 강릉 단오제 제사상차림의 진설도[58]를 보면 [그림 5.17]과 같다.

[그림 5.17]의 진설도에 나오는 폐백(幣帛)은[59] 빈(賓, 손님)과 눈에 보이지 않는 빈(신)께 비단 등으로 구성된 선물을 올리는 것이다. 폐(幣)는 선물로 서로 주고받는 예이고, 백(帛)은 비단이다. 따라서 폐백은 예의로서 비단을 선물로 올리는 것을 뜻한다.

폐백의례 행위는 제사와 혼례에서 찾을 수 있다. 종묘제례 같은 대향(大饗)에서 현주(玄酒), 삼생(三牲, 소, 양, 돼지), 대갱(大羹, 간을 하지 않은 맑은 고깃국), 변(籩)과 두(豆)에 담은 음식, 악(樂), 폐백을 잘 갖추어 모두 함께 올려야 예(禮)가 성립된다고 하였다.

단오제 제수의 봉양으로 제물은 반드시 정결한 도가(都家)를 정하여 성경(誠敬)으로 봉공(捧供)하되 그 물목은[60] 다음과 같다.

- 산신제 : 飯-餠米白米 3되3홉, 祭酒 1되, 牛肉 牲 2근, 肉 5근, 海物 遇樂魚 또는 悅江魚 5미, 文魚 一條, 明太魚 15尾, 鷄卵 10개, 棗 1되, 栗 4되, 乾柹 1接, 梨 또는 砂果 10箇, 散子 또는 菓子, 蔬菜類 若干, 調味料 若干, 大口脯 中 一尾
- 성황제 : 每一度-飯, 餠白米 3되3홉, 祭酒 1되, 牛肉 牲 4근, 肉 8근, 海物 遇樂魚 또는 悅江魚 10尾, 文魚 1條, 明太魚 20尾, 大口脯 中 一尾, 鷄卵 10개, 棗 1되, 栗 4되, 乾柹 一接, 梨 또는 砂果 10개, 散子 10枚 또는 菓子 一斤, 蔬菜 및 調味料 若干迎新, 朝奠, 送神祭는 城隍祭에 준한다.

신위
상화 상화
촛대 촛대
청수 水飮 水飮
계란탕 어물탕 육류탕 명태알탕 채소탕
두부전, 생선전
명태포 생쇠고기 익은 쇠고기 어물(문어, 명태, 조기 찐 것) 백설기
대추 밤 곶감 사과 과줄

[그림 5.18] 강릉 최○집 씨 댁의 제상 진설도(2000년도) – 유교식 제사상차림

신위
촛대 촛대
대구포 돼지머리 술잔 술잔 백설기
생쇠고기 삼색나물
배 사과 방울토마토 밤 대추
실타래

물, 칼 향로 쌀 수건 물그릇, 술주전자

[그림 5.19] 홍제동 국사여성황사 영신제의 진설도(2000년도) – 무속상차림

신위
촛대 촛대
백설기 딸기 수박 참외 청수
실(무명)
쌀 생쇠고기 돼지머리 포

향로 장

[그림 5.20] 단오 굿당의 진설도(2000년도) – 무속상차림

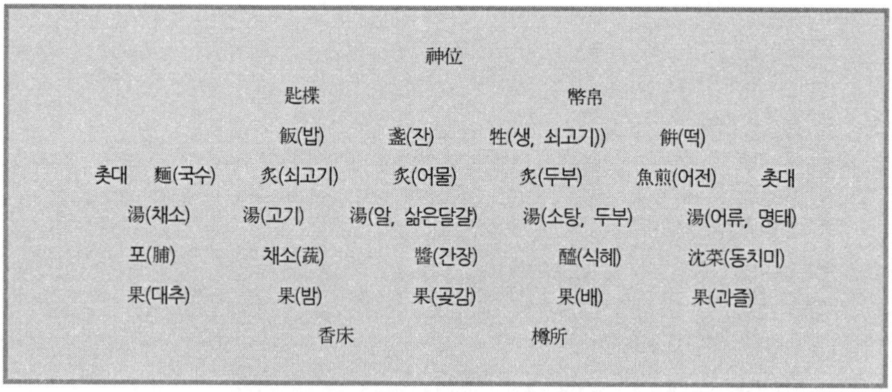

[그림 5.21] 강릉 단오제 보존회 – 진설도(2008)

강릉 단오제의 현재 제물의 종류를 보면[61] 다음과 같다.

메는 신께 드리는 쌀밥으로 음력 4월 15일 대관령에서 지내는 산신제와 대관령 국사성황제는 신을 한 분 모시기 때문에 한 그릇을 올린다. 봉안제부터는 대관령 국사성황신과 대관령국사여성황신 두 분을 모시기 때문에 메도 두 그릇을 올린다.

국수(麵食)를 먹는 것도 잔치나 생일을 맞이한 사람이 긴 국수의 면발처럼 길고 오래도록 행복하게 살라는 의미를 담고 있다. 국수를 올리는 숫자는 메와 같다.

떡(米食)은 매 제례 때마다 백설기 한 시루(1말)를 올린다. 떡은 시민들이 낸 쌀로 찌는데, 제사를 지내고 헌관이나 제관들에게 나눠주고 또 제사에 참여한 시민들에게도 고루 나눠준다.

제주(祭酒)는 음력 4월 15일 행사에 쓰일 제주는 칠사당에서 빚은 신주를 사용한다. 술을 빚는 양은 백미 1말에 누룩 8kg을 사용한다. 5월 3일~8일까지 쓰일 제주는 음력 4월 25일을 전·후해 빚는다. 제주는 걸러서 사용하지 않고 위의 맑은 청주만 떠 사용한다. 제주를 만들 때 솔잎을 같이 넣는데, 솔잎은 향이 진하여 술 냄새와 조화를 이룬다.

쇠고기 육적(肉炙)은 기름기 없는 최상의 고기를 사용한다. 보통 한 번에 6kg 정도를 사용하는데, 각을 뜨면서 지방과 힘줄 등을 제거하기 때문에 실제 사용되는 양은 5.5kg 정도이다. 생육으로 1kg을 쓰고 육탕으로 약간, 나머지는 산적으로 만들어 쓴다.

어물, 어적(魚炙)으로는 주로 바닷고기를 쓴다. 물고기는 낮에 활동할 때나 밤에 잘 때나 눈을 감지 않기 때문에 모든 사악한 기운을 살펴 감시하고 물리친다는 의미를 가지고 있다. 문어, 열기, 명태, 가자미, 대구 등을 올리고, 고기 이름 끝에 치자가 붙은 가물치, 삼치, 꽁치, 새치(이면수), 참치, 갈치, 도치 등은 올리지 않는다. 이런 고기들은 비린내가 강하여 신들이 싫어한다고 한다. 목판에 어물을 고이는 순서는 명태, 열기, 문어 순으로 올린다. 명태는 네 토막씩을 격자로 네 칸 쌓아 올리고, 그 위에 열기는 세 토막씩 격자로 네 칸을 쌓는다. 명태는 머리는 사용하지 않고 몸통 부분만 사용한다. 열기는 꼬리부분을 잘라내고 머리부터 몸통까지 사용한다. 마지막으로 문어를 두 칸 쌓는다. 문어는 다리부분만을 사용하는데 가장 굵은 부분을 25cm 길이로 자르고 가운데 부분을 갈라 넓게 펼쳐 담는다.

대구포(大口脯)는 상품 3마리를 사용한다. 소채류는 시금치와 도라지나물을 쓴다. 강릉 단오제에는 고사리나물을 쓰지 않는다. 간장, 식혜, 침채도 오른다. 대추는 제기 하나를 쌓는데 작은되로 3되 정도가 들어간다. 대추의 머리와 꼬리 부분을 안으로 밀어넣고 전체적인 모양을 둥글게 다듬어 고인다. 밤도 제기 하나를 쌓는데 작은되로 3되 정도가 들어간다. 속껍질까지 벗겨 쌀 씻은 물에 담갔다가 사용한다. 윗면과 아랫면을 평평하게 깎아내고 옆면은 육각으로 쳐서 모양을 낸다. 곶감을 제기 하나에 쌓는데 꼬치곶감 100~120개 정도가 쓰인다. 배는 7개를 쌓아 올린다. 3개씩 2줄을 쌓고 위에 한 개를 올려놓는다. 한과(과줄)는 큰 거 9장을 쌓아 올린다.

과줄에 대한 문헌상 기록은 고려후기(1281년경) 승려 일연이 편찬한 삼국유사에 菓로 접대음식과 제사음식으로 쓰임새가 기록되어 있다. 가락국기에는 매년 다섯 차례 정월 3일과 7일, 단오일, 8월 5일과 15일 등에 제사를 지낼 때 '茶菓'를 올렸다고 전해지고 있으며, 김유신 전에는 세 명의 여신이 김유신에게 '美菓'를 대접했다고 적혀 있다. 이와 같은 문헌상의 기록을 통해 '과줄'이 특별한 날 사용했던 귀한 음식이라는 것을 유추해 볼 수 있다. 일제 강점기 때 육당 최남선은 자신의 글을 통해 "세계에서 짝이 없을 만큼 특색 있고 조선에서 만드는 최고급 과자

가운데 최고의 상품이다."라고 평했다.

과줄에는 확대추구의 주술성 정서, 풍요를 바라는 기원적 성격이 담겨 있다. 곡식가루를 발효시켜 만든 바탕을 기름에 닿는 순간 수배로 부풀어 오르는데, 이러한 특이성으로 '작은 것을 크게 한다.', '집안 살림이 불어나서 부자가 되라.'는 주술적 의미를 지니고 있다. 과줄의 쓰임새를 보면, 이러한 민속적 사상을 쉽게 유추해 볼 수 있다. 조상을 위한 제사, 혼례, 회갑연, 귀한 손님의 접대 등 일상생활 속 중요한 행사에 널리 쓰인 이유이다.

5) 강원도 민속제의 – 마을신앙

(1) 삼척 산메기(산맥이기)

산메기는[62] 전국에 널리 분포해 있는 산간신앙과 달리 주로 강원도 일부 지역에서 나름의 특색을 가지고 전해지는 독특한 신앙 의례이다. 지금까지 강원도 영동 지역과 정선, 영월, 고성 등에서 보고되었고, 충북 진천, 경남 통영, 경북 안동에서도 이와 유사한 의례가 발견되고 있다. 이들 지역 중 삼척 지역에서 가장 많은 사례가 조사되었으며, 현재도 가장 활발하게 전승되고 있다.

산메기에서 지칭되는 '산'은 특정 동물인 호랑이를 가리키는 동시에 호랑이의 인격체인 산신(山神)으로서의 성격을 지닌다고 일반적으로 알려져 있다. 의례 형태나 구체적으로 모시는 신령은 지역마다 달리 나타난다. 이와 같이 산에서 행하는 산메기와 함께 산치성, 산제사 등은 이 지역 주민들의 산에 대한 믿음을 잘 보여주고 있다. 그러나 개인이나 문중 차원에서 개별적으로 산을 위하는 전통이 강해서인지 마을 단위로 산신을 모시는 예는 많이 나타나지 않는다는 점 또한 이 지역의 문화적 전통을 반영한 것으로 이해될 수 있다.

삼척군 도계읍의 초파일 전·후 조상을 대접하는 행사인 산맥이기 행사를 보면[63], 삼척군 도계읍 신리는 60년대까지는 화전이 성하던 마을인데, 버스도 1971년에야 다니기 시작한 곳이다. 4월 초파일이라고 해서 불교행사인 것은 아니고 신격은 어디까지나 산에 있다. 산메기날 아침이면 집집에서 늦은 조반을 해먹고 음식을 장만해 가지고 문중의 산당이 있는 산속의 계곡이나 산등성이를 찾아간다. 산당에 도착하면 소나무 가지에 널판을 걸쳐서 제상을 마련하고 음식을 차려 놓는다. 젯밥은 새옹밥이라고 해서 집에서 지어오지 않고 산당에 와서 짓는데, 솥뚜껑을 열어보지 않고 정성들여 짓는다. '복재'라고 불리는 사제가 싸리가지에 창호지를 오려서 끼운 대를 잡고 제상 주변에 술을 뿌리면서 잡귀를 물리친다. 복재는 문중 여러 집의 주인과 집안 식구들이 편안하기를 빌고 나서 가축이 무사하고 번성하기를 빌어주고 덕담도 던진다. 제사가 끝나면 산메기에 참석한 모든 남정들이 함께 제사음식을 나누어 먹으며 하루를 즐긴다.

(2) 동해안의 서낭굿

동해안 포구에서는[64] 서낭굿을 세 해나 다섯 해나 일곱 해 만에 한 번씩 별신굿으로 지낸다. 대개의 어촌의 어부들은 조그만 배를 가지고 큰 바다에 나가는 불안한 생업에 매달려야 한다. 바다에 나가는 어부나 그들을 바다로 보내는 식구나 마음이 불안하기는 마찬가지다. 서낭굿을 벌이는 곳은 이런 사람들이 모여 사는 어촌인데, 불안을 물리치는 행사에 뜻이 맞아 부락이 공동으로 벌이게 된다.

강릉시 경포대를 끼고 있는 강문 포구에서는 1980년에도 별신굿을 한 차례 벌였고, 고성군 죽왕면 문암리에서는 세 해 만에 하는 별신굿을 1981년에 하였다. 동해안의 별신굿은 새마을 사업으로 한때 줄어들기도 했으나 아직도 전승되고 있다.

주문진읍 6리 우암진에서도 1981년에 굿이 행해졌다. 서낭굿의 날짜는 마을 노인들이 농한기인 음력 3월 보름으로 잡았고, 앞 해에 이 마을에서 고기를 가장 많이 잡았고, 살이 없었던 집을 도가로 정했다. 도가에서는 굿하기 사흘 전에 조례를 잡혔고 굿당이 될 마을 앞 백사장에 차일을 쳤다.

별신굿은 동해안 지방의 세습 무당들이 이끄는데, 굿 첫날에 도무당이 아침 9시경 징을 올려 굿이 시작됨을 알리고 이어 굿에 참여할 모든 무당과 마을 사람들이 봉화 둑이 있는 서낭터에 올랐다. 이 별신굿에서는 강릉 단오굿의 기능보유자인 박용녀 · 이금옥과 신승남 같은 무당과 신동해 · 김삼률 같은 굿잽이로 이루어진 11명의 무격 곧 무당과 박수가 참가하여 굿을 벌였다. 동해안을 휩쓰는 양양군의 김해초는 잽이의 총수격인 김석출의 사촌형이고, 삼척군에 터를 잡고 있는 이금옥은 김석출의 형수이다. 강릉 단오제의 기능보유자인 박용녀에게서 전수받고 있는 신승남은 이금옥과 동서 사이이고, 신동해는 신승남의 동생이다. 반면, 강신무는 세습무와는 달리 자신이 특별한 강신 체험을 겪은 후 내림굿을 통해 무당이 되는 경우이다.

강문에서는 길이 5m쯤 되는 장대 끝에 오리 세 마리가 얹혀 있는 진또베기라고 부르는 수살목을 세워놓고 한해에 세 번 마을 제사를 지내며 따로 새해에 한 번씩 굿을 한다. 또한 이 마을에서는 해마다 음력 정월 보름과 사월 보름, 팔월 보름에 서낭제사를 지내며 세 해마다 한 번씩 하는 굿은 사월 보름 제사 때에 한다.

(3) 태백산 천제

강원도 영동 남부지역 마을 신앙의 유형을[65] 천제당형(天祭堂形), 산신당형(山神堂型), 서낭당형, 해서낭당형으로 구분할 수 있다.

천제당형의 마을 신앙은 최고의 신이면서도 다양한 목적과 여러 형태의 전개 양상을 지닌 천신(天神)을 마을 신앙의 대상신으로 자연마을의 제당에서 모시는 유형이다.

삼척지역에서 천신을 모신 전통은 매우 오래되었는데, 조선시대의 각종 기록에 이와 관련한 자료들을 확인할 수 있다. 또한 그 사례가 전국적으로 풍부하지는 않지만 영동 남부지역을 중심으로 많은 마을에서 이를 확인할 수 있다. 여기서 천신은 자연신으로서 이 지역 대부분의 마을에서 마을신으로 모시는 서낭신보다 더 큰 능력을 지닌 신령으로 여겨 기우제를 지낼 때 모시거나, 거리고사를 지낼 때 상당신으로 모신다. 이와 함께 천신을 모신 마을에서는 제의 과정에서 서낭신보다 위에 있는 신령으로 모셔진다.

태백산에서의 제사는[66] 신라시대부터 현재에 이르기까지 국가 차원이든 개인 차원이든 이어져 왔는데, 제의를 주관한 주체나 형식은 시대마다 달리 나타났음을 알 수 있다. 즉 신라대에는 중사에 속하여 국가제사를 지냈으며, 고려시대에는 국가에서 외산제고사(外山祭告使)를 임명하여 태백산제(太白山祭)를 지냈다는 기록들이 있다. 그러나 조선이 성립하면서 태백산을 국가의 사전에 편제하려는 노력이 있었으나 실패하여 세조 이후 지방 향리와 민간에서 태백산에서의 제의를 주관하였다고 볼 수 있다. 일제강점기를 전·후하여 동학을 비롯한 신종교에서 태백산에서 하늘에 제사지내는 의례를 행하였음을 여러 기록을 통해 확인할 수 있다. 해방 이후에는 대종교 교인들이 태백산 정상에서 하늘에 제사를 지냈으며, 지금은 태백산천제위원회가 결성되어 1987년부터 매년 10월 3일 천제를 지낸다.

태백산 천제단(천왕당)은 태백산 정상에 있으며, 소재지는 강원도 태백시 소도동 산 80 및 혈동 산 87-2이다. 현재 중요 민속자료 제228호로 1991년 10월 23일 지정되었으며, 천제단과 함께 장군단, 천제단 남쪽 언덕 아래 위치한 하단도 지정되었다. 그리고 정상에서 500m 아래에 있는 망경사(望鏡寺)의 용정(龍井)이 있어 천제에 올릴 제수(祭需) 준비에 사용하였다.

태백산 내의 현재 신앙 공간은 제당골에 있는 서낭당에서 시작하여 장승자리, 반재, 당골을 거쳐, 망경사 입구에 있는 서낭당을 지나 망경사와 용정, 단종비각, 천제단, 장군단, 하단을 거쳐 문수봉에 이르는 넓은 영역이 신성 공간으로 여겨지고 있다.

1949년 최익한(崔翼漢)의 수기에 의하면, 당시 태백산제는 10월 3일 자시(子時)를 기해서 태백산 정상에 있는 천왕당에서 거행하였는데, 중앙에는 태극기를, 중간에는 칠성기와 현무기를 꽂고 주변에는 33천기와 28숙기(宿旗)를 배치하였다. 제기는 봉화군 춘양의 유기점에서 81개를 맞추어 1회만 사용했다. 모든 참제자는 저녁에 등정하여 천제를 모시고 아침에 해산했다. 제관은 모두 백의 도포를 입었다. 참제할 사람은 1년 전부터 일체의 부정을 가리고 심신을 깨끗하게 유지하도록 했다.

제물은[67] 모두 날것으로 했는데, 아홉 종류의 제물을 아홉 벌 장만했다. 곧 81개의 제물을 올린 셈이다. 청옥(靑玉), 청송엽(靑松葉), 금(金), 은(銀), 진주(珍珠), 백미(白米) 외에도 무엇인지 분명치 않은 두 종류가 더 있었다.

이러한 제사는[68] 강화도 참성단(塹城壇)에서도 베풀어졌는데, 참성단의 제사가 도교식 초제(醮祭)의 형식이었음을 고려할 때 위의 제사 형식도 초제의 일부로 볼 수 있으며, 33천기와 28수기의 존재나 9종 9벌의 81가지 제물 등은 유교식 제사와는 무관한 것이다.

태백산 천제는 1987년 '태백산천제위원회'가 결성되어 각종 준비와 의례를 주관하여 지내다가, 2008년에는 그 명칭을 '천제보존회'로 변경하여 대한민국을 대표하는 천제로 발전시키려 하고 있다.

2008년 천제를 주재한 인사는 제주(태백시장 박○기), 헌관(태백시 의회의장 김○수, 태백문화원장 권○한), 번시관(정○교), 집례(안○호), 축관(김○복), 집사(이○복)이다. 실무준비는 태백문화원에서 주관하며, 매년 10월 3일 천제단에서 오전 11시~오후 1시에 천제를 지낸다. 준비하는 제수는 천주(가양곡왕주), 소머리, 오곡(쌀, 보리, 콩, 조, 기장), 고사리, 미역, 대구포, 밤, 대추, 곶감, 백설기(시루), 삼베, 물이며, 이와 함께 한라산을 비롯한 전국의 주요 산에서 가져온 흙을 각각의 주머니에 담아 올린다. 물은 태백산 정상 아래에 있는 용정(龍井)의 물을 이용한다. 메는 준비하지 않으며, 소머리와 떡을 제외하고 다른 제수는 조리하지 않고 그대로 올린다.

천제단 내부에는 해와 달, 북두칠성을 그린 기를 세웠는데, 동쪽에 세운 해 깃발 안에는 삼족오(三足烏), 서쪽에 세운 깃발 안에는 토끼 그림을 그렸다. 이와 같이 해와 달을 그린 것은 고구려 고분벽화에서 일반적으로 볼 수 있는 도상(圖像)이다. 제단 외곽에 28숙기(宿旗)를 동·서·남·북으로 각각 구분하여 세운 것은 태백산에서 천제, 즉 하늘에 제사 지내기에 하늘을 상징하는 주요 요소들을 깃발로 만들어 배치하였다고 볼 수 있다.

1987년 태백산천제위원회가 주관하여 개천절에 지낸 천제 순서는[69] 다음과 같다.

① 영신굿 : 풍물패가 영신을 위해 풍물을 울리며 천제단 앞에서 영신맞이굿을 한다.

② 천황굿 사설 구송 : 박○문 외 10명으로 구성된 태백문화원 문화학교 동문들이 천황굿 사설을 구송한다.

③ 개의(開儀) : 집례가 천제의 개의를 알린다.

④ 번시례(燔柴禮) : 초의를 입은 번시관이 쑥을 들고 등단하여 화로에 쑥을 태워 잡귀를 쫓고 천제를 하늘에 알린다.

⑤ 강신례(降神禮) : 집사의 인도를 받은 제주는 관세 위에서 손을 씻고 닦고 등단하여 천제단 앞에 꿇어앉는다. 향을 사르고 천잔에 술을 따라 제단 앞에 부어 신을 내리게 하는 의식으로, 제주는 아홉 번 절한다.

⑥ 참신례(參神禮) : 제주는 봉작에게 받은 천잔에 술을 부어 천단에 올리고 제주이하 모든 참제원들은 아홉 번 절을 한다.

⑦ 전폐례(奠幣禮) : 제주는 봉지들로부터 받은 폐백(삼종천, 오곡, 천수)을 천단에 바친다.

⑧ 진찬례(進饌禮) : 제주는 봉찬들로부터 받은 제례 음식물(천채, 천소, 천과, 희생 등)을 천단에 올린다.

⑨ 고천례(告天禮) : 축관이 제주 앞에 꿇어앉아 고천문을 봉독한다. 이때 제주 이하 모든 참제원들은 꿇어 엎드린다.

⑩ 헌작례(獻酌禮) : 아헌관이 인도되어 관세 위에서 손을 씻고 등단하여 천향을 피우고 천잔을 올린 다음 아홉 번 절하고 제자리로 돌아간다. 이후 종헌관이 인도되어 관세 위에서 손을 씻고 등단하여 천향을 피우고 천잔을 올린 다음 아홉 번 절하고 제자리로 돌아간다.

⑪ 송신례(送神禮) : 제례의식이 끝나고 신을 배웅하는 의식으로 제주가 다시 등단하여 천향을 피우고 초자로 모든 천잔에 천주를 세 번씩 첨작을 한다. 그리고 제주 이하 봉향봉작들은 천단에서 내려와 제자리로 가서 서고 이어서 제주 이하 모든 참제원들은 아홉 번 절한다.

⑫ 음복례(飮福禮) : 천단에 바친 제물을 내려 골고루 나누어 먹는다.

⑬ 망료례(望燎禮) : 제주는 희생의 귀를 잘라 망료대로 나가 망료를 한다.

⑭ 소지례(燒紙禮) : 신령 앞에서 비는 뜻으로 한지를 불살라서 하늘에 올리는 의식으로 제주 이하 모든 참제원은 차례로 등단하여 소지를 올린다.

6) 삼화사 수륙재(국가무형문화재 제125호)

수륙재(水陸齋)는[70] 물과 뭍에서 죽은 고혼을 위한 제사의식 또는 물과 뭍을 떠도는 외로운 고혼을 위한 제사의식으로 인식되고 있다. 학계에서도 수륙재를 수륙의 무주고혼과 아귀를 구제하기 위해 공양을 베푸는 의식으로 정의하고 있다. 반면, 영산재는 개인 천도의 성격을 띠고 있다. 삼화사 수륙제는 2013년 12월 31일 중요무형문화재 제125호로 지정되었다. 진관사의 수륙재도 2013년 12월 31일 국가지정문화재 중요무형문화재 제126호로 지정되었다. 조선 초기 삼화사에서는 공양왕의 초상을 제단에 올려놓고 수륙재를 올렸다.

강원도 동해시는 2018년 10월 26일을 시작으로 사흘간 삼화사(642년, 신라 선덕여왕 11 창건) 국행수륙대재를 봉헌한다. 26일 오전 10시부터 시련, 대령, 법요식, 괘불이운 등의 의식을 거쳐 밖에서 떠돌아다니는 죽은 고혼들을 삼화사 경내에 모셔와 본격적인 수륙재 설행이 치러진다.

우리나라에서는 수륙재라는 명칭은 사용하지 않았지만, 수륙재가 갖는 의례의 기능적 측면에서 본다면 그 기원은 삼국사기 권 제4, 신라본기 진흥왕 33년의 기록으로 미루어 신라 진흥왕대까지 역사가 거슬러 올라가는 것으로 볼 수도 있다. 그러나 문헌 기록상 최초의 수륙재는 고려 광종 19년에 시행한 것으로 나타난다. 또한 고려사 열전 최승로의 시무이십팔조 두 번째 조항에서 확인할 수 있다. 일반적인 제의와는 달리 죽은 수많은 고혼들을 위해 불법과 음식을 베푸는 불교의식이다.

조선시대는 초기에서 중기까지 수륙재의 설행이 성행한 것으로 나타난다. 특히 조선의 개국 과정에서 억울하게 죽어간 고려 왕실의 왕족 추천을 위한 수륙재를 삼화사에서 국행으로 실행하였다. 삼화사 국행 수륙대재는 태조 4년에 최초로 봉행됐다. 국행수륙재가 폐지된 이후에도 민간에서의 수륙재는 지속적으로 설행된다.

조선 전기에 실행되었던 재(齋)와 수륙재(水陸齋)는 고려시대의 재 및 수륙재 원형과 거의 비슷하게 실행되었을 것이다.

재(齋)란 신이나 부처님께 공양을 드림으로써 현세의 염원이 이루어질 것이라는 믿음에 의하여 행하는 의례로, 신이나 부처님께 공양을 드림으로써 현재의 염원이 이루어질 것이라는 믿음이 생겨났으며, 이 믿음에서 나온 의례가 재(齋)로써 꽃(花), 과(果), 미(米), 차(茶), 향(香)의 다섯 가지 공양물은[71] 불국정토의 일원이 되는 중요한 공양물이다. 수륙재란 바다와 육지에 있는 외로운 귀신을 위해 올리는 재인데, 고려왕조에서 열었던 연등회(燃燈會)를 1월 15일 열리는 수륙재로 대치하였다.

세종 2년(1420년) 새롭게 정한 나라의 재를 위한 수륙재(水陸齋)의 물품과 상차림은 다음 [그림 5.22]과 같다.(세종실록 제 8권) 그밖에 세종 2년(1420년) 새롭게 정한 이품 이상의 재를 위한 수륙재의 물목과 상차림(세종실록, 권 8), 새롭게 정한 삼품 이하의 재와 관직이 없는 사람의 재를 위한 수륙재의 물목과 상차림 등이 있다.

이상의 기록에서 알 수 있는 것은[73] 그 당시 국수, 만두, 떡 등은 사치한 음식의 범주에 속하고, 상차림에서도 5첩 이상은 사치한 상차림에 속했다고 본다. 5첩이

부처님

흰꽃조화 밥 밥 밥 밥 밥 밥 밥 밥 밥 밥 밥 밥 밥 밥 밥 흰꽃 조화

꽃병 동이(盆)동이동이동이동이동이동이동이동이동이동이동이동이동이동이 꽃병

밥 밥 밥 밥 밥 밥 밥 밥 밥 밥 밥 밥 밥 밥 밥

동이 동이동이동이동이 동이동이동이동이동이동이동이동이동이동이

국수 국수 국수 국수 국수 국수 국수 국수 국수

(淨麵) (淨麵) (淨麵) (淨麵) (淨麵) (淨麵) (淨麵) (淨麵) (淨麵)

두부탕 두부탕 두부탕 두부탕 두부탕 두부탕 두부탕 두부탕 두부탕

(豆湯) (豆湯) (豆湯) (豆湯) (豆湯) (豆湯) (豆湯) (豆湯) (豆湯)

유밀과 유밀과 유밀과 유밀과 유밀과 유밀과 유밀과 유밀과 유밀과

(油果) (油果) (油果) (油果) (油果) (油果) (油果) (油果) (油果)

떡 떡 떡 떡 떡 떡 떡 떡 떡

(淨餠) (淨餠) (淨餠) (淨餠) (淨餠) (淨餠) (淨餠) (淨餠) (淨餠)

과일 과일 과일 과일 과일 과일 과일 과일 과일

(實果) (實果) (實果) (實果) (實果) (實果) (實果) (實果) (實果)

* 밀초 대신 등롱(燈籠)을 사용한다. 밥은 찐밥(蒸飯)이다. 수건으로 쓸 모시(手巾 苧布) 2필, 좌우 병에는 흰꽃(素花) 6을 쓴다, 주지(奏紙, 燒紙) 50권, 주법(主法)에게 시주하는 목면 1필, 재주(齋廚)에게 시주하는 규격 베(正布) 5필

[그림 5.22] 세종 2년(1420) 새롭게 정한 나랏재를 위한 수륙재의 물목과 상차림[72]

란 간장, 초간장 등의 종지를 제외한 5기(器)로 된 밥상을 뜻한다.

꽃, 과일, 흰쌀과 거식(車食)[74], 차(유밀과 다식), 향의 다섯 가지 공물은 재(齋)에서 기본 공양물이고, 재보다 더 큰 규모일 경우에는 과일, 쌀(米), 차(茶)에서 다양한 종류의 과일, 다양한 종류의 떡류, 다양한 종루의 유밀과와 다식류 찬품이 증가할 것이다. 과일, 거식, 다식, 유밀과의 고임 높이는 후덕 대비를 위한 재이기 때문에, 조선왕조 궁중 진찬연 때의 대비를 위하여 차렸던 고임 높이와 유사한 높이인 1자 5치 – 1자의 높이였을 것이다. 그러나 수륙재의 공양물은 점차 쌀 대신에 밥이 올라왔고, 국수와 탕이 첨부되어 있는 정진음식으로 구성되어 예전보다는 훨씬 현실적인 상차림으로 변하여 오늘날까지 이르렀다고 볼 수 있다.

오늘날 설행되고 있는 수륙재는 크게 세 가지 유형으로 나타난다. 첫째, 지역의 문화행사 가운데 하나로 설행되는 예로서 짧게는 2시간에서 길게는 3시간 정도에 걸쳐 설행된다. 여수 진남제에서의 수륙재와 영광 단오제에서의 수륙재를 예로 들 수 있다. 둘째, 특정 사찰의 정기행사 가운데 하나로 아침 일찍부터 시작하여 오후 늦게까지 하루에 걸쳐서 설행하는 유형으로 서울 진관사의 수륙재를 들 수 있다. 셋째, 드물기는 하나 전통의 보존과 전승의 관점에서 3일에 걸쳐서 설행되는 유형이다. 동해시 삼화사의 수륙재를 들 수 있다.

동해시 삼화사 수륙재의 첫째 날에는

① 가마를 이용해 불보살님과 신중, 그리고 무주고혼들을 삼화사 경내로 모셔오는 시련 의식

② 본격적인 의식이 시작되기 전 고혼들에게 음식을 대접해 잠시 기다리게 하는 대령 의식(그림 5.23, 그림 5.24 참조)

③ 부처님 상징하는 괘불을 모셔와 부처님을 단상에 모시는 괘불이운 의식을 한다.

둘째 날에는

④ 여러 성인들을 맞이하기 위해 수륙재 공간을 물로 깨끗하게 정돈하는 쇄수와 수륙재를 설행하는 공간 범위를 설정하는 쇄수결계 의식

⑤ 설법 의식

⑥ 죽은 사람이 처음으로 마주하는 감재사자, 저승으로 오는 낯선 길을 인도하는 직부사자 등을 오셔오기 위한 사자단 의식

⑦ 오방신을 모셔오는 의식인 오로단 의식

⑧ 상단의식이 행해진다.

[그림 5.23] 대령단 진설

[그림 5.24] 대령단 국수

셋째 날에는

⑨ 본 의식과 회향 의식으로 시방세계에 있는 모시는 중단 의식

⑩ 방생의식

⑪ 하단의식(그림 5.25, 그림 5.26 참조)

⑫ 봉송회향 의식이 행해진다.

[그림 5.25] 하단 의식

[그림 5.26] 헌식

사찰음식의 본가로 꼽히는 서울 은평구 '진관사'에서도[75] 매년 수륙재를 봉행하며 전통적인 상차림을 선보이고 있다. 매년 49일 동안 일곱 차례 재를 지내는데, 이 중 하이라이트는 마지막 이틀간의 '칠재'다.

대웅전 앞에 차려진 3개의 상 · 중 · 하단에는 각종 전물, 즉 제사음식이 차려진다. 여기 오르는 음식은 『조선왕조실록』 세종 2년(1420)의 단차림 기본 규정(앞의 그림 5.22 참조)을 따른다. 아직 여물지 않은 '올기쌀'로 지은 찐 밥 서른 동이, 유과 아홉 그릇, 두부탕 아홉 그릇, 떡 아홉 그릇, 삶아 건진 국수 아홉 그릇, 과일 아홉 그릇 등이 핵심이다. 흰 꽃이 담긴 화병과 등롱, 한지 목면, 베 등 다른 공양물들도 함께 올린다.

떡이나 과일 종류는 『조선왕조실록』에서 지정하고 있지 않다. 이날 진관사에서는 무지개떡, 호박편, 인절미, 약식, 백설기, 증편, 콩편, 흑임자편, 절편 등을 올렸다. 과일도 사과, 배, 감, 수박, 포도 등 제철과일들로 풍성히 차렸다. 상중하단 외에 별도로 단과 음식이 차려진다. 용왕을 위한 용왕단에는 '미역'이, 사자가 타고 온 말들이 쉴 수 있도록 한 마구단에는 '콩죽'이 오른다.

진관사 국행수륙재보존회 강영철 수석 연구위원은 "봉송회향, 삼회향까지 끝난 뒤에는 스님과 신도들이 모두 음식을 나누어 먹으면서 마무리한다."며, 2011년 진관사 내에 범패, 법인, 장엄, 의례연구 등으로 구성된 수륙재학교를 설립해 스님과 일반인을 대상으로 다양한 교육을 실시하고 있다고 한다.

사찰음식 명장 '계호' 스님이 주지로 있는 '진관사'는 비구니 수행사찰이다. 경내에 산사음식연구소를 두고 있는 이곳은 세계의 미식가들에게도 이름이 나있다. 떡을 자주 만들다보니 진관사 내에는 방앗간도 있다. 입구 돌벽에 '종교를 넘어'라고 쓰여 있는 대중공양간(식당)은 매주 일요일이면 북한산 등반객들로 붐벼 사찰음식의 전파역할도 톡톡히 하고 있다.

[그림 5.26] 진관사 수륙재 상차림

[그림 5.27]
진관사 수륙재 상차림
2018년에는
10.13~14일 설행

미주풀이

1) 윤덕인, 전통 제사상차림의 규범과 강릉지역 제사상차림 관행의 비교연구, 「한국식생활문화학회지」 12(5), 1997, pp.549-550.
2) 최순권, 제례, 일생의례사전, 국립민속박물관, pp.552-556.
3) 이연자, 경기도 용인 추탄 오윤겸 선생 불천지위 제례상차림, 「쿠켄」 2008년 2월호, p.164.
4) 심오섭 · 김기설 · 박도식 지음, 강릉단오제 제례 전수교육 교본, 채륜, 2015, pp.20-21.
5) 이혜순 외 지음, 조선 중기 예학사상과 일상문화 - 주자가례를 중심으로, 이화여자대학교출판부, 2011, p.221.
6) 김미영, 유교의례의 전통과 상징, 민속원, 2014, p.161.
7) 이연자, 뿌리 깊은 종가의 맛을 찾아서 - 영일 정씨 송강 정철 종가, 「쿠켄」 2007년 10월호, pp.181-182.
8) 한국국학진흥원 교육연수실 편, 제사와 제례문화, 한국국학진흥원, 2005, pp.243-244.
9) 이이 지음 · 이민수 옮김, 격몽요결, 을유문화사, 2003, pp.219-221.
10) 이재 지음, 국역 사례편람, 이화문화출판사, 1992, p.406.
11) 상례비요 : 조선 중기(1648) 학자 신의경이 찬술한 상례 관계의 초보적인 지침서. 김장생이 1620년(광해군 12) 여러 대목을 증보하고, 1648년 김집이 다시 교정하여 2권 1책으로 발행하였다.
12) 한국국학진흥원 교육연수실 편, pp.244-249.
13) 김미영, 유교의례의 전통과 상징, 민속원, 2010, pp.144-145.
14) 심오섭 · 김기설 · 박도식 지음, 강릉단오제 제례 전수교육 교본, 채륜, 2015, p.21.
15) 윤덕인, 강릉지역 일부 가정의 추석 차례상 진설법과 제례음식에 관한 연구, 「관대논문집」, 1996, pp.303-304.
16) 임돈희, 조상제례, 대원사, 1990, pp.97-99.
17) 조선일보, 1993년 9월 28일자, 추석차례상 차리기.
18) 김미영, 유교의례의 전통과 상징, 민속원, 2010, pp.53-54.
19) 김미영, 유교의례의 전통과 상징, 민속원, 2010, pp.71-74.
20) 김미영, 유교의례의 전통과 상징, 민속원, 2010, pp.61-62.
21) 한국의 맛 연구회 지음, 제사와 차례, 동아일보사, 2007, p.89.
22) 한국의 맛 연구회 지음, 제사와 차례, 동아일보사, 2007, pp.51-55.
23) 한국일생의례사전, 국립민속박물관, 2014, pp.648-649.
24) 한국의 맛 연구회 지음, 제사와 차례, 동아일보사, 2007, pp.61-68.
25) 한국일생의례사전, 2014, pp.648-649.
26) 이우성 지음, 제사, 김영사, 2004, p.106.
27) 최승순, 강원대학교 강원문화연구소 제5집 민속부문, 1985, pp.136-138.
28) 가정의례 준칙 : 가정의례 준칙은 허례허식을 일소하고 그 의식 절차를 합리화함으로써 낭비를

억제하고 건전한 사회기풍을 진작함을 목적으로 관혼상제의 의식 절차를 대폭 간소화하여 제시한 법률로, 1969년 1월 16일 가정의례 준칙에 관한 법률과 시행령이 반포되면서 시행되었다. 이 법령은 이후 여러 차례에 걸쳐 개정되다가 1999년 건전가정의례 준칙이 제정되면서 폐지되었다. 이 법령의 대표적인 특징은 기제(忌祭)를 지내는 시간에 대해서도 '사망한 날 해진 뒤'라고 명시해 놓았는데, 이것은 당시에 있었던 통행금지 때문이었고, 추석에 지내는 차례를 절사(節祀), 양력 1월 1일에 지내는 차례를 연시제(年始祭)라고 구별하여 규정한 것이다. 연시제를 별도로 구별한 것은 당시 양력설을 권장하였던 정부정책이 반영된 것이었다.

29) 김의숙 · 전상국, 강원문화총서(민속), 국학자료원, 1997, p.473.

30) 김의숙 · 전상국, 강원문화총서(민속), 국학자료원, 1997, p.475.

31) 김의숙, 전상국, 강원문화총서(민속), 국학자료원, 1997, p.429.

32) 김의숙 · 전상국, 위의책, pp.571-572.

33) 한국민속종합조사보고서, 향토음식편, 문화공보부 문화재관리국, 1984, 387-388쪽.

34) 이연자, 뿌리 깊은 종가의 맛을 찾아서 - 신안 주씨 경안 종가, 「쿠켄」, 2003년 9월호, p.173.

35) 이연자, 명문종가 이야기, 컬처라인, 2003, pp.109-110.

36) 중앙일보 2009년 8월 20일자, 이 땅의 국수를 찾아서 강릉 메밀묵채.

37) 이연자, 뿌리 깊은 종가의 맛을 찾아서 - 영일 정씨 송강 정철 종가, 「쿠켄」, 2007년 10월호, p.182.

38) 2018 종가포럼 중 경북 영덕 난고정 종가, p.99.

39) 이연자, 앞의 책, 2012, pp.409-410.

40) 이연자, 종가의 삶에는 지혜가 있다. 알에이치코리아, 2012.

41) 이연자, 종가의 삶에는 지혜가 있다. 알에이치코리아, 2012.

42) 김영미 외 지음, 고려시대의 일상문화, 이화여자대학교출판부, 2009, pp.9-10.

43) 천헌례(薦獻禮) : 전통사회에서 정월 초하루와 동지, 매달 초하루와 보름날에 사당에서 간단한 음식을 차리고 예를 올리는 풍습이 있었다. 청명, 한식, 단오, 중양절에 올리는 속절에는 그날 숭상하는 세시음식을 나물, 과일 등과 함께 올리고 그 절차는 참례(參禮)처럼 하였다. 이와 같은 참례나 속절의 천헌례는 약식의 제례로서 그 절차의 많은 부분이 생략되어 강신과 참신, 초헌, 사신(辭神)의 절차가 있을 뿐이다. 그리고 음식은 과일, 포, 해 및 술을 주로 하여 설날과 동지에는 떡국이나 팥죽을 더 올리고 속절에는 그날의 세시음식과 나물 등을 더 올렸을 뿐이다. 지금은 참례와 천헌례의 대부분이 없어지고 설날과 추석날 지내는 풍습만이 남아있는데, 이 의식을 차례라고 한다.

44) 한국국학진흥원, pp.248-249.

45) 한국국학진흥원, p.249.

46) 뿌리 깊은 나무, 봄가을 음식, 대원사, 1989, p.75.

47) 윤덕인, 전통 제사상의 진설 규범과 관행 비교연구, 「비교민속학」 제28집 2005, p.356.

48) 대구일보 2018. 9.18일자 천년을 이어진 경상도의 맛 '돔배기.'

49) 윤덕인, 전통 제사상의 진설 규범과 관행 비교연구, 「비교민속학」 제28집 2005, pp.357-358.

50) 이연자, 은진 송씨 우암 송시열 종가, Cookand 2월, 2002, 2월호. p.48.

51) 이우성 지음, 제사, 김영사, 2004, pp.48-49.

52) 이경자, 사랑과 상처, 실천문학사, 1998, p.22.

53) 이경자, 사랑과 상처, 실천문학사, 1998, p.47.

54) 이연자, 명문 종가를 찾아서, 컬쳐라인, 2003, p.149.

55) 앞의 책, 남효온이 강릉단오 기록, p.28.

56) 박도식, 범일국사와 강릉단오제, 임영문화 36, 강릉문화원, 2012.

57) 앞의 책, p.35.

58) 1977년 임영문화제 일집에 등재된 상차림, 중요무형문화재 제13호 강릉단오제 보유자 金振悳.

59) 한국일생의례사전, 국립민속박물관, 2014, p.696.

60) 강릉단오제 축문 및 홀기, 「강원민속학」 제5,6집, 강원도민속학회, 강원무형문화연구소, 1988, 자료.

61) 심오섭 · 김기설 · 박도식 지음, 강릉단오제 제례전수교육 교본, 채륜, 2015, pp.80-90.

62) 김도현, 사료로 읽는 태백산(太白山)과 천제(天祭), 강원도민일보사, 2009, pp.17-18.

63) 한국의 발견 - 강원도, 뿌리깊은 나무, 1992, pp.71-72.

64) 뿌리깊은 나무, pp.75-79.

65) 김도현, 사료로 읽는 태백산(太白山)과 천제(天祭), 강원도민일보사, 2009, p.113.

66) 김도현, 사료로 읽는 태백산(太白山)과 천제(天祭), 강원도민일보사, 2009, p.68.

67) 임동권, 태백산 천제단의 역사성과 문화재적 위상, 「태백문화」, 제7집, 태백문화원, 1993년 p.43.

68) 이필영, 태백산 천제단, 문화재대관(중요민속자료 1 - 신앙, 생활자료), 문화재청, 2005, p.128.

69) 김도현, 사료로 읽는 태백산(太白山)과 천제(天祭), 강원도민일보사, 2009, pp.105-112.

70) 연제영 지음, 국행수륙대재 - 삼화사 수륙재를 중심으로, 조계종출판사, 2010, p.11.

71) 오출세, 한국민속과 불교의례, 불교민속학의 세계, 집문당, 1996, p.21.

72) 김상보, 가례도감의궤를 통해서 본 조선왕조 혼례연향 음식문화, 신광출판사, 2006, p.57.

73) 김상보, 가례도감의궤를 통해서 본 조선왕조 혼례연향 음식문화, 신광출판사, 2006, p.59.

74) 거식은 동국세시기에 : 5월 단오에 쑥잎을 채취하여 멥쌀가루를 넣고 찧은 후 쪄서 차륜 모양으로 둥글게 빚어 떡을 만들어 먹는데, 이것을 수리취떡이라고 한다. 車는 車輪의 뜻도 있으므로 車食이란 멥쌀로 둥글게 빚어 만든 일종의 절편으로 꽃이 핀 형태로 찍어 만든 것으로 판단된다.

75) 불교음식의 끝판왕, 진관사 수륙재 상차림, 경향신문, 2017.10.19일자.

Ⅵ

강원도 오일장과 먹거리문화

김상희

강원인의 지혜와 맛

강원도
음식문화

1. 장시(場市)의 발달, 오일장, 그리고 보부상

1) 장시의 발달

우리나라에서 정기시장은 1470년(성종 1)에 전라도 주민들이 '장문(場門)'이라는 이름으로 한 달에 두 번 시장을 개설하였다는 기록이 등장한 이래로 지역사회와 밀접한 관련을 맺으며 성장하였다.

『동국문헌비고(東國文獻備考)』(1770)에는 당시 전국에 1,062개소가 개설된 것으로 나타나며, 이 시기에는 오일장(五日場)이 대다수를 차지하면서 오일장 중심의 지역시장 체계가 형성되었다.

그 후 19세기 후반과 대한제국 시기에 감소했던 정기시장은 시장거래 활성화를 통해 식민지 경제를 수탈하려 한 일제의 시장정책 및 다양한 경제적 · 비경제적 요인의 영향으로 역동적인 변화를 보이며 다시 증가하였다.[1]

장시는[2] 처음 등장한 15세기 말 이후 빠른 속도로 확산되었으며, 16세기 들어 도성 안의 인구가 늘어나기 시작했다. 당시 조선 전체 인구가 증가한 탓도 있지만, 그보다 흉년 등으로 일자리와 먹을 것을 찾아 도성으로 유입되는 인구가 크게 증가했기 때문이다. 이렇게 서울로 유입된 인구 중 상당수는 상업으로 생계를 이어갔다. 당시 관리들이 서울의 인구증가 현상을 염려했던 것 가운데 하나가 축말(逐末), 즉 농민이 본업을 버리고 상업에 투신하는 경향이 강해진다는 것이었다. 이러한 현상은 서울 근처에서 특히 심해, 토지를 가진 자도 토지를 팔아버리거나 다른 사람에게 토지를 빌려주고 자신은 서울로 가서 상업에 투신하는 일이 많았다.

임진왜란 이후 이러한 상황은[3] 더욱 심화되었다. 게다가 전쟁의 여파로 시전 상인들이 뿔뿔이 흩어져 공백상태가 되자, 그 틈을 타서 서울에서 상업을 하는 상인이 증가했다. 이른바 난전(亂廛) 상인이 늘어난 것이다.

난전 상인은 시전 상인처럼 국가에 일정한 세액을 납부하는 부담을 지지 않았기 때문에 그만큼 시전 상인에게는 위협적인 존재였다. 시전 상인들은 당연히 이들이 서울에서 상업 활동을 하지 못하도록 막으려 했다. 특히 금난전권이 주어지면서 서울의 빈민, 인근의 영세농 등 소소한 상품을 매매하는 소상인이 독자적으로 벌이는 난전 활동은 위축되었다.

반면, 어느 정도 규모의 자본을 가지고 권력과 결탁한 자들이 난전 상인으로 활동했다. 이후 생산력의 발전은 전국 단위로 장시의 발전을 가져왔다. 특히 임진왜란 이후 장시의 발달은 인구 이동과 여행자 수의 증가를 가져왔다. 역 가까이에는 객줏집이 들어섰으며, 간선도로가 아닌 곳에도 주막이 들어서서 여행자에게 숙식을 제공하기 시작했다. 탕반문화(湯飯文化)는 역에서 출발해 임진왜란 이후 장시의 발전과 함께 객줏집과 주막에서 번성했을 것이다.[4)]

조선시대에는 전국 어느 곳에나 주막이 있어서 술과 밥을 팔면서 나그네를 유숙시켰다. 주막은 시골길 뿐 아니라 작은 고을, 장터, 선착장 등 사람이 모이는 곳이면 어디에나 있었다. 주막집을 탄막(炭幕), 주사(酒肆), 주가(酒家), 주포(酒鋪), 주기(酒旗), 주등(酒燈), 주로(酒爐)라고도 하였다. 음식과 숙소를 함께 제공하지만 음식 값 외에 따로 숙박료를 받지 않았다.

국가의 역은 칼자, 갱자, 착어, 채원, 응자, 급수, 장비, 식모, 다모, 주탕(기생), 주모로 구성되어 반빗간(부엌)을 경영하였다. 이 역은 국가에서 원주에게 토지를 주고 거기에서 발생하는 이익으로 운영되었는데, 이곳에서 밥과 술도 팔았다. 『경국대전』에 따르면 전국에 540여 개의 역이 존재한 것으로 기록되어 있다.

1900년 이전에는 집 밖에서 식사를 할 수 있는 음식점, 여관, 음식 장수들이 거의 없었다. 사람들의 왕래가 분주해지면서 주막집, 목로술집, 상밥집, 국밥집 등 요깃거리를 파는 곳이[5)] 늘어났고, 색주가나 기생집 같이 주색을 갖추어 향락할 수 있는 데도 생겼다.

'상밥'은 갖가지 반찬과 밥을 차려놓는 것을 말하며, 그 영업장소를 '상밥집'이라고 일컬었으며, 일제 강점기에는 노동자들이 10전을 내고 먹었다. '식당'이라는 말은 조선시대 성균관 명륜당 앞 좌·우에 있던 동제(東齊)와 서제(西齊)에 거처하던 선비나 유학들이 식사하는 곳을 '진사식당(進士食堂)'이라 한 것에서부터 연유되었다.

2) 오일장

18세기 중반에는 닷새 간격으로 열리는 오일장이 전국적으로 1,000여 곳이나 개설되었다. 행상들은 하루 왕복거리를 두고 날짜를 달리하여 열리는 장시들을 차례로 돌아다니면서 물건을 팔았다. 이때 행상들이 팔고 다니는 물자를 연결해주는 중개 역할을 담당한 것이 객주였다. 객주는 행상들의 중개지이자 여관 밥집의 기능까지 하였다. 행상이 다니는 도로변에는 주막이 들어서서 주막촌이 형성되었으며, 주막촌은 행상과 물건을 사러 오는 사람들의 집합소이자 음식과 술을 파는 곳이기도 했다. 오늘날 오일장의 전신이라 생각된다.

전국 오일장을 보면 경기도는 모란장을 비롯해 60개, 충청도는 103개, 전라도 106개, 경상도는 259개, 강원도는 61개, 제주도는 16개의 오일장이 있다. 강원도는 [그림 6.1]에서 보는 것처럼 영동과 영서지방으로 구분하였다.[6)]

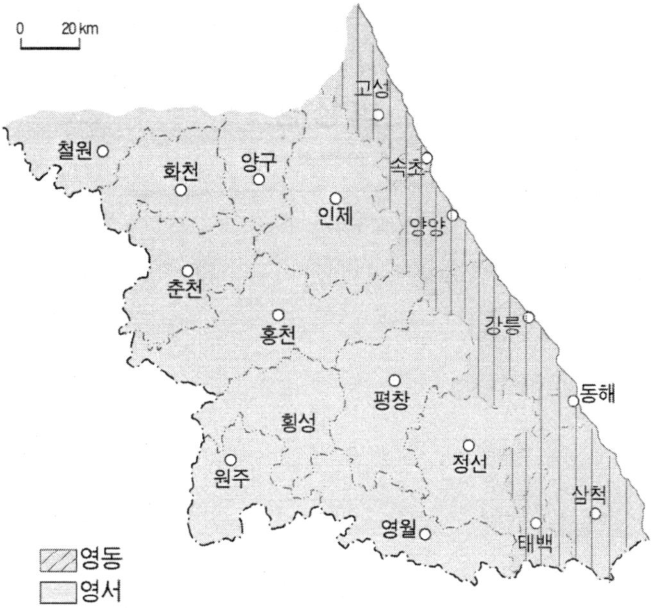

[그림 6.1] 태백산맥으로 나뉘는 영동과 영서지방[7)]

[표 6.1]은 영동지역 오일장의 현황이고, [표 6.2]는 영서지역 오일장의 현황이다.

[표 6.1] 영동지역 오일장 현황

지역	장터명	장날	주산물
고성군	간성장	2, 7	쌀
	거진장	1, 6	미역
	교암장	4, 9	미역, 생활필수품
	내진장	5, 10	미역
	송암장	3, 8	잡화
강릉시	강릉장	2, 7	우시장, 곶감
	옥계장	4, 9	마늘, 파, 잡화
	주문진	1, 6	곡류, 잡화, 과일
삼척시	근덕장	1, 6	농산물, 수산물, 의류
	도계장	4, 9	농산물, 수산물, 의류
	삼척장	2, 7	농산물, 수산물, 의류
	오산장	5, 10	농산물, 수산물, 의류
양양군	물치장	1, 6	농수산물, 산림부산물
	양양장	4, 9	농수산물, 산림부산물, 우시장, 잡화
	인구장	5, 10	농수산물, 산림부산물
태백시	통리장	5, 15, 25	농수산물
	철암장	10, 20, 30	농산물, 수산물
	장성장	4, 14,2 4	농산물, 수산물

[표 6.2] 영서지역 오일장 현황

지역	장터명	장날	주산물
양구군	상리장	5, 10	곡물류, 잡화
영월군	녹천장	3, 8	고추, 산나물, 약초
	주천장	1, 6	고추, 산나물, 약초
원주시	문막장	3, 8	잡화, 곡물
	신림장	4, 9	배추, 고추, 마늘
	송계장	5, 10	약초, 곡물, 잡화
인제군	건통장	2, 7	산나물, 우시장
	기린장	3, 8	산나물, 우시장
	상남장	2, 7	산나물, 채소, 해물류
	서화장	1, 6	산나물, 채소, 해물류
	산남장	3, 8	산나물, 채소, 해물류
	인제장	4, 9	산나물, 채소, 해물류

지역	장터명	장날	주산물
정선군	동면장	3, 8	고추, 산나물
	여량장	1, 6	고추, 마늘, 삼베
	임계장	5, 10	고추, 마늘, 곡물류
	정선장	2, 7	고추, 마늘
	후평장	4, 9	고추, 마늘
철원군	문혜장	4, 9	의류, 식품류
	신철원장	5, 10	의류, 식료품, 우시장
	와수장	1, 6	의류, 식료품, 우시장
	이평장	5, 10	의류, 식품류
평창군	계촌장	2, 7	곡물류, 약초, 산나물, 고추
	대화장	4, 9	곡물, 약초, 산나물, 고추, 마늘
	미탄장	1, 6	곡물, 약초, 산나물, 산지부산물
	봉평장	2, 7	곡물, 약초, 산나물, 산지부산물
	진부장	3, 8	곡물, 산나물, 버섯, 약초
홍천군	평창장	5, 10	곡물, 산지부산물, 고추
	도관장	3, 8	산지부산물
	동창장	2, 7	산지부산물, 약초
	시동장	4, 9	농산물, 잡곡, 약초
	양덕원장	5, 10	농산물, 잡곡
	자은장	4, 9	산나물, 산약초
	중앙장	1, 6	농수산물, 공산품
	창촌장	1, 6	약초류, 산나물
화천군	풍암장	4, 9	약초, 산나물
횡성군	화천장	3, 8	곡물류, 과일류, 잡화
	감천장	2, 7	산지부산물
	강림장	4, 9	산지부산물
	둔내장	5, 10	산지부산물
	서원장	4, 9	산지부산물
	안흥장	3, 8	산지부산물
	청일장	3, 8	산지부산물
	횡성장	1, 6	우시장

3) 보부상

(1) 보부상의 개념

보부상(褓負商)은 시장을 중심으로 봇짐이나 등짐을 지고 행상을 하면서 생산자와 소비자에 교환경제가 이루어지도록 중간자 역할을 했던 전문적인 상인으로, 보상(補商)과 부상(負商)을 총칭하는 명칭이며 '부보상(負褓商)'이라고도 한다. 보상은 주로 기술적으로 발달한 정밀한 세공품이나 값이 비싼 사치품 등을 보자기에 싸서 들거나 질빵에 걸머지고 다니며 취급한데 반하여, 부상은 조잡하고 유치한 일용품 등 가내수공업을 위주로 상품을 지게에 얹어 등에 짊어지고 다니면서 판매했었다. 이에 따라 보상은 '봇짐장수', 부상은 '등짐장수'라고도 하였다.

부상의 기원은 고대사회부터 비롯된 것으로 보인다. 부상단이 조직된 것은 조선초로 이성계가 조선 개국에 공헌했기 때문에 그 조직을 허용했다는 설과, 이와는 달리 상류 계층과 무뢰한의 탐욕으로부터 그들 자신을 보호하기 위해 조직했다는 설이 있다. 보상이 전국적인 조직을 갖게 된 것은 1879년(고종 19년) 9월에 발표한 「한성부완문(漢城府完文)」에서 찾아볼 수 있다. 여기에 의하면, 이전부터 지역적으로 각기 정해진 규율과 두령인 접장(接長)의 소임이 있어서 군료(群僚)를 통솔해 왔으며, 산재한 조직을 전국적인 상단(商團)으로 묶어 소규모 자본의 행상을 규합했음을 알 수 있다. 즉 부상과 보상은 각각 별개의 행상조합으로 성장하였으나 1883년 혜상공국(惠商公局)을 설치하여 보상과 부상을 완전 합동하게 하였다.

보부상은 국가의 일정한 보호를 받는 대신 유사시에 국가에 동원되어 정치적인 활동을 수행해 온 역사를 가지고 있다. 임진왜란 때의 행주산성 전투에서는 수천 명의 부상들이 동원되어 식량과 무기를 운반 보급하고, 직접 전투에도 가담하여 왜군을 물리치는데 공헌하였다. 병자호란 때에도 인조가 남한산성에 행행(幸行)할 때 부상들이 식량을 운반하고 성을 방어하였다. 이에 조정에서는 전쟁이 끝난 뒤 부상들에게 벼슬을 주려 하였으나, 이를 사양하자 어염, 목지, 수철 등 다섯 가지 물건에 대한 전매권을 부여하기도 하였다. 1894년 동학농민운동 때 보부상단이 동원되어 무력 활동을 벌였다. 그러나 일제강점과 더불어 일제의 보부상 말살 기도에 따라 전국의 보부상 단체들은 거의 소멸되었다.

현존하는 보부상 단체로는 충청남도의 부여, 한산을 일원으로 하는 충청우도 저산팔구의 보부상단과 예산, 덕산을 중심으로 하는 예덕상무사(禮德商務社)가 있다.[8)]

(2) 보부상과 유감주술(類感呪術), 그리고 엄나무(두릅)

소금장수나 등짐장수, 봇짐장수들과 나그네들이 산길에 들 때면 행하는 엄나무, 두릅에 얽힌 '유감주술(類感呪術)' 민속이 있다.[9)] 예전 산길에는 호랑이며 늑대며 위해(危害)를 가할 요인이 널려 있었다. 짐승뿐만 아니라 제 명대로 살지 못하고 죽은 처녀나 총각, 그리고 전쟁이나 홍수나 불에 타 억울하게 죽은 사람은 한(恨)을 품은 채 산야를 방황하며 해코지를 하는 것으로 알았다. 이 미명귀(未命鬼)도 호랑이나 늑대에 못지 않는 공포의 대상이었다. 그 위해 요인들이 달려들지 못하도록 철학 음식으로 예방하는 습속이 있었다.

산에 들면 그 산 초입에서 엄나무 순 곧 두릅을 샀다. 그리고 산에서 흘러 내려오는 개울물을 퍼 담아 마른 나무로 불을 지펴 끓인 후 그 뜨거운 물에 두릅을 살짝 데쳐서 마련해 간 된장에 찍어 먹고 산에 들었다. 그렇게 하면 어떤 짐승이나 귀신도 겁을 먹고 접근하지 못하는 것으로 알았다. 두릅이 억세거나 잎이 피어버린 여름과 가을 그리고 나뭇가지만 앙상한 겨울의 산길에서는 가시가 송송 돋아난 나무토막을 잘라 끓는 물을 우려내어 그 물을 마시고 떠났다. 곧 엄나무에 내재된 어떤 영력을 그 순인 두릅이나 가시가 송송한 나무에서 얻어냈던 것이다.

원시인들의 사고방식 가운데 '유감주술(類感呪術)'은 서로 비슷한 것끼리는 서로 교감하여 같은 효력을 낸다는 사고방식이다. 가시가 송송한 엄나무의 정령을 어떤 방식으로든지 받아들이면 비록 그 가시는 없어졌을망정 가시 역할을 하는 정령은 살아있다고 생각했다. 아이를 낳을 때 치는 금줄에다 붉은 고추와 검은 숯을 꽂는 것도 유감주술이다. 병귀와 악귀 같은 귀신은 불을 가장 무서워하는데 고추는 붉은 빛으로, 숯은 검은 빛으로 불을 유감하나로 믿었다. 현재도 드나드는 방문의 문설주 위에 가시투성이인 엄나무를 꺾어 걸어두는 것도 병귀나 악귀를 공갈하여 접근 못하게 하는 유감주술이다. 유감주술에서 비롯된 방법으로 봄날의 시식으로 두릅을 팔팔 끓는 물에 데쳐 초고추장이나 초에 무쳐 먹는다. 또한 굵게 채를 썰어 들깨즙에 밀가루를 섞어 지짐이를 부쳐 먹기도 한다. 녹두를 갈아서 데친 두릅과 삶은 닭고기를 넣고 빈대떡을 부쳐 먹기도 한다. 두릅은 목두채(木頭菜)라고도 하는데, 온몸이 날카로운 가시투성이의 엄나무의 어린 나무순으로[10] 봄에는 오일장에서도 많이 볼 수 있는 산나물이다.

2. 전통 외식문화

1) 장국밥 문화

『예기』와 『의례』에 따르면 상차림법에서 밥은 음(陰)이고, 국은 양(陽)이다. 여기서 양에 속하는 국이란 원래 고깃국을 뜻한다. 고대인들은 인간이 건강을 유지하기 위해서는 음과 양이 조화된 식사를 해야 된다고 생각했다. 국밥이란 국에 만 밥이다.

탕반의 출현은 중국 양나라(梁, 502~557)시대에 등장하고, 이때의 『옥편』에 국에만 밥을 찬(饡)이라 하였다. 우리는 탕반이라고 하고 있는데, 국에다 밥을 넣어 한 그릇으로 만든 것이 이른바 국밥이다. 밥 한 그릇에 국 한 그릇의 세트가 되어 있는 정식 양반가의 요리가 아닌 간편화된 음식이 국밥이다.

이 국밥이 우리나라 문헌에 처음 등장한 것은 『규곤요람』과 『시의전서』이다. 『시의전서』에 "탕반(湯飯)은 좋은 백미를 깨끗이 씻어서 밥을 잘 짓고, 무를 넣어 잘 끓인 장국에 나물을 갖추어 만들어 국을 만다. 밥을 말아 나물을 갖추어 얹고 약산적하여 위에 얹어 후춧가루, 고춧가루를 뿌린다."라고 하였다.

국에다 밥을 말아 먹는 식속은[11] 세계에서 우리 한민족뿐일 것이다. 『임원십육지(林圓十六志)』 등 고서에 기록된 탕반류만도 58여 종이나 된다.

국밥문화가 장시의 발전과 더불어 발전한 것은[12] 조선왕조의 제사문화에 반드시 수반되는 제사음식에서 가장 중요한 육류 공물 때문에 희생(犧牲) 수가 많이 필요했으며, 그 결과로 고기뿐만 아니라 부산물인 소머리나 내장 등을 손쉽게 구할 수 있었기 때문으로 보인다.

국밥은[13] 국말이, 장국밥, 탕반 등으로 부른다. 조선 후기 장시와 주막이 생겨나면서 장국에 밥을 말아 먹는 장국밥이 상품화, 외식화 되었다. 장국밥은 장시에서 파는 국밥을 말한다. 장국밥은 전국에 5일장이 정착하면서 주막과 함께 확산되었다. 장시뿐만 아니라 마을 어귀, 나루터, 고갯길 넘어가는 곳에 주막이 들어서고 주막에서는 국밥과 술을 팔았다. 국밥의 상품화는 장시 주막에서 본격화되었다.

주막에서는 손쉽게 구할 수 있는 채소를 이용해 시래깃국, 콩나물국, 배춧국, 아욱국, 무국 등을 팔았을 것이다. 그러다가 장시 경제가 활성화되고 유통 품목이 다양해지면서 소와 돼지를 이용한 곰탕, 설렁탕과 순대, 순대국밥을 팔기 시작했다.

객줏집이나 주막에서는 술과 같이 판 국밥인 탕반은 1800년대 중반이 되면 탕반만을 전문으로 파는 탕반가에서 장국밥이나 설렁탕을 팔았다. 특히 장시가 크게 열렸던 서울 무교동의 '무교탕반'과 경기도 '안성의 장국밥'이 유명했다.

개화기에 접어들면서 이후 상밥집(床飯家)이 있기는 하였으나 보다 간단한 장국밥집이 많이 생겨났다.[14] 조선 24대 헌종(憲宗, 1827~1849) 임금도 미복차림으로 무교탕반집(武橋湯飯家)을 드나들며 탕반을 즐겼다고 한다. 박종화는 '무교탕반'에 대하여 "양보국밥집이 있었는데, 양보는 갑오경장 전후의 사람이었다. 이 집의 장국밥은 양지머리만을 삶아 맛이 좋은데 젖퉁이고기를 넣어 주고, 갖가지 양념으로 고명한 산적을 뜨끈뜨끈하게 구워서 넣어 주어 젖퉁이고기와 산적이 잘 어울려서 천하진미였다."고 칭찬하였다고 한다. '무교탕반' 외에 수표교다리 건너편의 '수교탕반집'과 '백목탕반집'이 유명하였다. 장국밥집에는 격이 있어[15] 수표다리의 장국밥집은 재상 등 고관들만이 가고, 백목다리 부근은 등짐, 봇짐장수만이 다녔으며, 무교동 부근의 장국밥집은 육조에 드나드는 엽관배들이 많이 다녔다.

이전에도 다동, 무교동은 국내 최고 역사를 자랑하는 음식문화거리였다.[16] 과거 다례를 주관하던 사옹원에 속한 다방이 있고, 여형사격인 다모(茶母)가 기거하던 다동, 그리고 무기를 만들었던 군기사(軍器寺)에 근무하던 종사관 등 무관(武官)들이 서로 만나는 곳이 이곳이다. 돈 꽤나 만지는 시전 상인들도 이곳에 터를 잡았던 부자마을이었던 까닭에 음식점이 차고 넘쳤다. 찻집도 '무교탕반'도 이때 생겨났다. 이렇다 할 대중음식 역사가 이곳에서 비로소 시작된 셈이다.

'무교탕반'이 양반탕반이라면, 마장동의 '가리국밥'은 상놈탕반이었다.[17] 원래 함경도국밥이 있었는데, 당시 함경도 사람들의 집산지인 마장에서부터 서울 전역으로 보급해 나갔다. 가리국의 장국은 소의 사골뼈와 성기살을 삶아 만드는 게 그 고깃살이 이지러질 정도로 삶는다. 삶아가면서 떠오르는 기름기를 걷어내고 또 떠오르면 걷어내곤 하여 더 이상 떠오르지 않을 때까지 걷어낸다. 그러기에 고기 맛은 살아나고 맛이 담백할 수밖에 없었다. 밥 위에다 쇠볼기살을 육회 모양으로 다져서 날로 얹고, 선지와 고기 찢은 것을 곁들이고 육수를 부은 것이다. 가리국은 먹는 방법도 달랐다. 국물부터 말끔히 떠 마신 다음 나머지 고기가 얹힌 밥에 양념한 고추장을 넣어 비벼 먹는다. 가리국은 국밥이면서 비빔밥이기도 했으니 특이한 음식 형태라 하겠다.

소와 돼지의 부산물을 이용한 국밥은[18] 1960~1970년대 도축장의 현대화, 기계화와 고기 소비량 증가에 따라 고기유통이 활성화되면서 자연스럽게 나타났다. 쇠고기의 수요량에 비해 공급량이 미치지 못하자, 유통업자들은 쇠고기뿐만 아니라 소의 부산물인 머리, 뼈, 내장까지 판매 유통시켰다. 이렇게 설렁탕, 곰탕, 소머리곰탕, 우족탕, 내장탕, 선짓국, 곱창전골 등을 파는 다양한 국밥집들이 장시 주변에서 태동하였다.

장국밥에는[19] 쫄깃쫄깃한 도가니, 무와 양지머리의 구수하고 시원한 맛이 잘 어울러져 있다. 장국밥은 김치와 깍두기만 있어도 한 끼 식사로 든든하다. 반찬을 여러 가지 만들 필요가 없으므로 많은 사람을 대접할 때 만들곤 한다. 밥은 바로 지어 뜨거울 때 넣어야 좋으며 질지 않게 짓는다. 뜨거운 고깃국물로 토렴을 해주고 간장색이 나는 뜨거운 맑은 장국을 부어준다. 잡육은 아예 쓰지 않고 정육만을 끓여서 국물이 맑고 기름기가 동동 떠있어 선농탕에 비할 바가 아니었다.

한일관은 1939년 '화선옥'이라는 이름으로 문을 연 서울에서 가장 오래된 음식점 중의 하나로, 한국 외식업의 창시적인 역할을 하였다. 1대 창업주인 신우경 할머니는 39년 종로 3가에서 허름한 한옥집을 개조해 황산옥을 창업하며 '장국밥'과 '너비아니'를 팔았다.[20] 당시 장국밥은 고기를 얇게 썰어 밥 위에 얹고 쇠고기 국물에 양지머리 등 쇠고기와 무를 넣고 끓인 탕을 부어 주는 탕반(湯飯)으로 인기 있는 대중식사였다. 1945년 광복 후 대한민국에서 으뜸가는 식당이라는 뜻으로 한일관으로 옥호를 바꾸었다. 한일관에서는 일반 대중식사도 팔았지만, 결혼식 피로연과 회갑연 등 잔치손님도 많아 60년대에 최대 번성기를 누렸다.

1970년대 이후에는 국밥집들이 장시를 벗어나 도심에 들어와 영업하기 시작하였다. 따라서 국밥은 주막음식으로 나타났다가 장시음식으로 발달하였고, 도심으로 진출하여 외식업으로 번창하여 간 것이다. 국밥의 변천은 지역마다 차이가 있다. 서울과 경인지역에서는 곰탕, 설렁탕, 선지국밥, 소머리국밥, 경상도 지역에서는 돼지국밥, 전라도 지역에서는 콩나물국밥 등 지역의 특성을 보여주는 국밥 문화가 정착되었다.[21] 강원도 지역에서는 서울, 경인 지역과 같은 형태의 국밥이다. 광화문 맛집 광화문국밥은 2017년 5월 몽로와 옥타의 박찬일 셰프가 오픈한 음식점인데, 메인 메뉴는 '국밥'과 '평양냉면'이다. 국밥은 서울식 장국밥에 가깝고, 기록에 남은 무교탕반의 맥을 잇는 국밥이라고 한다. 정확히는 돼지장국밥이다. 돼지고기를 10일~2주 숙성해서 쓰는데, 몽로에서는 3주 정도 숙성해서 쓴다고 한다. 이렇게 숙성해서 국밥을 만들면 소고기로 끓이던 서울 장국밥 맛과 비슷하다고 한다.

2) 해장국 문화

해장국은 술집에서 팔기 때문에 술국인데[22] 광복 이후에는 해장국이라고 통하게 되었다. 이 국은 술먹는 사람이 간밤에 먹은 술 속을 풀기 위해 조반(朝飯) 전에 해장술을 마실 때 곁들여 먹는 국인데 일면 양골국이라고 했다. 서울 종로구 청진동은 조선시대 수중방골이라고 했는데, 이 골목이 예전부터 해장국집으로 유명하다.

옛날부터 소문난 해장국으로는 광주(廣州) 남한산성의 명물인 '효종(曉鐘)국'이라는 해장국이었다.[23] 배추 속대와 콩나물, 송이, 표고, 쇠갈비, 해삼, 전복을 된장을 푼 국물에다 하루 종일 푹 곤 것이다. 밤에 국항아리를 솜에 싸서 하인을 시켜 서울에 보내면 새벽종이 울릴 때쯤 재상집에 도착한다 하여 효종국이라 불렀다. 밤새워 달려왔지만 그때까지 따뜻하다며, 그렇게 먼 곳에서 시켜서 먹었을 만큼 맛있는 해장국이었다.

서울의 해장국은 쇠뼈다귀 우린 물에 된장을 풀고 우거지와 선지를 넣어 끓인 것이 상식이었다. 육즙성(肉汁性) 해장국이었다. 남해안 지방으로 가면 재치국 같은 조개류, 복어국 같은 비리지 않은 생선류, 영덕게 삶은 물을 바탕으로 끓이는 게장국 등으로 맛을 낸 어즙성(魚汁性) 해장국이 성행했다. 호남지방에서는 콩나물 같은 초즙성(草汁性) 해장국을 선호한다. 시원한 콩나물 국물을 기조로 하여 약간의 장조림이나 마른 북어, 또는 마른 홍어를 넣어 끓인 다음 새우젓으로 간을 맞추어 먹는다. 근래에는 음식문화가 섞여 육즙, 어즙, 초즙이 범벅이 되어 다양화되어버렸다. 옛날에는 어느 고을에 가면 그 고을에서만 맛볼 수 있는 특유의 해장국이 있어 나름대로의 풍취와 향수를 자아내는 음식이기도 했던 것이다.

오늘날 강원도의 오일장에서는 산나물인 곤드레를 넣고 끓인 '곤드레해장국'도 판매되고 있다.(그림 6.9 참조)

일반적으로 해장국은 쇠뼈를 고은 국물에 된장을 풀고 선지와 우거지, 콩나물을 넣는데 맛이 구수하다. 소의 몸에서 살을 새겨낸 뼈다귀만을 밤새도록 고는데, 사태고기를 넣으면 제일 좋다. 뚝배기에 국을 담고 쇠뼈를 듬뿍 얹어주었다. 해장국은 밤새 고아서 새벽에 팔고 아침때가 되면 솥이 비게 되므로 이튿날 새벽이 되어야 다시 먹을 수 있다. 새벽에 일을 나가는 노동자, 또는 밤을 새워 서울로 나무장수, 채소장수, 참외장수 등이 이것을 먹었다.

단골 해장국집을 정해 놓은 사람은 자기만 먹는 큰 뚝배기를 맡겨놓고 베 보자기에 밥을 싸 가지고 와서 자기 뚝배기에 밥을 담고 국을 마는 사람에게 내민다. 이 전용 뚝배기가 많을수록 그 집 술국의 명성이 높은 것이다. 반찬은 여름엔 짠지와 오이지, 겨울엔 막김치 정도이고, 술국을 안주삼아 술을 먹는다. 민가에서는 자기집 된장이 맛이 없다고 내다 팔면 그것이 술국집으로 가고, 그것을 된장 판 사람이 다시 사먹으며 맛이 있다고 하는 일도 종종 있었다고 한다.

3) 국수 문화

(1) 메밀국수

『고려사』에 사대부들의 제사에 국수를 썼다고 한 것을 보면, 국수는 상류사회의 음식이었던 것 같다.[24] 그리고 고려시대에는 아무나 만들어 먹었던 일상식이 아니라 두부처럼 절간에서 국수를 만들어 팔았다는 『고려사』의 기록으로 미루어 절간 음식이었던 것이 여염으로 퍼져나간 게 아닌가 싶다.

'바로 뽑아낸 면을 물에 담갔다가 손으로 건진다'하여 국수라 하기도 하고, '밀가루인 면을 국물에 담가서 먹는다'고 하여 국수라 부른다는 설이 있다.[25]

조선시대 국수에 대한 기록이[26] 처음으로 문헌에 등장하는 것은 『세종실록』이다. 수륙재 때에 공양음식으로 정면(淨麵)을 올리고 있다. 이 정면의 재료는 메밀이었을 것이다. 국수 조리법에 대한 기록이 처음으로 나타나는 문헌은 『음식지미방』(1670)인데, 여기에는 다양한 국수가 소개되고 있다. 메밀가루로 만든 면, 녹말로 만든 사면(絲麵), 밀가루로 만든 난면(卵麵)이 그것인데, 이와 같이 조선시대에는 국수의 재료로 메밀가루, 녹말, 밀가루가 사용되었다. 이 중 귀한 국수는 단연 밀국수였고, 가장 보편적인 국수는 메밀국수였으며, 다음이 녹말국수였다.

밀가루는 중국의 화북에서 들어왔기 때문에 진말(眞末)이라고 하였다. 성례(成禮) 때가 아니면 먹지 못할 만큼 귀한 식품 중의 하나였다.

메밀은 가루로 만들어 반죽한 것을 목판에 놓고 밀대로 얇게 밀어서 가늘게 실처럼 썰어 끓는물에 삶아낸 다음 냉수에 담가 씻어 표면의 끈끈한 전분을 제거하고 호화의 진행을 막음으로써 면발이 질긴 국수로 만들고 있었다. 메밀칼국수이다.

『음식지미방』의 메밀국수 만드는 법을 보면, 겉메밀을 씻어서 바싹 말리지 말고 적당히 말린다. 메밀쌀을 가루로 만들 때 미리 물을 뿌려 축축하게 해놓고 메밀쌀 5되에 물에 불려 건진 거피한 녹두 1복자(기름복자)씩 섞어 절구에서 가만가만히 찧어 키로 까불어 흰 메밀가루를 얻는다. 면을 반죽할 때는 더운물에 눅게 말아 누르면 빛이 희고 좋은 면이 된다. 교태는 사면(絲麪) 교태와 같이 한다. 교태는 고명으로, 메밀에 녹두를 약간 섞어 가루로 만들어 더운물로 반죽해 구멍 뚫은 바가지에 반죽을 담고 눌러 국수를 뽑아 끓는물에 삶아 낸 다음 냉수에 헹구어 건져 물기를 뺀다. 국수 그릇에 국수를 담고 장국을 부어 곱게 다져서 볶은 꿩고기를 교태(웃꾸미)로 얹는다. 압착식 국수법이다.

강원도 평창지역에서 삼베를 수확한 후 메밀을 심었다. 주로 말복이 지난 후 메밀씨를 뿌렸고, 감자나 옥수수를 수확한 후에도 메밀씨를 뿌렸다고 한다. 이에 구황작물로 많이 재배되었으며, 산간지역에서 쉽게 재배할 수 있는 작물이었다.

메밀국수 외에도 강원도에서는 올창묵, 느른국, 콧등치기국수, 분틀국수, 가수기, 메밀칼국수도 메밀국수에 속한다고 볼 수 있다. '메밀올창묵'은 메밀묵이 적당한 농도로 짙어진 상태에 이르면 내용물을 바가지에 떠서 구멍이 뚫린 틀에 부어 내려 먹는다. 찬물로 채운 큰 그릇에 국수 형태가 아닌 올챙이 모양으로 떨어져 물속으로 들어간다. 이를 건져 그릇에 담고 갓김치를 올려 먹는다. 옥수수로 만든 올창묵과 같은 형태다.[27)]

(2) 사면(絲麵)

또『음식지미방』에서는 밀가루와 녹두녹말을 1 : 3의 비율로 섞어 반죽하여 더운 반죽을 구멍 뚫은 바가지에 담고 누르면 국수발이 나온다고 하였다. 이 면발을 장국에 말거나 꿀을 탄 오미자국에 넣는다.『증보산림경제』(1766)에서는 메밀가루 1말에 녹말 2되를 넣고 반죽해 국수틀에 넣어 눌러서 국수를 뽑아 삶아 낸 다음 찬물에 헹구어 장국에 만다.

허균의『도문대작』(1611)에 경기도 여주지방의 '차수'를 별미로 적고 있는데, 차수는 면발이 가는 국수로 밀가루에 계피가루를 섞어 만든 것으로 손가락에 감아 가늘게 썰어냈다고 한다.

『도문대작』에 나오는 사면(絲麪)과『음식지미방』과『산림경제』에서의 사면은 구멍 뚫은 바가지를 사용하는 면이다. 현재 강원도 오일장이나 전통시장에서 볼 수 있는 '올챙이국수' 만드는 방법은 예전 방법을 그대로 사용하고 있다.

국수 만드는 법은 국수틀에 뽑아내는 것이고, 다른 하나는 구멍 뚫은 바가지에 반죽을 밀어 넣어 뽑거나 밀대로 반죽을 밀어 도마 위에 놓고 써는 방법이다.

국수를 넣고 마는 국물에는 육수장국, 동치미국물, 오미자국, 참깨국, 콩국, 꿀물이 있었지만, 국수 재료에 따라 마는 국물도 다르다.

조선시대의 국수 재료로는 메밀, 녹두, 마, 칡, 동부, 수수, 팥, 율무 등 다양하지만 주된 국수 재료는 역시 메밀이었다. 조선왕조 궁중연회식 의궤상에 등장하는 국수의 대부분도 메밀국수가 주류를 이루고 있다.[28)]

메밀칼국수는 언제부터 등장했을까? 『음식지미방』의 절면(切麵)이 처음인 듯하다. 주재료가 메밀가루이고 연결제로서 밀가루를 섞고 있다. 오늘날의 칼국수에는 밀가루를 많이 쓰고 있으나 옛날에는 우리나라에 밀가루가 그다지 흔하지 않았다. 『고려도경』에 "고려에는 밀이 적기 때문에 화북에서 수입하고 있다. 따라서 밀가루값이 매우 비싸서 성례(成禮) 때가 아니면 먹지 못한다."고 하였다.[29)]

전북 임실 오일장의 장터국수를 보면, 매주 3일과 8일에 열리는 임실장에서 제일 인기 있는 음식은 국수다.[30)] 임실은 다슬기가 많이 나기로 유명해서 다슬기로 만든 음식 역시 다양하다. 주인장은 매일 아침 손수 반죽을 만들어 싱싱한 다슬기와 함께 손국수를 끓여 낸다. 재료는 단출해도 주인장의 정성이 더해져 쫄깃한 면발과 국물 맛이 그만이다. 이곳에서 20년 간 국수집을 해 온 아주머니는 남편이 직접 잡아 온 다슬기로 육수를 내고, 소금으로만 간을 한 손 반죽이 맛의 비결이라고 이야기한다.

뜨끈한 다슬기 칼국수와 함께 임실 국수의 맛을 지키고 있는 것은 수제 국수가게다. 낡은 국수면발 기계가 집안 가운데 자리하고 있는 이 집은 40년의 전통을 이어 온 그야말로 재래식 방식을 고스란히 간직하고 있는 국수가게다.

국수면발을 만드는데 특별한 비법이 있어 보이지는 않는다. 물과 소금물을 3 : 1의 비율로 섞어 반죽을 하고 국수면발 틀에 넣어주는데, 면발이 끊이지 않도록 잘 잡아주는 게 중요하다. 역시 제일 중요한 단계는 바로 건조인데, 해가 잘 드는 마당에서 빨래처럼 널어 말린다. 겨울에는 보름 정도, 여름에는 2~3일만 말려도 충분하다.

정선 오일장에는 메밀로 만든 '콧등치기국수'가 유명하다. 정선의 유명한 느른국은 면을 삶은 물을 버리지 않고 그대로 국수와 함께 담아 먹는데, 콧등치기국수는 삶아진 면을 건져 찬물에 헹궈 면발에 탄력을 준다. 그래서 면을 후루룩 빨아들일 때 그 끄뜨머리가 탄력 있게 흔들리면서 콧등을 치고 입 안으로 들어 온다하여 붙은 이름이다.[31)]

4) 팥죽

액을 피하는 붉은 주술이 음식에 나타난 것은 팥죽이다.[32)] 작은 설이라고 하는 동지에는 꼭 먹는 세시음식인 동지팥죽뿐만 아니라 초상 치르느라 쇠약해진 상주에게도 팥죽을 먹이는 습속이 있었다. 오랜 병상에 누웠던 사람이 회복기에 들었을 때도 팥죽을 먹이는 습속이 있는데, 영양제나 보양제로서가 아니라 허약체질에 쉽게 옮아붙는 병귀를 예방하기 위한 수단이었다. '시작이 팥죽'이라는 말도 있듯이, 팥죽이 맛있기도 하지만 맛 이전에 이같은 주술적 음식이었기 때문에 나온 말이다. 이는 우리 옛 선조들이 집 둘레에 예쁘지도 않은 맨드라미, 봉선화를 열심히 심었던 것도 집 안에 귀신 침범을 막는 주술적 목적에서였다고 한다.

전통시장이나 오일장에 빠지지 않고 등장하는 팥죽은 그만큼 우리 민족이 친근하게 먹어 온 음식이라는 의미를 알 수 있다.

5) 추어탕

조선시대 조리서에는 추어탕이 등장하지 않는다. 반가(班家)에서 먹지 않았다고도 볼 수 있지 않을까? 추어탕에 대한 최초의 기록은 조선 후기 이규경(1788~?)의 『오주연문장전산고(五洲衍文長箋散稿)』(1850년경)에 "미꾸라지를 물이 담긴 항아리에 넣고 하루에 3회 물을 바꾸어주면서 5~6일 지나면 진흙을 다 토해낸다. 솥에다 두부 몇 모와 물을 넣고 여기에 미꾸라지 50~60마리를 넣어서 불을 때면 미꾸라지는 뜨거워서 두부 속으로 기어 들어간다. 더 뜨거워지면 두부의 미꾸라지는 약이 바짝 오르면서 죽어간다. 이것을 참기름으로 지져 탕을 끓이는데, 이 탕은 경성의 관노(館奴)들 사이에서 성행하는 음식으로 독특한 맛을 즐긴다." 하였다.

이후 『조선무쌍신식요리제법』(1924)에는 대중화되어 추탕(鰍湯), 별추탕(別鰍湯)으로 조리법이 기록되었다. "미꾸라지에 물을 붓고 소금을 뿌리면 대단히 요동을 친다. 2분 동안 두었다가 맹물을 두 번 부으면 진흙을 전부 토해낸다. 찬물에 쇠고기 업진육, 사태육을 넣어 무르도록 끓여서 고기는 꺼내고 국물은 식힌다. 국물이 더우면 밀가루가 풀리지 않으므로 찬물을 이용한다.

국물에 밀가루를 걸쭉하게 풀고 두부를 납작납작하게 썰어 넣고 고비, 표고, 송이버섯을 굵직굵직하게 썰어 넣으며 소곱창, 소의 양도 삶아 썰어 넣는다. 여기에 생강 다진 것, 고추 다진 것, 파 다진 것을 넣고 끓인다. 한소끔 끓으면 미꾸라지를 재빨리 쏟아 부은 후 뚜껑을 닫는다. 미꾸라지가 튀어나오는 것을 방지하기 위함이다. 미꾸라지가 어느 정도 익으면 뚜껑을 열고 저어가며 끓인다. 완전히 익으면 달걀로 줄알을 쳐서 그릇에 담는다. 먹을 때 후춧가루나 계핏가루를 넣어 국수를 말아먹으면 좋으며, 생강을 많이 넣는 것이 더 좋다.

오늘날 우리들이 먹는 추어탕과는 달리 호화로운 추어탕이다. 서울의 거지들은 땅굴을 파고 살아서 땅꾼이라고 불리고, 가산(청계천의 모래를 준설하여 쌓아 놓은 곳)이 이들의 본거지였다. 거지들 중에 배짱이 세고 통이 큰 두목을 꼭지딴이라고 하였는데, 관에서는 이들에게 의무를 주고 특권도 많았다. 가산 꼭지딴에서 미꾸라지를 잡아 추어탕을 만들어 팔았는데, 바로 '수구문 추어탕'으로 일제 강점기까지도 서울의 명물 음식이었다고 한다.[33)]

추어탕은 미꾸라지를 통째로 끓이는 서울식이 있고, 매운탕처럼 끓이는 원주식, 갈아서 끓이는 전라도식이 있다.

'원주 추어탕'은 높고 험한 치악산 자락에 자리 잡은 원주에는 저수지와 도랑이 많아 미꾸라지를 흔하게 잡을 수 있었다. 먹을 것이 풍족하지 않았던 30여 년 전 원주의 한 아낙은 남편이 도랑에서 미꾸라지를 한 바구니씩 잡아오면 푹 끓여 남편의 친구들에게 대접했다고 한다. 미꾸라지를 끓여 먹는 것은 원주사람이면 누구나 하는 일이었지만, 아낙은 미꾸라지뿐만 아니라 원주에서 많이 나는 표고버섯과 감자, 부추, 미나리 등을 넉넉하게 넣어 함께 끓이는 점이 남들과 달랐다고 한다. 국물은 고추장과 다진마늘을 넣어 매콤하고 칼칼한 맛을 냈는데, 이렇게 끓인 추어탕은 빈속을 든든하게 채워줄 뿐 아니라 술안주로 내놔도 전혀 손색이 없었다.

아낙의 추어탕 솜씨는 금세 온 동네에 알려졌고, 추어탕을 한 번 맛본 사람들은 그 맛을 잊지 못해 추어탕 음식점을 차리기를 권했다. 이것이 '원주 추어탕'의 시조가 되었고, 그 후 원주에는 추어탕 가게만 30군데 이상 생겨났다.

원주 추어탕은 지금도 수십 년 전 아낙이 처음 끓였던 것처럼 고추장으로 칼칼한 맛을 낸 국물에 표고버섯과 감자, 미나리 등을 함께 넣고 끓여내는데, 추어탕을 한 그릇씩 뚝배기에 담아내는 것이 아니라 무쇠솥에 팔팔 끓여 각자 그릇에 국자로 떠먹는 것이 타 지방과 다른 점이다.

추어탕 국물에 고추장을 풀어 꼭 매운탕처럼 보이지만, 산초가루를 곁들이지 않아도 국물 자체가 아주 얼큰하여 술안주로도 손색이 없다. 또 같이 갈아낸 작은 뼈가 입 안에서 오독오독 씹히는 맛도 원주 추어탕의 별미이다.[34]

6) 부꾸미

웃기떡으로는 주로 기름에 지지는 화전, 주악, 부꾸미와 작게 빚은 단자, 경단 등이 있다. 웃기떡은 대개 찰가루로 빚는다. 화전, 주악, 부꾸미는 모두 찹쌀가루를 익반죽하여 빚어서 기름에 지지는 유전병(油煎餠)이다.[35] 이 중 부꾸미는 찹쌀이나 차수수, 밀가루 반죽으로 또는 녹두를 갈아서 전병처럼 기름에 지진 후에 소를 넣고 반달 모양으로 접은 떡이다. 수수 반죽으로 지진 수수부꾸미는 화려하지는 않지만 구수한 맛이 일품이다.

예전에는 찹쌀 부꾸미의 소로 밤소 외에 여름이면 오이나 애호박을 채 썰어 소금에 잠깐 절였다가 꼭 짜서 볶은 것이나, 쇠고기를 채 썰어 볶은 것을 넣기도 했다. 수수부꾸미는 차수수를 익반죽하여 약간 큼직하게 빚어서 지지고 거피팥소를 넣는다.

7) 생선어묵, 오뎅

생선어묵으로 만든 어묵탕, 오뎅(그림 6.2 참조)은 오일장뿐만 아니라 떡볶이 등과 함께 길거리 음식으로도 많이 판매되고 있다. 문헌상의 기록으로는 숙종 45년(1719)의 기록인 『진연의궤』에 생선숙편(生鮮熟片)이 등장한다.36) 재료를 보면 '대생선 3미, 간장 3홉, 녹말 1되 5홉, 참기름 3홉, 잣 5작'이라고 하였다. 생선과 녹말의 구성 비율로 보았을 때 생선 으깬 것에 녹말, 참기름, 간장을 넣고 차지게 섞어 틀에 넣어 쪄낸 다음 이것을 편으로 썰어 잣가루를 넣은 간장에 찍어먹었던 것 같다. 즉 생선어묵이다. 생선숙편은 이후 기록에는 안 보이지만, 『진찬의궤』(1829), 『진연의궤』(1901), 『진연의궤』(1902)에 '생선문주(生鮮紋珠)'라는 이름으로 화려하게 변형되어 등장한다.(그림 6.3 참조)

[그림 6.2] 어묵탕과 오뎅

[그림 6.3] 생선문주

중국어 역관이던 이표가 『소문사설』(1746)에는 생선묵에 대해 일본의 이름인 가마보고를 가마보관(加麻甫串)이라고 표기하여 소개하였다.

8) 도토리

서리 맞은 도토리를 주어다가 이를 찐 다음 껍데기를 벗겨 물에 담가 떫은맛을 우려낸다. 거무스름하게 우러난 물을 열다섯 번 갈아주면 더 이상 검은 빛깔이 스며 나오지 않는다. 이때 도토리를 건져 응달에다 바싹 말린 다음 가루로 낸다. 이 가루로 떡을 빚거나 국수를 빚어 먹었다. 봄에 돋아나는 도토리나무 어린잎을 따서 말렸다가 차를 끓여먹었던 것이 도토리잎차이다.

『옹희잡지』에 "흉년에 산 속의 유민들이 도토리를 가루 내어 맑게 걸러내고 이것을 쑤어서 청포처럼 묵을 만드는데, 자색을 띠고 맛도 담담하지만 능히 배고픔을 달랠 수 있다."고 했다.[37] 즉 도토리묵이다.

도토리를 굴암(꿀밤이라고도 함)과 함께 도토리가루를 만들어 도토리설기떡 등도 만든다. 도토리국수, 도토리수제비, 도토리전 등 상품화가 많이 되고 있다. 또 도토리에는 원(怨)도 도사려 있다. 『동문선(東文選)』에 윤여형이 지은 도틀밤의 노래가 실려 있는데[38] 수탈당해 먹고 살 것이 없는 백성이 도토리를 주우며 부르는 원가(怨歌)이다.

"도틀밤 도틀밤 밤 아닌 밤 누가 도틀밤이라 이름 지었는가
맛이 쓰기는 씀바귀 같고 빛깔은 숯처럼 검다
수탉소리 들으며 새벽에 일어나서 시골 늙은이 마른 밥 싸 가지고
일만길(丈)이나 되는 벼랑에 기어올라 칡넝쿨 헤치며 원숭이와 다툰다.
온종일 주워도 광주리가 차지 않는다.
두 다리는 동여맨 듯 주린 창자 주루룩 운다.
날이 차고 해가 저무니 골짜기에 잘 수밖에 없다.
솔가지 지피고 고사리 캐어 삶아먹는다 … (하략)"

9) 술(酒)

대폿집이라고 하면 막걸리를 파는 술집으로 알려져 있다. 대포는 큰 바가지를 뜻하는 것으로, 대포(大匏)라고 쓴다. 여러 사람이 한 잔 술을 마시려면 잔이 커야 했고, 서로 나눠 마시는 술잔의 원시적인 잔이 바가지였기 때문에 붙은 이름이다. 경주의 신라 고분에서도 예기(禮器)의 술잔으로 쓰였던 커다란 바가지 모양의 도포(陶匏)가 출토되고 있는데, 아마도 포석정의 물줄기에 띄워 돌려 마셨던 술잔도 물에 잘 뜨는 이 대포가 아닐까 한다.

한 잔 술을 나눠 마시는 대포 문화는 다양하게 발달하고 있다. 특히 우리 역사

상 가장 조직력과 결속력이 강했던 등짐봇짐 장수인 보부상들이 같은 보부상을 말할 때 '대포지교(大匏之交)'라고 말했던 것이다. 대포로 술을 나눠 마신 사이는 이미 그만한 정신적 · 정서적 결속력을 지녔다는 것이 되며, 대포문화는 그 결속력을 필요로 한 보부상 틈에서 활성화되어 근대까지 계승해 내린 것이다.[39)]

막걸리 제조 방법은 전통과 현대로 나눌 수 있다. 전통 막걸리의 양조에서는 발효제로 밀로 만든 누룩만 사용하지만, 현대 막걸리 양조에서는 밀 누룩 대신 입국(粒麴, 밀가루누룩, 쌀누룩)만 사용하거나 입국을 주도적으로 사용하면서 개량 누룩과 전통 누룩을 추가하는 것이 가장 큰 차이점이다.

전통 막걸리는 전통 누룩에 포함된 다양한 곰팡이와 효모, 기타 세균들에 의해 풍부한 향과 누룩 특유의 구수한 맛을 낸다. 반면, 현대 막걸리는 단일균이 배양된 입국을 사용하여 잡맛이 적고 깔끔한 맛을 낸다. 현대 막걸리는 때로는 누룩으로 미세한 향과 맛을 부여하기도 한다.

멥쌀이나 찹쌀을 주로 쓰는 전통 막걸리와는 달리 현대 막걸리에는 다양한 전분질 원료와 당분, 과채류 등이 발효과정에 혼합되어 다양성을 추구하는 게 또 하나의 차이점이다. 양조장에서 대량 유통을 목적으로 만들어짐에 따라 원료 대비 급수비율이 높고, 감미료를 사용하는 것 또한 차이점이라고 할 수 있다.[40)]

푹 익은 술에서 청주를 걸러내고 남은 건더기에 물을 부어 팍팍 치대고 꽉 짜서 국물을 뽑아내면 그것이 '아무 때나 막 거른' 막걸리요, 이것을 소줏고리에서 증류한 것이 소주다.

막걸리는 탁주 혹은 농주라고도 불린다. 예전에 쌀이 귀했을 때에는 밀가루와 옥수수를 이용하여 빚기도 했으나, 오늘날에는 쌀막걸리가 주종을 이룬다.[41)]

10) 떡볶이

떡볶이는 궁중 또는 사대부가에서 시작되었을 가능성을 추정할 수 있었다. 『겸암집』, 『서산집』의 문헌을 통해 의례상에 오른 떡볶이의 기록과 왕가의 일대기를 기록한 『승정원일기』, 조선왕조의 궁중음식 조리서인 『이조궁정요리통고』 등의 떡볶이가 기록된 고문헌들은 떡볶이가 궁중에서 시작되었음을 추정하는 근거가 된다. 사대부가 남인인 이익의 문집 『성호전집』의 떡볶이의 기록을 통해 사대부가에서도 떡볶이를 먹었음을 확인하였고, 이로써 떡볶이는 궁중 또는 사대부가에서 유래되었음을 추정할 수 있다.[42)]

『조선요리제법』(방신영, 1934년)에 닭볶음, 우육볶음, 제육볶음, 떡볶이 등 조리법 중 비교적 역사가 짧은 '볶음'이 기록되어 있는데, 우육볶음을 보면 "고기 반근을 씻은 후 반 푼 두께 팔 푼 장광으로 썰어서 냄비에 담고 채친 파, 채친 표고, 후춧가루, 깨소금, 간장, 기름을 다 함께 넣고 잘 섞어서 화로에 올려놓아 볶다가 물을 쳐서 잘 볶아낸다고 하였으며, 떡볶이는 한 치 길이로 자른 미나리를 소금에 살짝 절여서 꼭 짜고 번철에 기름을 두르고 볶는다. 흰 떡은 칠푼 길이로 잘라서 둘로 쪼개 놓는다. 서로 붙지 않도록 참기름을 발라 놓는다. 미나리와 떡만 남겨 놓고 고기 반근, 깨소금 한 숟가락, 간장 반 종자, 후추 조금, 파 2뿌리, 달걀 1개, 표고 4조각, 석이 2조각, 버섯 4조각 등을 전부 함께 넣고 볶아서 고기가 익은 후에 흰 떡과 미나리를 넣고 5분 쯤 더 끓여서 합에 담고 맨 위에 달걀지단을 색스럽게 얹고 실백을 뿌린다."고 하여 냄비와 번철을 이용하여 볶음을 하는 모습을 알 수가 있다. 매콤하게 끓여내는 오늘날의 떡볶이 조리법과는 많은 차이가 있다.[43)]

1950년대 서민들의 배고픔을 달래기 위해 탄생했다는 고추장 떡볶이는 마○림 할머니가 중국음식점에서 가래떡을 실수로 자장면 그릇에 떨어뜨린 것을 아이디어로 착안, 밀가루 떡에 고추장을 버무려 노점에 팔기 시작했다는 설이다. 서울의 신당동 떡볶이를 더욱 유명하게 만든 장본인이기도 한 마○림 할머니는 넓은 프라이팬에 떡과 어묵, 양배추, 쫄면 등을 넣어 즉석에서 끓여 먹는 즉석 떡볶이를 만들어 '신당동떡볶이' 붐을 일으켰다.[44)]

또한 비슷한 시기인 한국전쟁 직후 '떡볶이 할머니'로 불리던 노파가 가래떡을 고추장에 재워 간을 한 떡을 기름에 지져 팔기 시작했다는 일명 '기름 떡볶이'도 고추장 떡볶이의 유래가 되었다고 한다. 1970년대, 대구의 윤○현 할머니가 리어카에 연탄불을 올려놓고 떡볶이를 만들어 팔기 시작했는데, 눈물이 나도록 매웠다고 하여 '마약 떡볶이'라 불리던 이 떡볶이 또한 고추장 떡볶이의 유래설을 뒷받침

하고 있다.45)

11) 떡

떡은 곡식가루를 시루에 안쳐서 찌거나, 쪄서 치거나, 물에 삶아서, 혹은 기름에 지져서 익힌 음식이다.46) 떡의 어원은 옛말의 동사 '찌다'가 명사가 되어 찌기 - 떼기 - 떠기 - 떡으로 변환된 것으로 본다는 찐 것이라는 뜻이다. 시루떡, 인절미, 송편, 경단 등이 모두 여기에 속하며 떡을 일컫는 한자로는 이(餌), 편(餌), 병이(餠餌) 등이 있는데, 우리나라에서는 일반적으로 병이라고 부른다.47)

우리 민족이 언제부터 떡을 먹었는지 정확히 알 수는 없으나, 많은 학자들은 삼국이 성립되기 이전인 부족국가시대부터로 추정하고 있다.48) 무문토기시대 유적과 삼국시대 고분에서도 거의 시루가 출토되었으며, 고구려 시대의 유적인 황해도 안악 제3호 고분 벽화와 황해도 양수리 벽화 등에서도 시루에 음식을 찌고 있는 모습을 발견할 수가 있다.49)

떡이 관혼상제의 의식이나 일부 계층에서 이용되었던 것과는 달리 고려시대에서는 신분의 구분 없이 하나의 별식으로 자리 잡게 되었으며, 고려 후기에는 빈번해진 외국과의 교류로 인하여 점차적으로 식생활 구조를 확립하게 되었고, 몽고의 지배권에 있게 되면서 그들과 많은 사회 · 문화적인 교류를 하게 되어 상화떡과 같은 특이한 떡도 들어오게 되었다.50)

조선 후기에 이르러서는 궁중과 반가를 중심으로 매우 사치스럽게 발전하였는데, 조선 후기 발간된 조리서적에 나타난 떡의 종류가 무려 198종이고, 사용된 재료가 모두 95가지인 것으로 보여 조선 후기 떡의 발달 규모를 알 수가 있다.51)

현대에 와서는 떡보다는 빵을 찾는 이들이 많지만, 제례나 행사가 있을 때는 필수적으로 떡을 방앗간이나 떡집, 인터넷을 통해 구매하고 있다.

전병, 개떡, 시루떡 등 우리 떡을 최종 조리법을 기준으로 구분하면 떡의 종류는 만드는 방법에 따라 시루에 쪄서 완성한 찐 떡, 찐 다음 떡판이나 절구를 이용하여 쳐서 완성한 친 떡, 기름에 지져서 완성한 지진떡, 찰가루 반죽을 삶아 건져 낸

삶은 떡 등 크게 네 종류로 나눈다.[52)53)]

찐 떡은 시루에 쪄서 완성하는 것으로 우리나라 떡 가운데 가장 기본이면서도 대표되는 떡으로서 그 종류 또한 가장 많다.[54)] 찐 떡을 다른 말로 시루떡이라고도 하는데, 쌀이나 찹쌀을 물에 담갔다가 가루로 만들어 시루에 안친 뒤 김을 올려 익히며 찌는 방법에 따라 다시 설기떡과 켜떡으로 구분한다.

설기떡은 찌는 떡의 가장 기본으로 멥쌀가루에 물을 내려 한 덩어리가 되게 찌는 떡이다. 켜떡은 멥쌀이나 찹쌀가루를 시루에 고물로 얹어가며 켜켜로 앉혀서 찐 떡을 말한다.[55)] 치는 떡은 도병이라 한다. 치는 떡은 곡물을 알맹이 그대로 찌거나 또는 가루를 내어 찐 다음, 절구나 안반에 놓고 매우 쳐서 만드는 떡으로 인절미, 흰떡, 절편, 개피떡 등이 있다.[56)] 빚는 떡은 찹쌀을 반죽하여 빚거나 주악이나 약과 모양으로 썰고, 또는 구멍 떡으로 만들어서 끓는물에 삶아 건져서 고물을 묻힌 떡이다.[57)]

송편처럼 빚어 찌는 떡, 단자처럼 쪄서 다시 빚어 고물을 묻히는 떡, 경단처럼 빚어 삶아 고물을 묻히는 떡 등이 있다.[58)] 지지는 떡은 찹쌀가루를 반죽하여 모양을 만들어 기름에 지진 떡으로 전병, 화전, 주악, 부꾸미 등이 있다.[59)]

강원도에서는 팥시루떡, 도토리팥시루떡, 수수팥경단 등 팥을 고물로도 송편소로도 많이 사용하여 친숙한 곡식 중 하나이다. 도토리는 구황식물로 묵이나 떡으로 먹어왔으나 칼로리가 적고 중금속 배출, 피로 해소에 탁월한 효과가 있다. 산림이 울창한 강원도에서는 도토리를 이용한 도토리 송편이나 도토리 시루떡이 있다. 속껍질까지 말끔히 벗긴 도토리를 물에 담가 떫은맛을 우려 낸 다음 빻아 멥쌀가루와 섞어 팥고물 올려 찐 시루떡이다.[60)]

감자가 많이 생산되는 강원도 지역에서는 감자를 저장하는 방법도 남달랐다. 예를 들면, 감자를 물에 담가 썩혀서 앙금을 가라앉혔다가 가루로 만들어 그 가루로 감자시루떡, 감자녹말송편 등의 건강식 떡을 만들어 먹는다.[61)]

감자를 이용한 떡으로는 감자경단, 감자떡, 감자뭉생이, 감자붕생이, 감자투생이, 감자부침, 감자송편, 감자시루떡, 감자전분송편, 감자찰단자, 감자취떡, 언감자떡, 오색감자경단, 감자반대기, 감자옹심이, 돼지감자송편, 감자버무리, 오매두떡이 있다. 감자떡은 쫄깃한 식감과 거무스름한 듯 반투명한 것이 특징이다. 썩은 감자를 깊은 항아리에 담아 완전히 썩으면 냄새가 나지 않게 손질한 가루로 만든 떡이 쫄깃쫄깃하다. 감자뭉생이와 감자투생이는 만드는 방법에 차이가 있다. 뭉생이의 경우 감자를 갈아서 고운 앙금과 물기를 짠 건더기와 혼합하여 시루떡 형태로 쪄내는 떡이며 투생이는 감자 갈은 건더기에 녹말가루를 섞어 적당한 크기로 떼어내어 찌는 떡이다.[62)]

옥수수를 이용한 강원도 떡의 종류는 다음과 같다. 찰옥수수 시루떡, 찰옥수수 인절미, 옥수수부꾸미, 옥수수인절미, 옥수수찰떡, 옥수수설기, 옥수수 칡잎떡, 옥수수칡송편, 옥수수보리개떡, 옥수수술떡(옥수수기정), 옥수수· 콩· 칡삼색떡,옥수수시루떡,찰옥수수뭉생이, 옥수수가랑잎떡, 옥수수부꾸미, 흑임자 옥수수찰편 총 16개가 있다.

옥수수칡잎떡은 옥수수를 갈아 소금으로 간을 한 다음 강낭콩을 섞은 다음, 한 수저씩 칡잎에 싸서 찐 떡이다. 이 떡은 옥수수의 구수한 맛과 칡잎의 달짝지근한 맛이 어우러진 별미의 향토떡이다.[63)]

옥수수술떡은 메옥수수가루와 막걸리를 섞어 발효시킨 후 찐 떡으로 강원도를 대표하는 음식 중 하나이다.[64)]

메밀가루를 이용한 강원도 떡에는 메밀삼색경단, 메밀총떡, 메밀감잎송편, 메밀개떡, 메밀증편이 있다. 메밀총떡은 메밀가루를 묽게 반죽하여 타원형으로 전을 얇게 부치고, 소를 넣어 돌돌 말아낸 음식이다. 소는 무채, 버섯, 꿩고기 등에 갖은 양념으로 맛을 내는 특별 음식이었다. 근래에는 김치와 무채만을 넣는 매운 총떡이 흔하지만, 원래 메밀총떡은 매운맛이 아니었다.[65)]

4대 명절의 하나인 '단오'에 타지방의 경우 햇쑥이 올라오면 쑥을 뜯어 떡을 해먹었으나, 정선군의 경우 쑥떡이 아니라 수리취를 이용한 취떡을 해먹어 왔다. 이는 정선군 700고지에서 '수리취'가 많이 자생하고 있어 손쉽게 구할 수 있었던 것에 기인한다. 정선 주민들에게 수리취는 옛 추억을 상기시켜줄 수 있는 고유의 음식재료이면서, 또한 척박한 산골마을의 삶의 애환이 담겨져 있는 토속자원이라 할 수 있다.[66)]

율무떡은 멥쌀가루와 율무가루를 펴서 담고 거피팥고물을 얹어 찐 강원도 향토떡으로 경단, 시루떡, 인절미 등 다양한 형태로 즐겨 먹었으며, 율무 특유의 고소한 맛이 나는 별미떡이다.[67)]

강원도에서는 인절미에 참기름 대신 밀납(밀기름)을 발라먹는 특징이 있다. 이 밀납은 벌집을 통째로 달여 식힌 뒤 노랗게 응고되는 것을 말한다. 이 밀납은 토봉이 성행했던 강원도에서는 귀한 참기름 대신 떡에 발라먹었는데, 밀을 바르면 맛도 좋고 떡이 굳거나 상하지 않아 오래두고 먹을 수 있었다.[68)]

3. 강원도 오일장의 유래 및 연혁과 전통 먹거리

'장터에서 길을 찾다'[69)]에서 바다와 내륙을 잇는 장돌뱅이들의 삶부터 오늘과 어제와 함께 꿈꾸는 장터까지 길 위의 맛있는 음식을 모아서 이야기한다. 방송에서는 서해의 해산물과 예산의 농산물이 오갈 수 있도록 힘썼던 보부상 조직, 예덕상무사들이 먹었던 '동치미젓국', '쑥개떡', '국말이국밥' 등을 이야기한다. 오일장의 우시장에서 소를 팔던 중매인들 역시 그들만의 추억의 밥상이 있다. 과거 돼지내장으로 돼짓국을 끓여 먹던 시절을 지나 지금은 별미로 육회로 '물회'를 만들어 먹는다. 100년 넘은 시장의 과저와 현재가 자연스럽게 공존하는 모습을 보여준다.

다음으로는 강원도 오일장을 지역을 중심으로 구체적으로 특징과 먹거리를 살펴본다.

1) 북평 민속시장

(1) 유래 및 연혁

서민들의 애환과 향수가 물들어 있는 재래장터로 북평 민속 5일장은 200년 전통을 자랑하는 전국 최대의 민속장으로, 조선 정조 20년(1796년)에 시작하여 3, 8일장으로 한 달에 6번 열렸으며, 물물교환 방식의 정기시장이 열린 것은 더 이전으로 추정된다. 북평 민속 5일장은 이곳 방언으로 '뒷드르', '뒷드루', '뒷드리', '뒷뚜르 장'이라고 불렸는데, 이 지역의 지명인 북평(北坪)의 고유어인 "뒷들"이라는 표현으로, 뒷들은 삼척군의 북쪽, 즉 뒤쪽에 있는 넓은 들판이라는 뜻에서 유래되었다.[70)]

북평 오일장은 경기 성남의 모란장, 전북 익산장과 함께 우리나라 3대 오일장으로 손꼽히고 있다. 북평장은 20014년부터 2016년까지 3년간 중소기업청 공모사업으로 문화관광형 육성시장으로 선정되어 공연장 일대 주막촌 정비를 시작으로 고객쉼터, 프리마켓, 국밥거리 조성 이벤트 사업을 추진해 왔다.[71)]

(2) 전통 먹거리

북평 오일장의 특징 있는 먹거리로는 메밀묵, 메밀전, 메밀전병, 선지국, 소머리국밥, 파전, 손칼국수, 보리밥, 수수부꾸미, 도토리밥, 그리고 오징어를 비롯한 각종 수산물, 맛조개, 명란, 느타리, 표고버섯, 영지버섯 등이 많이 보인다.[72)]

북평장의 특징 있고 인기 있는 먹거리들을 좀 더 자세히 살펴보고자 한다.

① 국밥집(소머리국밥, 순대국밥, 돼지국밥)

우시장이 있을 때부터 성업했던 4~5개의 소머리국밥집이 여전히 구수하고 칼칼한 맛으로 그 자리를 지키고 있는데, 그곳이 국밥거리로 이어지고 있다. 그 중에서도 '대성집', '두꺼비집' 등을 알아준다. 소머리국밥뿐 아니라 순대국밥과 수육, 돼지국밥도 먹을 수 있다.

소머리국밥은 큰 냄비에 소뼈와 소머리를 함께 넣고 끓인다. 소머리는 2~3시간만 삶은 후 건져 식힌 후 먹기 좋은 크기로 썰어서 준비한다. 사골육수는 더 푹 끓여 뽀얀 곰국이 되도록 한다. 푹 끓인 곰국에 무, 양지머리나 소머리고기, 우거지, 토란줄기를 넣고 다시 푹 끓인다. 어느 정도 끓으면 대파, 콩나물을 넣고 소금으로 간을 맞추어 고춧가루, 다진 마늘 등으로 만든 양념장을 넣어 식성에 따라

첨가해서 먹는다. 북평장 소머리국밥은 선지를 넣어주고 토렴을 해 주는 것이 특징이다.[73]

[그림 6.4] 북평 민속시장 국밥거리(2018.12.13일 촬영)

② 수수부꾸미

특히 북평 오일장에는 팥소를 안에 넣지 않고 통팥을 반죽에 섞은 이색적인 수수부꾸미도 인기가 있다.

③ 도토리밥

강릉 지역에서는 도토리와 팥을 푹 삶아 빻아서 설탕을 넣어 먹는 것을 도토리밥이라 하며 쌀은 들어가지 않는 것이 특징이다.[74] 특히 예전 어릴 때 즐겨 먹었던 도토리밥은 11월 말에서 12월 초가 되면 도토리를 직접 주워 만들어 나오는 어르신들을 쉽게 볼 수가 있다.

2018년 10월 23일 북평 민속시장에 도토리밥이 나왔는지 방문했다가 도토리를 파는 어르신 김○량(81세, 여)이 꿀밥 만드는 법을 알려 주었는데, 그 과정을 듣고 직접 만들어 보았다.

도토리밥은 껍질을 깐 도토리를 냄비에 넣고 아린 맛이 없도록 체를 냄비 중앙에 놓고 15번 이상 물을 갈아주면서 삶는다. 아린 맛이 없어지면 물은 다 버리고 수분이 없도록 볶아준다. 보슬보슬한 꿀밤은 절구에 빻아 체에 내린 후 설탕, 볶은 콩가루를 섞어준다. 이 과정을 하는데 하루 정도가 걸린다.

④ 지장수 호박 생막걸리

지장수 호박 생막걸리의 특징은 약천골 지장수로 빚어 목 넘김이 부드러우며 생막걸리에 단호박을 첨가해 아스파탐을 넣지 않아도 달달한 맛이 있다. 쌀과 단호박을 지장수에 발효시키고 있다. 황토 땅을 판 뒤에 물을 붓고 휘저어 인위적으로 채취하는 일반적인 지장수와는 다르게 '약천골 지장수'는 지질학적으로 5억 7천만 년 전 지하 145m의 황토암반층에서 자연적으로 생성된 지장수로, 암반층의 미네랄까지 함유하고 Ph 8.2인 것이 특징이다. 막걸리 원재료 중에서도 가장 중요한 '물맛'은 약천골 지장수로 보장되는 셈이다.[75]

2) 정선 오일장

(1) 유래 및 연혁

강원도 정선군 정선읍 봉양리에서 개설되는 정선시장은 정선군과 코레일(당시 철도청)이 협약을 맺고 '정선 5일장 관광열차' 운행하면서 문화관광형 시장이 되었고, 현재는 시장을 통해서 지역경제를 활성화하려는 자치단체나 상인회의 주요 벤치마킹 대상이다. 이 시장은 오일장(2, 7일)과 상설시장이 병설되는 형태로 개설되었고, 2007년부터 관광열차 운행기간인 봄과 가을 사이에는 매주 토요일에도 장이 선다.

따라서 정선시장은 오일장과 상설시장, 주말시장이 복합된 시장이다. 기차를 이용한 관광객들은 정선역에서 정선 제 2교를 거쳐 장터까지 약 1㎞를 도보로 이동하거나 버스를 이용한다. 버스는 '장터버스'라는 이름으로 열차 도착시간에 맞춰 운행되며 다른 버스와는 달리 버스안내양이 배치되어 있다.[76] 한편, 2005년부터는 지역주민이 직접 생산한 '1차 상품'(채소, 산채, 약초 등)을 정선시장 부지 내에서 판매할 수 있는 자격을 부여하는 '신토불이증' 제도가 도입되었다.[77]

정선장은 곤드레, 취나물, 각종 약초, 더덕, 황기, 메밀, 콩, 건나물 등이 많이 나고 콧등치기국수, 메밀국죽, 올챙이국수, 각종 전, 곤드레밥, 곤드레 소머리국밥, 황기찐빵, 황기족발, 각종나물로 만든 장아찌 등이 판매된다.

(2) 전통 먹거리

① 산나물

5, 6월의 정선장은 그야말로 나물장이다. 장터 전체가 녹색을 이룰 정도로 온갖 산나물이 이곳에서 판매된다. 공기 좋고 물 좋은 산골에서만 자라는 개두릅, 참두릅, 곤드레, 곰취, 곤달비, 명이를 비롯하여 누린내가 난다고 해서 이름 붙여진 누리대까지 나물이란 나물이 총집합한다.[78]

두릅은 목말채 · 모두채라고도 한다. 독특한 향이 있어서 산나물로 먹으며 목두채는 나무 머리 위의 채소라는 의미로 나뭇가지 끝에서 새순이 자라나는 특성을 말하고 있다, 두릅 종류에는[79] 땅두릅과 개두릅, 참두릅이 있다. 땅두릅은 4~5월에 돋아나는 새순을 땅을 파서 잘라낸 것으로 '독활'이라고도 불리며, 4~5월경 새순을 땅을 파 잘라낸 것으로 강원도와 충북에서 많이 재배된다. 나무두릅은 나무에 달리는 새순을 말한다. 자연산 나무두릅의 채취량이 적어 가지를 잘라다가 하우스 온상에 꽂아 재배하기도 한다. 나무두릅은 강원도, 땅두릅은 강원도와 충청북도 지방에서 많이 재배한다.[80]

나무두릅 중 개두릅은 음나무의 새순으로 쌉싸름한 맛에 향이 강하고 약효가 좋아 두릅 중에서도 최고로 친다. 개두릅은 나무가 커서 하우스 재배가 어렵기 때문에 다른 두릅에 비해 가격도 비싸다. 참두릅은 두릅나무에 달리는 새순으로 나무두릅이며, 지역에 따라 참드릅, 땃두릅, 들곱낭, 들굽낭, 두릅나무 등으로 불린다. 자연산 나무두릅은 산이 많은 강원도에서 나지만, 채취 가능 시기가 짧고 채취량도 적어 가지를 잘라 하우스 재배를 하는 경우가 많다.[81]

두릅은 따는 시기가 짧고 따는 시기를 놓치면 못 먹기 때문에 장아찌를 담가 놓거나 냉동 보관해야 오래도록 먹을 수 있다. 많이 날 때 살짝 데쳐 간장, 설탕, 식초를 넣어 장아찌를 담가놓거나 데친 나물은 데칠 때 쓴물을 버리지 말고 식혀 두었다가 팩에 나물이랑 데칠 때 쓴물을 같이 넣어 냉동 보관해 두면 필요할 때마다 해동해서 먹으면 처음 데친 것처럼 맛이 있다.

[그림 6.5] 정선 오일장 곤드레장아찌(2018.10.12. 촬영)

곤드레는 정선의 특산물로, 해발 800~1,000m 고지에서 재배되는데, 종전에는 고랭지배추, 감자 등을 주로 심다가 최근에는 곤드레, 산마늘, 더덕 등 산나물로 품목이 바뀌어가고 있다. 자생식물이므로 종자는 그 지역의 것이다. 따라서 지역 적응력은 걱정하지 않아도 되며 병충해에도 강하여 재배하기가 수월한 편이다.

4~5월에는 생곤드레 소비가 많아 묵나물로 만드는 양이 적다. 생곤드레는 데쳐서 나물로 먹을 수 있고, 아욱국처럼 된장국을 끓일 때 넣어도 된다. 데쳐서 물기를 짠 후 밥할 때 위에 올리면 곤드레밥이 된다.

정선에서는 곤드레밥에 막장을 올려서 먹는다. 막장은 보리나 밀, 쌀 등이 들어간 된장이다. 소금을 덜 넣어 숙성이 빠르며 단맛이 난다. 여러 채소들을 넣고 바특하게 끓여 곤드레밥을 비벼 먹으면 맛있다.

정선 곤드레 생산자단체영농조합에서는 곤드레를 데쳐 냉동포장을 하여 판매한다. 데쳐서 말린 묵나물에 비해 식감이며 맛이 좋다. 요리하기에도 간편하다.[82]

2018년 10월 12일 정선 오일장에서 곤드레 장아찌를 구매하면서 만드는 방법을 물어보니 생 곤드레를 사용해서 만드는 것이 아니라, 곤드레가 6월을 넘어 더워지기 시작하면 억세진 곤드레를 뜨거운 물에 살짝 데쳐서 간장 물을 붓는 게 비법이라고 한다. 어린잎은 식감이 떨어져 사용하지 않고 잎과 줄기가 억세어 나물로 먹지 못할 때 따서 사용한다고 한다.

곤드레 장아찌는 그 맛이 나물에서 나오는 부드러움은 없었으나, 아삭아삭 씹히는 식감과 곤드레 향은 느낄 수가 있다. 고기에 얹어서 먹어도 맛있고, 곤드레 나물밥에 같이 먹어도 그 맛은 좋다. 곤드레 장아찌를 총총 썰어 고춧가루랑 참기름, 깨소금을 넣어 조물조물 무쳐 반찬으로 손님상에 훌륭하다.

② 콧등치기국수

'콧등치기'는 국수 가락이 억세어서 먹을 때 콧등을 친다고 해서 붙은 이름이라는 설과, 뜨거울 때 먹으니까 땀이 코에 송글송글 맺힌다고 하여 '콧등튀기'라고도 부르는 데서 유래되었다는 설이 있다. 정선아리랑의 문화유적지인 아우라지가 가까운 강원도 여량에서는 콧등국수라고도 한다.[83]

밀면으로 만든 콧등치기국수도 올챙이국수와 유래가 비슷하다. 먹을 것이 부족한 시절에 해먹던 국수다. 면을 후루룩 먹다보면 면발이 콧등을 친다고 해서 붙은 국수 이름이 재밌다. 육수는 3가지가 가능하다. 멸치와 다시마를 우린 육수나 멀겋게 된장을 푼 뜨거운 육수를 부어 온국수로 먹는다. 여름엔 올챙이국수처럼 오이냉국을 말아 냉국수로도 먹을 수 있다. 주로 먹는 방식은 온국수이다.

아우라지역 앞 청원식당에서도 이 방식으로 국수를 낸다. 국수엔 잘게 썬 양배추와 갓김치를 섞은 김치 고명과 김이 고명으로 뿌려져 나왔다. 맛은 올챙이국수보다 덜 심심하나 타분했다. 면발이 진짜 콧등을 치는지 궁금하여 면을 후루룩 마시면 대신 국물이 콧등을 친다.[84]

정선오일장의 예림식당을 방문하여 콧등치기국수와 가수기를 주문하면서 콧등치기 국수 면이 순메밀인지 물어보니 볶은 메밀가루가 60% 정도이고, 밀가루가 40% 정도 들어가는 시판용 면이라고 기대를 하였으나 쫄깃한 면이나 육수의 맛은 좋은 편이다.

몇 해 전 올챙이국수를 먹고 실망한 적이 있어 맛을 기대하지 않았으나, 콧등치기 국수는 시판 면이면서도 맛이 나쁘지 않았다.

[그림 6.6] 콧등치기국수

③ 가수기

밀가루와 콩가루를 섞어 반죽한 면에 된장을 넣어 끓인 칼국수로, 강원도 정선의 향토음식이다. 정선지역에서는 콩가루를 첨가하여 만든 칼국수를 '가수기'라고 하는데, 한자로 더할 가(加)에 콩 숙(菽)을 쓴 가숙(加菽)에서 유래했다. 콩가루가 들어가 고소한 맛이 나며, 잘 익은 갓김치와 들깨가루를 고명으로 얹어 얼큰하면서도 구수한 맛이 나는 게 특징이다. 예로부터 정선은 산이 많고 논이 부족하여 콩과 같이 생육기간이 짧고 기르기에 까다롭지 않은 작물들을 자주 재배하였다.[85]

가수기의 유래는 국수를 만들다가 먹는 인원이 늘어나면 반죽에 물을 넣어 양을 늘렸다는 이야기와, 加(더할 가)에 菽(콩 숙)자를 써서 加菽(가숙)이라고 하여,

반죽할 때 콩가루를 섞어 만들었다는 이야기가 있다.

밀가루와 콩가루를 3:1의 비율로 약간의 소금으로 반죽한다. 밀대로 밀어 반죽을 편 뒤 0.3cm 정도 굵기의 국수를 만든다. 끓는 물에 막장을 넣고 국수를 넣어 갓김치를 얹어 먹는다.[86]

[그림 6.7] 가수기(2019년 1월 12일 촬영)

④ 황기백숙

황기를 끓인 물에 손질한 닭과 마늘, 대추, 불린 찹쌀 등을 넣고 푹 끓인 것이다. 황기를 닭과 같이 넣고 끓이기도 한다. 황기는 약초로서 재배하며 한방에서는 강장, 지한(止汗), 이뇨(利尿), 소종(消腫) 등의 효능이 있다. 강원도 정선지방의 황기가 유명하여 정선황기탕이라고도 한다.[87]

⑤ 황기족발

깨끗이 손질한 족발을 준비하여 솥에 황기, 감초, 막장을 넣고 족발을 삶아 낸다. 삶아낸 족발을 건져 먹기 좋게 잘라 새우젓, 막장과 함께 먹는다. 건강에 도움을 주는 대표적인 약재하면 인삼을 떠올리지만, 그만큼 효능이 있으며 널리 쓰이는 것이 바로 황기이다. 황기는 빛깔이 노랗고 약효가 으뜸이라 하여 '단너삼'이라고 불린다. 황기는 성질이 따듯하기 때문에 기력이 약한 사람에게는 기력을 보충

해주는 효능 외에도 여러 가지 효능이 있다. 이를 잘 활용하면 건강에 많은 도움이 된다.88)

동광식당 황기족발의 특징은 다른 곳에 족발처럼 썰어서 내어주는 게 아니라 족발을 찢어서 내어준다. 따뜻한 족발을 같이 나오는 나물에 싸서 먹어도 맛있고 그냥 된장에 찍어 먹어도 맛있다. 곤드레막걸리랑 같이 먹으면 그 맛은 일품이다.

[그림 6.8] 황기족발(2018년 11월 12일 촬영)

⑥ 곤드레해장국

해독작용이 뛰어난 곤드레와 아미노산이 풍부한 다슬기를 넣어 숙취해소에 도움이 된다. 곤드레는 깨끗이 씻어 끓는 물에 살짝 데친 뒤 먹기 좋은 크기로 썰고, 막장에 조물조물 무쳐 놓는다. 냄비에 물이 끓으면 해감한 다슬기를 넣어 삶은 뒤, 이쑤시개로 속살을 빼낸다. 무는 네모 썰기하고, 파와 고추는 어슷하게 썰어 놓는다. 멸치와 다시마를 넣어 우린 육수에 무를 넣어 끓이다가 막장, 마늘, 곤드레, 삶은 다슬기 살을 넣어 끓인다. 여기에 파와 고추를 넣고 한소끔 끓인 뒤 마지막에 부추를 넣는다. 취향에 따라 고추장을 추가하여 넣으면 매콤한 맛으로 즐길 수가 있다.89)

[그림 6.9] 곤드레해장국

⑦ 곤드레막걸리, 정선 아우라지 옥수수막걸리

곤드레막걸리는 정선의 특산물인 곤드레나물과 감자로 곤드레나물밥을 지어 술을 빚는다. 충분하게 숙성을 시켜 탄산의 양이 적지만 목 넘김이 부드럽다.

정선 아우라지 옥수수막걸리는 쌀을 주재료로 삼고 강원도 옥수수를 가루 내서 발효시킨 막걸리로, 거친 듯 하면서도 감칠맛이 돌아 지역 특산품으로 인기가 많다.[90]

⑧ 수리취떡

산나물 중에서도 수리취는 '산나물의 왕'으로 불릴 만큼 봄철 미각을 살려주는 대표적인 산나물임을 알 수 있다.

4대 명절의 하나인 '단오'에 타 지방의 경우 햇쑥이 올라오면 쑥을 뜯어 떡을 해먹으나, 정선군의 경우는 쑥떡이 아니라 수리취 나물을 이용한 취떡을 해먹었다고 한다. 이는 정선군에 수리취가 많이 자생하고 있어 손쉽게 구할 수 있었던 것에 기인하고, 정선군은 이 수리취로 떡을 해먹기도 하였으며, 어르신들은 담배 대용으로도 즐겨 사용하였다고 한다.

수리취는 정선 주민들의 옛 추억을 상기시켜 줄 수 있는 고유의 음식이면서, 또

한 척박한 산골마을의 삶의 애환이 담겨져 있는 토속자원이라 할 수 있다.[91)]

'떡취'라는 속명에서 알 수 있듯이 수리취는 떡의 소재로 예로부터 널리 사용되어 왔으며, 특히 강원도에서는 단오에 수리취떡으로 만들어 먹는 등 시절음식으로 중요한 역할을 해왔다. 최근에는 수리취떡이 강원도 정선, 홍천지역에서 지역특산 떡으로 자리매김하면서 지역경제 활성화의 새로운 주역으로 기대되고 있다.[92)]

수리취떡은 바로 이 수리취를 삶아 '족이'를 만들고, 멥쌀과 같이 빻아서 시루에 안쳐 찐 것이다. 수리취 '족이'라는 것은 수리취를 푹 삶아 찬물에 여러 번 헹궈 체에 밭쳐 건지를 꼭 짜는 것을 말한다. 바로 이렇게 족이를 만든 수리취는 10시간 이상 불린 멥쌀과 함께 곱게 빻아준다. 이 가루에 설탕시럽을 섞어 체에 한 번 내려준 후 시루에 넣고 찌면 된다.[93)]

3) 양양 오일장

(1) 유래와 연혁

양양은 지리적으로 설악산과 오대산이 연접한 곳으로 토질과 기후의 특성으로 인하여 특산물이 많다. 또한 해안지역과 산간지역이 각각 다른 상품이 출산됨으로써 자연히 해안지역과 산간지역 간의 교환경제가 발달되었다. 교통도 영동에서 영서로 넘나드는 길이 있고, 영북과 영동 남쪽으로 통하는 도로가 있어 장꾼이 더욱 많이 모인다. 장터에 주로 나오는 품목은 계절마다 다르다.[94)]

오일장은 4, 9일에 열리고 쌀, 고추, 송이버섯, 섭, 뚜거리 등이 나고 섭국, 섭장칼국수, 뚜거리탕, 송이 장칼국수 등이 유명하다.

(2) 전통 먹거리

① 뚜거리탕

'뚜거리'라는 민물고기로 탕을 끓여낸 것인데, 마치 전라도식 추어탕처럼 끓이는 방식도, 맛도 비슷하다. 양양 사람들은 복날이면 천렵을 나가 뚜거리탕을 끓여 먹

는데 이것을 복대림, 복놀이, 복대듬이라 한다.[95)]

뚜거리(일명 '뚝거리')는 연어, 은어 회귀로 유명한 양양 남대천이 주요 서식지로, 바위나 모래에 낀 물이끼를 먹고 산다. 몸길이가 불과 5~10cm 남짓한데, 생김새는 작은 메기를 연상케 한다. 동해안 사람들의 여름 보양식, 뚜거리탕은 된장을 풀어 배추 우거지와 고사리, 대파를 넣고 고추를 갈아 넣어서 국물이 얼큰하다. 뚜거리는 생김새에 비해 그 맛이나 영양이 아주 뛰어나다. 단백질, 칼슘, 칼륨, 니아신 등의 영양소가 골고루 들어있는데다, 국물을 걸쭉하게 하고 위궤양을 방지해주는 점액소 '무틴(mutin)' 성분이 들어있어 소화도 곧잘 된다.[96)]

② 송이칼국수

양양은 송이로 유명하여 송이 재료를 활용한 음식이 많다. 송이칼국수, 송이버섯전골, 송이돌솥밥, 송이불고기, 송이샤브샤브 등이 있다.

송이칼국수의 재료는 송이버섯, 칼국수, 감자, 부추, 애호박, 대파, 멸치장국 국물(멸치, 다시마, 물) 등이며, 양념장을 만들기 위해서 간장, 다진 파, 다진 마늘, 고춧가루, 참기름, 깨소금, 물 등이 필요하다. 송이버섯은 길이로 찢어놓고 감자, 호박, 대파는 채 썰고, 부추도 썬다. 냄비에 멸치육수를 부어 끓인 후 칼국수와 채소를 넣어 끓인다. 칼국수가 익으면 송이버섯을 넣고 한소끔 더 끓이고 상에 담아 낼 때 양념장을 곁들인다.[97)]

③ 섭국

홍합보다 크기가 열 배나 큰 동해안 큰섭조개이다. "홍합은 제사상에 못 올라갑니다. 그러나 섭은 꼬치에 꿰서 올리지요. 섭은 번식력이 강해 제사상에 올리면 부자가 된다는 설이 있어, 양양에선 많은 집이 제수용 어물로 씁니다." 홍합보다 10배 이상 굵은 우리나라 동해안 큰섭에 대해, 왕중권 한의학 박사는 일본에도 서식하지만 우리나라 것을 1등급으로 평가하고 주로 동해안 중부 이북에 서식하는 자연산 큰섭에는 칼슘과 마그네슘, 철분 및 양질의 단백질은 물론이고 비타민 B_1, B_2, B_6가 풍부하게 함유되어 있다고 말한다.

양양의 또 다른 미식거리로는 섭국을 들 수가 있다. 자연산 홍합을 강원도 양양 지방에서는 '섭'이라고 부른다. 남해안에서 건져 올린 홍합에 비해 더 쫄깃거리는 게 자연의 느낌을 더한다. 섭은 홍합처럼 생겼지만, 어른 손바닥만 한 우리 고유의 동해산 큰 조개로 양양지방에서는 옛날부터 국을 끓여 보양식으로 먹었다고 한다. 조개껍데기는 아주 단단하여 어른이 밟아도 부서지지 않을 정도이고, 오래 전부터 병중 병후 노약자들에게 전복 대신 이 섭을 갈아서 죽을 쑤어 먹였는데, 그러면 기운을 금방 차린다고 한다. 또한 산모의 미역국에도 섭을 넣어 끓였다고 한다.

먼저 나물 재료로 미나리와 부추, 양파를 준비하고 양념으로 마늘, 고추를 쓴다. 옛날에는 밀가루 반죽을 수제비 하듯이 국에 넣거나 국수를 넣기도 했지만, 요즘은 나물 재료에다 밀가루를 버무려 옷을 입힌 뒤 끓는 국물에 넣어 걸쭉하게 끓여 낸다.

섭조개를 삶아 시원하고도 감칠맛 나는 국물 내는 법이 비법이다. 암컷 섭조개로 국을 만들면 국물이 불그스름하다. 섭이 해산물인 관계로 그 맛이 추어탕과는 좀 다르다. 매운탕도 아닌 것이 걸쭉한 듯 칼칼한 구수한 맛을 담아낸다.

섭국에 들어가는 채소는 좀 센 것을 써야 제 맛이 난다. 또한 하루 40kg씩 연간 섭조개 알만 5톤에서 6톤을 쓴다고 한다. 양양 앞바다에서는 홍합의 20배 정도가 되는 7, 8년씩 묵은 큼지막한 섭조개들이 많이 잡힌다. 그래서 조개알이 너무 굵어서 칼로 잘 다져야 제 맛을 낼 수가 있다.[98]

④ 섭 장칼국수

섭 장칼국수는 원래 양양의 어부들이 즐겨 먹던 향토음식으로 메밀과 감자, 홍합 세 가지로 만들어져 강원도의 특산물로 구성된 강원도 별미이다. 섭 장칼국수는 고추장 푼 육수에 메밀칼국수 면과 굵직한 감자를 썰어 넣고 다지지 않은 통섭을 넣어 발갛게 끓여낸다. 텁텁한 고추장 맛으로 시작해서 메밀맛과 칼칼한 칼국수의 맛이 날 뿐이다. 하지만 그런 텁텁하고 투박한 감칠맛이 오히려 더 매력이다. 맵고 특이한 음식보다 뒷맛도 은근하면서도 진한 맛이 입안을 개운하게 맴돈다.[99]

이처럼 높은 웰빙식품으로서의 가치와 함께 다양한 스토리텔링 소재를 지닌 양양 섭국은 맛도 맛이지만, 잘만 하면 음식 자체를 캔에 넣은 흑염소 진액처럼 포장

건강식품으로 개발해 낼 수도 있는 향토음식의 산업화 조건을 넉넉히 갖추었다고 평가할 수 있다.100)

⑤ 양양 송이주

막걸리장터는 양양 전통시장 내 기존 음식점 골목 한 켠을 이용해 조성한 곳으로, 이곳에는 양양 전통시장이 자랑하는 숨은 맛집들이 있어 입을 더욱 즐겁게 한다. 왁자지껄한 막걸리장터에서 마시는 막걸리 한 잔에 여행의 피로를 싹 날리고 흥을 얻어간다면 이 또한 즐겁지 않을까 한다.101)

⑥ 양양 송천떡

송천리와의 떡 인연은 1971년 한계령에 차가 다닐 수 있는 길이 열리면서 맺어졌다. 그 길로 설악산과 동해를 찾는 관광객들이 지나다니게 되었다. 송천리 아주머니들은 관광객들을 상대로 장사를 하게 되었는데, 그 아이템이 떡이었다. 전날 밤에 떡을 빚어 광주리에 이고 오색약수와 낙산사, 하조대해수욕장으로 행상을 하였다.

관광객들의 입을 통해 송천리의 떡이 맛있다고 소문이 나면서 '송천 떡마을'이라는 이름이 생겼으며, 이제 송천리 아주머니들은 앉아서 장사를 하고 있다.102)

명산 설악대청봉을 발원지로 하는 송천계곡에서 내려오는 맑은 물로 생산되는 양질의 쌀로 빚은 전통 재래떡은 이미 전국적으로 널리 알려져 있다. 대개 새벽부터 장작불로 떡쌀을 익히고 떡메로 치는 전통방식 그대로 만들어지는 송천의 떡은 마을입구에서 구입할 수 있으며, 양양 장날 시장에서도 구입할 수 있다.103)

요즘의 떡들은 소금간이 강하고 설탕까지 들어간다. 원료인 쌀 또는 쌀가루가 질이 떨어지니 짠맛과 단맛으로 맛있는 듯이 느껴지게 하는 것이다. 식재료가 맛있어야 음식이 맛있다는 '진리'는 떡에서도 똑같다.

찰떡의 덩어리를 작업하기 좋게 떼어내고 이 덩어리를 먹기 좋은 크기로 자르고 소를 넣어 고물을 묻히고 하는 작업을 한다. 예전에는 저 덩어리를 만들기 위해 떡메로 쳤으나 요즘은 반죽기로 돌린다. 따로 주문하면 떡메를 쓰기도 한다. 떡끼리 서로 붙지 않게 하기 위해 밀랍에 들기름 섞은 것을 떡에 바른다. 밀랍은 벌집에서 꿀을 내리고 난 다음 남은 찌꺼기이다. 벌집에서 육각 모양의 틀을 이루고 있던 것이다. 들기름은 송천에서 농사를 지어 짠 것이다. 송천 떡의 부재료는 거의가 송천에서 나는 것들을 쓴다.

취를 넣은 찰떡을 송천에서는 '취미지'라고 불렀다. 흰 찰떡은 그냥 '미지'라 하였는데, 고물을 묻히지 않고 길게 썬 찰떡을 이르는 말이다. '미지'는 밀만 발라서 미지라고 한다. 밀랍을 강원도에서는 밀이라 한다. 고소한 고물 맛이 빠지니 찰떡 맛이 여린 듯 깊다.[104]

4) 봉평장

(1) 유래와 연혁

강원도 평창군 봉평면 창동리에 있는 재래시장으로, 매달 끝자리가 2일, 7일인 날에 5일장이 열리고 상설시장으로도 운영된다. 조선시대부터 장이 서기 시작하여 400여 년의 전통을 이어온 곳으로, 장돌뱅이가 많던 시절에는 장날에 경기도와 충청도에서도 찾아왔다고 한다.

현대의 봉평시장은 1957년에 개설되어 지역 상권의 한 축을 담당하였으나, 산업화가 본격적으로 이루어진 1980년대 이후 다른 전통시장과 마찬가지로 침체되었다. 2003년 장터 정비사업에 이어 2013년 '전통시장 활성화 프로젝트'가 추진되어 상인과 고객들이 시장을 편리하게 이용할 수 있도록 재정비되었고, 그 결과 시장은 점차 활기를 되찾고 평창군의 대표적 관광명소의 하나로 자리잡게 되었다.

먹거리는 메밀전 · 메밀막국수 · 메밀칼국수 · 메밀전 · 메밀전병 · 메밀빵 등 봉평의 특산물인 메밀을 이용한 음식들이 유명하고, 평창지역에서 채취한 수십여 종의 약초를 판매하는 약초전도 봉평장의 명물이다.[105]

(2) 전통 먹거리

① 메밀

메밀의 특징은 거친 식감을 갖고 있는 과거 춘궁기의 구황작물로 주로 먹었지만, 최근 건강식품으로 알려지면서 다양한 음식의 재료로 활용되고 있다. 단 메밀과 쓴 메밀이 있는데, 쓴 메밀은 단 메밀보다 루틴이 70배 이상 함유되어있고, 양질의 단백질과 라이신 함량이 더 높다.[106)]

② 메밀국수

메밀은 꽃이 핀 후 삼각능형(三角稜形)의 검은 껍질을 가진 씨가 달린다. 이 씨를 갈아서 껍질을 벗기고 속의 배유부(胚乳部)로 가루를 낸 것이 메밀가루이다. 제분은 메밀을 맷돌에 갈아서 분쇄하는데, 최근에는 제분용의 소형 롤러 등이 쓰인다. 원료 메밀에 대하여 가루가 나는 비율은 70~75%이다. 중심부만을 가루로 낸 것이 가장 빛깔이 희고, 가루를 많이 낼수록 빛깔은 검지만 풍미가 더 좋다. 메밀은 제분 직후의 것이 특히 풍미가 있는데, 건조가 잘된 것을 한랭한 곳에 두면 4~6개월은 맛을 잃지 않는다. 메밀은 본래 끈기가 있지만, 열을 가하면 끊어져서 면 상태로 하기가 어려우므로, 국수를 만들 때는 메밀가루와 밀가루를 7 : 3의 비율로 섞고, 그 밖에 콩가루 · 녹말 · 달걀 · 인산염 · 물 등을 섞어서 쓴다.[107)]

평창 봉평 인근 맛집으로 알려진 '미가연'의 오○희 대표는 국내 유일의 '봉평메밀음식문화연구소'를 설립해 봉평메밀과 메밀요리를 17년째 전문적으로 연구하고 있다.[108)]

미가연의 메밀국수는 쓴 메밀과 단 메밀을 섞으면 쫄깃한 맛과 단맛을 높이고, 반죽할 때 다른 곳은 익반죽을 하는데 오○희 대표는 시행착오 끝에 얼음반죽을 하는 게 오히려 숙성도 잘되고 더 나은 것 같다고 하였다. 메밀국수에 삶은 달걀 대신 올라가는 메밀 싹은 고소한 메밀 면과 아삭아삭한 메밀 싹이 잘 어울린다.

육수는 양지, 황태, 한약재, 과일, 꿀 등을 함께 우려낸 육수를 사용한다.[109)]

③ 메밀묵

날이 차가워지기 시작하는 늦가을부터 달리 먹을 것이 없는 겨우내 서민들의 배를 채워주던 음식이다. 메밀은 낮은 기온과 건조한 기후에서 잘 자라기 때문에 강원도에서 많이 재배되었고, 특히 봉평이 유명하며 메밀묵이 유명하다.

메밀묵을 만들 때에는 메밀을 미리 물에 담가 떫은맛을 우려낸 후 껍질을 벗기지 않고 통째로 맷돌에 갈아 물을 부어가며 체로 걸러낸 다음 웃물을 따라내고 밑의 앙금으로 풀을 쑤듯이 끓이는데, 이 때 묽기를 잘 맞추는 것이 중요하다. 물을 조절해가면서 주걱으로 계속 저어주며 잘 끓이다가 그릇에 담아 식히면 묵이 된다.[110]

녹두묵이 양반음식이라면, 메밀묵과 도토리묵은 서민음식이다. 박목월은 『적막한 식욕』에서 메밀묵을 "싱겁고, 구수하고, 못나고도 소박하게 점잖은, 촌 잔칫날 팔모상에 올라 새 사돈을 대접하는 것"이라고 읊으면서 걸걸한 막걸리에 메밀묵이 먹고 싶다고 했다. 추운 겨울밤에 궁금할 때 즐겨 먹던 음식으로, 지금은 거의 사라졌지만 얼마 전까지만 하더라도 찹쌀떡과 함께 메밀묵 행상이 많았던 점은 민속음식으로서의 귀중한 가치를 되새겨준다.[111]

④ 메밀전병

얇게 지진 묽은 메밀 반죽에 야채와 고기 등의 소를 넣고 말아 익힌 음식으로, 질 좋은 메밀이 생산되는 강원도와 경상북도 지방의 별미떡이다. 지지는 떡을 뜻하는 전병에 속하며, 강원도에서는 메밀총떡, 혹은 메밀전병, 경상북도에서는 총떡, 혹은 메밀전이라고 한다. 1680년경에 쓰인 저자 미상의 요리책 『요록』에는 메밀전병이 '견전병'이라는 명칭으로 기록되어 있어 이때부터 메밀전병이 있었던 것으로 추정한다.[112]

더운 여름을 피하여 만들어 먹는 음식으로, 특히 한겨울 무쇠솥 뚜껑에 메밀부침에 양념한 속을 싸서 먹으면 얼큰하고 담백한 맛으로 구미를 돋아주며 단백질이 우수한 식품으로 알려져 있다. 메밀총떡의 색을 곱게 하려면 물을 주어 가라앉혀 웃물을 따라내고 앙금을 쓰면 된다.[113]

⑤ 메밀막걸리, 메밀동동주

강원도 메밀을 이용하여 빚는데, 메밀의 은은한 향과 구수한 맛이 편안하면서도 따듯하게 느껴진다.[114]

봉평메밀 F&B 영농조합법인(대표 변○수)은 주재료 함량이 낮은 일반 막걸리와는 다르게 메밀의 함량을 5%로 높여 소비자들에게 좋은 반응을 얻고 있다며 "메밀은 전분 함량이 낮기 때문에 막걸리를 만들기가 상당히 어렵다. 여러 차례 시행착오 끝에 함량 5%,로 했을 때 빛기도 수월하고 구수한 맛도 더하다는 것을 알아냈다. 결국 쌀 70%, 밀가루 25%, 메밀 5% 비율의 봉평 막걸리가 탄생하게 되었다."고 설명했다.

이어 "메밀을 주재료로 만들어 일반 막걸리보다 칼로리가 낮고 소화 흡수가 좋아 젊은 층들이 선호하고 있어 이에 걸맞은 병 디자인으로 내수 확대에 주력하고 있다."고 하였다.[115)]

5) 홍천장

(1) 유래와 연혁

조선시대에는 역원을 중심으로 3곳의 시장이 개설되었다. 특히 1930년대에는 지하자원이 발굴되기 시작하면서 홍천 지역에 인구가 크게 증가했고, 시장의 수도 7개까지 늘어났다.

해방과 한국전쟁 이후에도 홍천지역의 시장은 꾸준히 증가했다. 1960년대에는 강원도에 개설된 92개 시장 가운데 홍천에 무려 15개가 있을 정도였다. 그것은 지속적으로 인구가 유입되었고, 시장마다 거래금액이 큰 가축시장이 함께 열렸기 때문이다. 오늘날 홍천의 시장은 상설시장이 2곳, 정기시장이 4곳, 우시장이 1곳 남아있다.[116)]

(2) 전통 먹거리

① 감자떡

감자떡은 강원도의 특산물인 감자를 이용하여 만든 떡으로 방금 만든 것과 같은 쫄깃함과 담백한 맛이 일품이다. 기피(속)는 녹두로 만들어 더욱 고소하고 하나하나 손으로 빚어 정성이 들어간 음식이다.

② 홍총떡

메밀부침은 순메밀로 만든 부침으로 담백함과 고소한 맛이 일품이다. 총떡 역시 메밀로 만든 것으로, 메밀부침과 달리 매콤한 맛을 낸다. 홍천시장에서는 이를 '홍총떡'이라고 부른다. 홍천 메밀총떡의 줄임말이다.

홍총떡을 만드는 방법은 먼저 잘 씻은 메밀을 잘게 갈아 거르고, 삶은 무와 절인 배추, 마늘, 당근을 잘게 채 썰어 들기름으로 볶아낸 다음 참기름과 깨소금, 통깨를 넣고 소를 만든다. 솥뚜껑을 뒤집어 놓은 것처럼 생긴 소당(솥뚜껑의 강원도 방언)에 들기름을 두르고 반죽된 메밀을 구워 속을 넣고 김밥처럼 말면 완성된다.[117)]

③ 홍천강 다슬기해장국

다슬기를 삶은 물에 된장과 채소를 넣어 끓인 국으로, 된장을 푼 국물에 부추와 어린 배춧잎(아욱)을 넣은 다음 고춧가루 양념(고춧가루, 다진 파·마늘, 소금)과 삶은 다슬기살을 넣어 한소끔 더 끓인다.

강원도에서는 다슬기해장국, 달팽이해장국, 충북에서는 올갱이국, 고딩이국, 전북에서는 다슬기탕, 전남에서는 다슬기된장국, 대사리국, 경북에서는 골뱅이국, 골부리국, 고동국, 경남에서는 고둥국, 다슬기찜국, 고등찜국, 고디국, 올갱이국, 다슬기탕이라고도 한다.[118)]

④ 홍천강 탁주

'홍천강 탁주'는 홍천강의 청정한 이미지를 그대로 살리기 위해 이름 붙여진 술이다. 홍천강 주변에는 공장지대가 없고 강원도 산골에서 내려오는 계곡물로 이루어져 우리나라의 깨끗한 물의 대명사이기도 하다. 홍천 찹쌀과 멥쌀, 전통누룩을 원료로 하고 백암산 자락 지하 암반수를 이용하여 빚고, 옹기에서 110일 가량 발효·숙성시킨 이양주(두번 빚은 술)이다. 알코올 도수는 11%이다.

홍천강 탁주는 찹쌀과 멥쌀을 3:1 비율로 섞어 빚은 술로서, 멥쌀술의 담백하고 드라이한 맛을 즐길 수 있고, 술을 즐겨 마시는 분들이 좋아할 술이다.

동몽(同夢)은 '같은 꿈을 꾼다', 즉 '하나가 된다'는 의미로, 술은 사람과 자연, 사람과 신, 사람과 사람을 연결시켜주고 소통하게 하는 매체이며, 동몽은 맑은 술(청주)로서 찹쌀을 주원료로 하여 감칠맛과 향이 뛰어나며 입 안의 여운이 쉽게 가시지 않는 묵직한 맛이 일품이다.

홍천 찹쌀과 미니 단호박, 전통누룩을 원료로 하고, 백암산자락 지하암반수를 이용하여 빚고 옹기에서 150일 가량 발효 · 숙성시킨 이양주(두번 빚은 술)이다. 알코올 도수는 17%이다.[119]

6) 횡성장

(1) 유래와 연혁

조선시대 대표적 인문지리서인 『신증동국여지승람』에 따르면, 강원도 서남쪽에 위치한 횡성이 고구려 때에는 '횡천현' 또는 '어사매'라고 불렸다. 지금도 횡성에서 오래 살았던 사람들은 어사매라는 지명을 알고 있으며, 이 명칭을 쓰는 사람도 종종 있다.

조선시대 시장에 대한 기록이 담겨 있는 『증보문헌비고』(1770)를 보면, 당시에 이미 1일, 6일에 열리는 횡성 읍내장과 4, 9일에 열리는 둔내장이 개설되어 있음을 확인할 수 있다. 횡성에 읍내장과 둔내장이 개설된 것은 이 지역 행정의 중심지인 횡성과 교통의 중심지인 둔내의 특성이 반영된 것으로 보인다.

일제 강점기에 횡성장은 전국적으로도 손꼽히는 규모가 큰 시장이었다. 지금도 횡성 상인들에서 회자되는 '동대문 밖 가장 큰 시장'이라는 말이 생겨난 것도 이때일 것으로 추측된다. 1938년 조선총독부에서 조사한 시장통계표에 실린 거래액을 기준으로 횡성장은 강원도 1위, 전국 20위 내에 드는 조선의 대표시장이었다.[120]

(2) 전통 먹거리

① 안흥찐빵

심순녀 할머니의 찐빵은 겉피는 쫄깃하고 솥에서 익은 통팥은 살아 있다. 밀가루에 설탕과 막걸리 등을 섞어 반죽하고 국산 팥을 달지 않게 만들어 손으로 직접 빚어 숙성시켰다가 쪄내는 것, 찐빵 신화의 주인공이 밝힌 맛의 비결이다. 그러니 진짜 맛을 아는 단골들은 찐빵집에서 "두 개요!", "세 개요!"라며 통 크게 사간다. 단골만 아는 주문 공식인 한 개란 그 찐빵 하나가 아니고 스무 개가 담긴 상자 하나를 뜻한다.[121)]

밀가루 반죽용으로 달걀을 깨뜨려 흰자만 받아내고 있다. 안흥찐빵은 달걀흰자 외에 막걸리, 설탕, 소금으로 밀가루 반죽을 하는 것으로 알려져 있다. 집집이 맛이 비슷하여 재료의 구성과 배합비가 거의 같을 수도 있을 것이다. 팥소를 넣고 모양을 잡은 찐빵 반죽을 온돌방에 깔아 숙성을 하고 있다. 방바닥이 따끈따끈하다. 이 상태로 1시간 정도 두는데, 반죽이 살짝 부풀어 오르면서 겉이 마른다. 찌고 나면 찐빵의 껍질이 반질반질하여 속의 질감과 다른 것은 이 숙성 덕일 것이다.[122)]

② 더덕

횡성 읍내를 출발해 국도 19호선을 따라 30여분 정도 가다보면 산지 구릉에 자리 잡고 있는 청일면이 한 눈에 들어온다. 전형적인 산촌마을인 이곳은 전국적인 명성을 얻고 있는 '횡성더덕'의 주산지다. 태기산 중턱의 청정지역에서 유기질이 풍부한 더덕을 생산하고 있는 이곳 주민들의 자부심은 대단하다. 더덕은 재배 환경에 따라 약효는 물론 맛과 향이 천차만별이란 것이 이들의 주장이다.

횡성 더덕은 육질이 연하고 아삭아삭해 식감이 좋다는 평가를 받고 있다. 이뿐 아니라 주성분인 사포닌과 인우린 등의 성분이 많이 함유되어 있어 최고의 건강식품으로 각광받고 있다. 전국 더덕 생산량의 26%를 차지하고 있는 횡성은 끊임없는 연구개발로 산림청으로부터 '지리적 표시등록'을 받기도 했다.[123)]

백종원은 '봄나물'의 최강자 더덕요리를 찾아 '횡성 더덕돼지주물럭' 전문점을 방문했다. 더덕장아찌부터 구이, 무침, 더덕밥까지 맛볼 수 있는 이 가게는 더덕의 화려한 향연으로 눈길을 끌었다.

무엇보다 더덕물을 우려 밥을 지은 더덕밥이 보는 이들의 군침을 삼키게 했다.

백종원은 "더덕들이 오디션을 보는 것 같다."라며 모든 음식이 밥도둑이라고 칭찬했지만, 주 메뉴인 돼지주물럭이 최고 중에 최고라고 평가했다.[124)]

더덕밥은 햇볕에 살짝 말린 더덕껍질을 달인 물을 이용한 것이 특징이다.[125)]

③ 횡성 구름떡

찹쌀가루에 밤, 대추, 강낭콩 등 부재료를 넣고 찐 후 볶은 붉은팥 앙금가루나 흑임자가루 등을 묻히고 사각형 틀에 굳힌 떡으로 자른 단면의 모양이 구름처럼 보이는 강원도 떡이다. 식힌 떡을 썰면 사각형 단면에 모양이 마치 구름이 흩어져 있는 것과 같다고 하여 '구름떡'이라는 이름이 붙여졌다. 강원도 횡성 지역에서 만들어졌으며, 모양과 맛이 뛰어나 현재는 전 지역에서 만들어지고 있다. 답례용 떡이나 이바지 떡에도 많이 쓰인다.[126)]

7) 도계 오일장

(1) 유래 및 연혁

삼척 도계 오일장은 한때 읍 인구만 5만 명에 육박하던 삼척 탄전지대의 중심 시장이었다. 이곳에서 열리는 도계 오일장은 동해 북평장에 이어 두 번째로 큰 오일장이었다. 도계 오일장의 뿌리는 100여 년 전인 1908년 삼척시 신기면 신기시장까지 거슬러 올라간다. 당시 신기시장은 소, 마포, 쌀 등 생필품의 집산지였다.

신기시장은 1952년 도계읍 청사가 현재 위치로 이전하면서 함께 도계읍으로 옮기게 되었다. 이 시장은 50년 동안 도계 탄광지역 중심상권 역할을 해 온 선두시장으로 성장하였고, 탄광 개발로 도계지역 인구가 급증하면서 1965년 3월 도계 오일장이 개설되었다.

도계 오일장은 동해 바다에서 나는 풍부한 해산물로 내륙 탄광지역에 공급하는 전초기지 역할을 하였다. 1980년대 후반부터 거세게 몰아친 석탄산업 합리화 정책으로 석탄 산업이 사양화되면서 도계읍은 인구 1만 5,000여 명의 작은 읍으로 전락했지만, 해산물 공급기지로서의 도계 오일장은 그 임무를 여전히 지켜오고 있다.[127)]

도계 오일장이 열리는 거리에는 김치를 안주 삼아 거나하게 취할 수 있는 선술집이 많다. 동동주에 모든 안주를 갖추고 있다는 선술집들은 도계 오일장이 열리는 날이 대목이다. 도계 오일장은 1998년부터 열리고 있는 인근 태백통리장의 영향으로 더욱 위축됐지만, 아직도 탄광지역을 대표하는 오일장이라 할 수 있다. 2017년 38번 국도의 4차로가 완공되어 도계읍의 교통편의는 한층 좋아졌다. 이는 도계 오일장에도 영향을 미칠 수 있을 것으로 보인다.[128]

도계 오일장은 20년 전 만해도 태백에서 명절이나 장이 열리는 날에는 통리재를 넘어 버스를 타고 장을 보러 다녔다. 삼척, 동해에서 오는 싱싱한 수산물(문어, 고등어, 가자미, 오징어 등)들을 사기 위해 줄을 이었다. 회를 먹을 기회가 없는 산간지방인 태백에서는 가자미, 오징어를 회나 무침으로 먹을 수 있는 유일한 방법이었다.

① 가자미무침

가자미무침은 먼지를 많이 마시는 탄광 인부들이 목구멍의 먼지를 닦아내기 위해 반찬으로 많이 먹었다고 한다.[129]

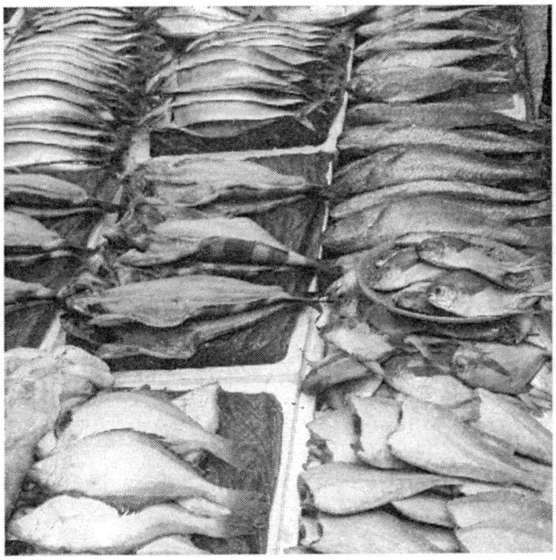

[그림 6.10] 오일장의 어물 모습

8) 태백 통리 오일장

(1) 유래와 연혁

태백에서 삼척으로 넘어가는 길목인 황연동 통리마을 주차장에서 열리는 통리 오일장은[130] 해발 700m 고지대에서 5일, 15일, 15일에 10일마다 장이 열린다.

1940년 철암과 동해를 연결하는 철도의 개통으로 통리는 전성기를 맞는다. 개통 당시 통리역은 중간기차역이지만 종창역이고 시발역이었다. 바로 아래 삼척 도계와는 300m 표고차이 때문에 1.1km 구간에 선로를 깔지 못해서 동해로 가는 사람들은 통리역에서 내려 심포리역까지 걸은 후 다시 열차에 올라야 했다. 두 역 사이를 짐꾼들은 부지런히 오가며 짐을 져 날랐다. 통리역 주변에는 자연스럽게 열차 승객과 짐꾼으로 붐볐고 식당도 번성하였다.

그러나 1963년 미개통 구간이 완전히 연결된 후 통리는 위기를 맞는다. 짐꾼은 떠나고 식당을 하던 사람들도 현재 태백의 중심지인 황지로 옮겨갔다. 그 후 1982년 한보광업소가 문을 열면서 쇠락해가던 통리는 다시 부활한다. 직원만 1,200명이던 한보광업소는 1997년 내리막길을 걷게 되고, 2008년 완전히 문을 닫는다. 통리시장이 선 것도 이 무렵으로 어떻게든 지역을 살려보려는 안간힘이었다. 그러다가 2014년 동백산역에서 도계까지 터널로 바로 연결하는 선로가 개설되어 통리역도 문을 닫았다. 현재는 하이원추추파크가 폐선로를 이용하여 레일바이크를 운영한다.

통리 오일장은 탄광촌의 흥망과 애잔함의 산물이다. 오일장에서 1.5km 떨어진 백병산 자락에 한보탄광이 사용하던 붕괴된 발전소 건물을 드라마 '태양의 후예' 세트장으로 사용하면서 드라마의 인기와 함께 관광객도 많아져, 폐선로를 이용하는 레일바이크와 함께 통리 오일장을 활성화하는데 많은 기여를 하고 있다.

(2) 전통 먹거리

태백시는 통리 오일장에 대해 "철암, 장성, 황지 등 태백에서 생산하는 지역 특산물을 비롯해 동해와 삼척의 해산물, 봉화, 영주 등 경북 북부지역 농산물이 모이는 곳이다."라고 소개하지만, 시장 분위기와 내놓은 물건으로 봐서는 전국의 특산물을 다 모아 놓은 모양새다. 서해안 대하, 부산 어묵까지 전국의 해산물이 다 모였다. 갓 튀겨낸 닭강정, 뜨거운 족발, 김이 모락모락 나는 어묵탕, 설설 끓는 300인분 초대형 가마솥에서 퍼 담는 장터국밥 쇠고기국도 대표적인 장터 먹거리이다. 또한 메밀가루로 얇게 부친 배추전과 전병, 수수부꾸미, 꿀 호떡 등이 먹음직스럽다.

골목 끝자락에 있는 어물전에는 꾸덕꾸덕하게 말린 황태, 양미리, 가자미, 꽁꽁 언 동태, 각종 내장 부산물을 내놓은 생선가게와 임시 수족관에 들어 있는 오징어, 문어 등 살아있는 해산물은 대부분 인근 동해안에서 올라온 것들이다.

① 배추전

배추전은 배추잎을 밀가루 반죽에 묻혀 기름에 부쳐 낸 전으로, 배추적, 배차적 등으로 불리기도 한다.[131] 배추전은 경상도지역에서 주로 나타나는 향토음식인데, 강원도지역에서도 많이 해 먹는다.

② 닭발편육

뼈 없는 닭발을 삶아 푸른 고추로 초록색을 내고, 홍고추로 붉은 색을 내어 만든 편육이다.

③ 고토일 청국장

태백지역의 특산품으로 20년 전통을 자랑하며, 청국장은 대두 98%, 소금 2% 함량이다.

미주풀이

1) 문정창 1941; 이헌창 1990; 류승열 1995; 허영란 2005; 조형근 2007.
2) 김상보, 조선시대의 음식문화, 가람기획, 2006, p.156.
3) 김백철 외 7인 지음, 18세기 왕의 귀환, 민음사, 2014, pp.238-246.
4) 김상보 지음, 조선시대의 음식문화, 가람기획, 2006, pp.152-153.
5) 한복진, 우리생활 100년 음식, 현암사, 2000, p.304.
6) http://cfile233.uf.daum.net/attach/194D952B4AD7A8B72F08D6(전국오일장 현황표)를 토대로 작성함.
7) http://study.zum.com/book/12432 줌 학습백과 홈〉고등〉공통〉연간〉한국지리〉우리나라의 지역 이해(2)〉태백산맥으로 나뉘는 영동과 영서지방.
8) 한국민족문화대백과 중에서.
9) 이규태, 우리의 음식이야기, 기린원, 1990, pp.247-248.
10) 이규태, 우리의 음식이야기, 기린원, 1990, p.247.
11) 이규태, 우리의 음식이야기, 기린원, 1990, p.56.
12) 김상보, 조선시대의 음식문화, 가람기획, 2006, p.161.
13) 송화섭, 국밥, 한국 의 · 식 · 주 생활사전 - 식생활, 국립민속박물관, 2018, p.123.
14) 김영복의 Food Story 주점과 탕반이야기, 2015.
15) 한복진, 우리생활 100년 음식, 현암사, 2000, p.307.
16) 스포츠서울, 2018년 10월 31일자.
17) 이규태, 우리의 음식이야기, 기린원, 1990, p.201.
18) 송화섭, 국밥, 한국 의 · 식 · 주 생활사전 - 식생활, 국립민속박물관, 2018, p.123.
19) 아시아경제, 2018년 12월 14일자.
20) 한복진, 우리생활 100년 음식, 현암사, 2000, pp.338-339.
21) 송화섭, 국밥, 한국 의 · 식 · 주 생활사전 - 식생활, 국립민속박물관, 2018, p.124.
22) 한복진, 우리생활 100년 음식, 현암사, 2000, pp.307-308.
23) 이규태, 우리의 음식이야기, 기린원, 1990, pp.197-198.
24) 이규태, 우리의 음식이야기, 기린원, 1990, p.272.
25) 송영애 · 김정기 · 진경은 · 채재희 지음(KBS 전주 3도3미 100회 특별기획), 허균이 탐한 신 도문대작, 2012, p.149.
26) 김상보, 조선시대의 음식문화, 가람기획, 2006, pp.195-203.
27) 김도현, 메밀국수, 한국 의 · 식 · 주 생활사전 - 식생활, 국립민속박물관, 2018, p.329.
28) 김상보, 조선시대의 음식문화, 가람기획, 2006, p.202.
29) 이성우, 한국요리문화사, 교문사, 1985, pp.150-153.
30) 송영애 · 김정기 · 진경은 · 채재희 지음(KBS 전주 3도3미 100회 특별기획), 허균이 탐한 신 도문대작, 2012, pp.147-149.

31) 김도현, 메밀국수, 한국 의 · 식 · 주 생활사전 – 식생활, 국립민속박물관, 2018, p.330.
32) 이규태, 우리의 음식이야기, 기린원, 1990, p.292.
33) 한복진, 우리생활 100년 음식, 현암사, 2000, p.311.
34) 우리고장 맛 이야기 : 전국 170개 지역 대표음식 스토리텔링 한국관광공사, 문화체육관광부, 한국관광공사, 2009년.
35) 한복진 · 한복려 · 황혜성, 우리가 정말 알아야 할 우리음식 100가지, 2011.
36) 김상보, 조선시대의 음식문화, 가람기획, 2006, pp.235-236.
37) 이규태, 우리의 음식이야기, 기린원, 1990, pp.284-285.
38) 이규태, 우리의 음식이야기, 기린원, 1990, p.285.
39) 이규태, 우리의 음식이야기, 기린원, 1990, pp.187-190.
40) 막걸리(향기로운 한식, 우리술 산책, 2018.07.01.)
41) 마구 걸렀다고 붙은 이름, 막걸리(권오길의 괴짜 생물이야기, 2012.10.25., 을유문화사).
42) 한국의 전통음식 떡볶이 – 궁중음식 · 양반음식 · 서민음식 · 글로벌음식, 한국식품연구원.
43) 한국의 전통 – 우리나라 전통음식의 조리법과 조리기기의 변천에 관한 연구 2. 윤덕인 식품문화 한맛한얼 54-60 ISSN 1976-9865 한국식품연구원, 2013년.
44) 농림수산식품부, aT 농수산물유통공사, "한식스토리텔링 107가지 – 맛있고 재미있는 한식이야기", 농수산물유통공사 한식 세계화팀, p.213, 2010.
45) 한국의 전통음식 떡볶이 – 궁중음식 · 양반음식 · 서민음식 · 글로벌음식, 한국식품연구원.
46) 윤덕인, 떡, 한국 의 · 식 · 주 생활사전 – 식생활, 국립민속박물관, 2018, p.291.
47) 이양수 · 김수인, 2007. 손맛으로 이어지는 전통음식, 효일, pp.40-45.
48) 이연정 · 이보순 · 서정순 · 백원희 · 신민자, 21세기 웰빙 떡 · 한과 · 전통음료, 대왕사, 2008, pp.12-24.
49) 윤숙자, 한국의 떡 · 한과 · 음청류, 지구문화사, 2010, pp.9-13.
50) 윤서석, 한국 식생활의 통사적 고찰, 「한국식생활문화학회지」, 1993, 8:201-216.
51) 이효지, 조선시대의 떡 문화, 「한국조리과학회지」, 1988, 4:91-106.
52) 윤덕인, 떡, 한국 의 · 식 · 주 생활사전 – 식생활, 국립민속박물관, 2018, p.293.
53) 윤숙자, 한국의 떡 · 한과 · 음청류, 지구문화사, 2010, pp.9-13.
54) 이연정 · 이보순 · 서정순 · 백원희 · 신민자, 21세기 웰빙 떡 · 한과 · 전통음료, 대왕사, 2008, pp. 12-24.
55) 이양수 · 김수인, 손맛으로 이어지는 전통음식, 효일, 2007, pp.40-45.
56) 강인희, 한국의 떡과 과줄, 대한교과서, 1997, pp.12-19.
57) 윤숙자, 떡이 있는 풍경, 질시루, 2009, pp.30-35.
58) 이양수 · 김수인, 손맛으로 이어지는 전통음식, 효일, 2007, pp.40-45.
59) 윤숙자, 윤숙자 교수의 한국의 떡 · 한과 · 음청류, 지구문화사, 2010, pp.9-13.
60) 쿠켄, 2015.12월호, 장향진의 약선요리, p.45.
61) 신완섭, 몸에 좋은 행복식품 다이어리, 중앙생활사, 2008, p.29.
62) 박순희 · 여진희, 천년의 맛 강원의 떡 · 김치, 한강출판사, 2014, p.21.
63) 강인희, 한국의 떡과 과줄, 대한교과서, 1997, p.203.

64) 김충재 · 박상용 · 지경배(2012.3.22. 제137호), 강원도 떡의 변신 : 명품화 · 세계화, 강원발전연구원.
65) 정현숙, 강원도의 메밀음식, 「향토사연구」 제15집, 2003, p.148.
66) 정선수리취떡 명품화사업단(http://www.surichitteok.com/docs/page/story.php).
67) 김충재 · 박상용 · 지경배(2012.3.22. 제137호), 강원도 떡의 변신 : 명품화 · 세계화, 강원발전연구원.
68) 김충재 · 박상용 · 지경배(2012.3.22. 제137호), 강원도 떡의 변신 : 명품화 · 세계화, 강원발전연구원.
69) 한국인의 밥상, 2017년 5월 11일자 방송.
70) 북평 민속 5일장의 실태분석과 개선방안에 관한 연구, 전창열, 강릉대학교 경영 · 정책, 과학대학원 : 지역개발학과, 2009.
71) 강원일보, 2017년 1월 7일자.
72) 동해시청.
73) 소머리국밥, 한국향토문화전자대전, 한국학중앙연구원.
74) 디지털강릉문화대전, http://gangneung.grandculture.net
75) 지장수 호박 생막걸리 – 지장수와 호박의 만남(한국전통주백과).
76) 재래시장 정책과 오일장의 변화 : 이상열 한양대학교 대학원 박사과정 : 문화인류학, 2012.2.
77) 정선시장 이용객의 방문동기를 연구한 신동주 · 손재영, 2006.
78) 장터순례 : 산나물 먹고 공연도 보고 옛 정취 간직한 정선 오일장 김은경 · 민원기, 발행기관 : 대한지방행정공제회 간행물 : 도시문제 46권 511호 간행물구분 : 연속 간행물 발행년월 : 2011년 06월 pp.50-53.
79) 박경용, 두릅, 한국 의 · 식 · 주 생활사전 – 식생활, 국립민속박물관, 2018, p.278.
80) 두릅, 두산백과.
81) 두릅, 우수 식재료 디렉토리.
82) 정선 곤드레 – 밥이었던 나물(팔도식후경).
83) 메밀콧등치기, 전통향토음식 용어사전, 2010.7.5, 농촌진흥청.
84) 김미영, 대한민국 누들로드 : 국수 따라 방방곡곡, 브래인 스토어, 2011.
85) 가수기, 두산백과.
86) 자료관리자 : 정선군청 관리자(문화관광과).
87) 정선황기탕, 전통향토음식 용어사전, 2010.7.5.(농촌진흥청).
88) 자료관리자 : 정선군청 관리자(문화관광과).
89) 곤드레해장국[Thistle Hangover Soup](두산백과).
90) 강원지역 술(향기로운 한식, 우리 술 산책, 2018.07.01.).
91) 정선 수리취떡 명품화사업단, http://www.surichitteok.com/docs/page/story.php
92) 최병곤, 전통 수리취 재배 작목화 및 가공기술 현대화 연구, 강원도 농업기술원 2013년.
93) 수리취떡(두산백과).
94) 양양군 – 양양장(문화콘텐츠닷컴(문화원형백과 조선후기 시장), 2003(한국콘텐츠진흥원).
95) 트래블투데이 홍성규 취재기자 발행, 2018년 12월 26일자.
96) 김형우 기자의 제철미식기행 = 섭국 김형우 문화관광 전문기자, hwkim@sportschosun.com

97) 송이칼국수(두산백과).
98) 연어의 고향, 양양으로 떠나는 맛있는 가을여행, hwkim@sportschosun.com
99) 트래블투데이 홍성규 취재기자 발행, 2018년 12월 26일자.
100) 향토음식산업화 특별취재팀 최재수 기자, biochoi@msnet.co.kr
101) 강원도민일보, '정' 담는 할머니장터 '흥' 돋는 막걸리장터, 최훈, 2016년 06월 17일.
102) 양양 송천떡 – 쌀알이 씹힌다(팔도식후경, 황교익).
103) 송천떡마을 홈페이지, http://songcheon.invil.org/index.html
104) 양양 송천떡 – 쌀알이 씹힌다(팔도식후경, 황교익).
105) 봉평전통시장(蓬坪傳統市場), 두산백과.
106) 우수식재료 디렉토리.
107) 메밀국수, 두산백과.
108) 금강일보, http://www.ggilbo.com
109) 춘천 KBS 강원도가 좋다, 김미진이 추천하는 맛집 봉평맛집.
110) 메밀묵, 두산백과.
111) 메밀묵(Maemilmuk), 한국민족문화대백과, 한국학중앙연구원.
112) 메밀전병(Buckwheat Crepe), 두산백과.
113) 강원도 농업기술원 농업생활 황토요리.
114) 강원지역 술(향기로운 한식, 우리 술 산책, 2018.07.01.).
115) Global News Network 'AVING' 김기홍 기자(www.aving.net).
116) 홍천 중앙시장(국내 시장백과, 이경덕 · 박재영, 가디언출판사, 소상공인시장진흥공단).
117) 홍천 중앙시장(국내 시장백과, 이경덕 · 박재영, 가디언출판사, 소상공인시장진흥공단).
118) 다슬기국(전통향토음식 용어사전, 2010.7.5., 농촌진흥청 국립농업과학원).
119) 전통주조 예술 홈페이지(http://www.ye-sul.co.kr/story.html).
120) 우하하 횡성한우시장(국내 시장백과, 이경덕 · 박재영, 가디언출판사, 소상공인시장진흥공단).
121) 아시아경제, 때때로 여행가의 밥, 횡성 숲 체험과 안흥찐빵, 책 만드는 여행가, 조경자(http://blog.naver.com/travelfoodie).
122) 안흥찐빵 – 찐빵에 깃들인 한 · 중 · 일의 음식문화(팔도식후경, 황교익).
123) 강원 횡성 – 깨끗한 자연과 질 좋은 한우의 고장(신택리지, 최승현, 경향신문).
124) 티브이데일리 김현경 기자 news@tvdaily.co.kr/ '3대천왕' 횡성 더덕돼지 주물럭.
125) MBN 천기누설, 2017.02.06. 방영.
126) 구름떡, 두산백과.
127) 도계오일장(道溪五日場), 한국향토문화전자대전, 한국학중앙연구원.
128) 삼척시청 지역경제과(http://www.samcheok.go.kr) [출처] 한국학중앙연구원 – 향토문화전자대전.
129) KBS1 '한국인의 밥상'에서 '더하고 뺄 것 없다 – 여름 태백 편'.
130) 한국일보, 2018년 2월 13일자.
131) 김미영 · 배추전, 한국 의 · 식 · 주 생활사전 – 식생활, 국립민속박물관, 2018, p.411.

강원인의 지혜와 맛

강원도 음식문화

Ⅶ

맺음말

전 집필진

강원인의 지혜와 맛

강원도
음식문화

2018년 2월 평창 동계올림픽 손님맞이 음식의 개발 콘텐츠로는 '강원도 특산식품과 향토음식'이 그 중심에 있었다. 황태칼국수 '눈대목'과 사과파이 '좋은 날 愛', '아라리' 불고기요리 등이었다. 평창의 특선음식은 '메밀파스타', '메밀더덕 롤가스', '황태칼국수', '송어덮밥', '송어만두', '초코감자' 등이었다.

강릉의 특선음식은 '삼계옹심이'와 '크림감자옹심이', '초당두부밥상', '두부삼합', '해물뚝배기' 등이었고, 정선군의 특선음식은 '곤드레비빔밥', '곤드레버섯불고기', '황기닭백숙', '황기족발', '더덕보쌈', '감자붕생이밥', '콧등치기국수', '느른국', '채만두', '옥수수푸딩' 등이었다.

한편, 강원도에서는 대표음식으로 참취, 곰취, 곤드레, 어수리로 만든 '강원나물밥'을 특허 개발하여 평창 동계올림픽이 끝난 이후에도 보급하고 있다.

이러한 올림픽 대비 손님맞이 개발음식의 저변에는 앞에서도 언급한 바와 같이 강원도 향토음식과 함께 지역특산품이 중요한 역할을 하고 있어, 앞으로 지역특산음식과 더불어 지역특산품을 활용한 음식 체험이나 팸투어를 통한 관광상품화 연계 등 6차 산업의 활용을 SNS 홍보와 다양한 지역행사의 참여 확대로 적극적인 지역 특산음식 홍보활동이 이루어져야 할 것이라고 보았다.

그리고 강원도 한식문화의 원형발굴과 세계화 전략의 일환으로는 『도문대작((屠門大爵)』(1611)과 같은 고문헌과 고조리서를 연구하여 외식 메뉴개발의 콘텐츠로서 원형 찾기의 중요성이 더욱 강조되었다.

이와 같은 트렌드 속에 『강원인의 지혜와 맛 - 강원도 음식문화』는 강원도 음식문화를 느낄 수 있는 항목인 향토음식, 특산식품, 종가의 손님맞이 접대음식, 제례음식문화, 오일장의 전통 먹거리문화 등을 콘텐츠로 하여 문화총서(文化叢書)로 강원도 지역성과 전통성이 나타나도록 집필하고자 하였다.

강원도의 향토음식 부분은(김문경) 2008년에 농촌진흥청 농업과학기술원 농촌자원개발연구소에서 5년에 걸쳐 조사 보고된 『한국의 전통 향토음식 - 강원도』를 기본문헌으로 놓고, 전통성과 향토성이 강한 향토음식과 그 이후 새롭게 등장한 음식들을 찾아서 고찰하고자 하였다. 문헌 조사와 인터뷰의 한계를 '한국인의 밥상', '한국기행' 등의 방송 프로그램이 많은 도움을 주었다. 방송에서 특히 오지를 찾아다니고 어르신들의 예전 기억을 되살린 '향토음식'들을 재현하여 보여준 점은 향토음식의 발굴과 보급에 앞으로도 많은 도움이 되리라 여겨진다.

그러나 앞의 2018 평창 동계올림픽 메뉴개발에서도 볼 수 있듯이 향토음식의 전통성이 그대로 살아나지 못하고 퓨전화 됨을 많이 볼 수 있어 아쉽기만 하였다.

CJ푸드빌이 운영하는 외식브랜드 '계절밥상'은[1] 이 아쉬운 점을 극복하고 우리 토종 농산물을 활용한 식재료 발굴 및 메뉴 개발, 판로 지원 등 농가와의 상생에 앞장서고 있다.

계절밥상은 '맛의 방주' 등재품목인 '앉은뱅이밀', '제주푸른콩장'을 비롯해 '동아', '쇠뿔가지', '구억배추' 와 같은 우리 토종 농산물을 적극 발굴하고, 이를 활용한 신메뉴를 정기적으로 개발하고 있다. '맛의 방주'는 비영리 국제기구인 '슬로푸드' 국제본부가 진행하고 있는 프로젝트로 소멸 위기에 놓인 먹거리를 찾아내어 보전하는 활동이다. 또 계절밥상은 국내 농가의 안정적인 수익구조를 위해 매장에서 국산 농산물 사용을 적극 장려하고 있다. 2015년 1,700톤에 이어 지난해 3,100톤 이상의 국산 농산물을 원재료로 사용했다. 지난해에는 청년 농부가 재배한 '작두콩', '고구마' 등 농산물 5종을 약 5톤 이상 수매해 청년 농가 판로지원에도 힘썼다. 이밖에도 쇼핑몰에 농특산물 직거래 공간인 '계절장터'를 마련하고, 한국벤처 농민대학 출신 농민들이 재배한 농 · 축산 가공식품 약 80종을 판매하고 있다.

지난 9~10월에는 농림축산식품부와 손잡고 '계절밥상' 서울 올림픽공원점, 대전 갤러리아점, 부천 중동점 등에서 5회에 걸쳐 전국 농민들이 키운 토종 농산물을 판매하는 '친환경 먹거리 직거래 장터'를 열었다. CJ푸드빌 관계자는 "'계절밥상'을 통해 외식사업에 근간이 되는 농가에 조금이라도 보탬이 되고자 노력하고 있다."고 말했다. 이런 일면에서 보듯이 토종 농산물을 활용한 강원도만의 향토음식이 예전 모습을 지키고 찾아가는 일이 이루어지면 좋겠다는 생각이 들었다.

이어서, 강원도의 특산식품의 경우에는(조용현) 강원도의 지역적인 특성을 최대한 반영하여 강원도의 특산식품을 찾아서 집필하고자 많은 노력을 기울였다. 특히 일반적이지 않은 강원도만의 특색 있는 식품을 찾고 강원지역의 대표적인 식재료를 활용한 식품을 조사하여, 『강원인의 지혜와 맛 - 강원도 음식문화』라는 책을 보았을 때 누구나 강원도의 이미지를 떠올릴 수 있는 책이 되었으면 하는 바람으로 집필하였다. 하지만 요즈음은 교통과 통신의 발달로 인해 일일 전국시대가 된지 오래고, 일상이 되어버린 인터넷의 사용으로 지역 구분이 점점 희미해져 지역특산식품의 경계가 흐려지고 있다. 또한 기후의 변화로 생산되는 특산 식재료도 변화하고 지역에서 가공되어 판매되는 가공품의 특산식품화가 가속되어지는 시점에서 조금 더 다른 시선으로 바라볼 필요가 있었다. 지역을 대표하는 원료로서의 특산식품뿐만 아니라 가공되어 판매되는 식품도 지역의 특산식품으로 포함하여 강원지역의 특산식품을 조사하여 범위를 넓히고자 하였다.

지역 특산식품 보존의 한 방법을 보면, 고성군은 토종농업자원의 보존 육성을 위해 토종농산물 재배농업인의 소득보전과 생산비 일부를 도와주는 토종 농산물 소득보전 직불제 사업을 한다고[2] 밝혔다. 토종농산물 소득보전 직불제 사업은 1㎡마다 200원을 기준으로 농가마다 100만원까지 도와주는 사업으로 지원 대상 농작물을 농지원부나 농업경영체 정보에 실린 농지에 재배해 50% 이상 수확한 경우에 도와주며, 재배면적은 농가마다 필지별 100㎡이어야 한다. 여러 필지에 토종농산물을 기를 경우 1개 필지의 면적이 100㎡ 미만이라도 같은 작목에 대해 맞닿아 있는 필지와 재배면적을 더한 것이 100㎡ 이상일 경우에 지급대상에 든다.

토종농산물 지원 대상 품목은 토란, 메밀, 율무, 조, 수수, 기장, 동부, 이팥, 홍화, 맥문동, 우렁콩, 부채콩, 선비자비콩, 아주까리콩, 토종오이, 염주 등 16개 품목이다. 사업에 뽑힌 농가는 토종농산물의 파종, 생육, 수확 같은 이행점검 절차를 거쳐 직불금을 받게 된다고 하여 본문에서 다룬 '지리적 표시제 인증' 못지않게 토종 농산물, 친환경 농산물의 특산식품화가 필요하다고 생각되었다. 앞으로 강원도 토종 농산물을 찾고 이를 활용한 특산식품의 조사 발굴도 진행되어야 할 것이다.

다음 종가의 내림음식(김세경)에서는 강원도의 종가음식을 중심으로 접대음식, 잔치음식을 고찰하고 기록하고자 하는데 글을 쓰는 목적을 두었다. 우리 것에 대한 명맥을 잇고 장과 술 이외에 여러 가지 음식을 만들어가며 관리하는 사람들을 볼 수 있는 시간이 그리 오래 남지 않았기 때문이다. '훌륭한 조상은 훌륭한 후손이 만든다'는 이야기가 있듯 강원도 음식의 뿌리라 할 수 있는 자료들을 정리하고 남겨야 한다는 의무감이 찾아왔기 때문이다.

농촌진흥청에서는 2010~2013년에 종가 · 명가 32가문의 내림음식 320종을 발굴했으며 2014~2016년에 이를 확대하여 데이터베이스화하여 체계를 구축하였다. 이 자료를 근거로 내림음식을 소개하고 있는데, 그 중 강원도 종가는 단 두 곳만이 반복되어 소개되었다. 필자 또한 종가의 내림음식을 조사하고 쓰는데 많은 어려움이 있었으며, 이번에는 문헌을 중심으로 한 고찰 위주로 진행되었다. 그러나 강릉 선교장의 '리몽(李夢)'과 조진사댁의 농가 맛집인 '서지초가뜰', 그리고 '과객'에서 내림음식을 직접 사진 찍고 맛보고 인터뷰할 기회가 있어 그나마 위안을 삼고 글을 쓸 수 있었다. 앞으로 종가의 내림음식에 더 많은 조사와 발굴을 기약한다.

고문헌 기록을 통해서는 전통음식의 흉내는 가능하지만 복원은 불가능하다. 우리는 지금이 향토음식 자료를 체계화하고 개발하는데 있어서 시작점이 될 수 있는 강원도 종가 접빈객 음식을 재조명하고 지속적인 연구가 진행되어야 하는 시점이라 판단된다.

강원도의 제례문화는(윤덕인) 예전과 다름없이 여전히 전통을 유지하면서 조상을 잘 모시고 있는 것으로 조사되었다. 종가의 문화는 보통 '봉제사(奉祭祀)', 그리고 접빈(接賓)이라고 한다. 앞에서 '내림음식'을 살펴본 바, 이 부분에서는 제례문화에 대한 규범과 관행을 쓰고자 하였다.

전통 식생활에 관심을 가지고 있던 필자는 1994년 우리 전통 식생활의 원형 모습이 많이 내재해 있는 부분은 '제사와 제물'이라고 생각하여 '영동지역 일부 가정의 추석 차례상을 중심으로'라는 논문을 처음으로 보고하였다. 이후 '강릉지역 일부 가정의 차례상 진설법과 제례음식에 관한 연구', 그리고 1997년에는 「한국식생활문화학회지」에 '전통 제사상차림의 규범과 강릉지역 제사상차림 관행 비교연구'를 발표하면서 본격적으로 제사의 '규범과 실제 관행'을 연구하였다. 2005년에는 「비교민속학회지」에 '전통 제사상의 진설규범과 관행 비교연구', 2006년에는 '강원도의 민속과 음식', 그리고 2013년에는 '전통음식문화 자산으로서 종가음식에 관한 연구', 2014년에는 '16세기 퇴계 이황의 예법 이후 규범 변천과 종가의 제례음식문화 관행에 관한 연구' 등 제례음식문화를 지속적으로 연구한 결과, 이번 『강원인의 지혜와 맛 – 강원도의 음식문화』에서는 가정의 기제사, 차례상 외에 민속제의, 태백산 천제, 삼척 삼화사의 국가무형문화재 제125호인 '수륙재'까지 범위를 넓혀 고찰하였다. 그러나 음식문화 중 가장 전통성이 남아 있다고 여겼던 '제례음식문화'에도 갱(羹)을 살펴보면, 대부분 지역에서는 탕국을 끓인 후 국물을 떠서 갱으로 사용하고 건더기만을 담아서 탕으로 올리는데, 안동을 중심으로 한 경북지역 일부에서는 무갱에 콩나물을 넣고 나물국을 끓이는 특징이 있다. 강원도 지역에서도 가정에 따라 가가례(家家禮)로 무국, 미역국과 함께 일부 나물국을 올리는 것을 보고, 제례음식에서도 음식의 전파와 교류를 알게 되었다. 이처럼 인접한 지역의 음식이 제물에서도 나타나는 것을 보면 지역성과 함께 사람의 교류가 음식의 교류로 나타난다고 해석할 수 있겠다.

이와 같은 음식의 전파와 교류는 제사음식뿐만 아니라 향토음식의 경우에도 '언감자송편', '가자미식해', '명태순대' 등등 함경도 음식이 강원도로 유입되어 강원도 음식화한 것의 예에서도 찾을 수 있다.

제례음식문화는 예전과 비교하여 많이 간소화되는 경향이 있는 반면에 제물을 풍성하게 차리는 경향은 일부 더 심해진 것 같다. 특히 기제사에 비해 설날 차례상, 그리고 추석 차례상의 경우에 더 많은 제물을 준비하는 것 같다. 이는 제사상의 제물이 조상 숭배보다는 음복 위주로 상이 차려지는 실용적인 면이 부각된 것으로 보인다. 퇴계 선생은 조상의 제사를 모실 때는 제사음식을 어떻게 차릴 것이지를 묻는 제자에게 "집집마다 형편이 다른데 어떻게 국가에서 정해준 제물을 다 올릴 수 있겠는가? 항상 같게 차리지 않아도 된다. 다만, 간소하지만 정갈하게 정성을 다하라."라고 답을 한 것처럼 제물의 많고 적음 보다는 '정갈하게 정성스럽게 간소하게' 차리는 것이 좋을 것이다.

오일장과 먹거리문화의 경우는(김상희) 강원도 오일장을 직접 다녀보고 특징 있는 음식을 직접 먹어보고 썼는데, 오일장은 지역에 나는 물건을 살 수 있다는 이점과 그 지역에서만 먹을 수 있는 먹거리 때문에 오일장을 찾는 사람들이 많은 것을 직접 느꼈다. 하지만 개성이 있고 특색이 있는 그 지역 전통적인 향토음식보다는 어느 시장에나 먹을 수 있는 먹거리가 많은 것이 아쉬웠다.

이러한 점은 향토음식, 특산식품에서도 똑같이 나타나는 현상인데, 오일장은 그 지역의 특색 있고 전통적인 먹거리를 만드는 곳이 많다면 지역민에게도 좋고 관광객 유입도 더 활성화되지 않을까 한다. 이런 점은 전국의 오일장이 비슷한 사정이라고 여겨진다. 축제의 지역특산물도 그렇지만, 지역 오일장에 전국의 물건들이 다 모여 특색이 없어지고 마는 안타까움이 있다.

그러나 지자체마다 오일장에서 '각설이 타령' 등 공연도 하고, 오일장과 축제를 연결하여 개최하기도 하고, 태백시의 경우는 드라마 '태양의 후예' 촬영지 등 볼거리를 준비해놓고 관광객들을 유인하기도 한다.

정선에서는 2017년 '전국 오일장 박람회'를 축제로 개최하였는데[3], 각 지역을 대표하는 전통시장 87개가 참가하였으며, 2018 평창 동계올림픽 붐 조성을 위한 홍보관 운영과 외줄타기 등 다양한 부대행사를 마련하였고, 정선아리랑 시장 지역선도 시장육성사업단과 정선아리랑 시장 상인회는 '사진 공모전'을 개최한다고 공고하였다.[4] 이 공모전의 목적은 정선아리랑시장 및 정선 오일장의 변천 과정을 기록으로 보존하는 것은 물론 정선의 문화와 역사, 옛 모습을 함께 보고 즐기며 전통시장에 대한 관심을 높이기 위해서라고 한다.

이와 같이 지역민과 관광객을 위하여 다양한 이벤트성 행사들이 개최되는 것도 필요하지만, 그보다는 기본적으로 특색 있는 특산식품, 향토음식의 오일장 먹거리문화를 철저히 준비한다면 소득으로도 연결되고 지역 이미지 개선에도 더 좋을 듯하다.

이상으로 『강원인의 지혜와 맛 - 강원도 음식문화』를 강원도 향토음식, 특산식품, 종가의 내림음식, 제례문화, 오일장의 먹거리 문화를 콘텐츠로 구성하여 살펴보았는데, 콘텐츠마다 아쉬운 점은 있지만 강원도의 음식문화를 깊이 있게 연구함으로써 앞으로 다른 지역의 음식문화와 나아가 다른 나라의 음식문화와 비교 연구도 할 수 있는 기초 자료를 준비하였다고 생각되며, 콘텐츠의 성공적인 브랜드화에 앞서 강원도 음식문화의 원형을 유지하고 전통이 살아 있는 문화의 계승 또한 꼭 필요하다고 생각된다.

미주풀이

1) 서울신문, 2017년 11월 28일자.
2) 고성인터넷 뉴스, 2019년 1월 18일자.
3) 이뉴스투데이, 2017년 6월 29일자.
4) 문화뉴스, 2019년 1월 18일자.

Profile

윤덕인 尹德仁

가톨릭관동대학교 관광스포츠대학 조리외식경영학과 명예교수
학위논문 : 한국과 일본의 떡류 변천 발달에 관한 비교연구(중앙대학교 이학박사)

〈주요 저서〉
호텔외식조리문화개론, 신광출판사, 2004.
한국음식, 관동대학교출판부, 2005.
일본음식, 관동대학교출판부, 2006.
최신 식품조리과학, 신광출판사, 2013.
최신 외식창업과 메뉴개발론, 신광출판사, 2015.
최신 상차림과 메뉴구성 개발, 지식인, 2015.
교류역사 속의 동아시아음식문화, 지식인, 2018.

〈공저〉
제민요술, 민음사, 1993.
음식법, 아쉐뜨 아인스미디어, 2008.
한국조리, 파워북, 2011.
한국일생의례사전, 국립민속박물관, 2014.
맛격과학이 아우러진 한국음식문화, 교문사, 2015.
한국 의 · 식 · 주 생활사전 - 식생활, 국립민속박물관, 2018.

김문경 金紋敬

가톨릭관동대학교 호텔조리외식경영학과 겸임교수
가톨릭관동대학교 일반대학원 호텔외식조리경영학과 박사과정 재학 중
학위논문 : 식생활라이프스타일이 가정편의식(HMR) 선택속성과 행동의도에 미치는 영향(가톨릭관동대학교 외식경영학 석사)

조용현 曹龍鉉

가톨릭관동대학교 호텔조리외식경영학과 겸임교수
학위논문 : 전통시장 외식업소서비스 스케이프가 고객시민행동, 관계지향성 및 충성도에 미치는 영향에 관한 연구(가톨릭관동대학교 외식경영학 박사)

김세경 金世京

가톨릭관동대학교 호텔조리외식경영학과 겸임교수
한국산업인력공단 NCS기반 일학습병행제 분야별 전문가
학위논문 : 지역특산품 구매동기가 긍정적 소비감정, 관광만족 및 재구매 의도에 미치는 영향(가톨릭관동대학교 외식경영학 박사)

〈공저〉
한국 의 · 식 · 주 생활사전 - 식생활, 국립민속박물관, 2018.
조리원리, 지식인, 2019.

김상희 金相熙

강원도립대학교 크루즈승무원과 외래교수
가톨릭관동대학교 일반대학원 호텔조리외식경영학과 박사과정 재학 중
학위논문 : 커피전문점의 사이드메뉴 품질이 지각된 가치와 고객만족에 미치는 영향(가톨릭관동대학교 외식경영학 석사)